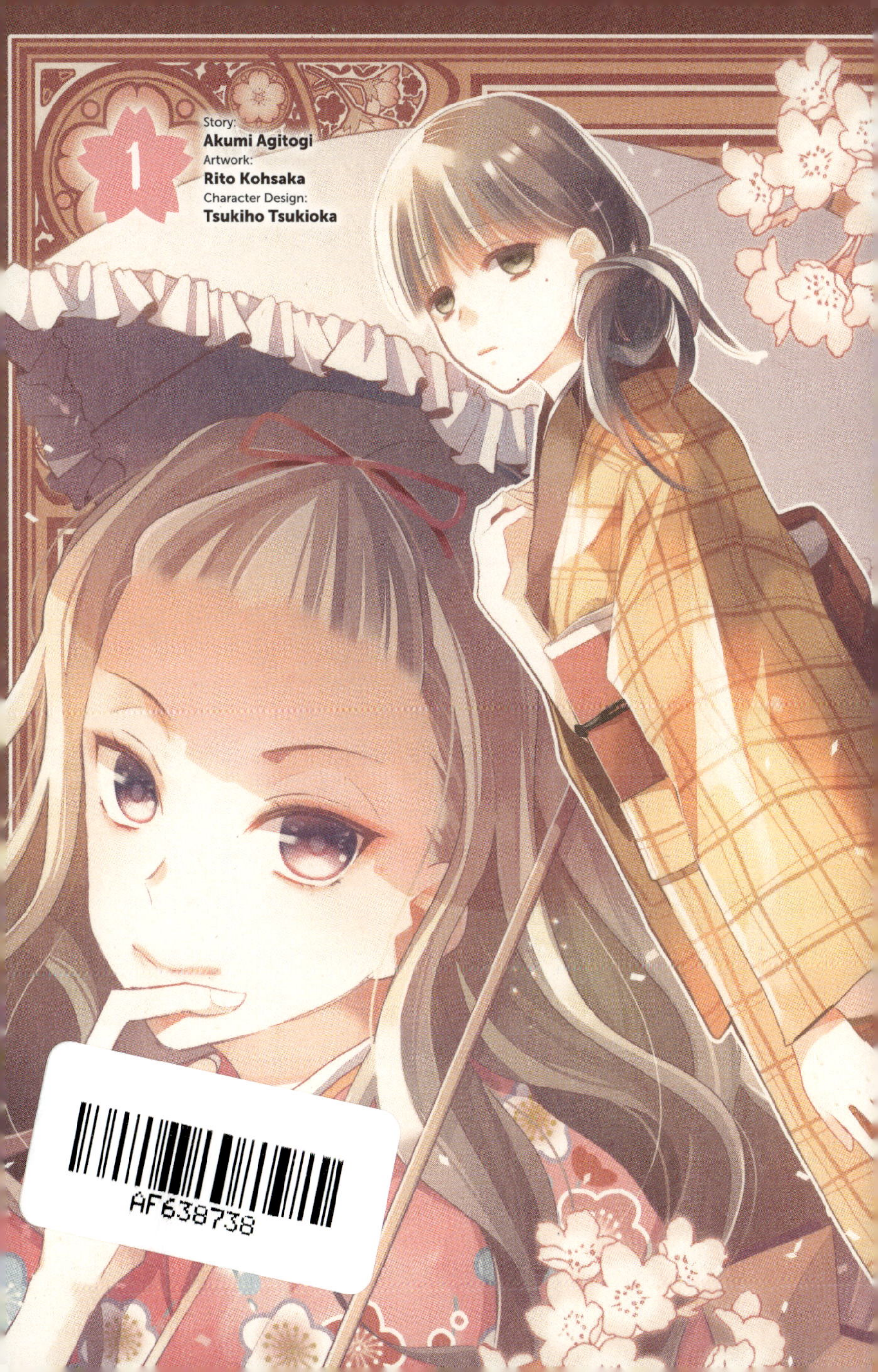
1
Story:
Akumi Agitogi
Artwork:
Rito Kohsaka
Character Design:
Tsukiho Tsukioka

# Inhalt

## Kapitel 1: Die Verlobung

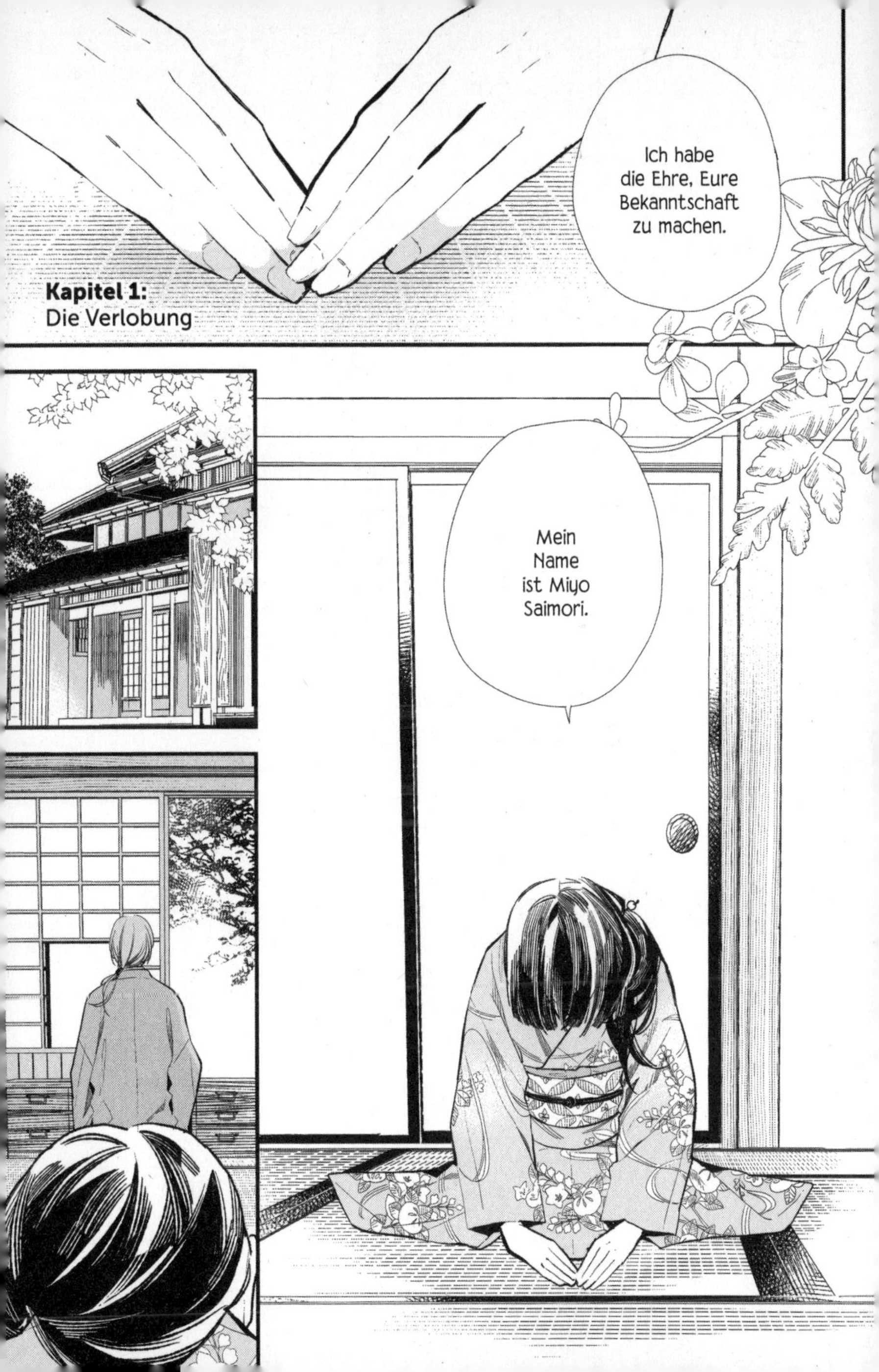

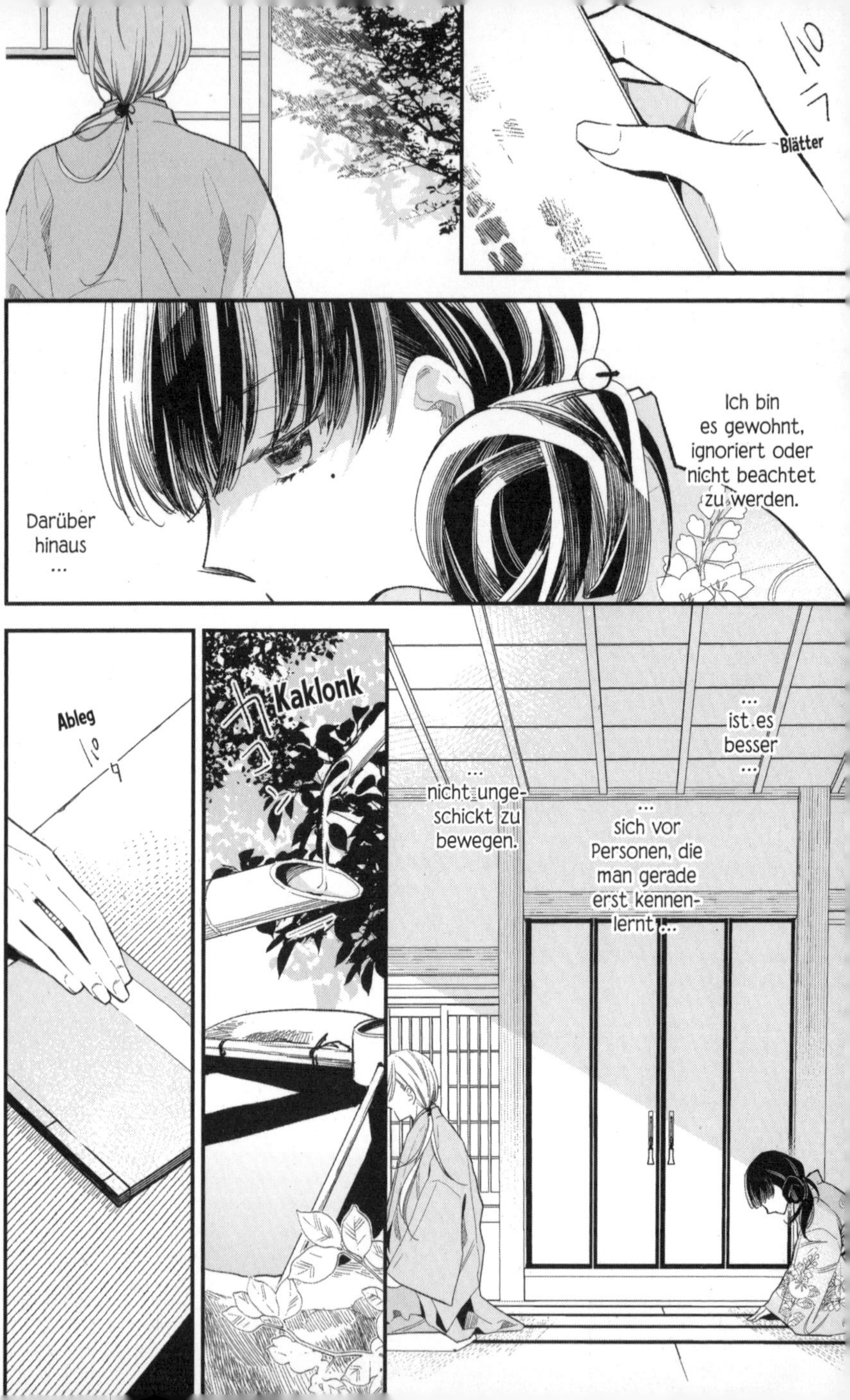

Blätter
Ich bin es gewohnt, ignoriert oder nicht beachtet zu werden.
Darüber hinaus ...
... ist es besser ...
... sich vor Personen, die man gerade erst kennenlernt ...
... nicht ungeschickt zu bewegen.
Kaklonk
Ableg

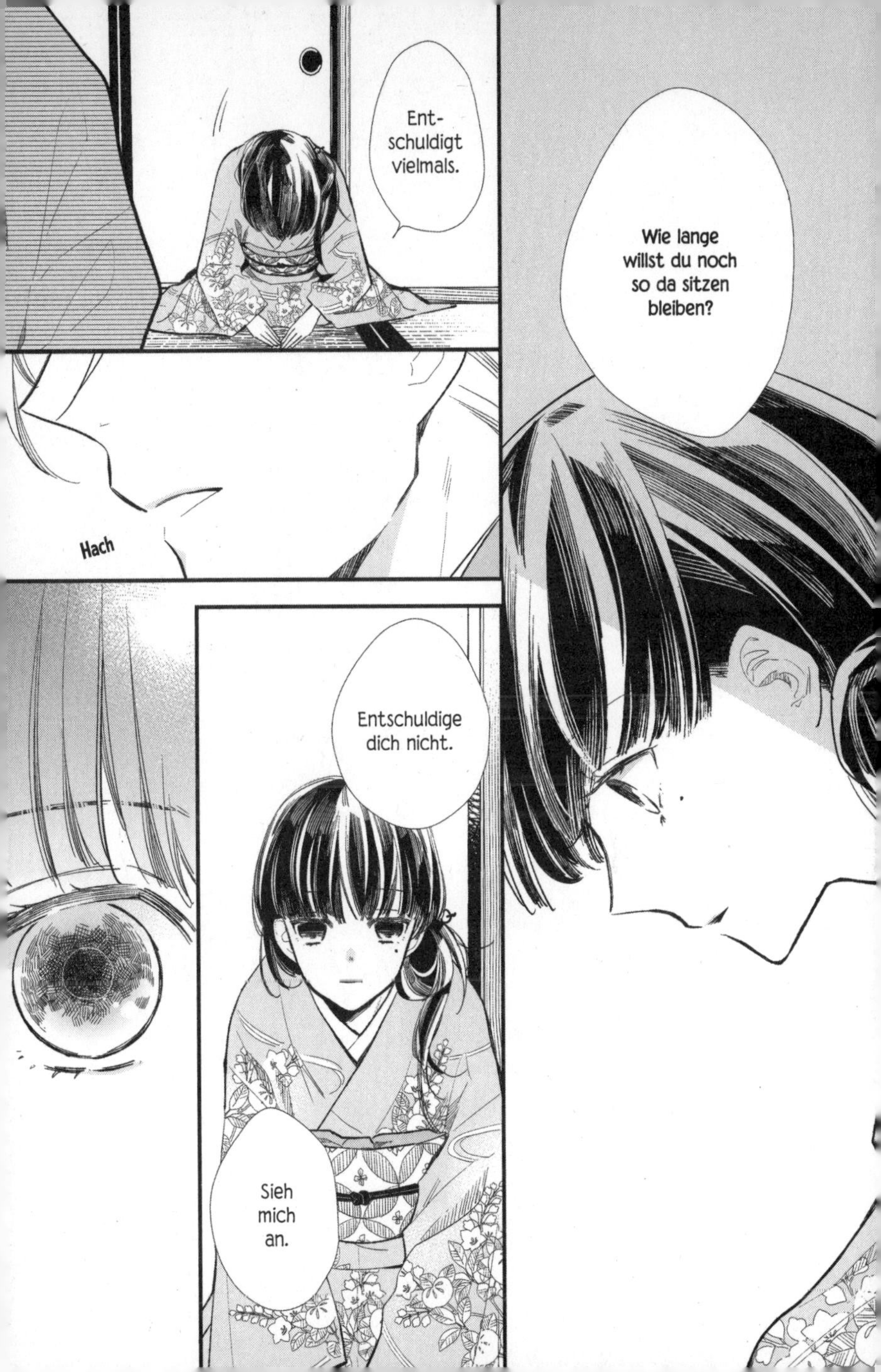
Ent-schuldigt vielmals.
Wie lange willst du noch so da sitzen bleiben?
Hach
Entschuldige dich nicht.
Sieh mich an.

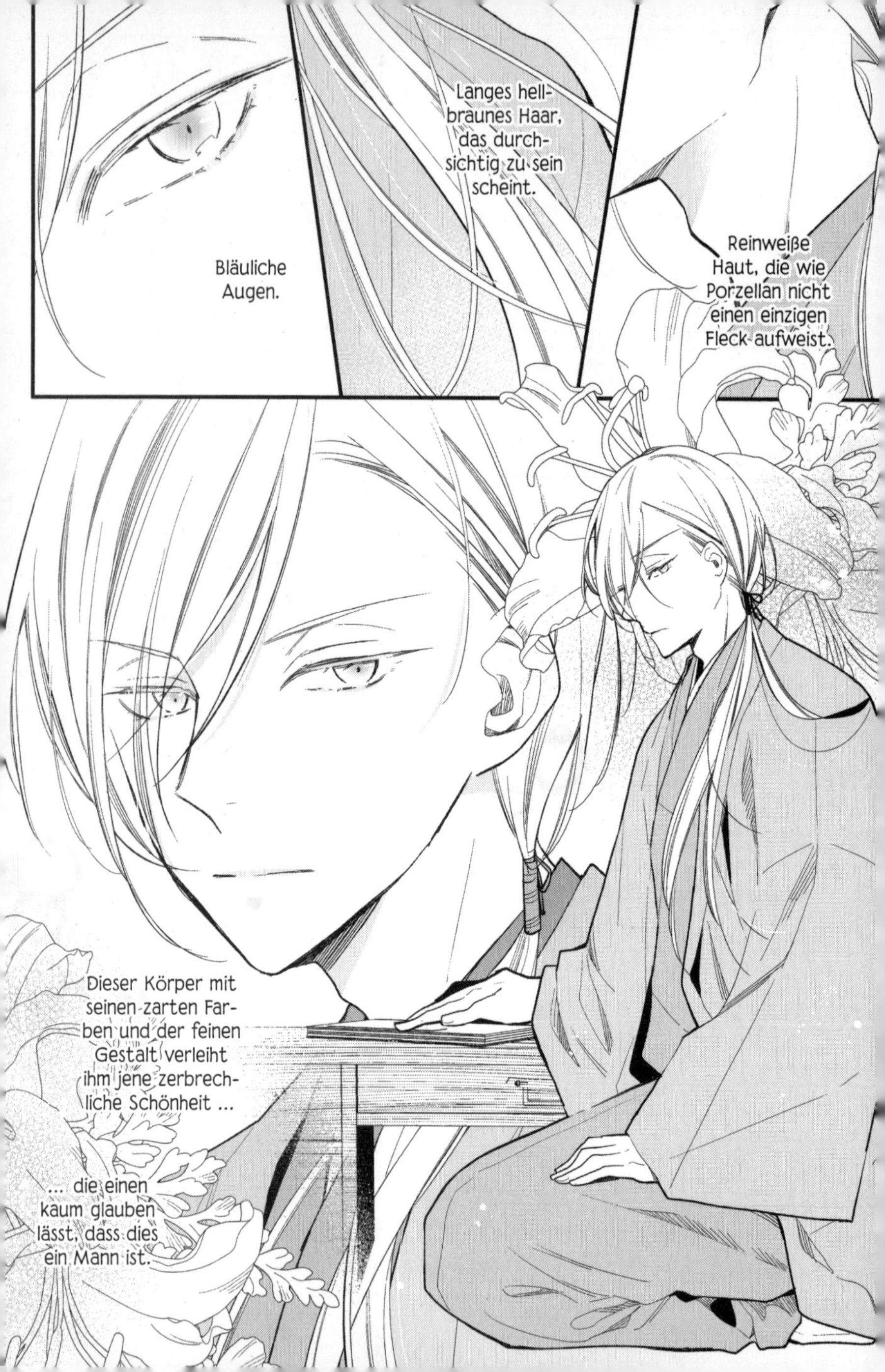
Reinweiße Haut, die wie Porzellan nicht einen einzigen Fleck aufweist.
Langes hellbraunes Haar, das durchsichtig zu sein scheint.
Bläuliche Augen.
Dieser Körper mit seinen zarten Farben und der feinen Gestalt verleiht ihm jene zerbrechliche Schönheit ...
... die einen kaum glauben lässt, dass dies ein Mann ist.

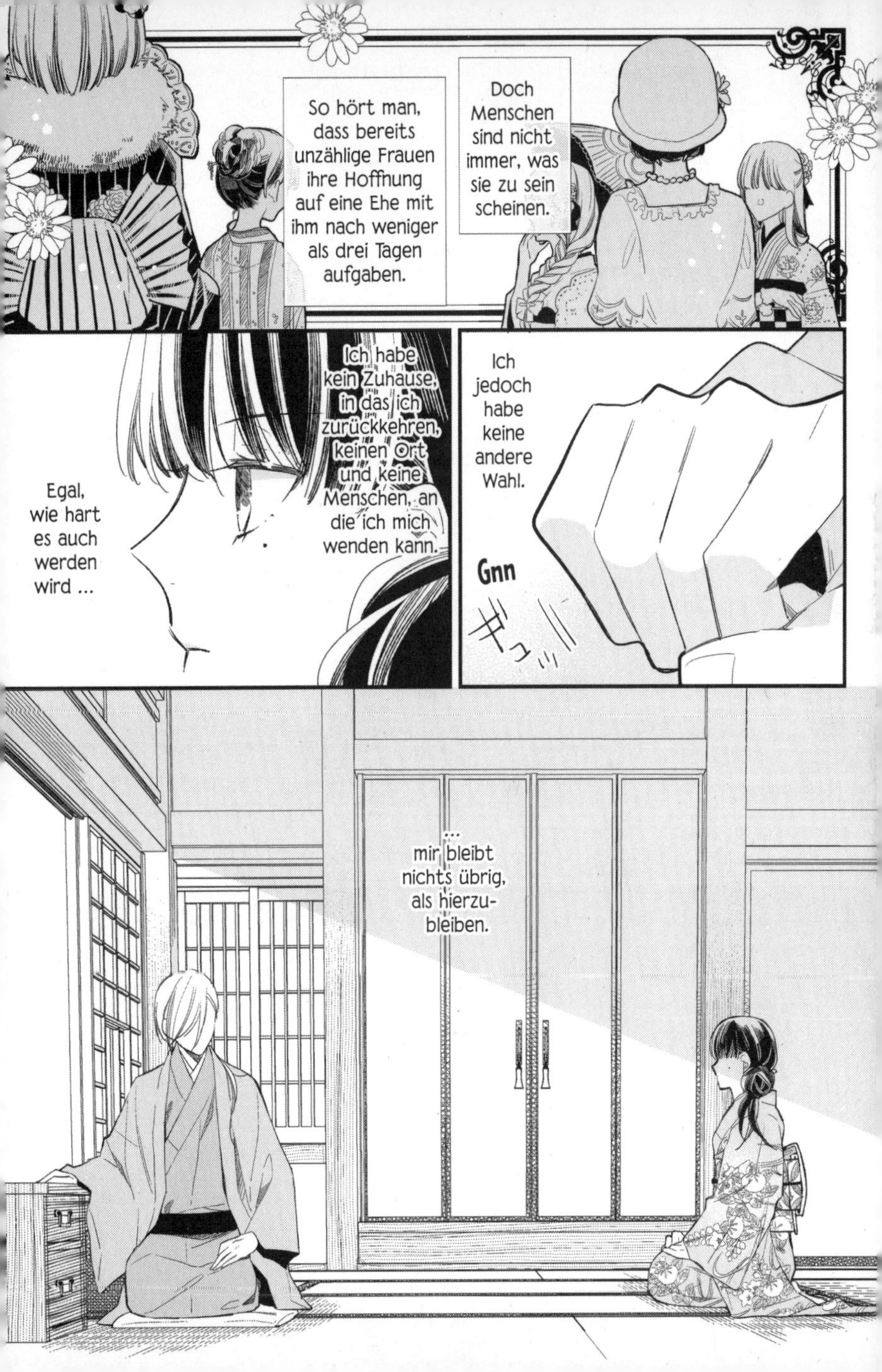
Doch Menschen sind nicht immer, was sie zu sein scheinen.
So hört man, dass bereits unzählige Frauen ihre Hoffnung auf eine Ehe mit ihm nach weniger als drei Tagen aufgaben.
Ich jedoch habe keine andere Wahl.
Gnn
Ich habe kein Zuhause, in das ich zurückkehren, keinen Ort und keine Menschen, an die ich mich wenden kann.
Egal, wie hart es auch werden wird ...
... mir bleibt nichts übrig, als hierzubleiben.

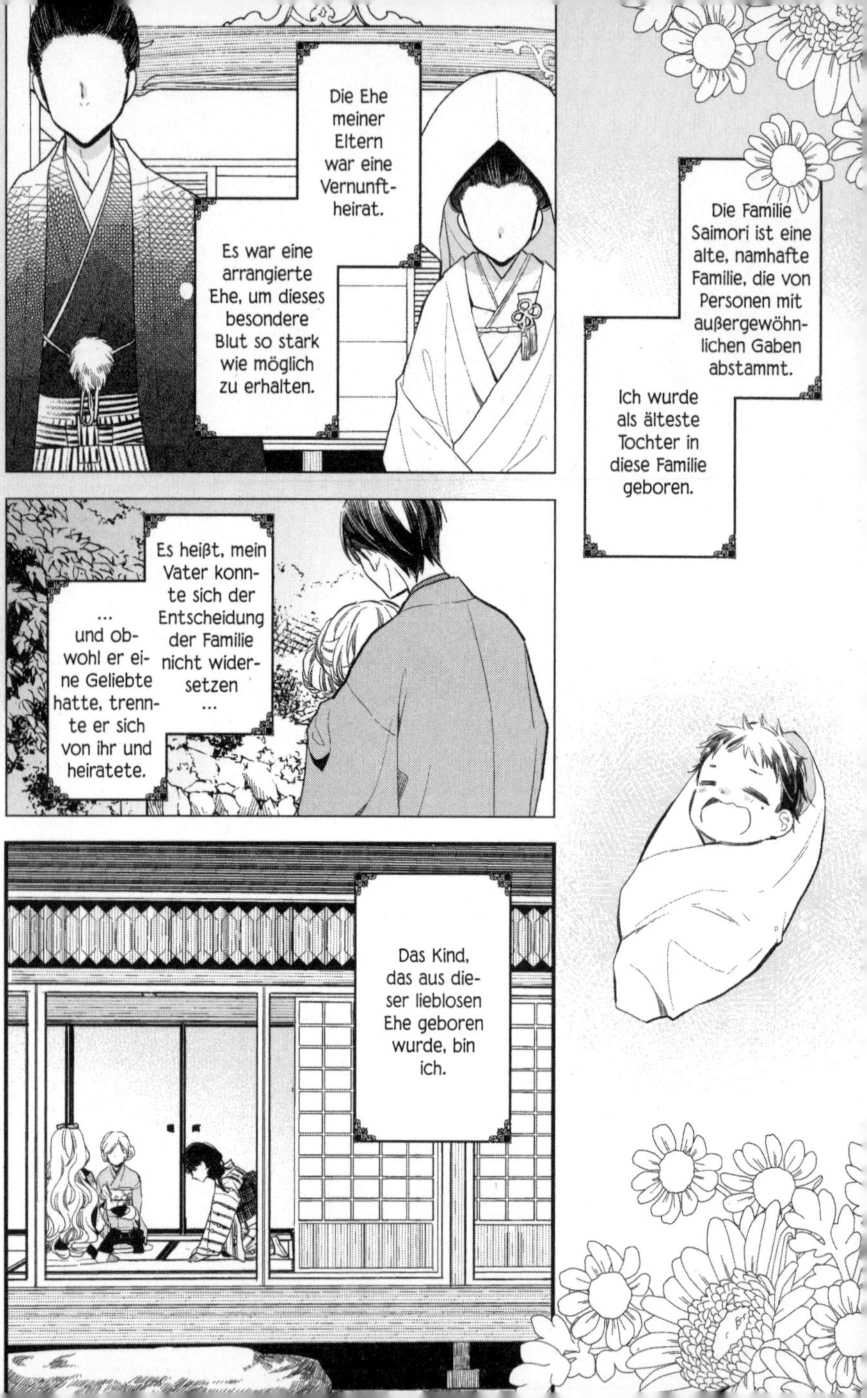

Die Familie Saimori ist eine alte, namhafte Familie, die von Personen mit außergewöhnlichen Gaben abstammt.
Ich wurde als älteste Tochter in diese Familie geboren.
Die Ehe meiner Eltern war eine Vernunftheirat.
Es war eine arrangierte Ehe, um dieses besondere Blut so stark wie möglich zu erhalten.
Es heißt, mein Vater konnte sich der Entscheidung der Familie nicht widersetzen ...
... und obwohl er eine Geliebte hatte, trennte er sich von ihr und heiratete.
Das Kind, das aus dieser lieblosen Ehe geboren wurde, bin ich.

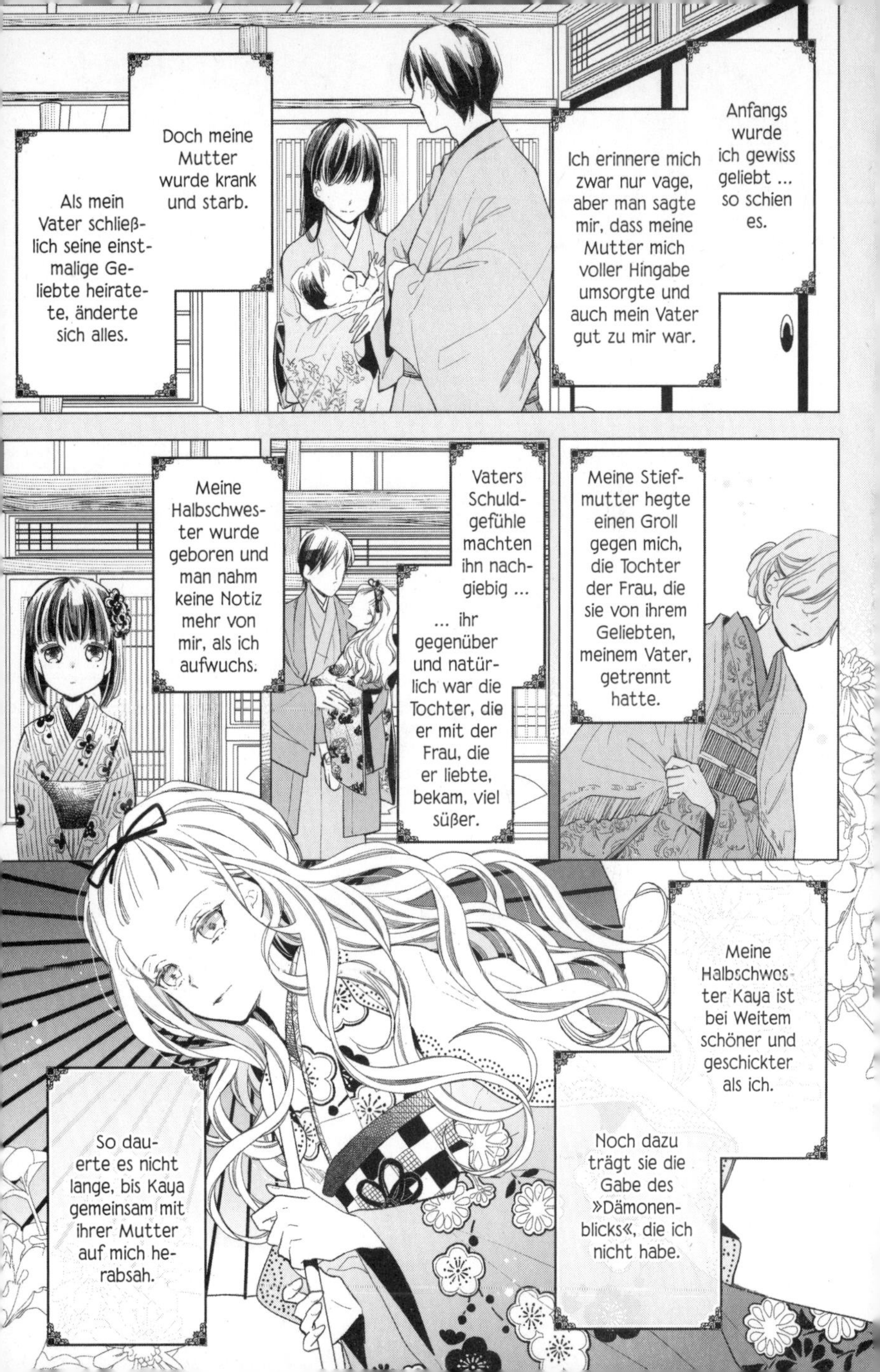

Anfangs wurde ich gewiss geliebt ... so schien es.
Ich erinnere mich zwar nur vage, aber man sagte mir, dass meine Mutter mich voller Hingabe umsorgte und auch mein Vater gut zu mir war.
Doch meine Mutter wurde krank und starb.
Als mein Vater schließlich seine einstmalige Geliebte heiratete, änderte sich alles.
Meine Stiefmutter hegte einen Groll gegen mich, die Tochter der Frau, die sie von ihrem Geliebten, meinem Vater, getrennt hatte.
Vaters Schuldgefühle machten ihn nachgiebig ...
... ihr gegenüber und natürlich war die Tochter, die er mit der Frau, die er liebte, bekam, viel süßer.
Meine Halbschwester wurde geboren und man nahm keine Notiz mehr von mir, als ich aufwuchs.
Meine Halbschwester Kaya ist bei Weitem schöner und geschickter als ich.
Noch dazu trägt sie die Gabe des »Dämonenblicks«, die ich nicht habe.
So dauerte es nicht lange, bis Kaya gemeinsam mit ihrer Mutter auf mich herabsah.

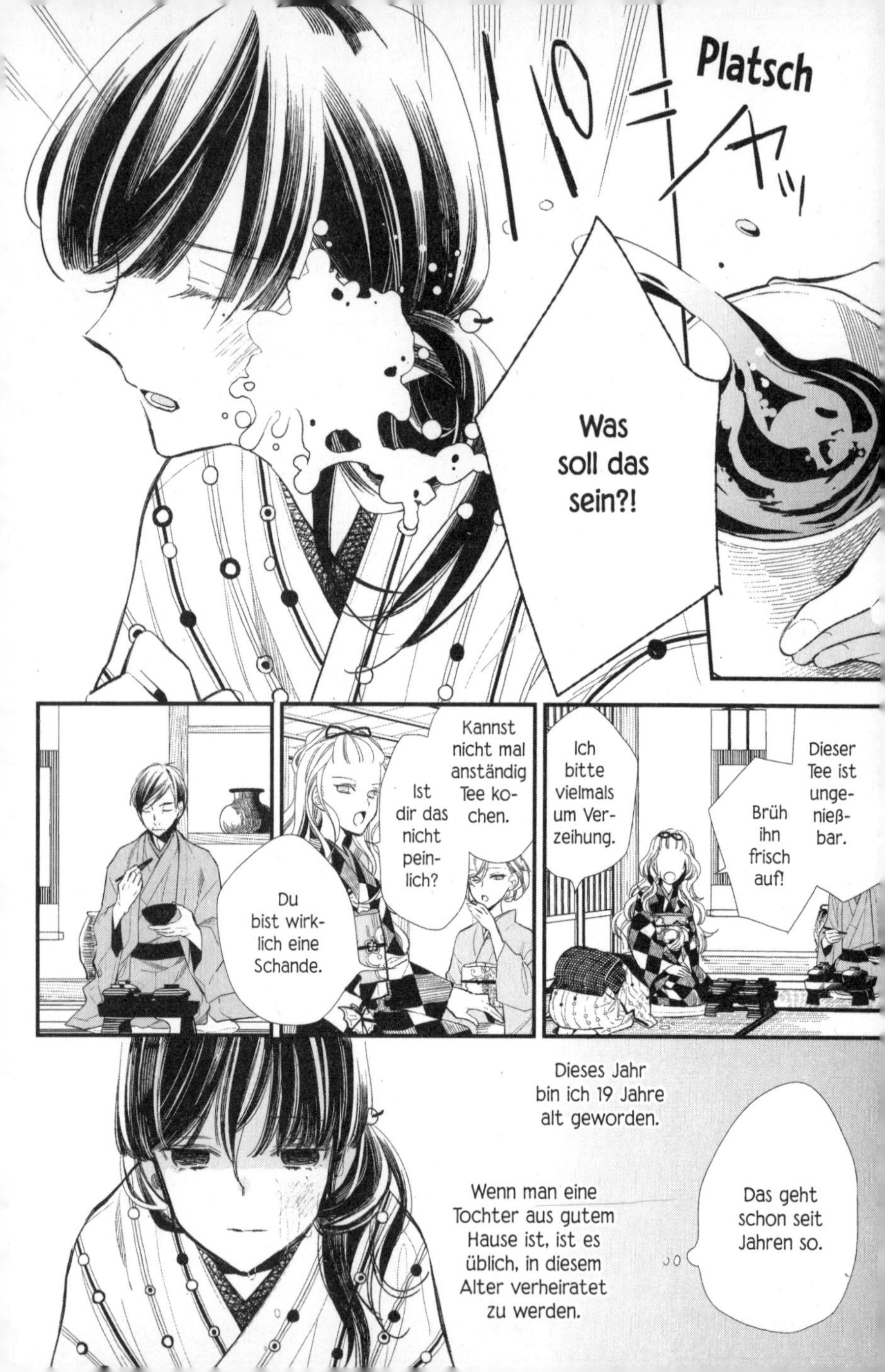
Platsch
Was soll das sein?!
Dieser Tee ist ungenießbar.
Brüh ihn frisch auf!
Ich bitte vielmals um Verzeihung.
Kannst nicht mal anständig Tee kochen.
Ist dir das nicht peinlich?
Du bist wirklich eine Schande.
Dieses Jahr bin ich 19 Jahre alt geworden.
Das geht schon seit Jahren so.
Wenn man eine Tochter aus gutem Hause ist, ist es üblich, in diesem Alter verheiratet zu werden.

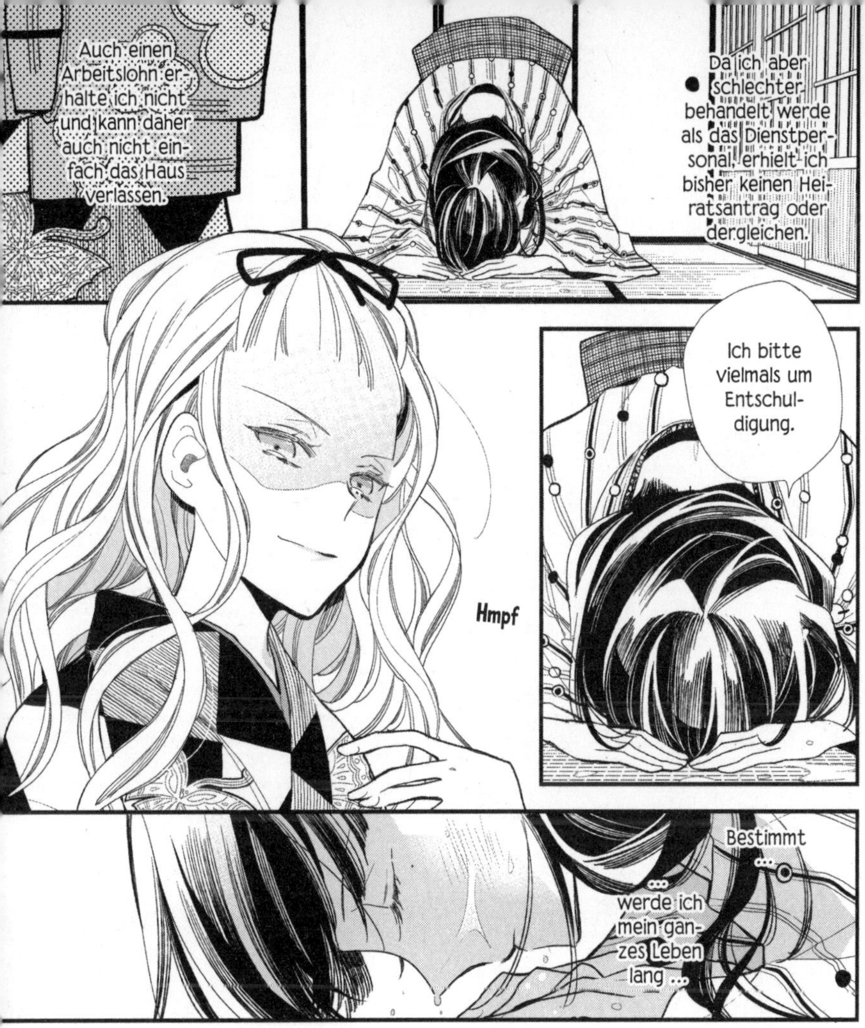


... so wie eine Bedienstete arbeiten.

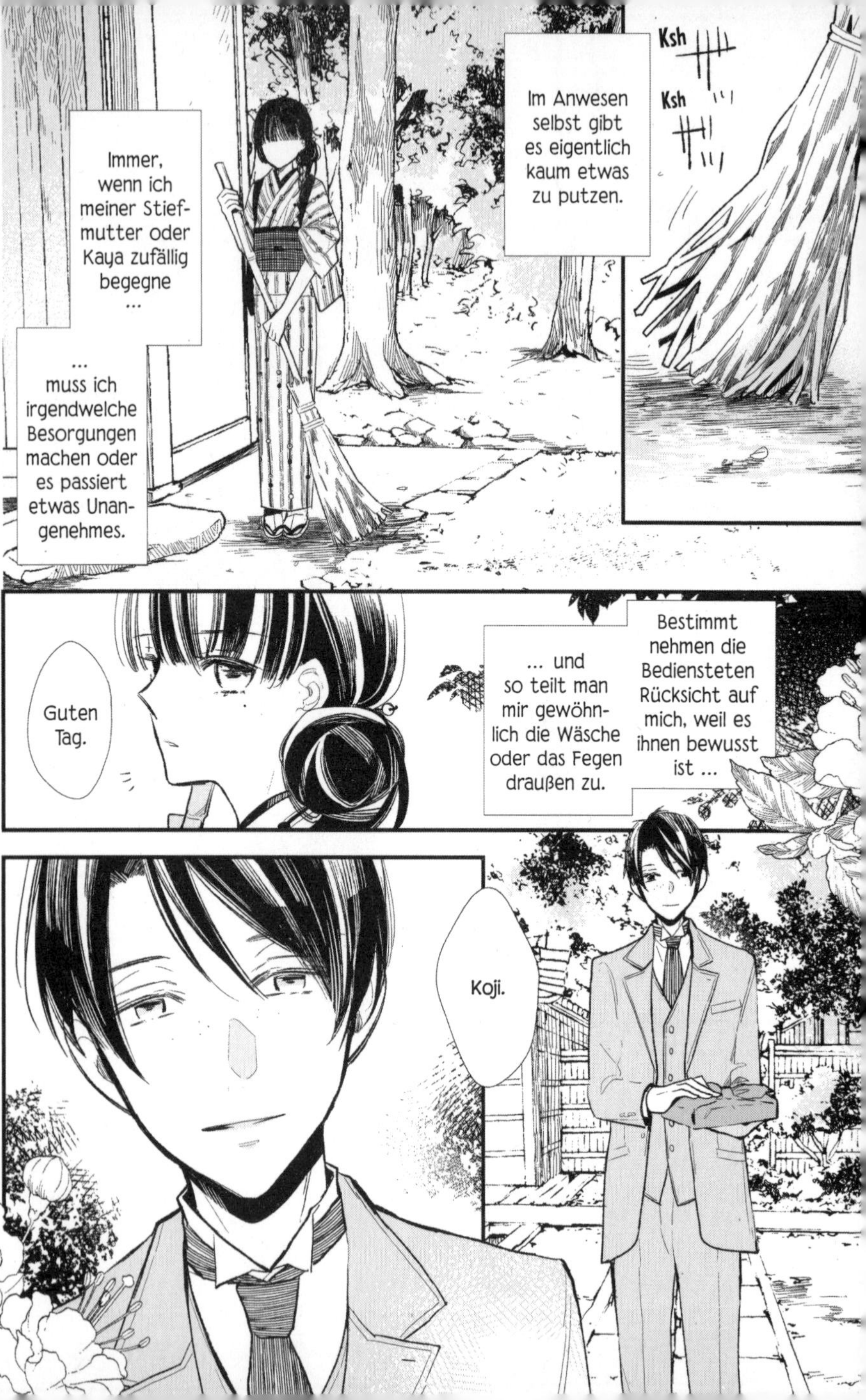
Ksh
Ksh
Im Anwesen selbst gibt es eigentlich kaum etwas zu putzen.
Immer, wenn ich meiner Stief-mutter oder Kaya zufällig begegne ...
... muss ich irgendwelche Besorgungen machen oder es passiert etwas Unan-genehmes.
Bestimmt nehmen die Bediensteten Rücksicht auf mich, weil es ihnen bewusst ist ...
... und so teilt man mir gewöhn-lich die Wäsche oder das Fegen draußen zu.
Guten Tag.
Koji.

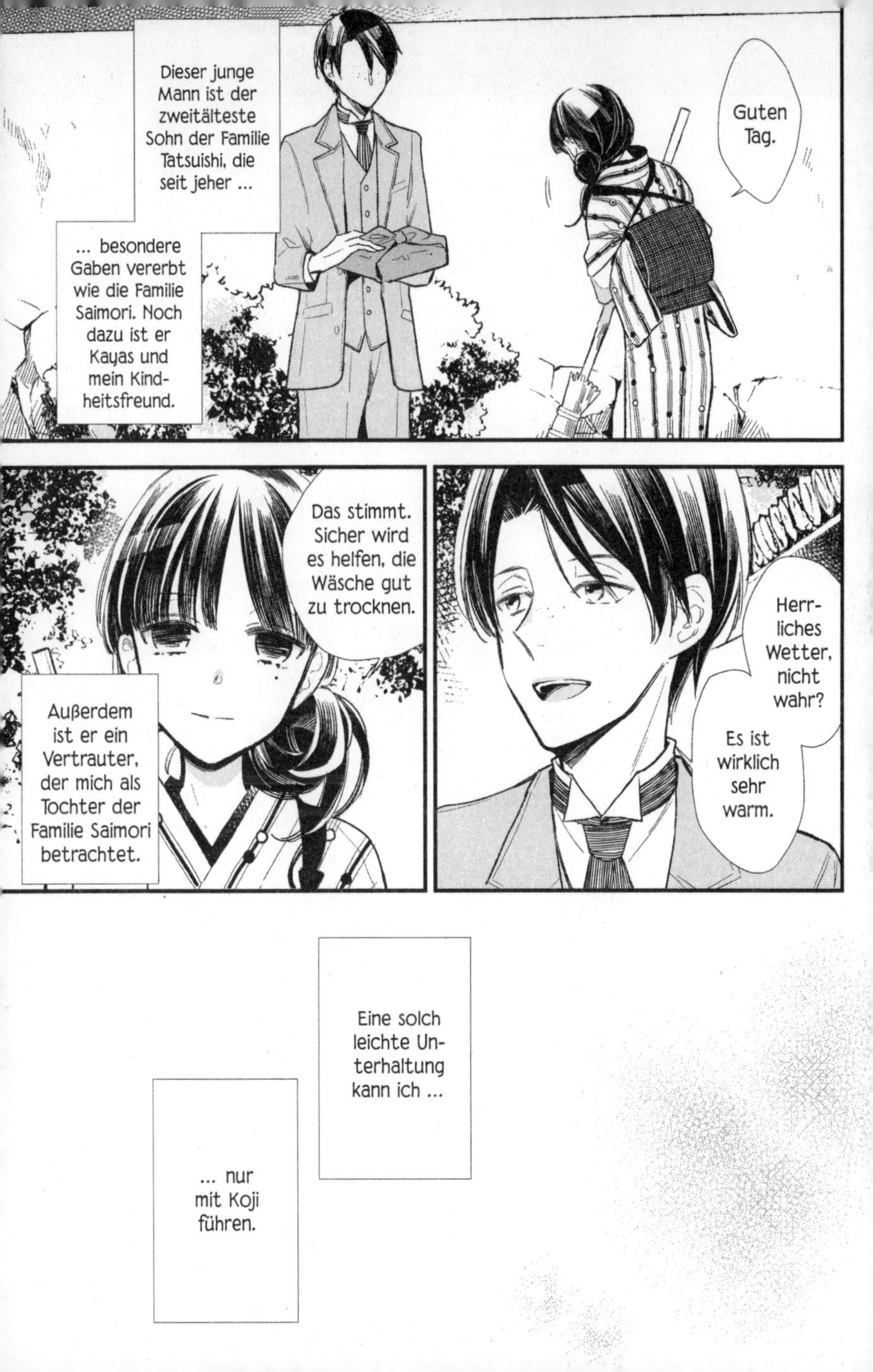
Guten Tag.
Dieser junge Mann ist der zweitälteste Sohn der Familie Tatsuishi, die seit jeher ...
... besondere Gaben vererbt wie die Familie Saimori. Noch dazu ist er Kayas und mein Kindheitsfreund.
Herrliches Wetter, nicht wahr?
Es ist wirklich sehr warm.
Das stimmt. Sicher wird es helfen, die Wäsche gut zu trocknen.
Außerdem ist er ein Vertrauter, der mich als Tochter der Familie Saimori betrachtet.
Eine solch leichte Unterhaltung kann ich ...
... nur mit Koji führen.

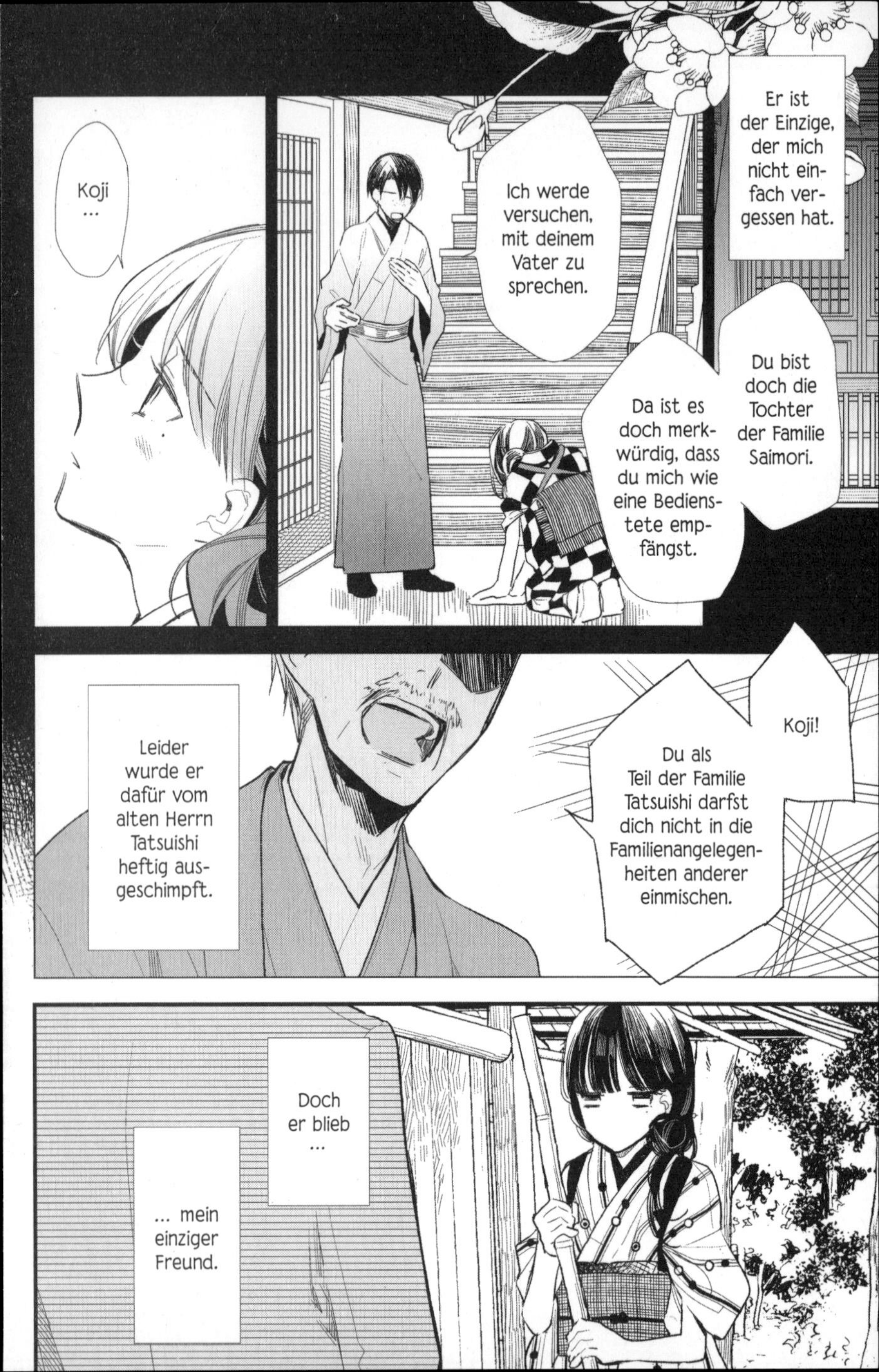

Er ist der Einzige, der mich nicht einfach vergessen hat.
Ich werde versuchen, mit deinem Vater zu sprechen.
Du bist doch die Tochter der Familie Saimori.
Da ist es doch merkwürdig, dass du mich wie eine Bedienstete empfängst.
Koji ...
Koji!
Du als Teil der Familie Tatsuishi darfst dich nicht in die Familienangelegenheiten anderer einmischen.
Leider wurde er dafür vom alten Herrn Tatsuishi heftig ausgeschimpft.
Doch er blieb ...
... mein einziger Freund.

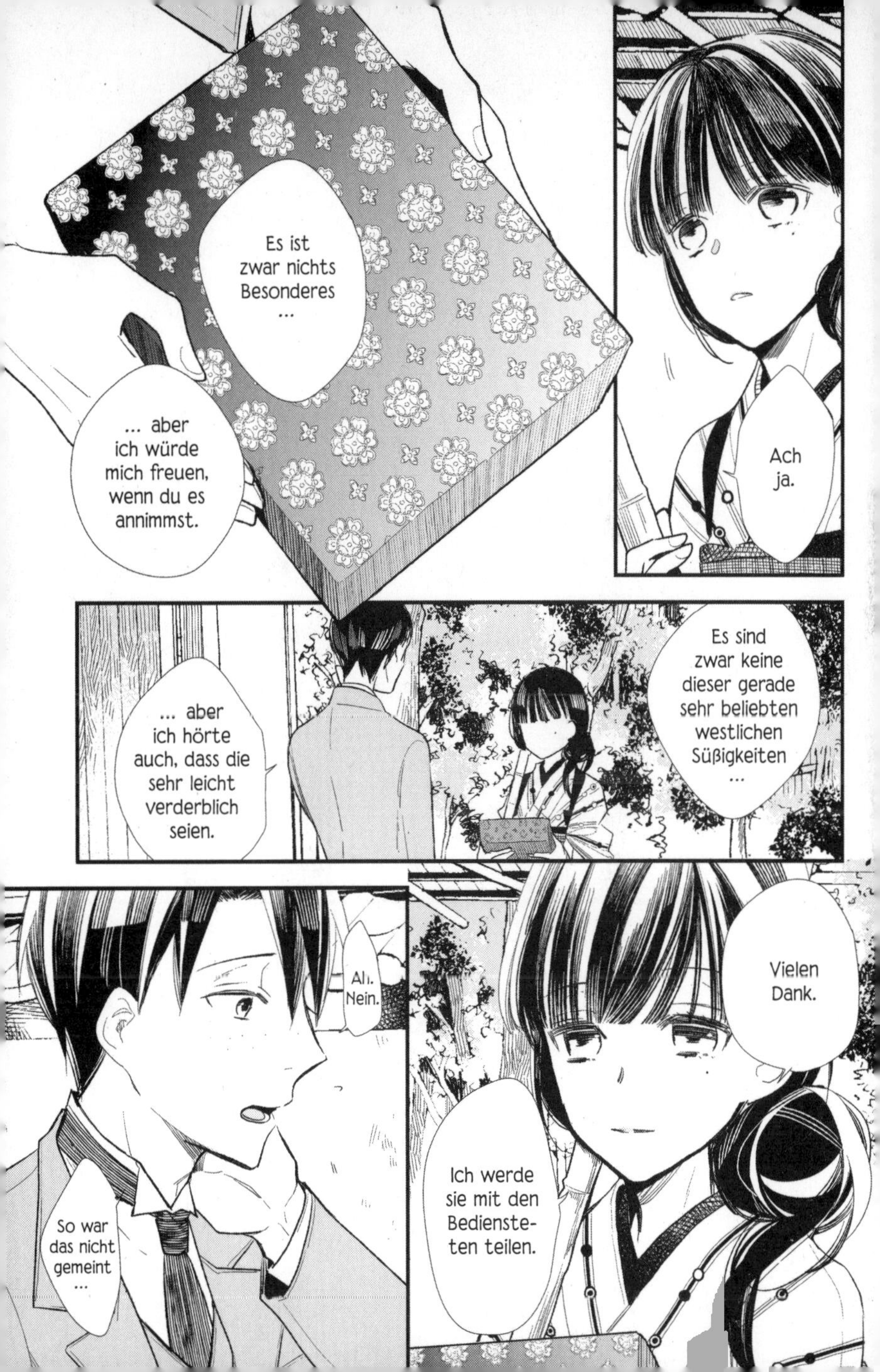
Ach ja.
Es ist zwar nichts Besonderes ...
... aber ich würde mich freuen, wenn du es annimmst.
Es sind zwar keine dieser gerade sehr beliebten westlichen Süßigkeiten ...
... aber ich hörte auch, dass die sehr leicht verderblich seien.
Vielen Dank.
Ich werde sie mit den Bedienste-ten teilen.
Ah. Nein.
So war das nicht gemeint ...

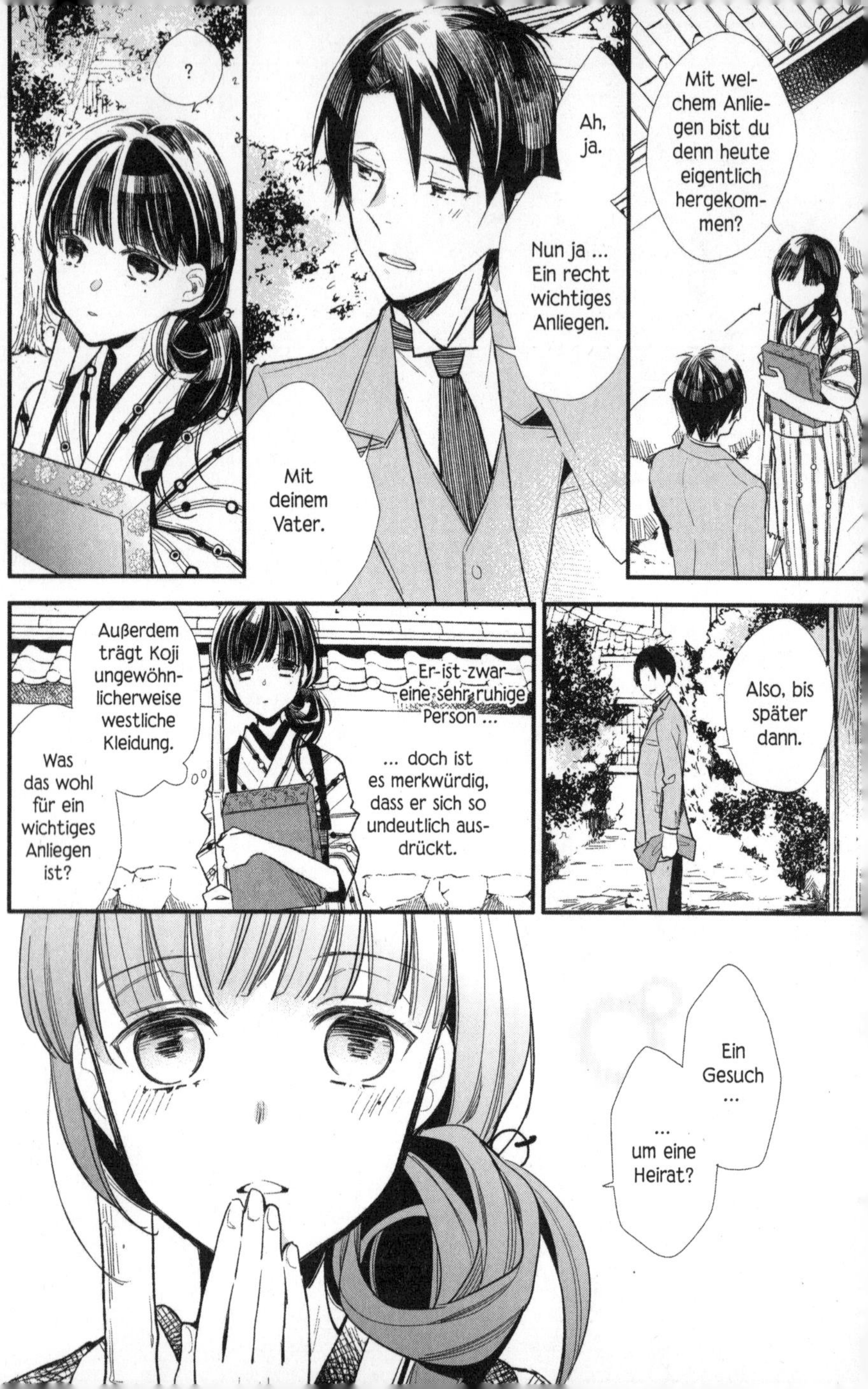
Mit welchem Anliegen bist du denn heute eigentlich hergekommen?
Ah, ja.
Nun ja ... Ein recht wichtiges Anliegen.
Mit deinem Vater.
?
Also, bis später dann.
Er ist zwar eine sehr ruhige Person ...
... doch ist es merkwürdig, dass er sich so undeutlich ausdrückt.
Außerdem trägt Koji ungewöhnlicherweise westliche Kleidung.
Was das wohl für ein wichtiges Anliegen ist?
Ein Gesuch ...
... um eine Heirat?

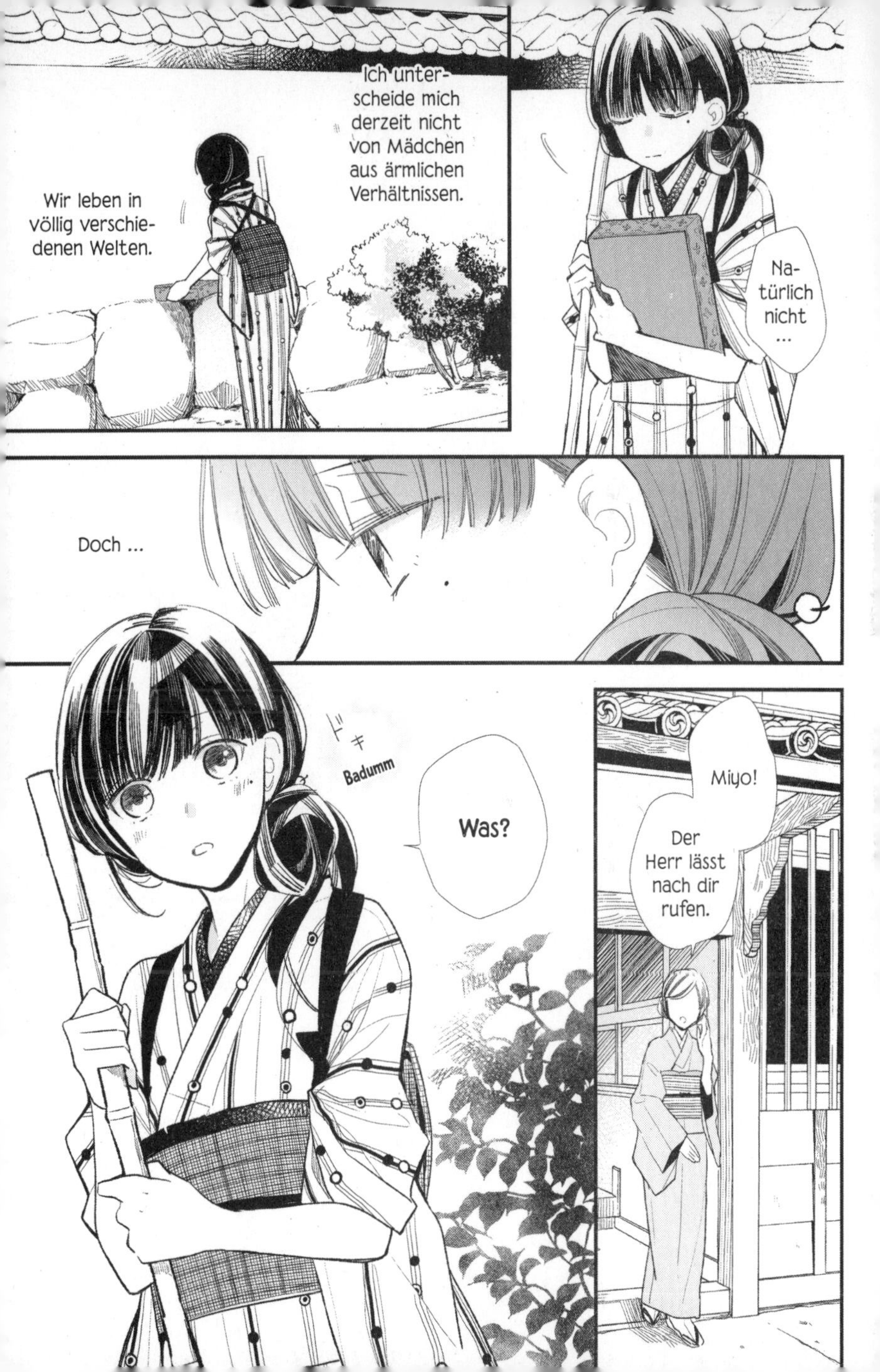

Natürlich nicht ...
Ich unterscheide mich derzeit nicht von Mädchen aus ärmlichen Verhältnissen.
Wir leben in völlig verschiedenen Welten.
Doch ...
Miyo!
Der Herr lässt nach dir rufen.
ドキ
Badumm
Was?

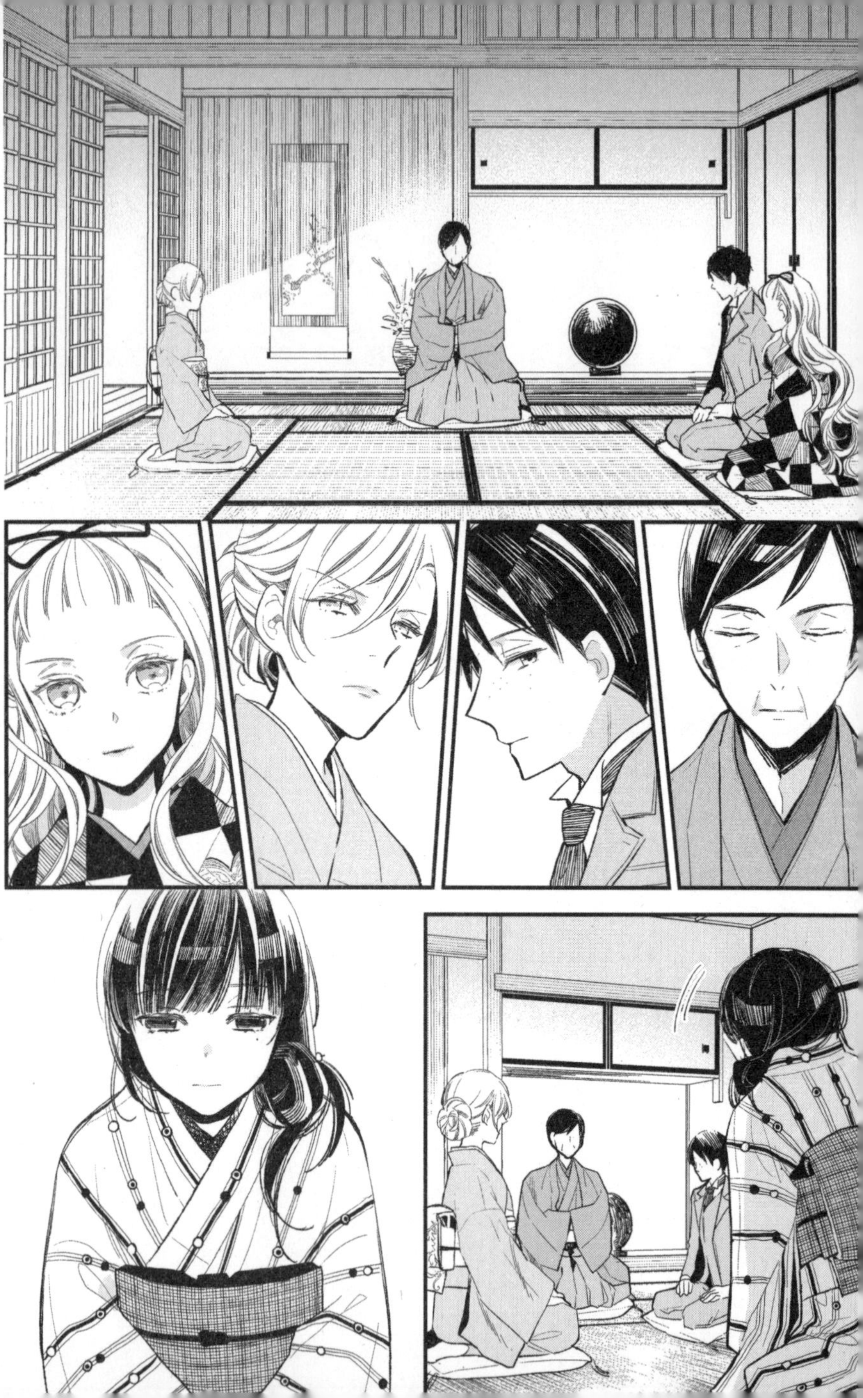

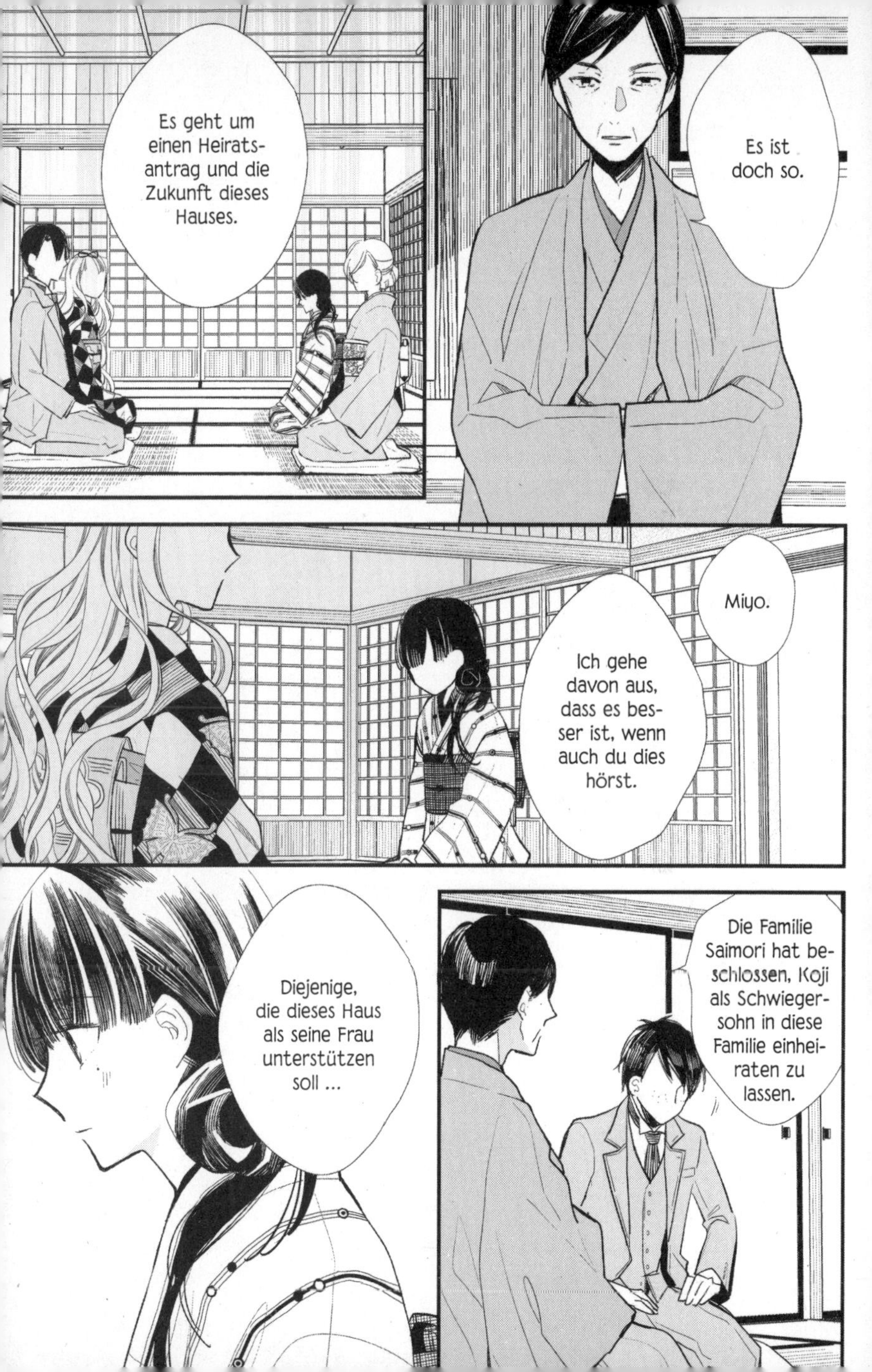
Es ist doch so.
Es geht um einen Heirats-antrag und die Zukunft dieses Hauses.
Miyo.
Ich gehe davon aus, dass es bes-ser ist, wenn auch du dies hörst.
Die Familie Saimori hat be-schlossen, Koji als Schwieger-sohn in diese Familie einhei-raten zu lassen.
Diejenige, die dieses Haus als seine Frau unterstützen soll ...

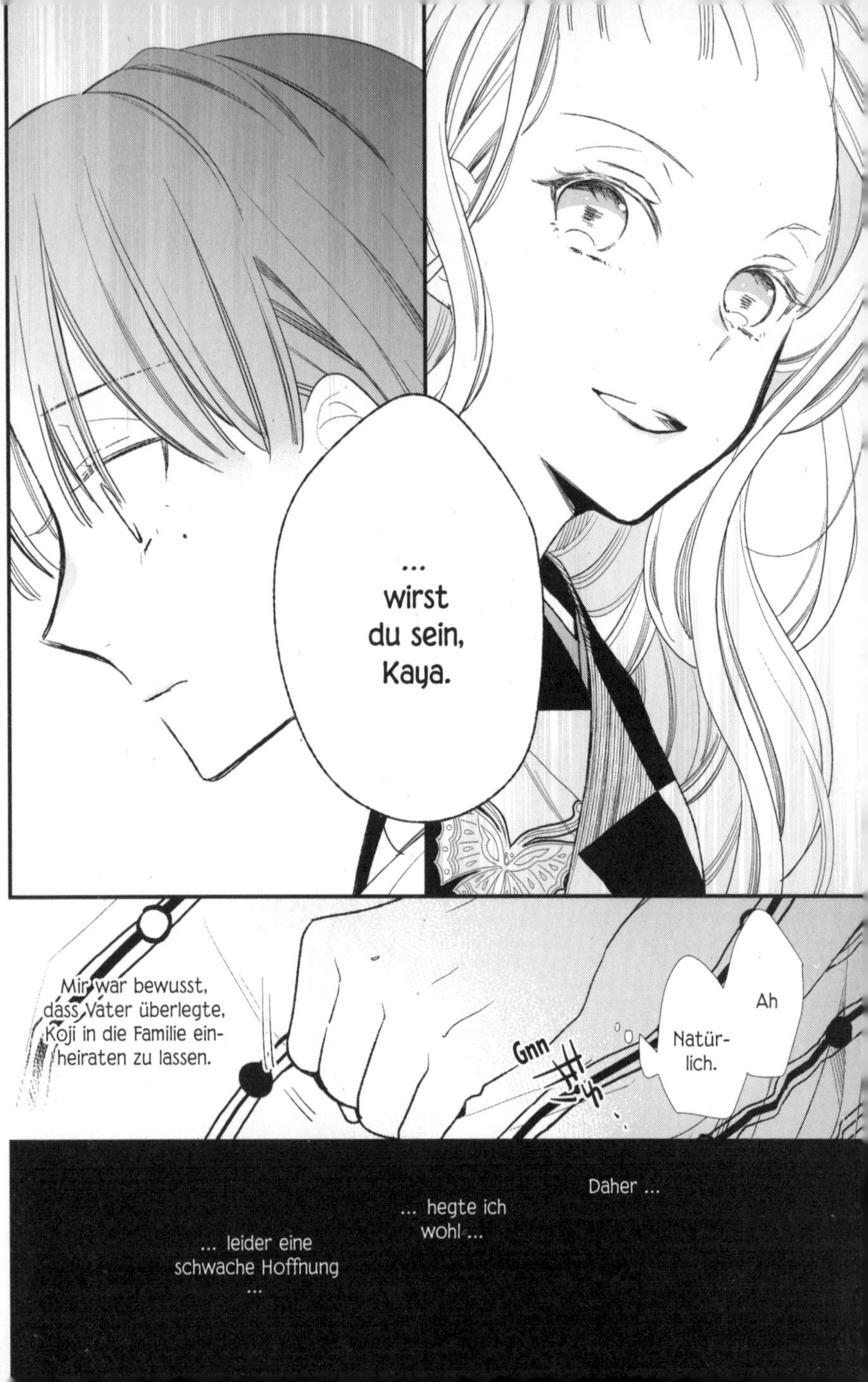
... wirst du sein, Kaya.
Ah Natür-lich.
Gnn
Mir war bewusst, dass Vater überlegte, Koji in die Familie ein-heiraten zu lassen.
Daher ...
... hegte ich wohl ...
... leider eine schwache Hoffnung ...

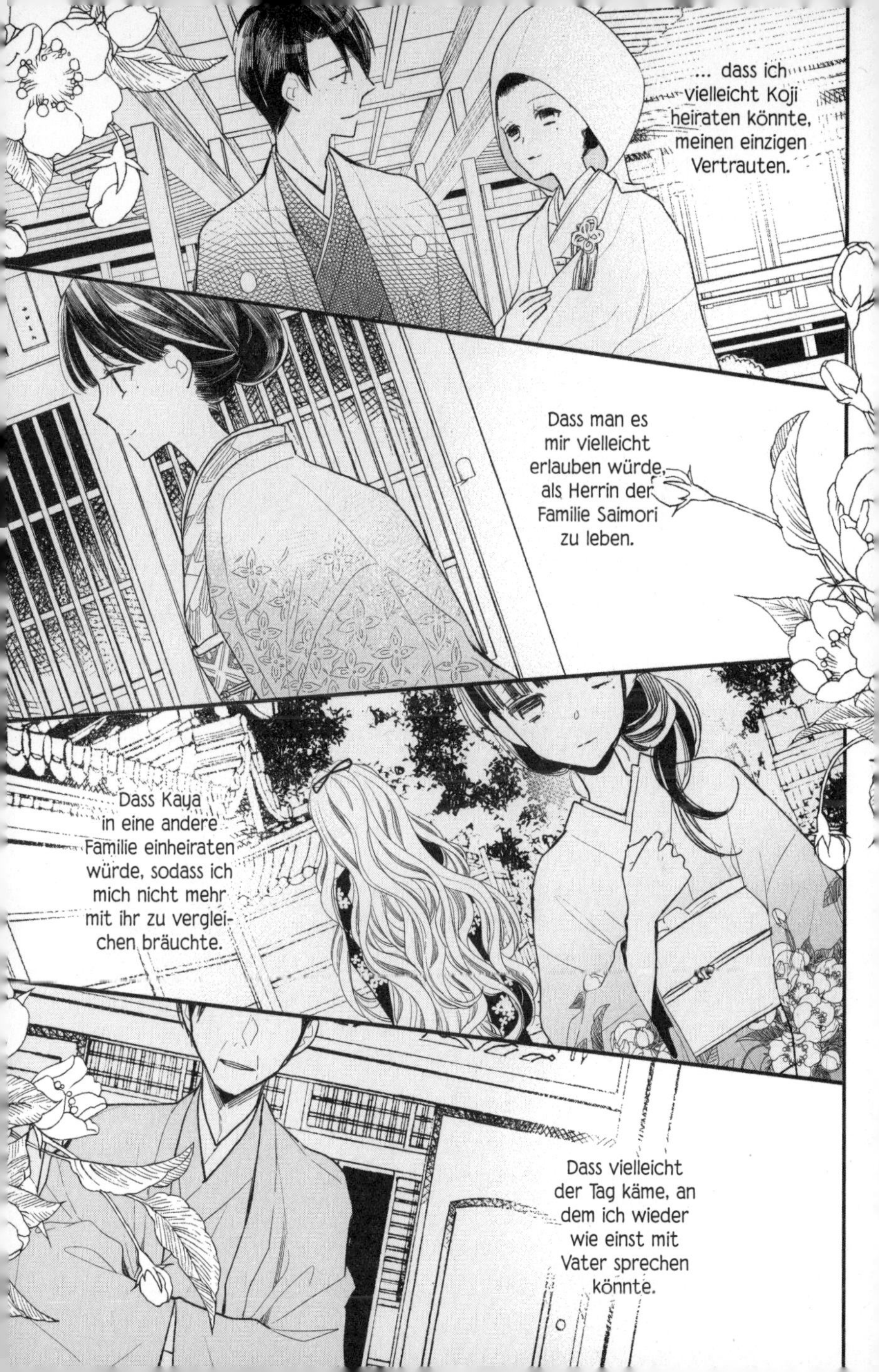
... dass ich vielleicht Koji heiraten könnte, meinen einzigen Vertrauten.
Dass man es mir vielleicht erlauben würde, als Herrin der Familie Saimori zu leben.
Dass Kaya in eine andere Familie einheiraten würde, sodass ich mich nicht mehr mit ihr zu verglei-chen bräuchte.
Dass vielleicht der Tag käme, an dem ich wieder wie einst mit Vater sprechen könnte.

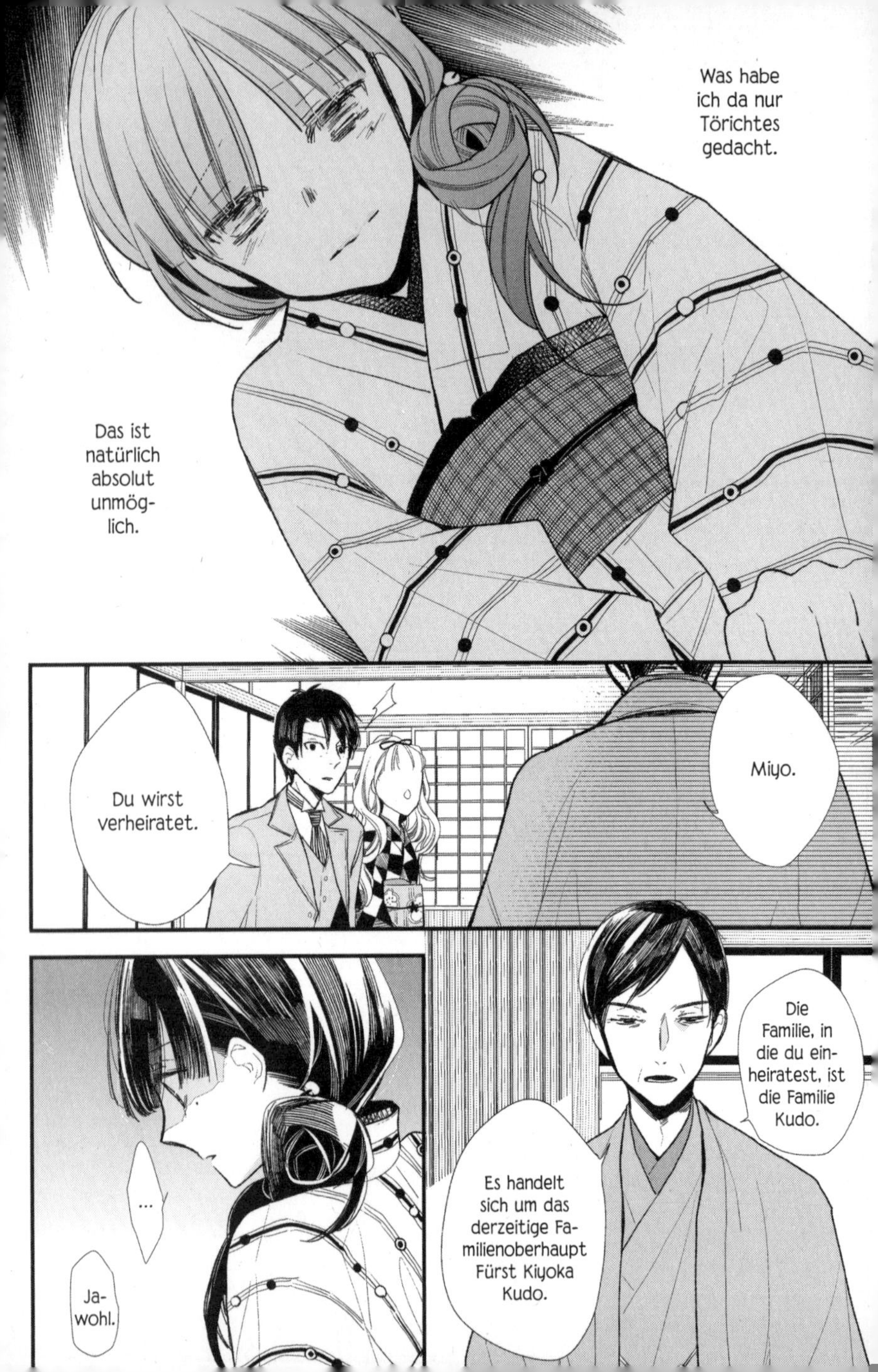
Was habe ich da nur Törichtes gedacht.
Das ist natürlich absolut unmöglich.
Miyo.
Du wirst verheiratet.
Die Familie, in die du einheiratest, ist die Familie Kudo.
Es handelt sich um das derzeitige Familienoberhaupt Fürst Kiyoka Kudo.
…
Jawohl.

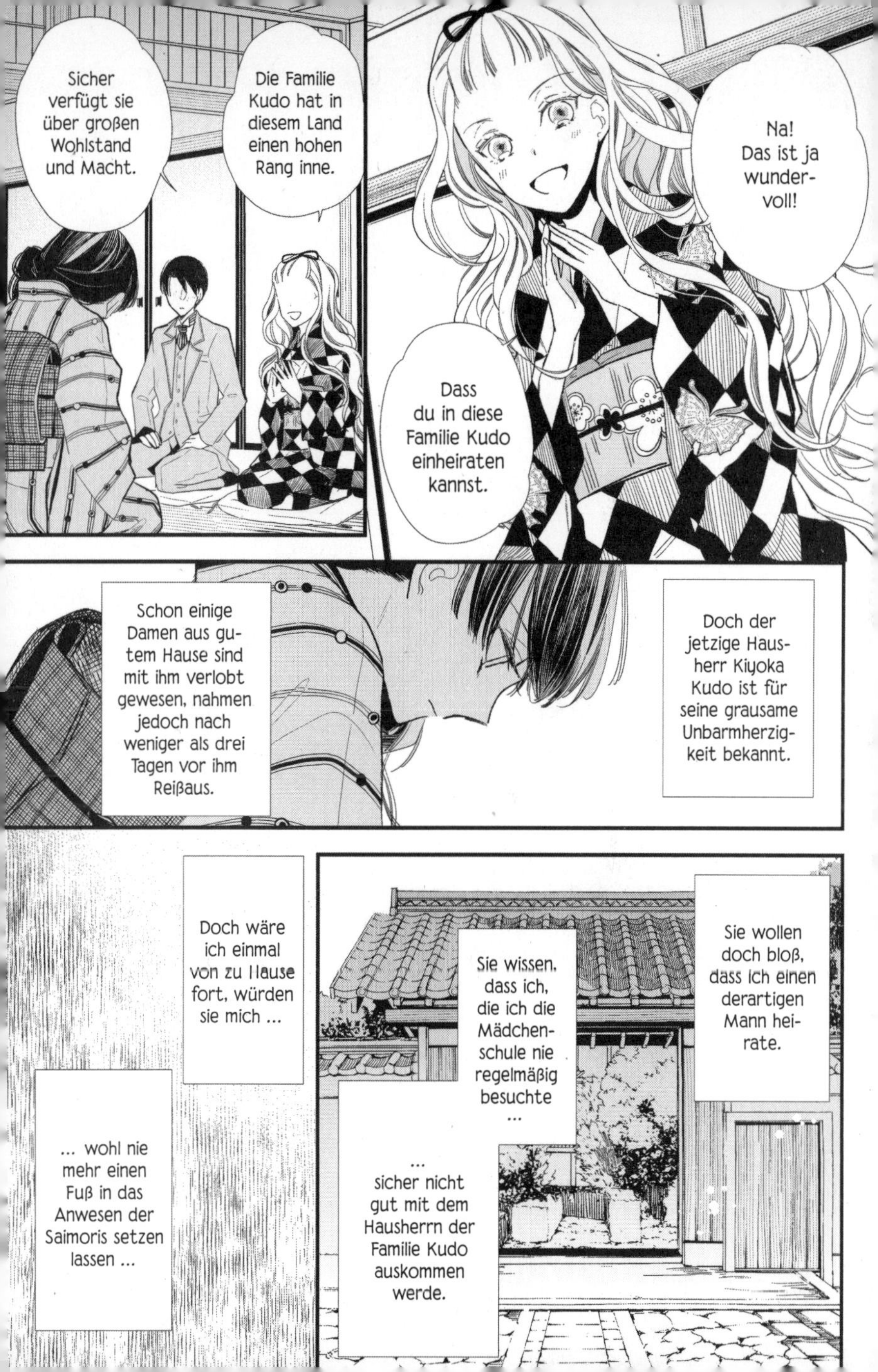
Na! Das ist ja wunder-voll!
Dass du in diese Familie Kudo einheiraten kannst.
Die Familie Kudo hat in diesem Land einen hohen Rang inne.
Sicher verfügt sie über großen Wohlstand und Macht.
Doch der jetzige Haus-herr Kiyoka Kudo ist für seine grausame Unbarmherzig-keit bekannt.
Schon einige Damen aus gu-tem Hause sind mit ihm verlobt gewesen, nahmen jedoch nach weniger als drei Tagen vor ihm Reißaus.
Sie wollen doch bloß, dass ich einen derartigen Mann hei-rate.
Sie wissen, dass ich, die ich die Mädchen-schule nie regelmäßig besuchte ...
... sicher nicht gut mit dem Hausherrn der Familie Kudo auskommen werde.
Doch wäre ich einmal von zu Hause fort, würden sie mich ...
... wohl nie mehr einen Fuß in das Anwesen der Saimoris setzen lassen ...

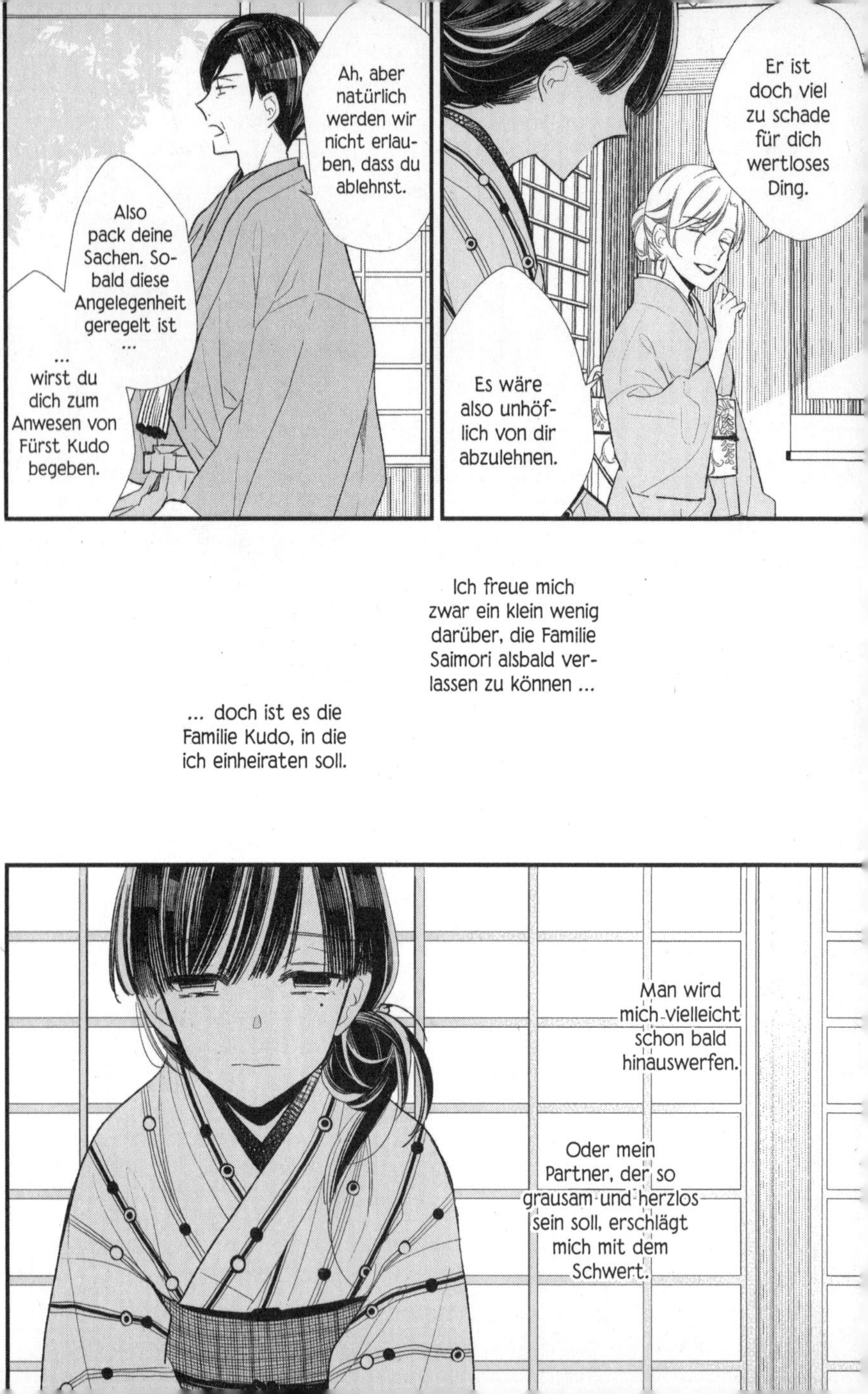
Er ist doch viel zu schade für dich wertloses Ding.
Es wäre also unhöflich von dir abzulehnen.
Ah, aber natürlich werden wir nicht erlauben, dass du ablehnst.
Also pack deine Sachen. Sobald diese Angelegenheit geregelt ist ...
... wirst du dich zum Anwesen von Fürst Kudo begeben.
Ich freue mich zwar ein klein wenig darüber, die Familie Saimori alsbald verlassen zu können ...
... doch ist es die Familie Kudo, in die ich einheiraten soll.
Man wird mich vielleicht schon bald hinauswerfen.
Oder mein Partner, der so grausam und herzlos sein soll, erschlägt mich mit dem Schwert.

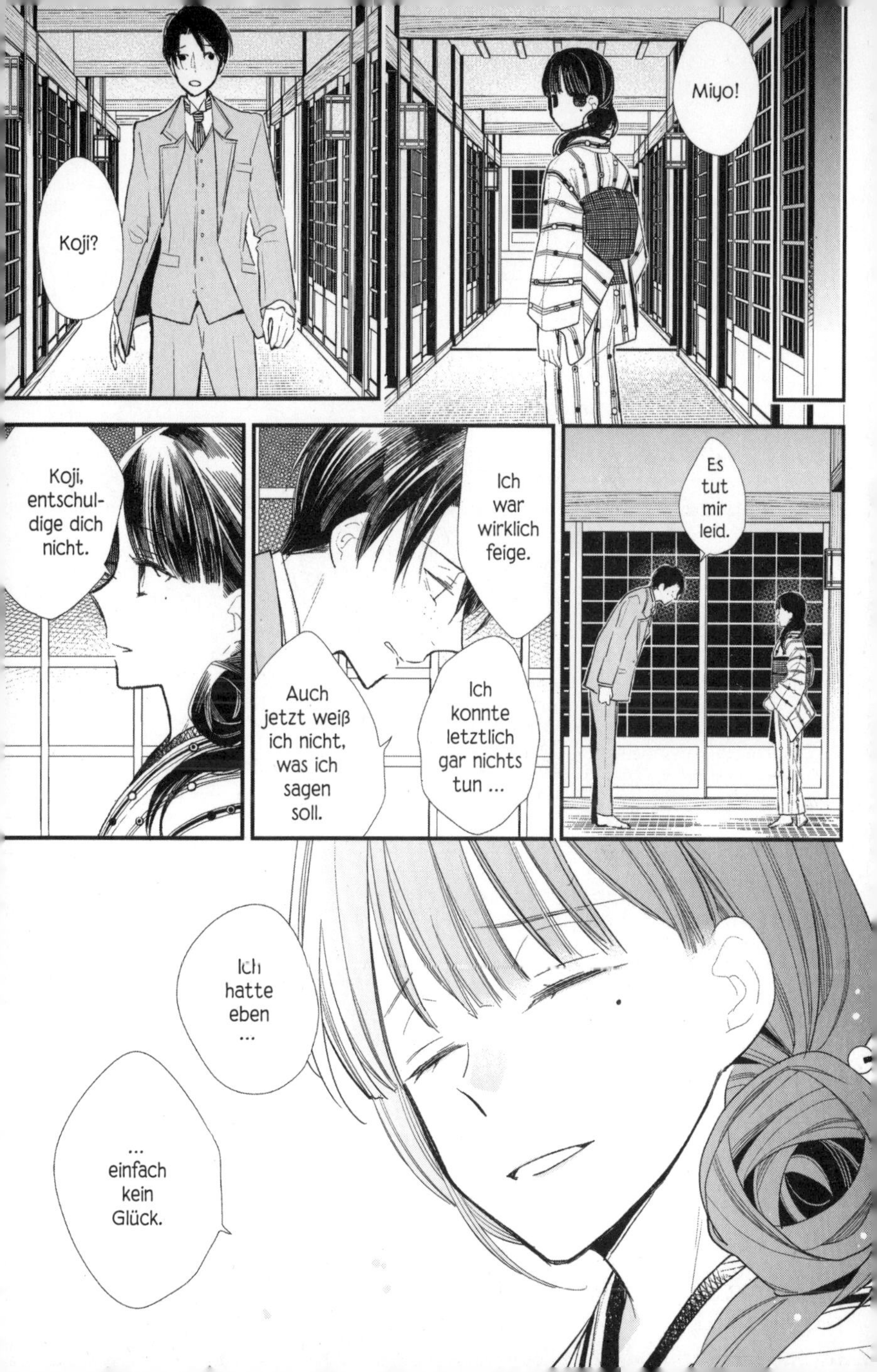
Miyo!
Koji?
Es tut mir leid.
Ich war wirklich feige.
Ich konnte letztlich gar nichts tun ...
Auch jetzt weiß ich nicht, was ich sagen soll.
Koji, entschuldige dich nicht.
Ich hatte eben ...
... einfach kein Glück.

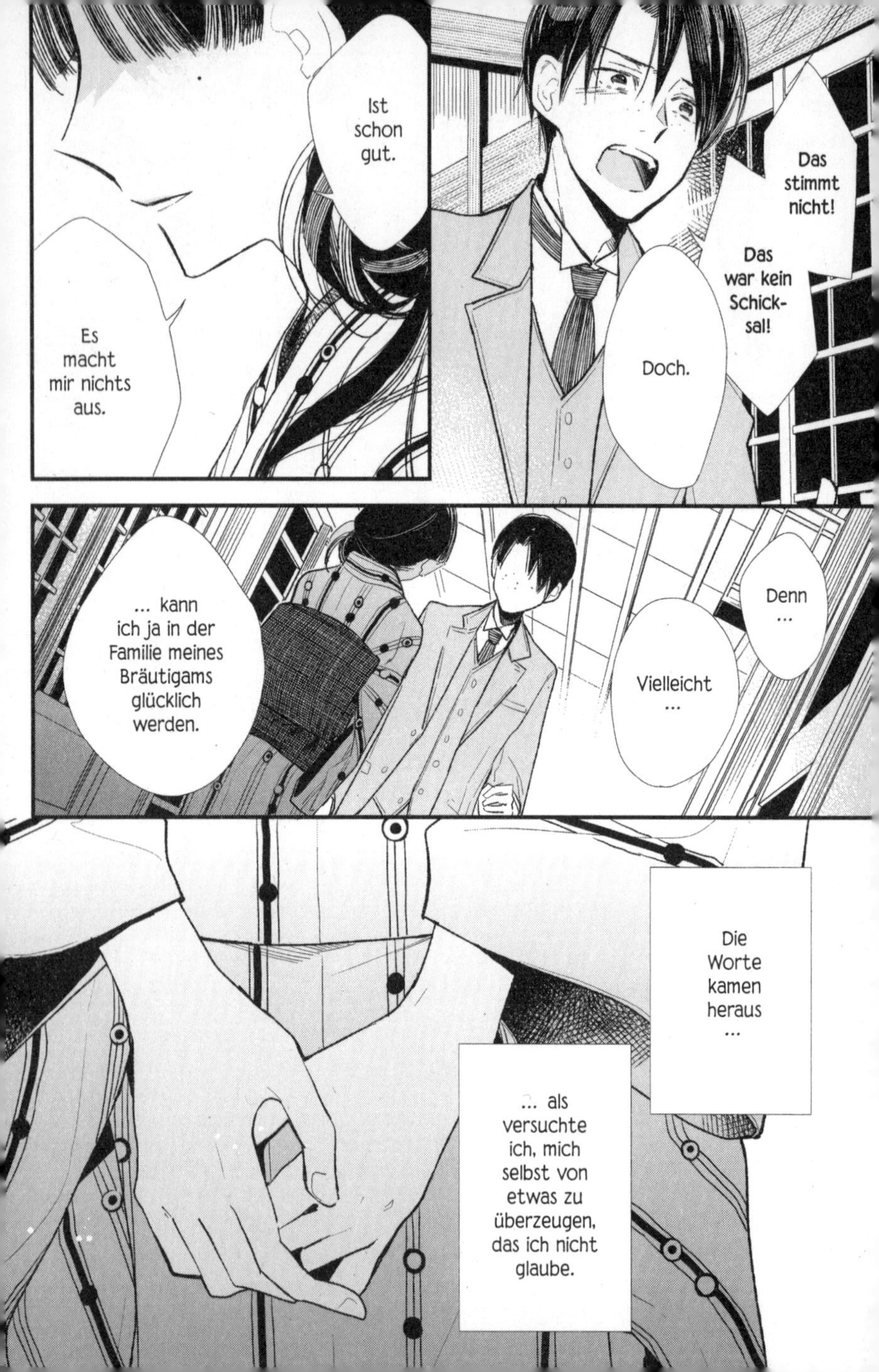
Das stimmt nicht!
Das war kein Schick-sal!
Doch.
Ist schon gut.
Es macht mir nichts aus.
Denn ...
Vielleicht ...
... kann ich ja in der Familie meines Bräutigams glücklich werden.
Die Worte kamen heraus ...
... als versuchte ich, mich selbst von etwas zu überzeugen, das ich nicht glaube.

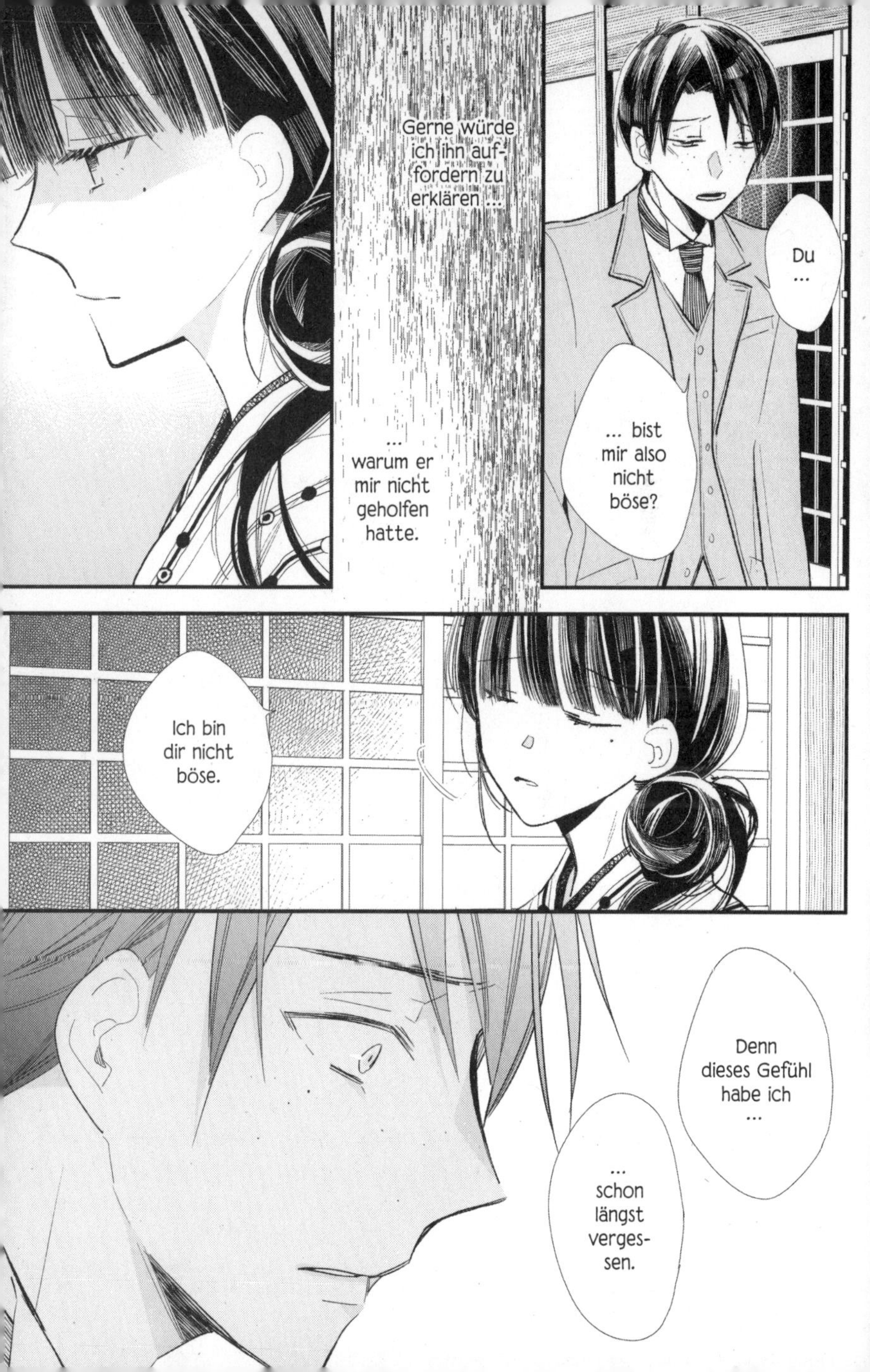
Du ...
... bist mir also nicht böse?
Gerne würde ich ihn auf-fordern zu erklären ...
... warum er mir nicht geholfen hatte.
Ich bin dir nicht böse.
Denn dieses Gefühl habe ich ...
... schon längst verges-sen.

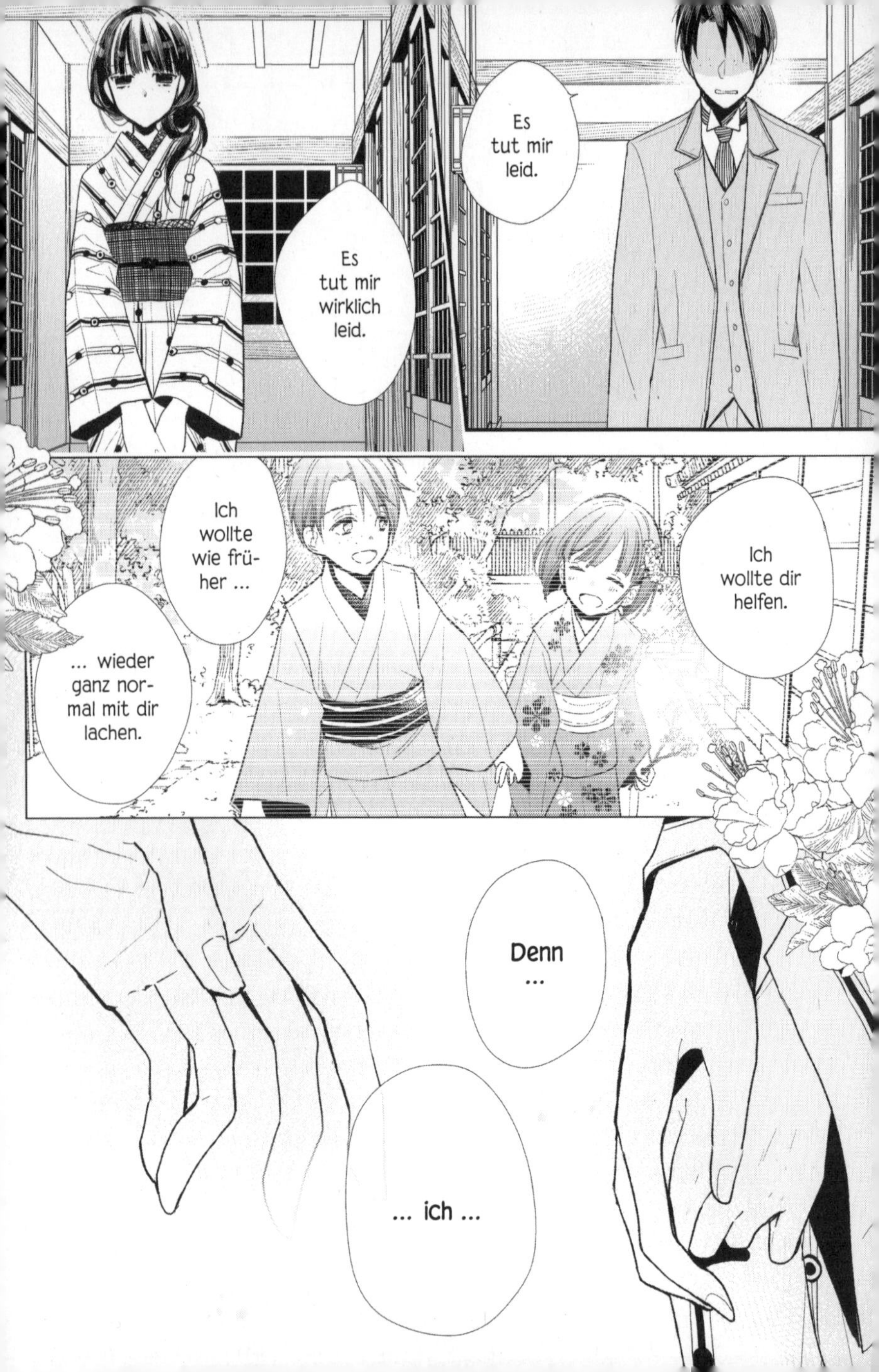
Es tut mir leid.
Es tut mir wirklich leid.
Ich wollte dir helfen.
Ich wollte wie frü-her ...
... wieder ganz nor-mal mit dir lachen.
Denn ...
... ich ...

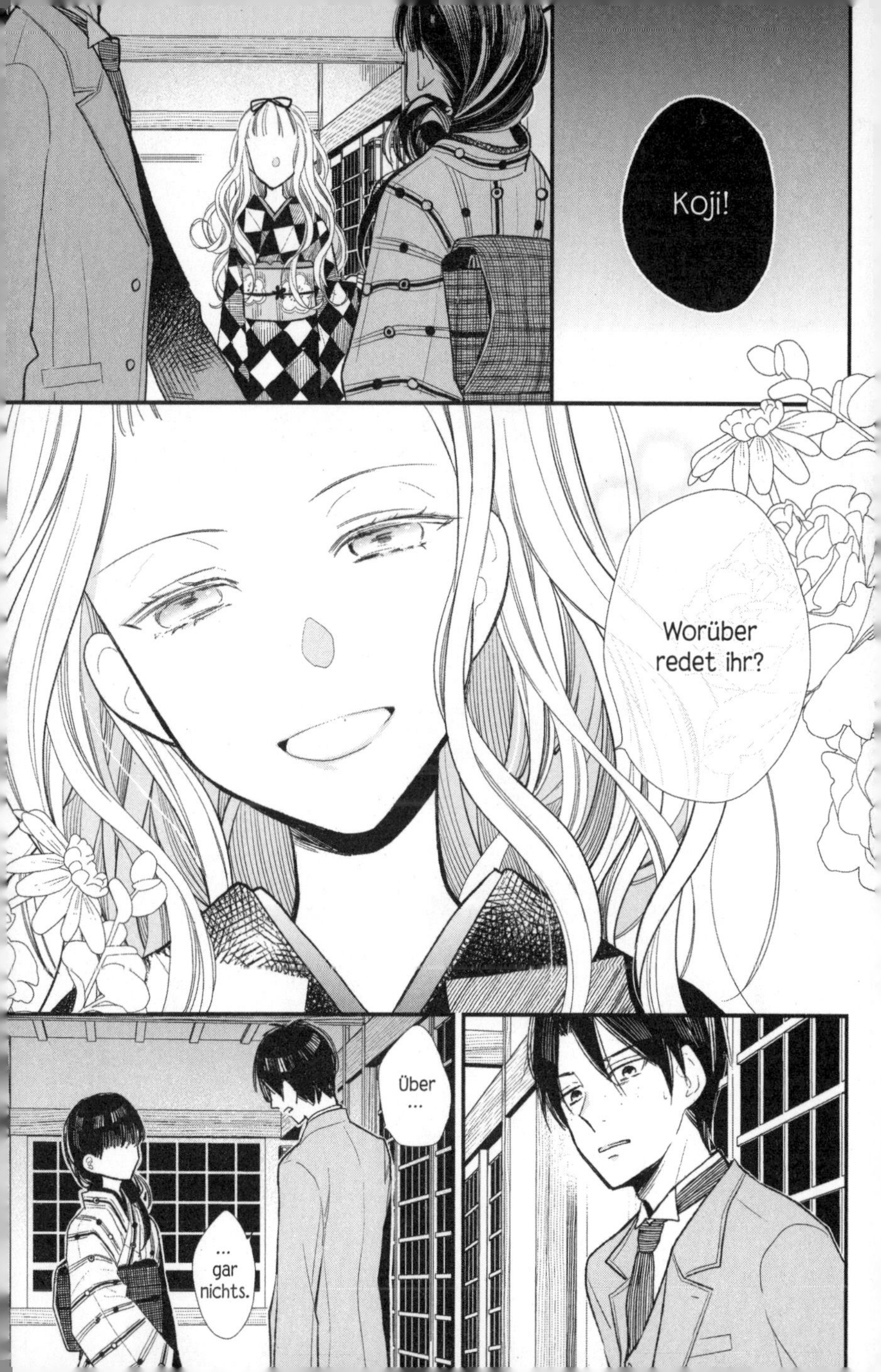
Koji!
Worüber redet ihr?
Über ...
... gar nichts.

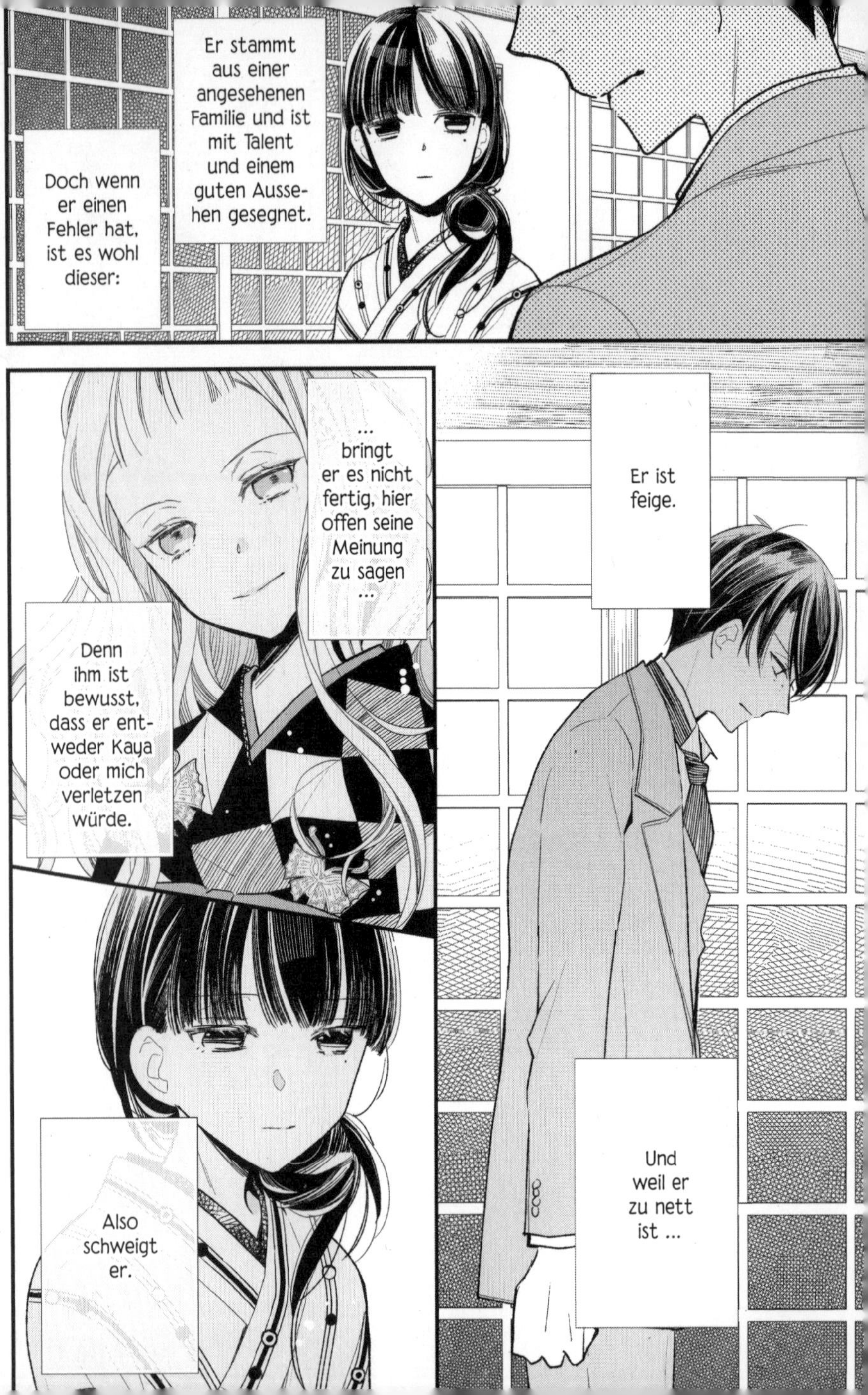
Er stammt aus einer angesehenen Familie und ist mit Talent und einem guten Aussehen gesegnet.
Doch wenn er einen Fehler hat, ist es wohl dieser:
Er ist feige.
... bringt er es nicht fertig, hier offen seine Meinung zu sagen ...
Denn ihm ist bewusst, dass er entweder Kaya oder mich verletzen würde.
Und weil er zu nett ist ...
Also schweigt er.

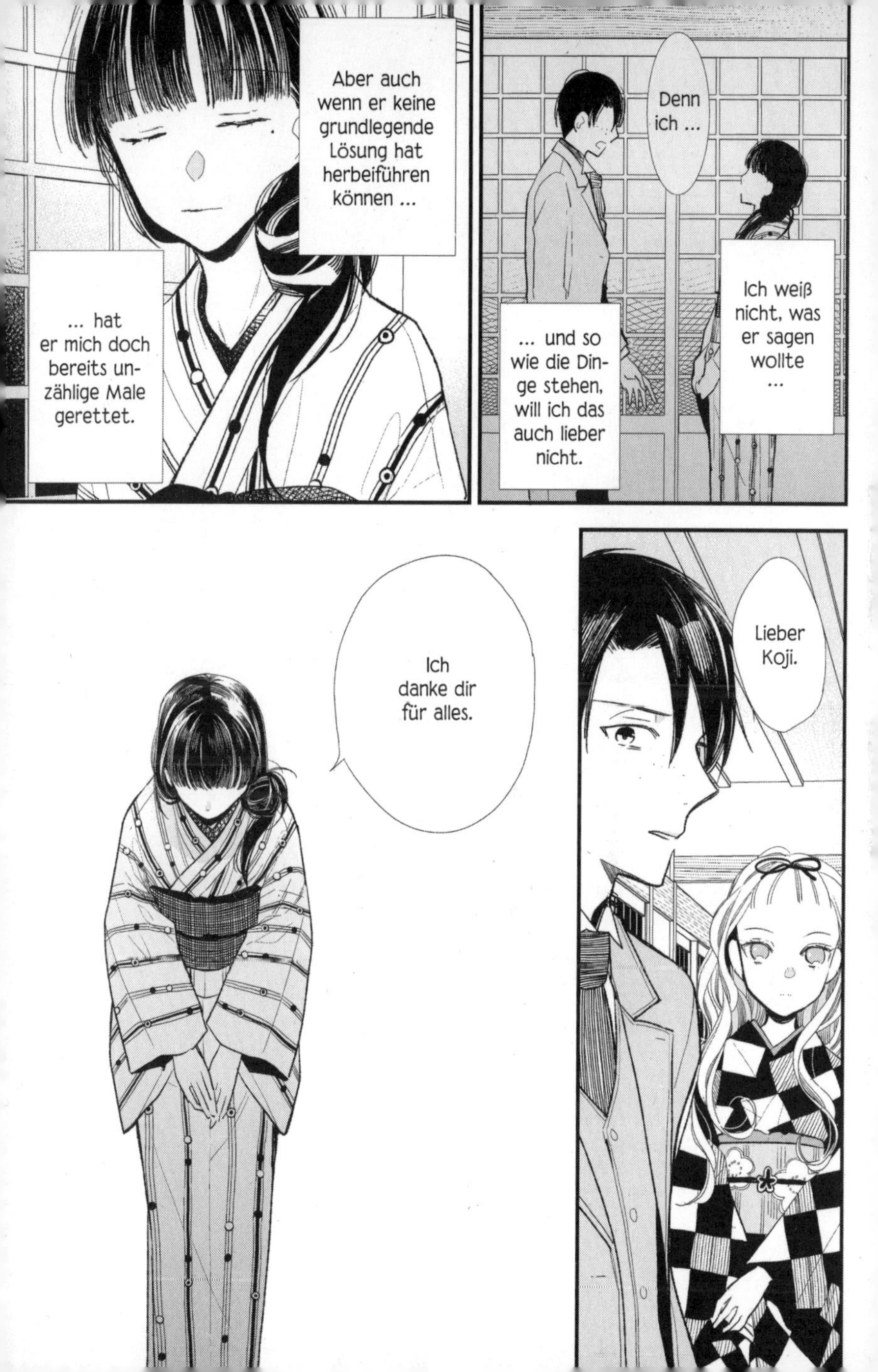
Denn ich ...
Ich weiß nicht, was er sagen wollte ...
... und so wie die Dinge stehen, will ich das auch lieber nicht.
Aber auch wenn er keine grundlegende Lösung hat herbeiführen können ...
... hat er mich doch bereits unzählige Male gerettet.
Lieber Koji.
Ich danke dir für alles.

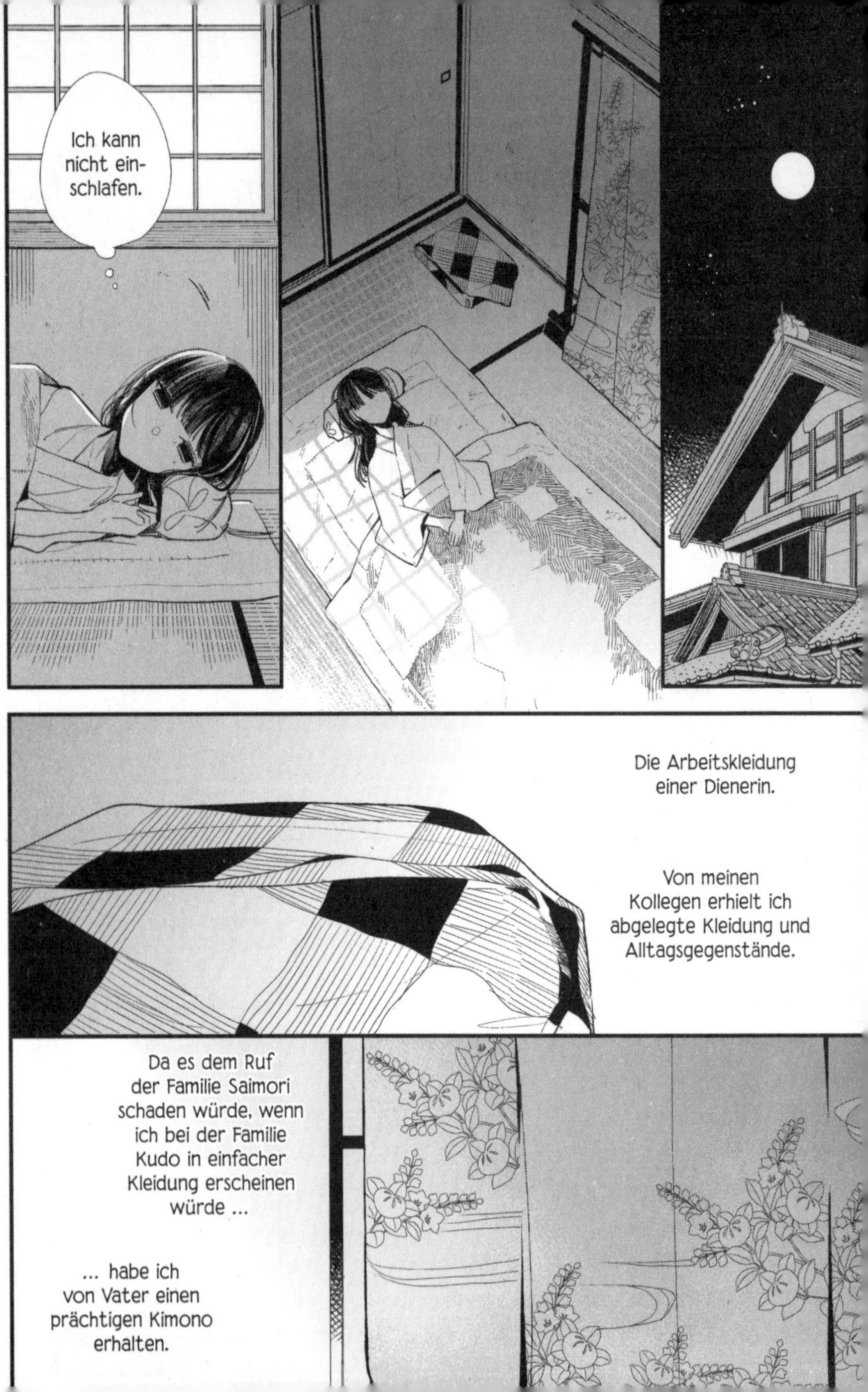
Ich kann nicht ein-schlafen.
Die Arbeitskleidung einer Dienerin.
Von meinen Kollegen erhielt ich abgelegte Kleidung und Alltagsgegenstände.
Da es dem Ruf der Familie Saimori schaden würde, wenn ich bei der Familie Kudo in einfacher Kleidung erscheinen würde …
… habe ich von Vater einen prächtigen Kimono erhalten.

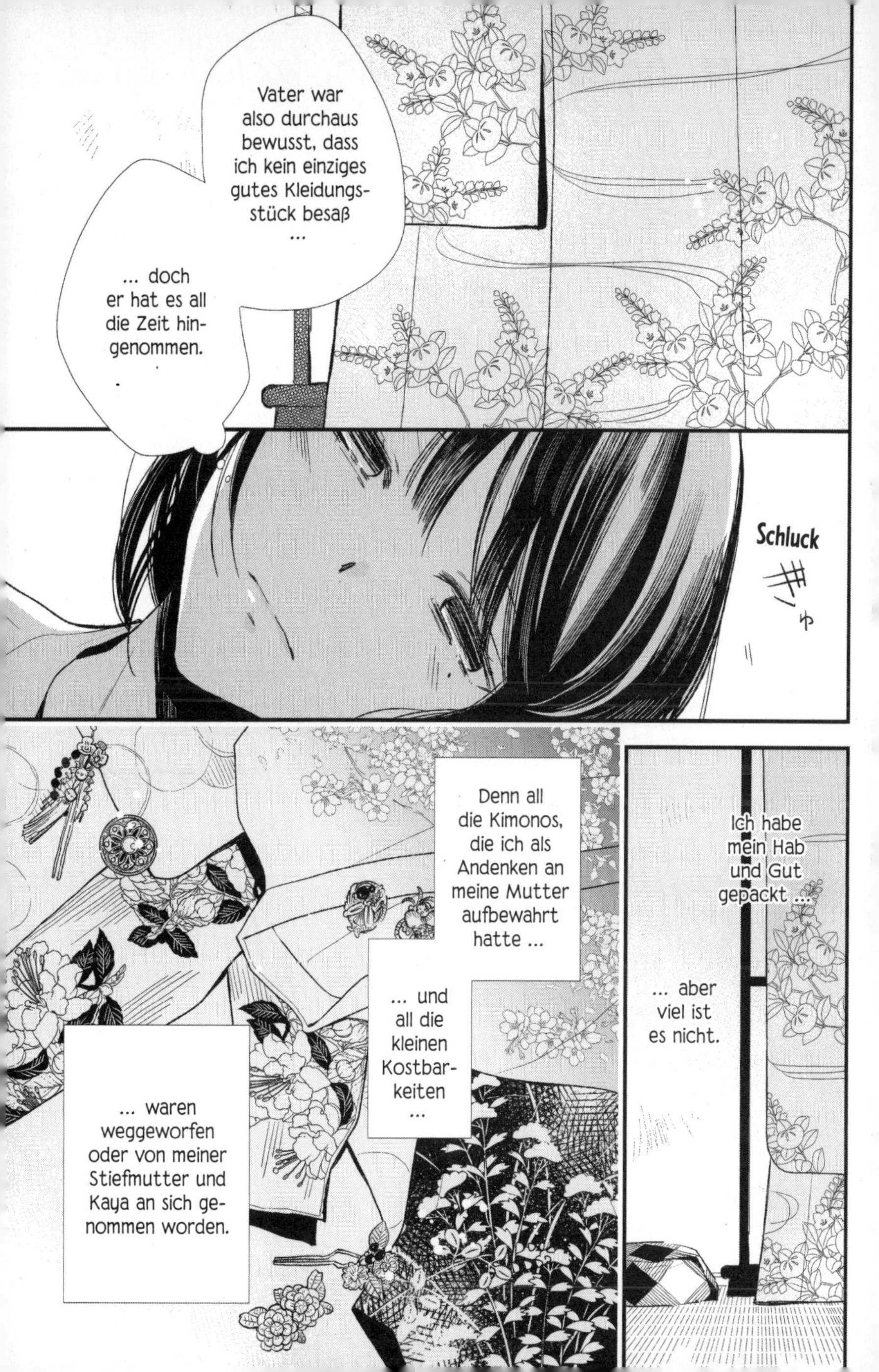
Vater war also durchaus bewusst, dass ich kein einziges gutes Kleidungsstück besaß …
… doch er hat es all die Zeit hingenommen.
Schluck
Ich habe mein Hab und Gut gepackt …
… aber viel ist es nicht.
Denn all die Kimonos, die ich als Andenken an meine Mutter aufbewahrt hatte …
… und all die kleinen Kostbarkeiten …
… waren weggeworfen oder von meiner Stiefmutter und Kaya an sich genommen worden.

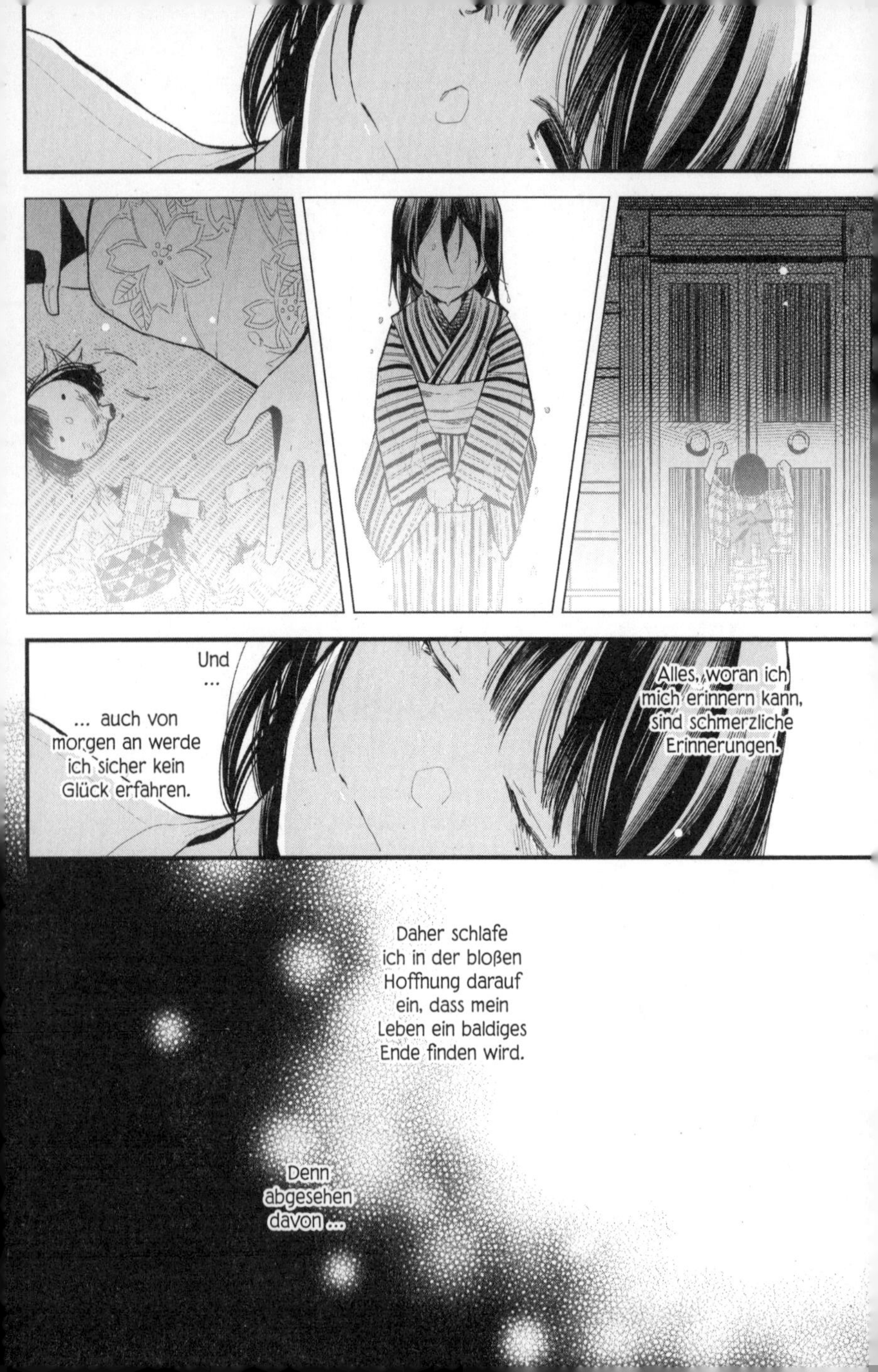
Alles, woran ich mich erinnern kann, sind schmerzliche Erinnerungen.
Und ...
... auch von morgen an werde ich sicher kein Glück erfahren.
Daher schlafe ich in der bloßen Hoffnung darauf ein, dass mein Leben ein baldiges Ende finden wird.
Denn abgesehen davon ...

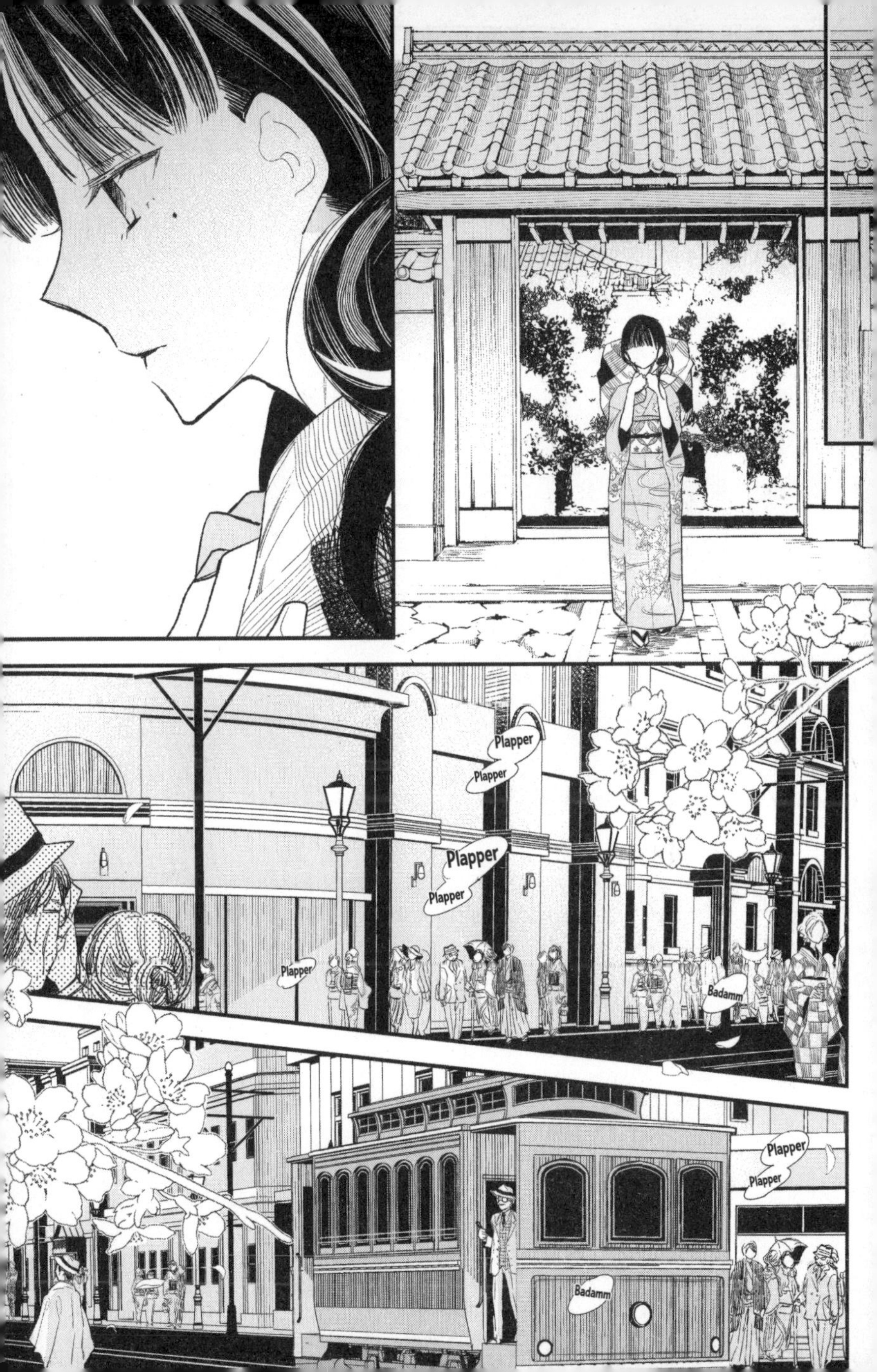
Plapper
Plapper
Plapper
Plapper
Plapper
Badamm
Plapper
Plapper
Badamm

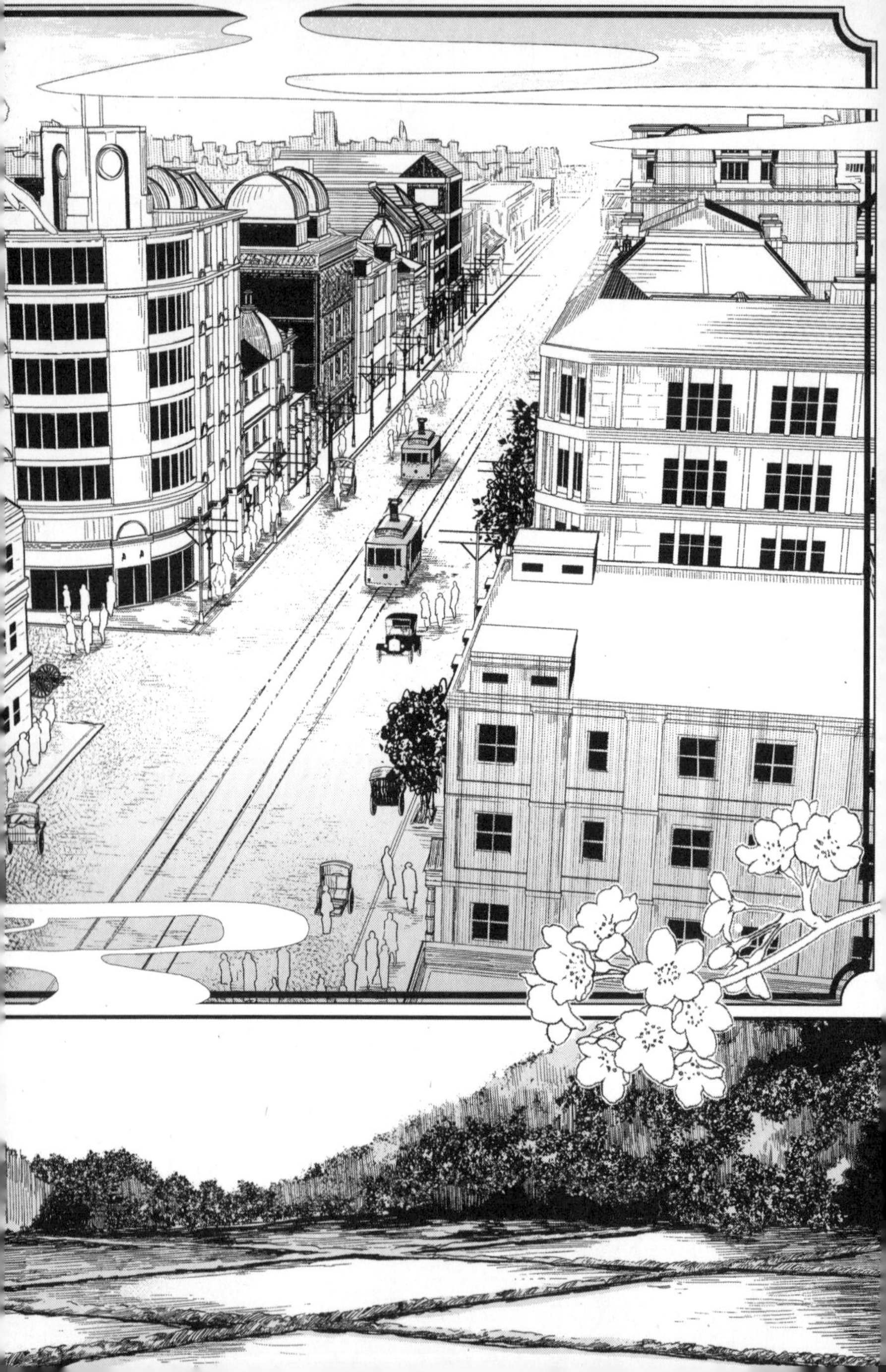

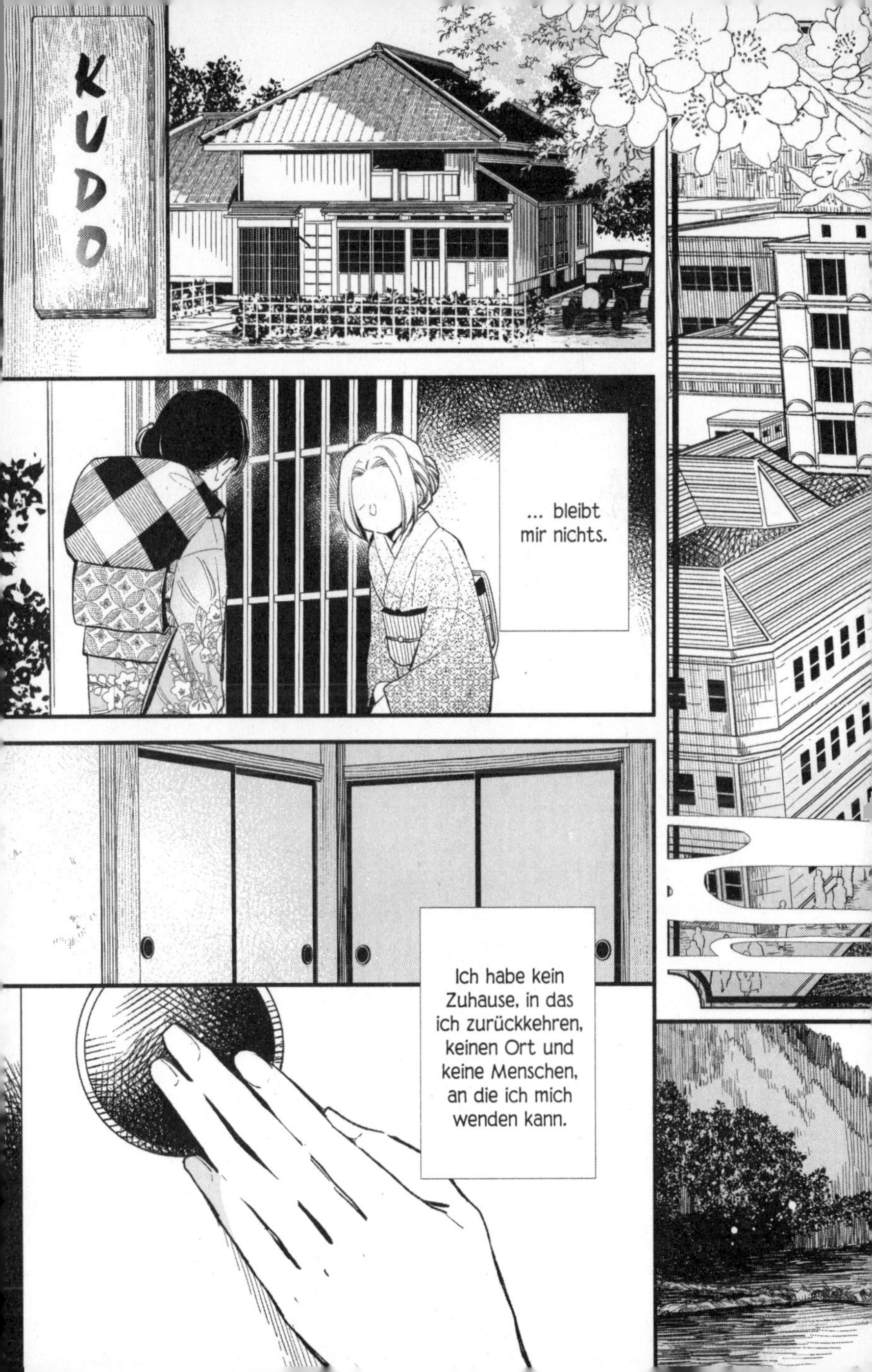
KUDO
... bleibt mir nichts.
Ich habe kein Zuhause, in das ich zurückkehren, keinen Ort und keine Menschen, an die ich mich wenden kann.

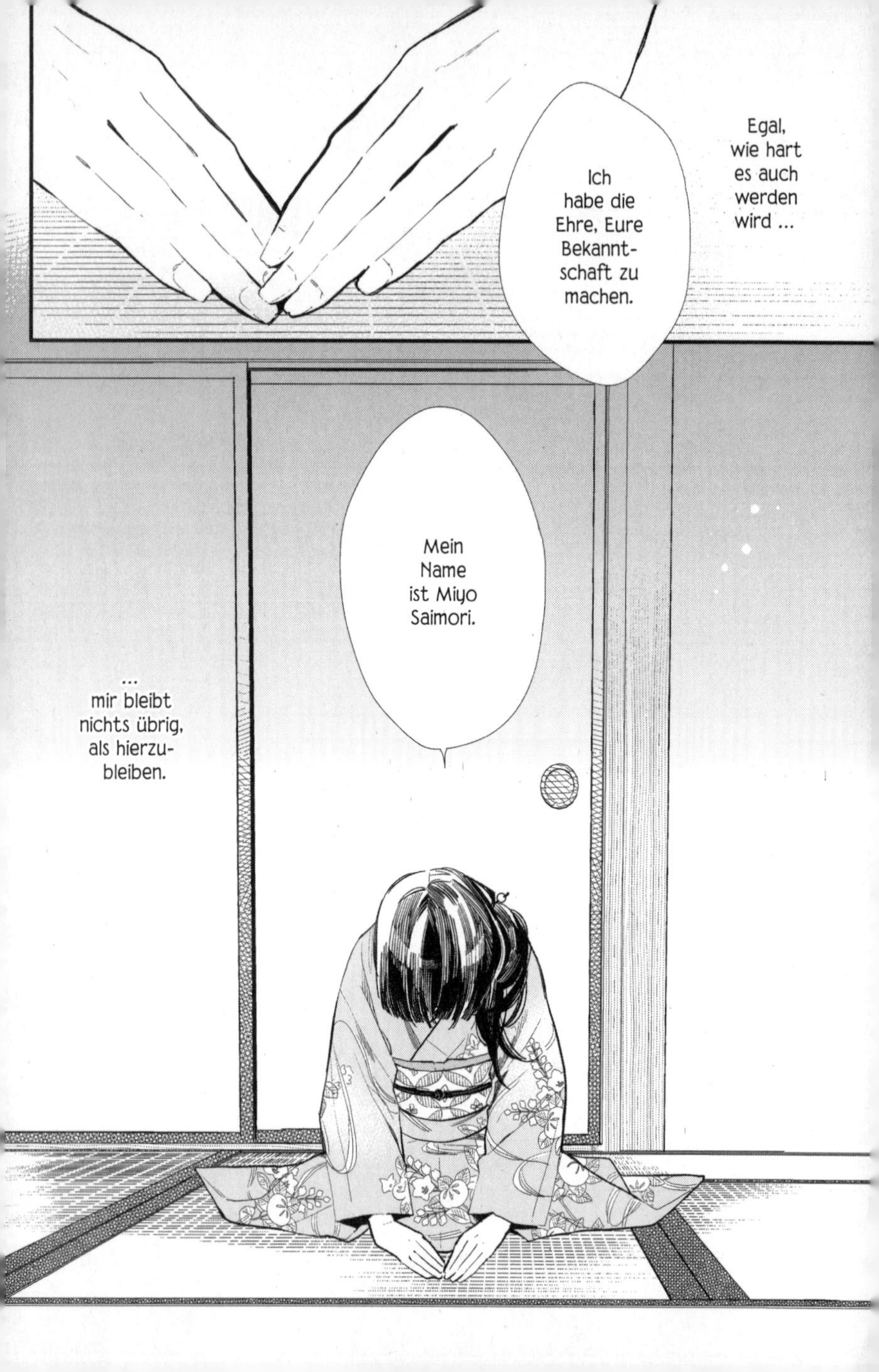
Egal, wie hart es auch werden wird ...
Ich habe die Ehre, Eure Bekanntschaft zu machen.
Mein Name ist Miyo Saimori.
... mir bleibt nichts übrig, als hierzubleiben.

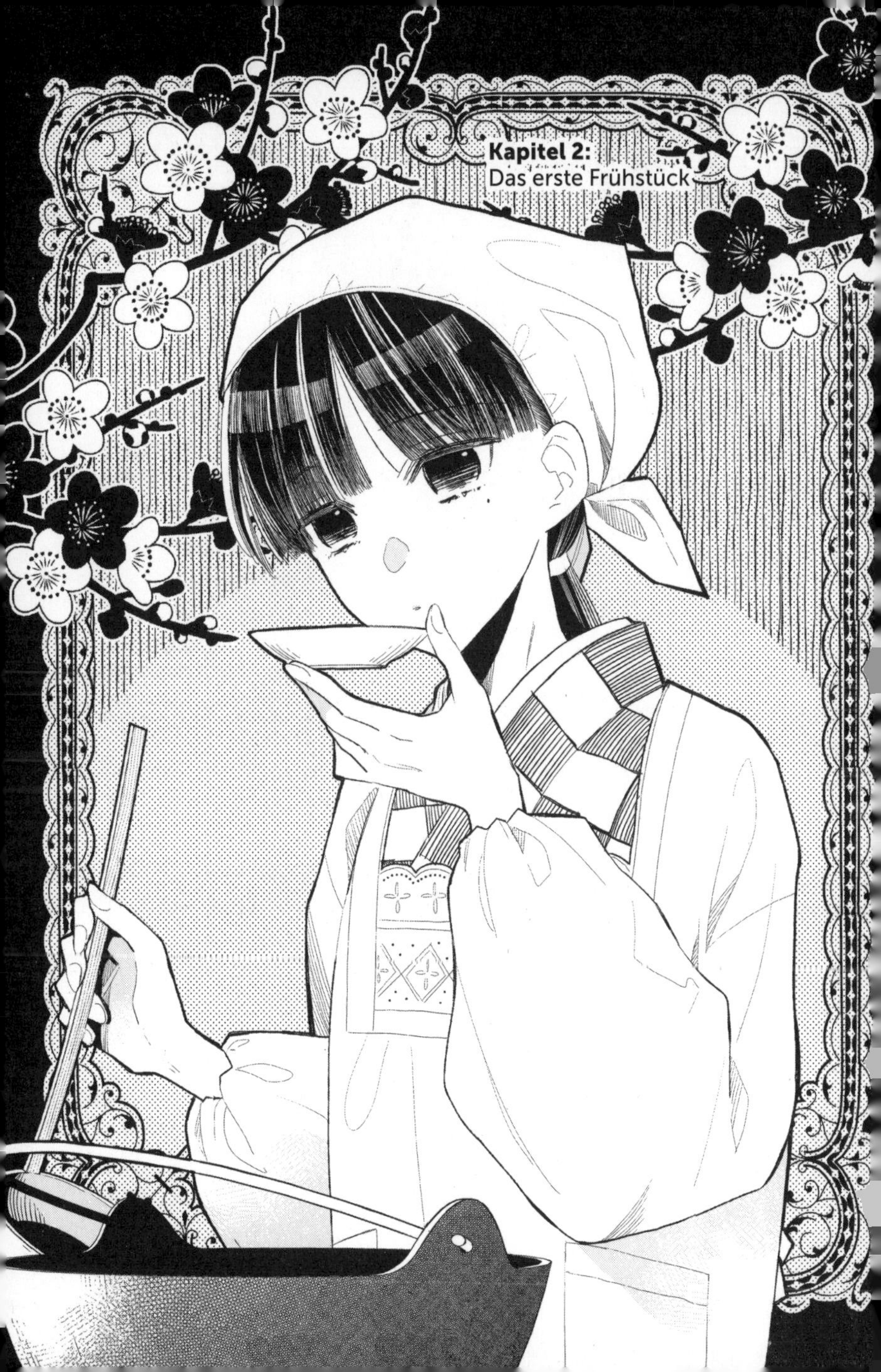
Kapitel 2:
Das erste Frühstück

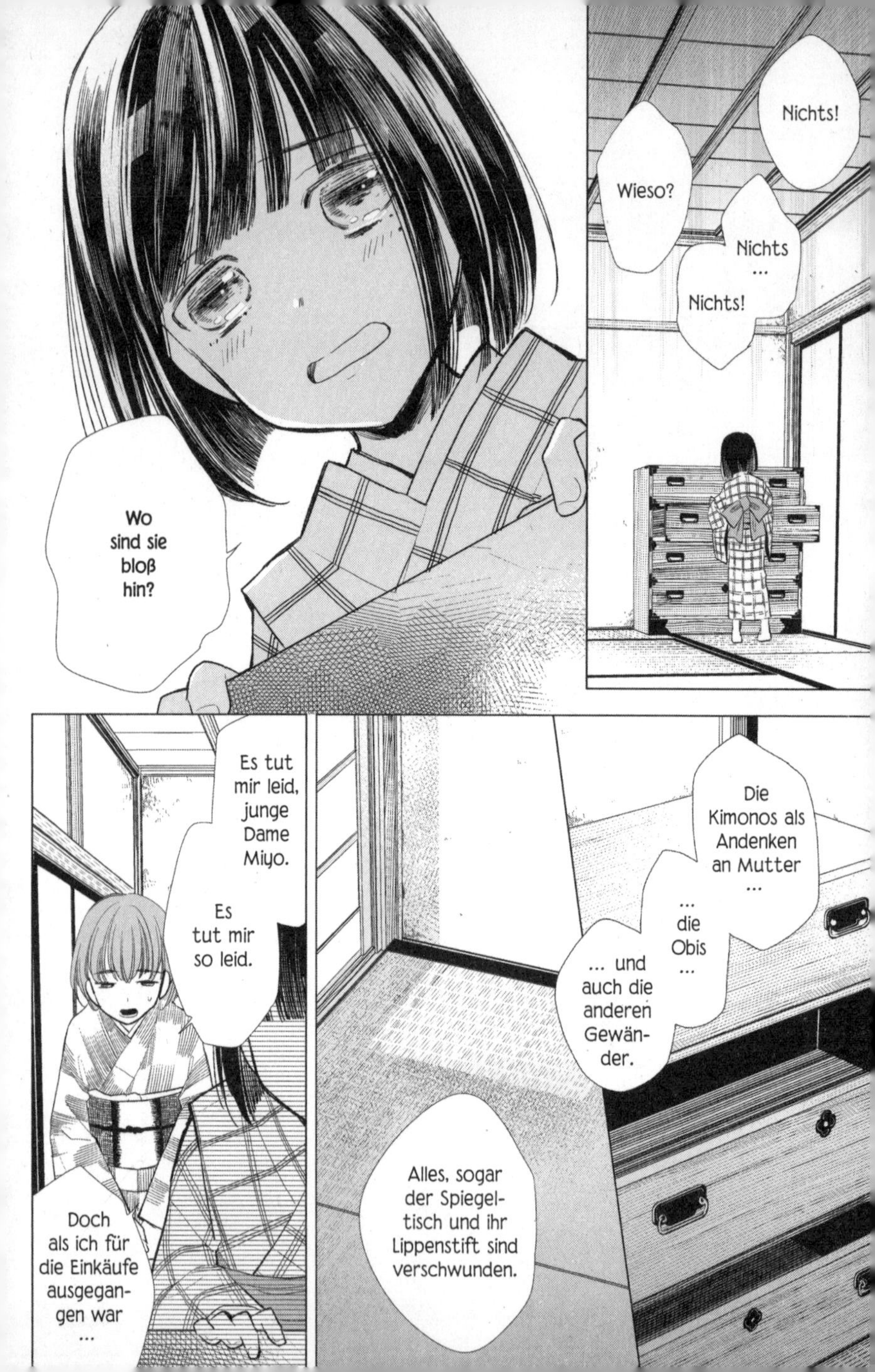

Nichts!
Wieso?
Nichts ...
Nichts!
Wo sind sie bloß hin?
Die Kimonos als Andenken an Mutter ...
... die Obis ...
... und auch die anderen Gewänder.
Alles, sogar der Spiegeltisch und ihr Lippenstift sind verschwunden.
Es tut mir leid, junge Dame Miyo.
Es tut mir so leid.
Doch als ich für die Einkäufe ausgegangen war ...

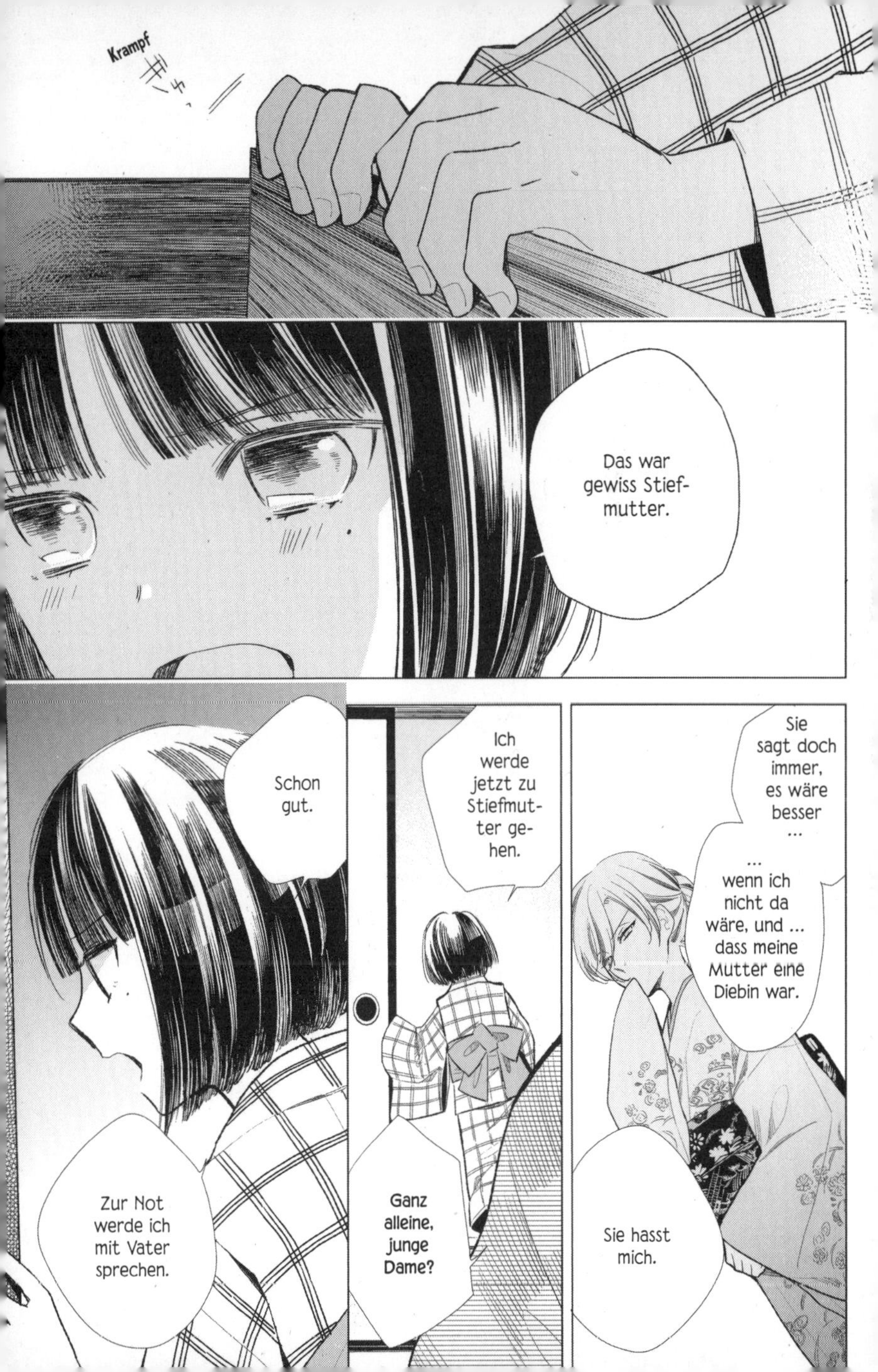
Krampf
Das war gewiss Stiefmutter.
Sie sagt doch immer, es wäre besser ...
... wenn ich nicht da wäre, und ... dass meine Mutter eine Diebin war.
Sie hasst mich.
Ich werde jetzt zu Stiefmutter gehen.
Ganz alleine, junge Dame?
Schon gut.
Zur Not werde ich mit Vater sprechen.

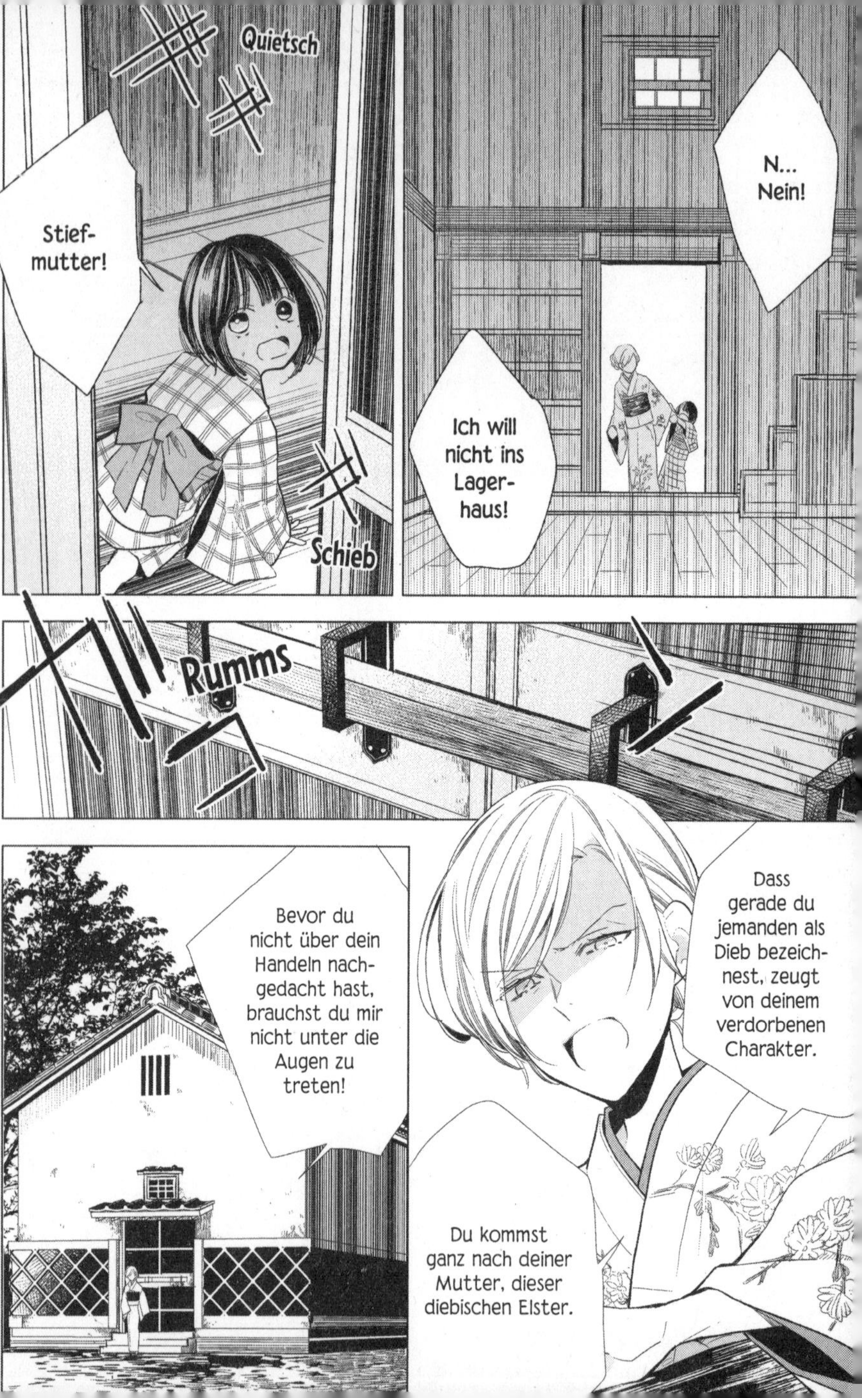
N... Nein!
Ich will nicht ins Lager-haus!
Quietsch
Stief-mutter!
Schieb
Rumms
Dass gerade du jemanden als Dieb bezeich-nest, zeugt von deinem verdorbenen Charakter.
Du kommst ganz nach deiner Mutter, dieser diebischen Elster.
Bevor du nicht über dein Handeln nach-gedacht hast, brauchst du mir nicht unter die Augen zu treten!

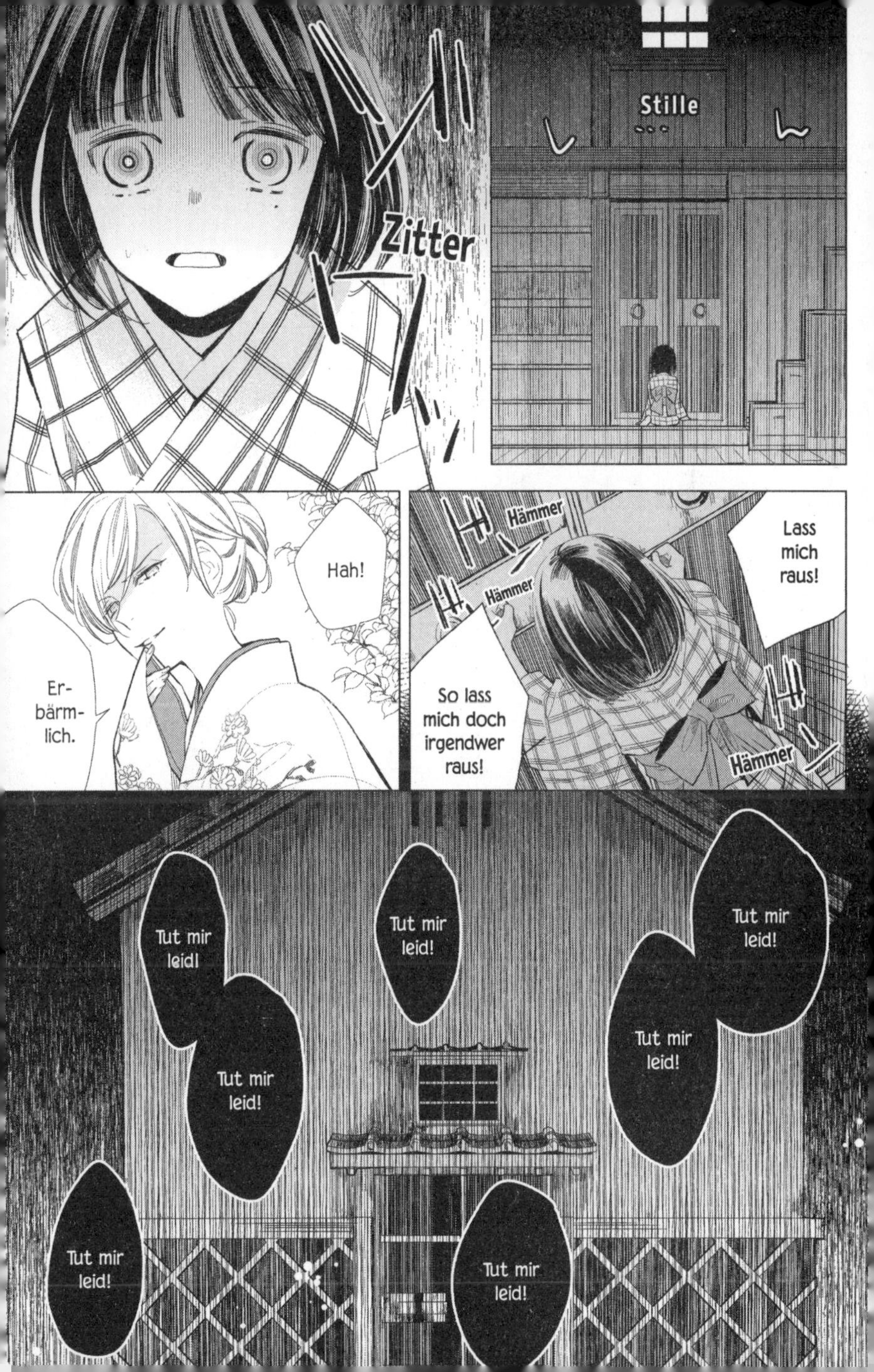
Stille
...
Zitter
Lass mich raus!
Hämmer
Hämmer
Hämmer
So lass mich doch irgendwer raus!
Hah!
Er-bärm-lich.
Tut mir leid!
Tut mir leid!
Tut mir leid!
Tut mir leid!
Tut mir leid!
Tut mir leid!

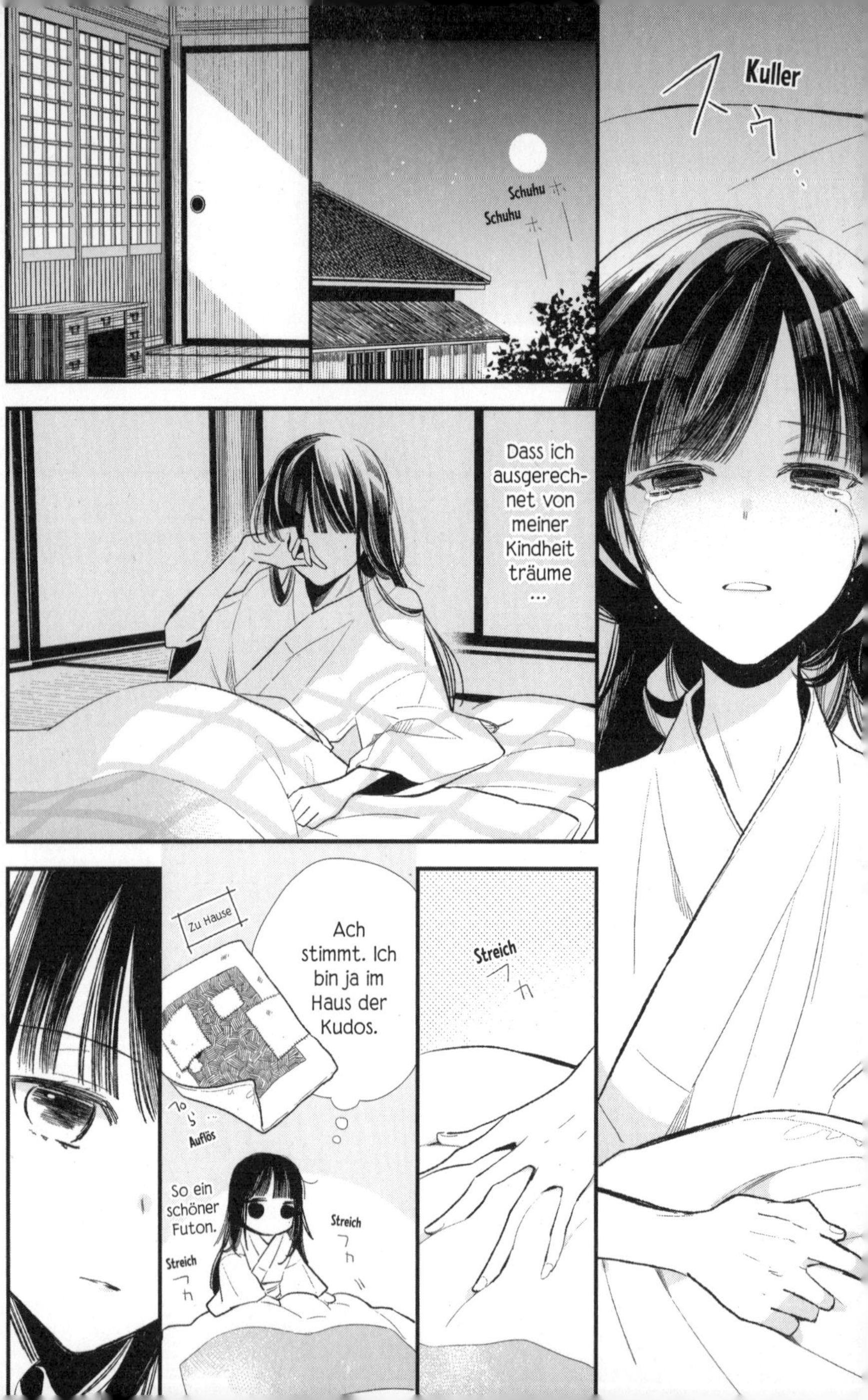

Kuller
Schuhu
Schuhu
Dass ich ausgerechnet von meiner Kindheit träume ...
Streich
Ach stimmt. Ich bin ja im Haus der Kudos.
Zu Hause
Auflös
So ein schöner Futon.
Streich
Streich

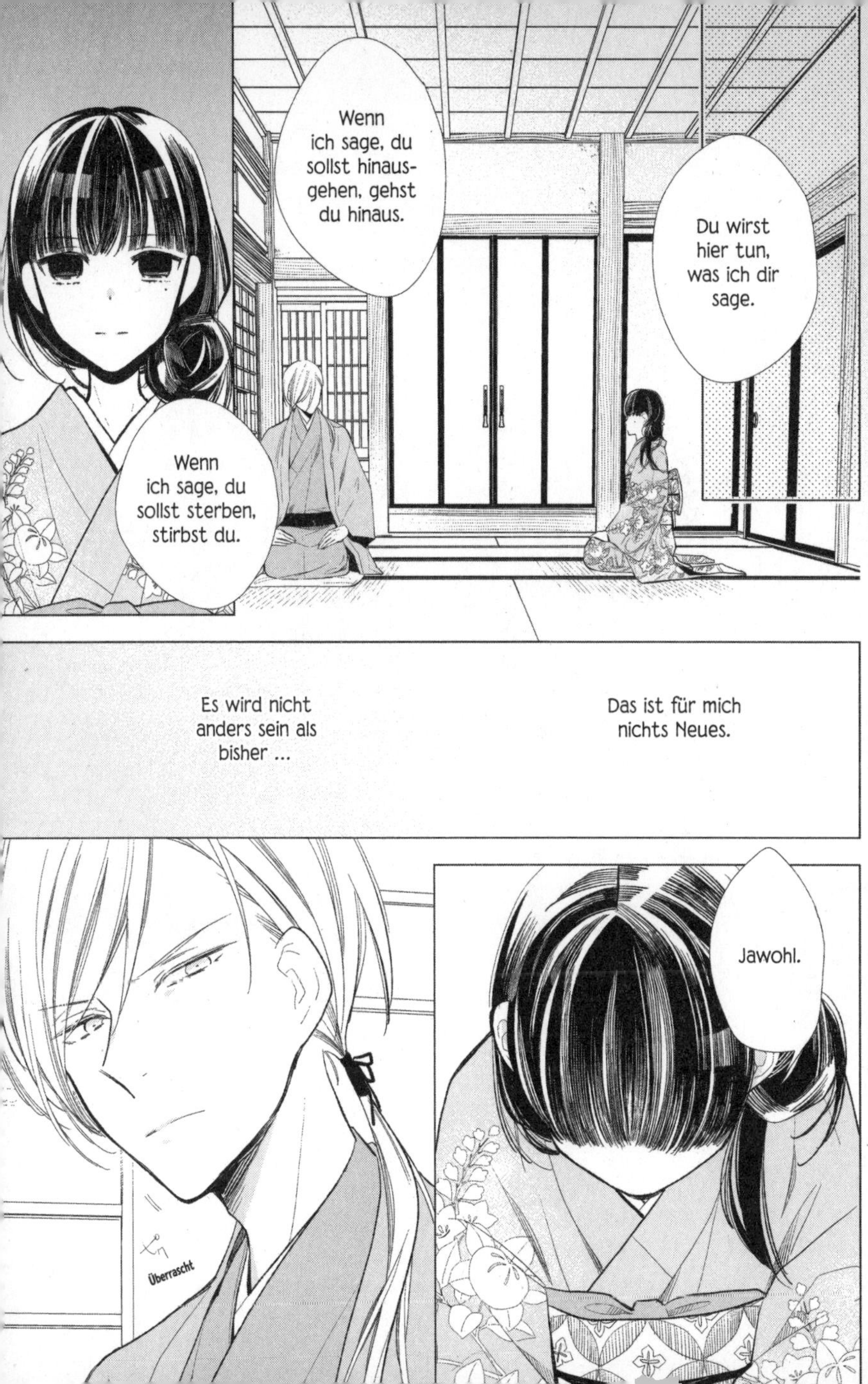
Du wirst hier tun, was ich dir sage.
Wenn ich sage, du sollst hinausgehen, gehst du hinaus.
Wenn ich sage, du sollst sterben, stirbst du.
Das ist für mich nichts Neues.
Es wird nicht anders sein als bisher ...
Jawohl.
Überrascht

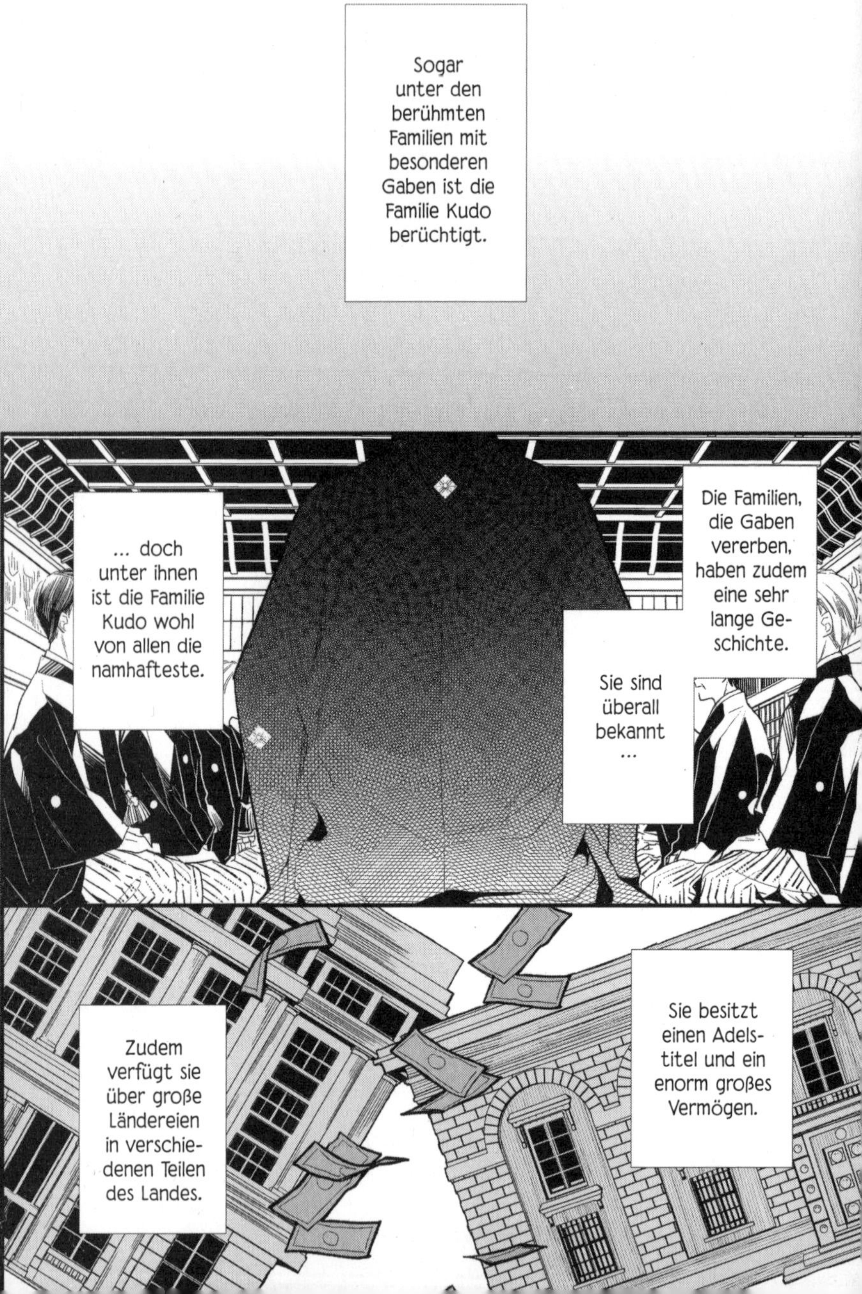
Sogar unter den berühmten Familien mit besonderen Gaben ist die Familie Kudo berüchtigt.
Die Familien, die Gaben vererben, haben zudem eine sehr lange Geschichte.
Sie sind überall bekannt ...
... doch unter ihnen ist die Familie Kudo wohl von allen die namhafteste.
Sie besitzt einen Adelstitel und ein enorm großes Vermögen.
Zudem verfügt sie über große Ländereien in verschiedenen Teilen des Landes.

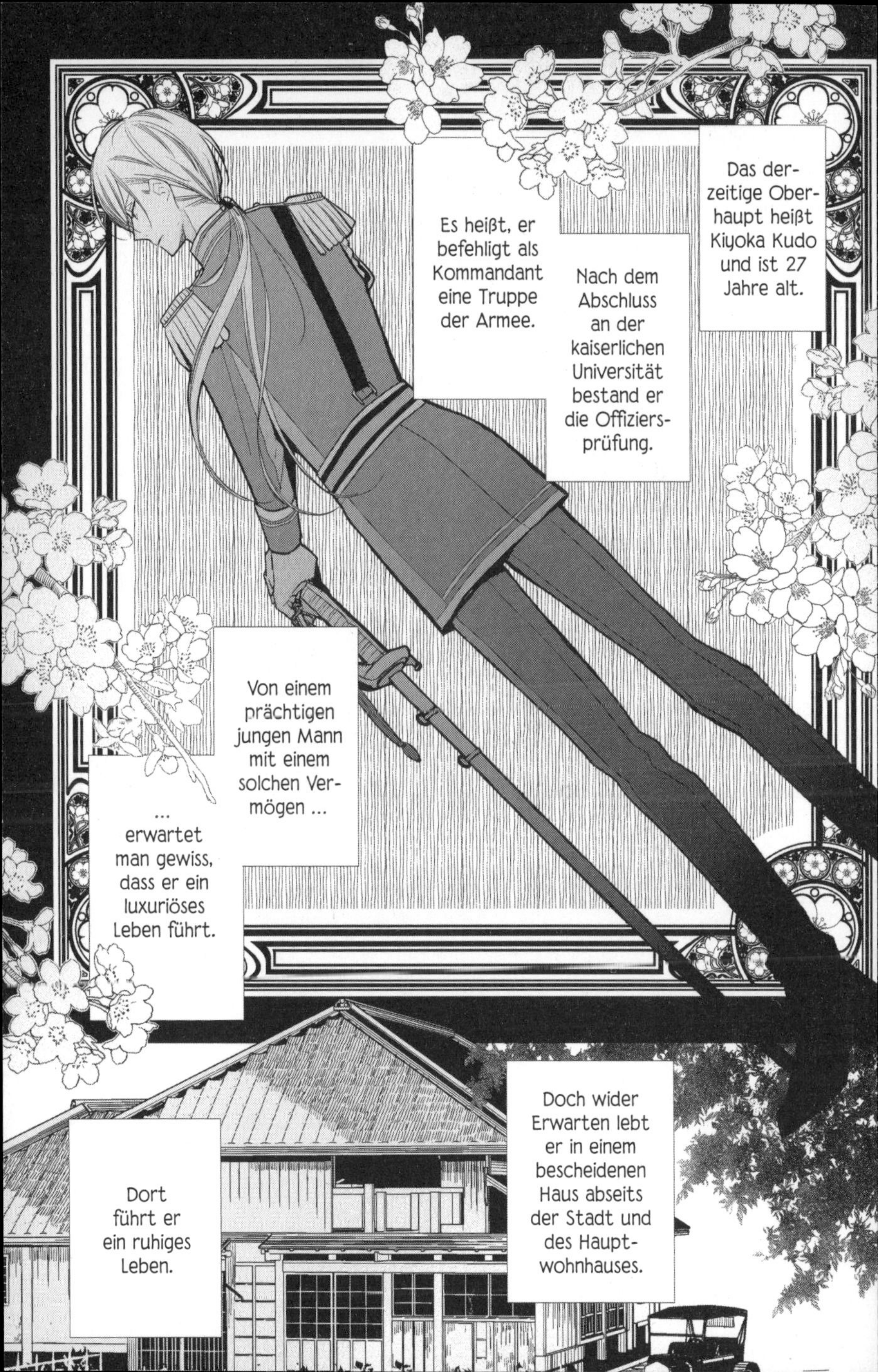
Das derzeitige Oberhaupt heißt Kiyoka Kudo und ist 27 Jahre alt.
Nach dem Abschluss an der kaiserlichen Universität bestand er die Offiziersprüfung.
Es heißt, er befehligt als Kommandant eine Truppe der Armee.
Von einem prächtigen jungen Mann mit einem solchen Vermögen ...
... erwartet man gewiss, dass er ein luxuriöses Leben führt.
Doch wider Erwarten lebt er in einem bescheidenen Haus abseits der Stadt und des Hauptwohnhauses.
Dort führt er ein ruhiges Leben.

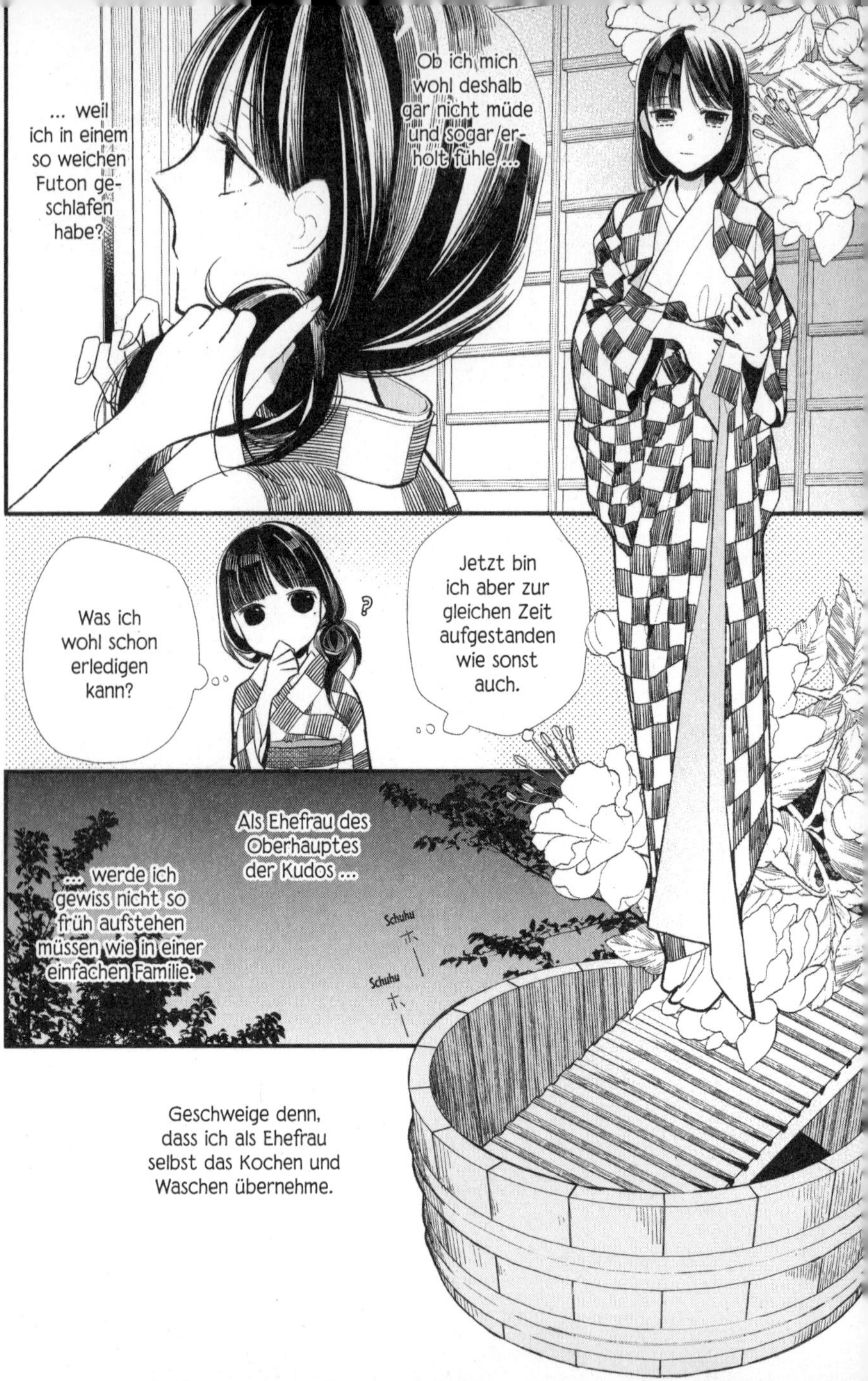

Ob ich mich wohl deshalb gar nicht müde und sogar erholt fühle ...
... weil ich in einem so weichen Futon geschlafen habe?
Jetzt bin ich aber zur gleichen Zeit aufgestanden wie sonst auch.
?
Was ich wohl schon erledigen kann?
Als Ehefrau des Oberhauptes der Kudos ...
... werde ich gewiss nicht so früh aufstehen müssen wie in einer einfachen Familie.
Schuhu
Schuhu
Geschweige denn, dass ich als Ehefrau selbst das Kochen und Waschen übernehme.

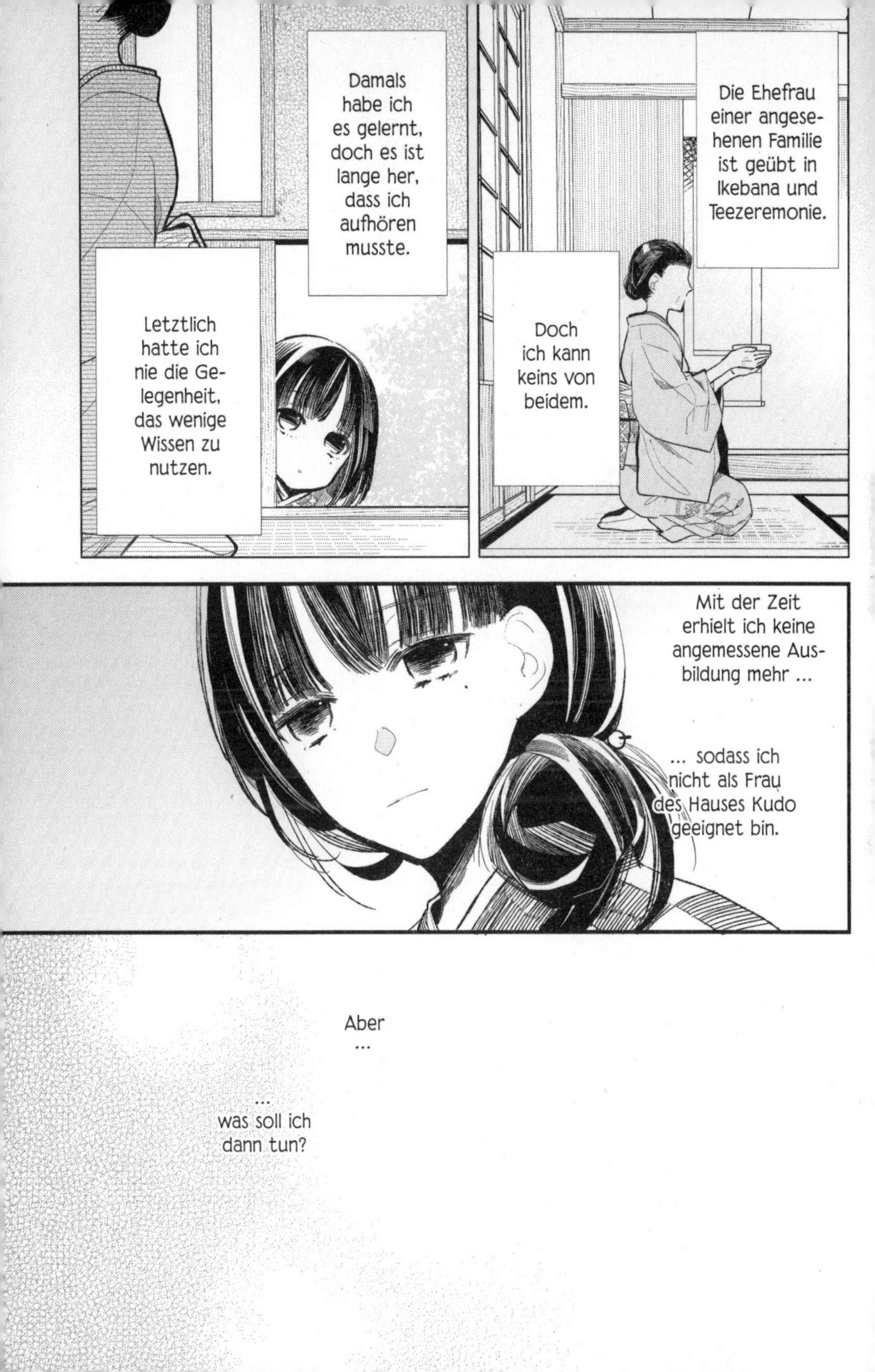
Die Ehefrau einer angesehenen Familie ist geübt in Ikebana und Teezeremonie.
Doch ich kann keins von beidem.
Damals habe ich es gelernt, doch es ist lange her, dass ich aufhören musste.
Letztlich hatte ich nie die Gelegenheit, das wenige Wissen zu nutzen.
Mit der Zeit erhielt ich keine angemessene Ausbildung mehr ...
... sodass ich nicht als Frau des Hauses Kudo geeignet bin.
Aber ...
... was soll ich dann tun?

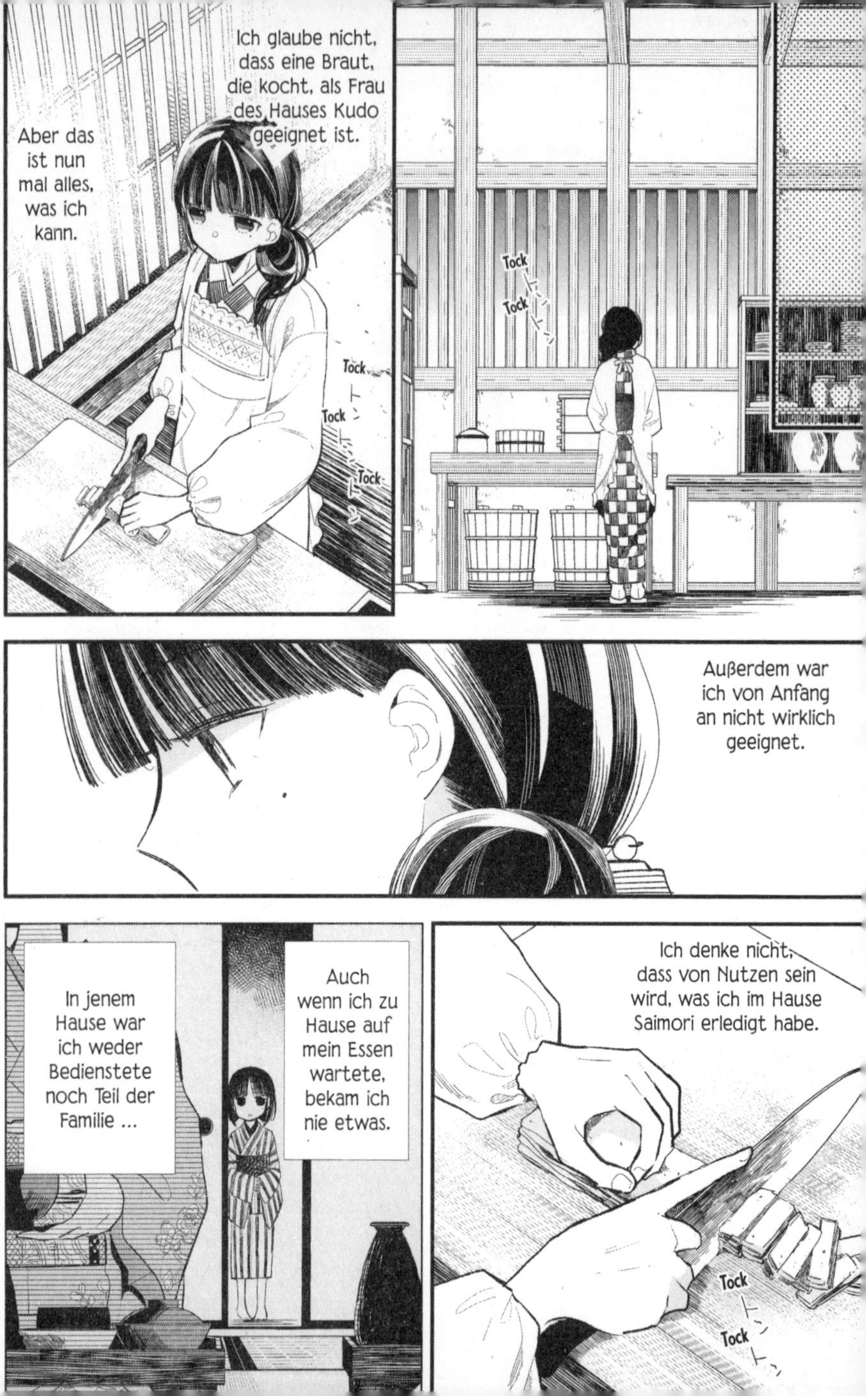
Tock
Tock
Ich glaube nicht, dass eine Braut, die kocht, als Frau des Hauses Kudo geeignet ist.
Aber das ist nun mal alles, was ich kann.
Tock
Tock
Tock
Außerdem war ich von Anfang an nicht wirklich geeignet.
Ich denke nicht, dass von Nutzen sein wird, was ich im Hause Saimori erledigt habe.
Tock
Tock
Auch wenn ich zu Hause auf mein Essen wartete, bekam ich nie etwas.
In jenem Hause war ich weder Bedienstete noch Teil der Familie ...

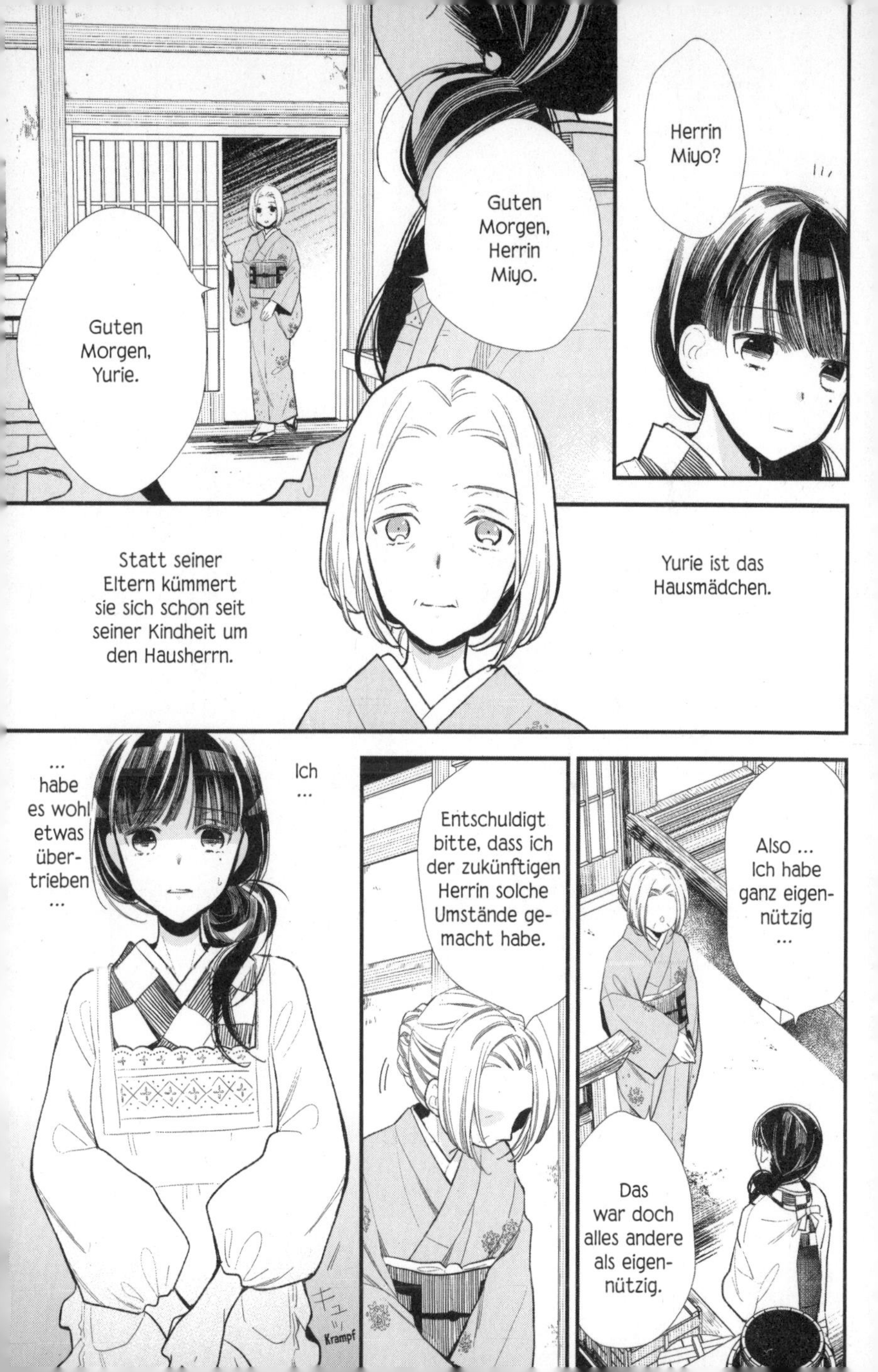
Herrin Miyo?
Guten Morgen, Herrin Miyo.
Guten Morgen, Yurie.
Yurie ist das Hausmädchen.
Statt seiner Eltern kümmert sie sich schon seit seiner Kindheit um den Hausherrn.
Also ... Ich habe ganz eigennützig ...
Das war doch alles andere als eigennützig.
Entschuldigt bitte, dass ich der zukünftigen Herrin solche Umstände gemacht habe.
Ich ...
... habe es wohl etwas übertrieben ...
Krampf

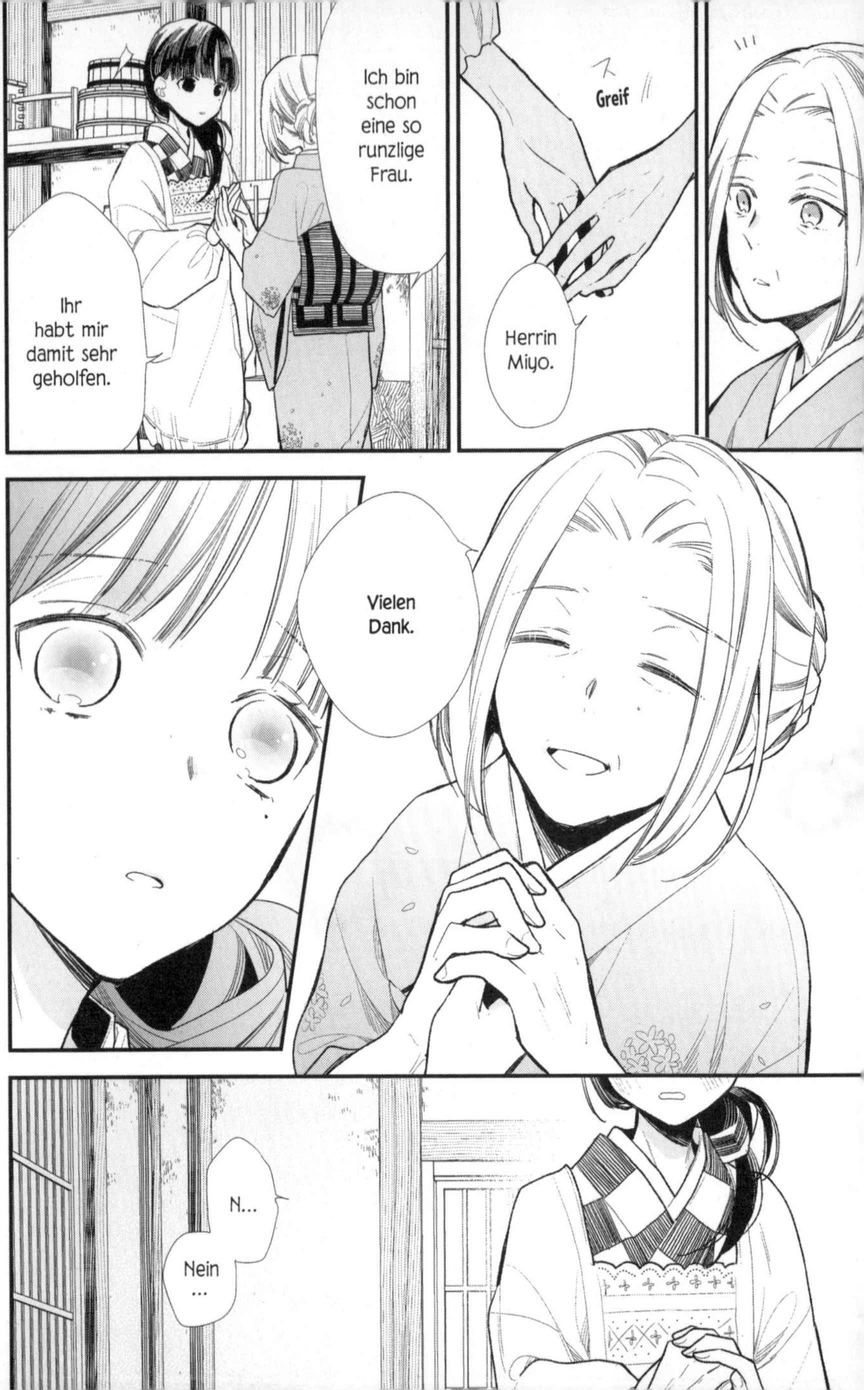

ス
Greif
Herrin Miyo.
Ich bin schon eine so runzlige Frau.
Ihr habt mir damit sehr geholfen.
Vielen Dank.
N...
Nein ...

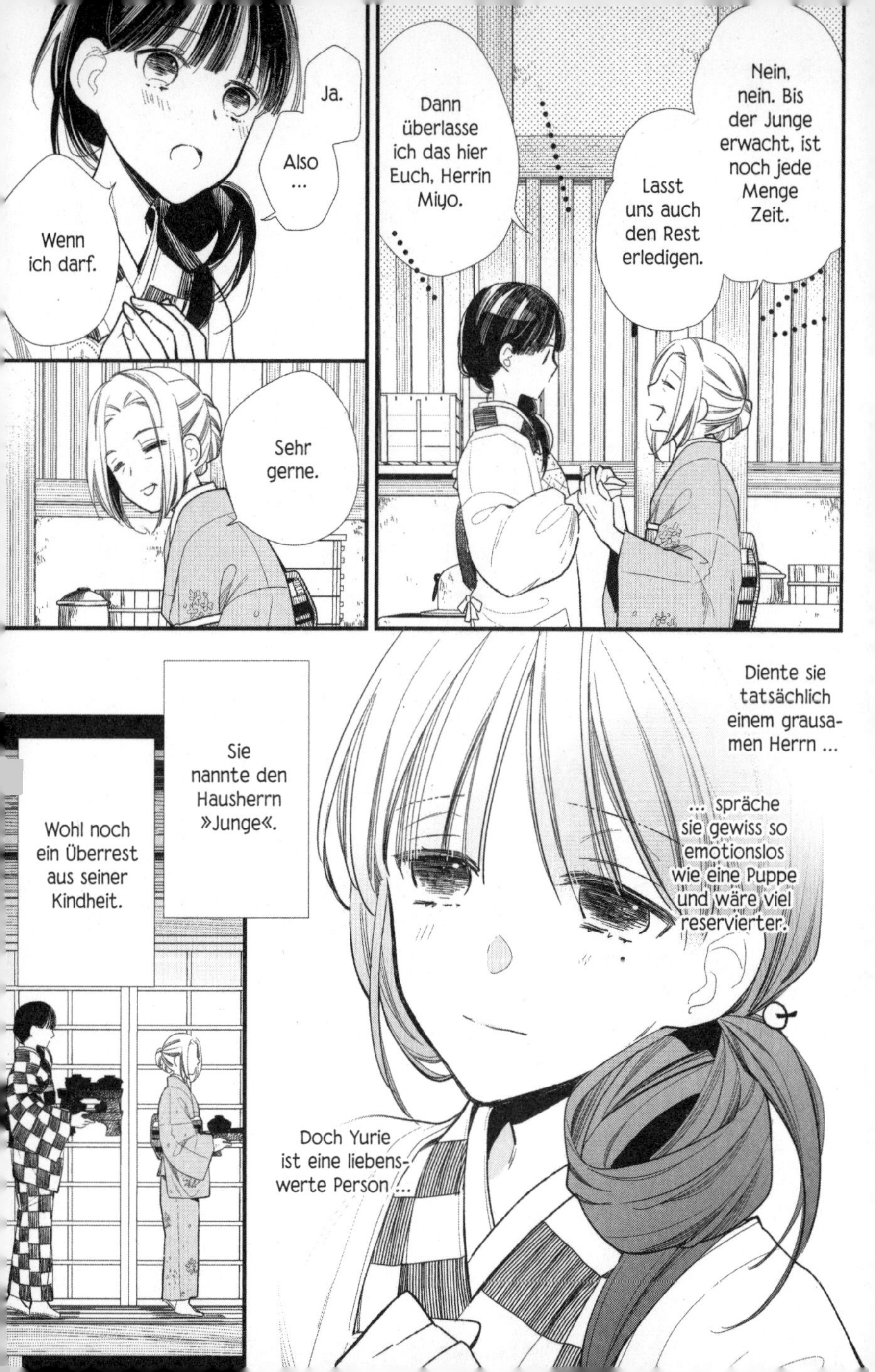
Nein, nein. Bis der Junge erwacht, ist noch jede Menge Zeit.
Lasst uns auch den Rest erledigen.
Dann überlasse ich das hier Euch, Herrin Miyo.
Ja.
Also …
Wenn ich darf.
Sehr gerne.
Diente sie tatsächlich einem grausamen Herrn …
… spräche sie gewiss so emotionslos wie eine Puppe und wäre viel reservierter.
Sie nannte den Hausherrn »Junge«.
Wohl noch ein Überrest aus seiner Kindheit.
Doch Yurie ist eine liebenswerte Person …

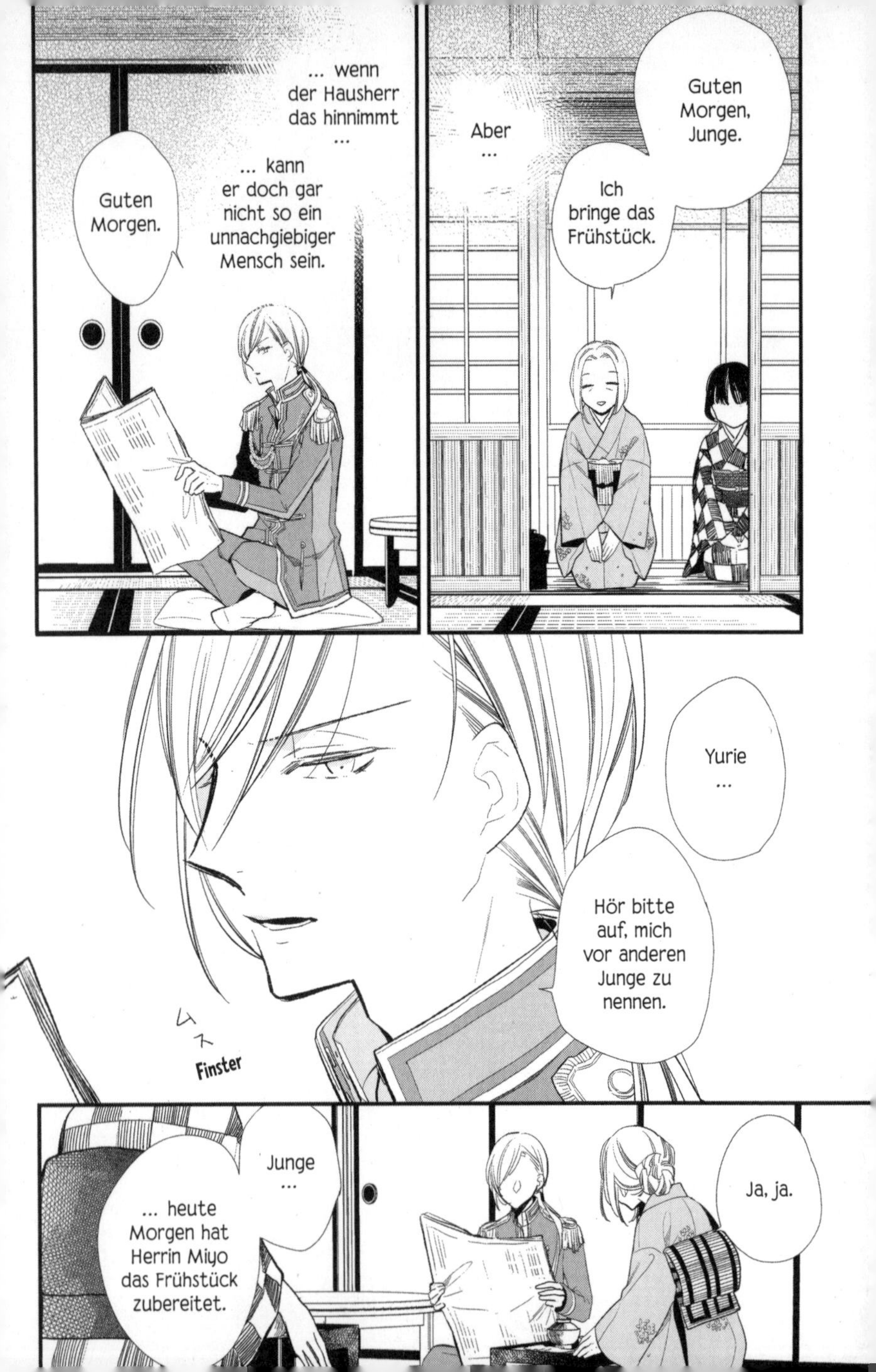
Guten Morgen, Junge.
Ich bringe das Frühstück.
Aber ...
... wenn der Hausherr das hinnimmt ...
... kann er doch gar nicht so ein unnachgiebiger Mensch sein.
Guten Morgen.
Yurie ...
Hör bitte auf, mich vor anderen Junge zu nennen.
ムス
Finster
Ja, ja.
Junge ...
... heute Morgen hat Herrin Miyo das Frühstück zubereitet.

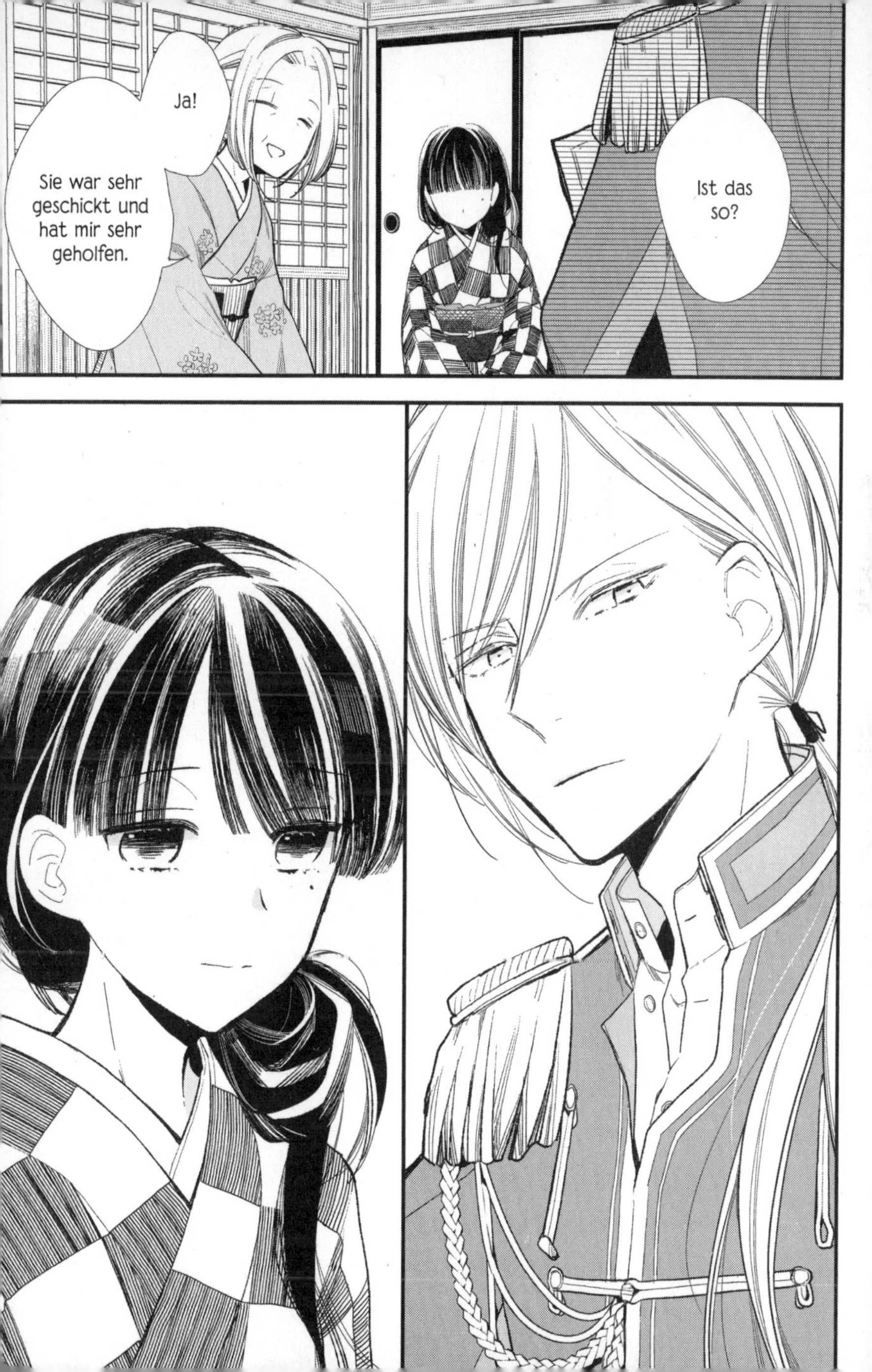

Ja!
Sie war sehr geschickt und hat mir sehr geholfen.
Ist das so?

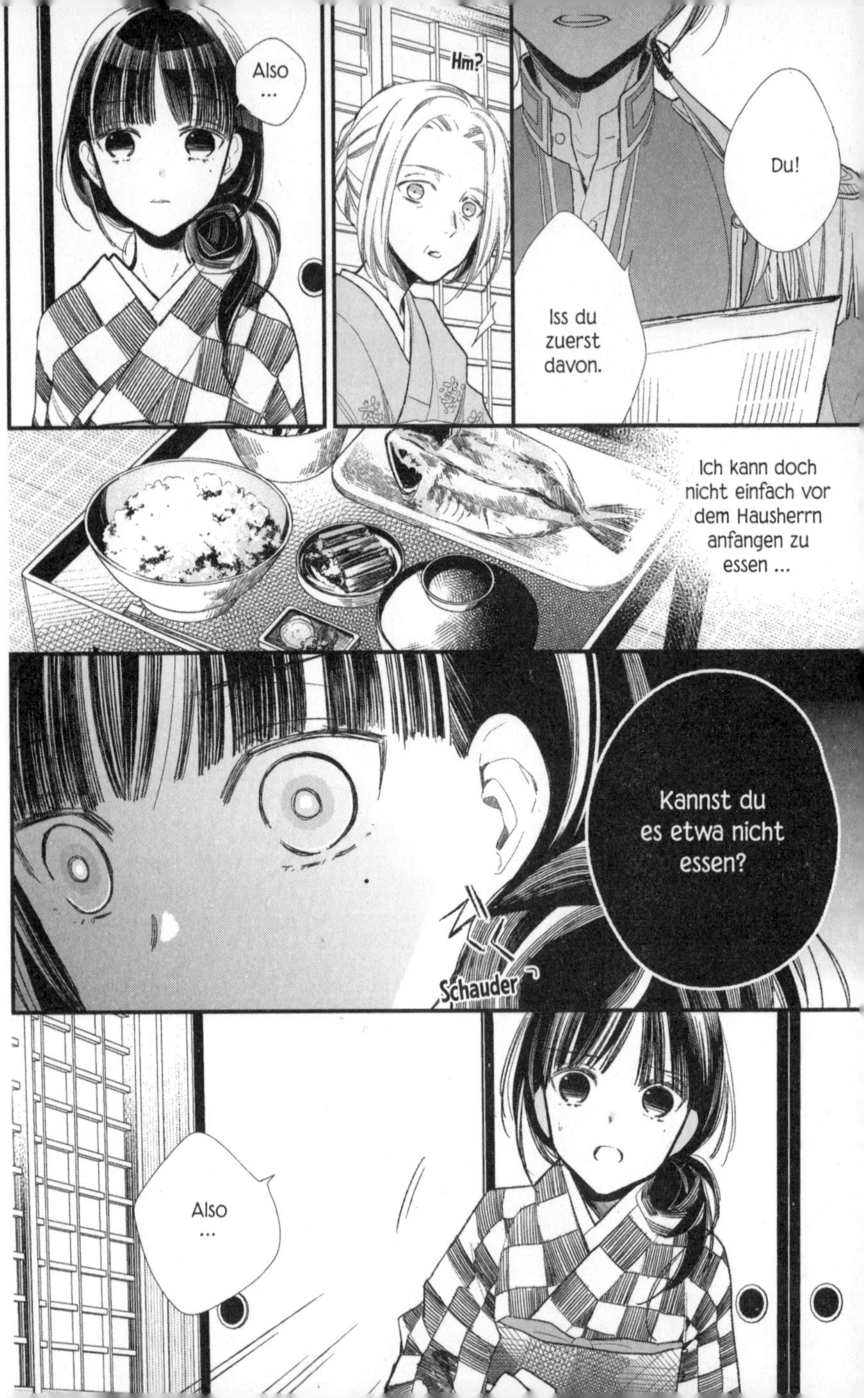
Du!
Iss du zuerst davon.
Hm?
Also ...
Ich kann doch nicht einfach vor dem Hausherrn anfangen zu essen ...
Kannst du es etwa nicht essen?
Schauder
Also ...

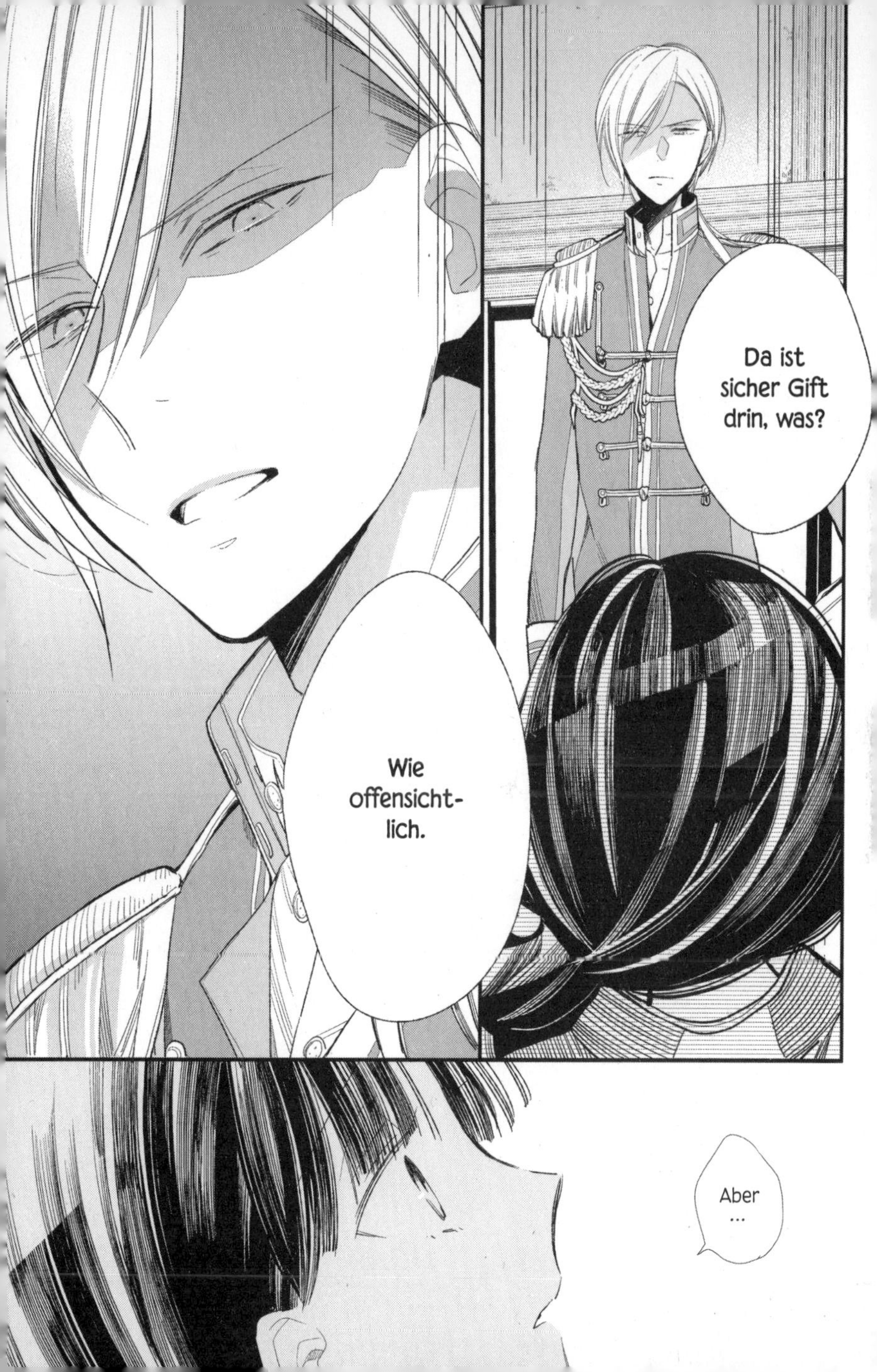
Da ist sicher Gift drin, was?
Wie offensichtlich.
Aber ...

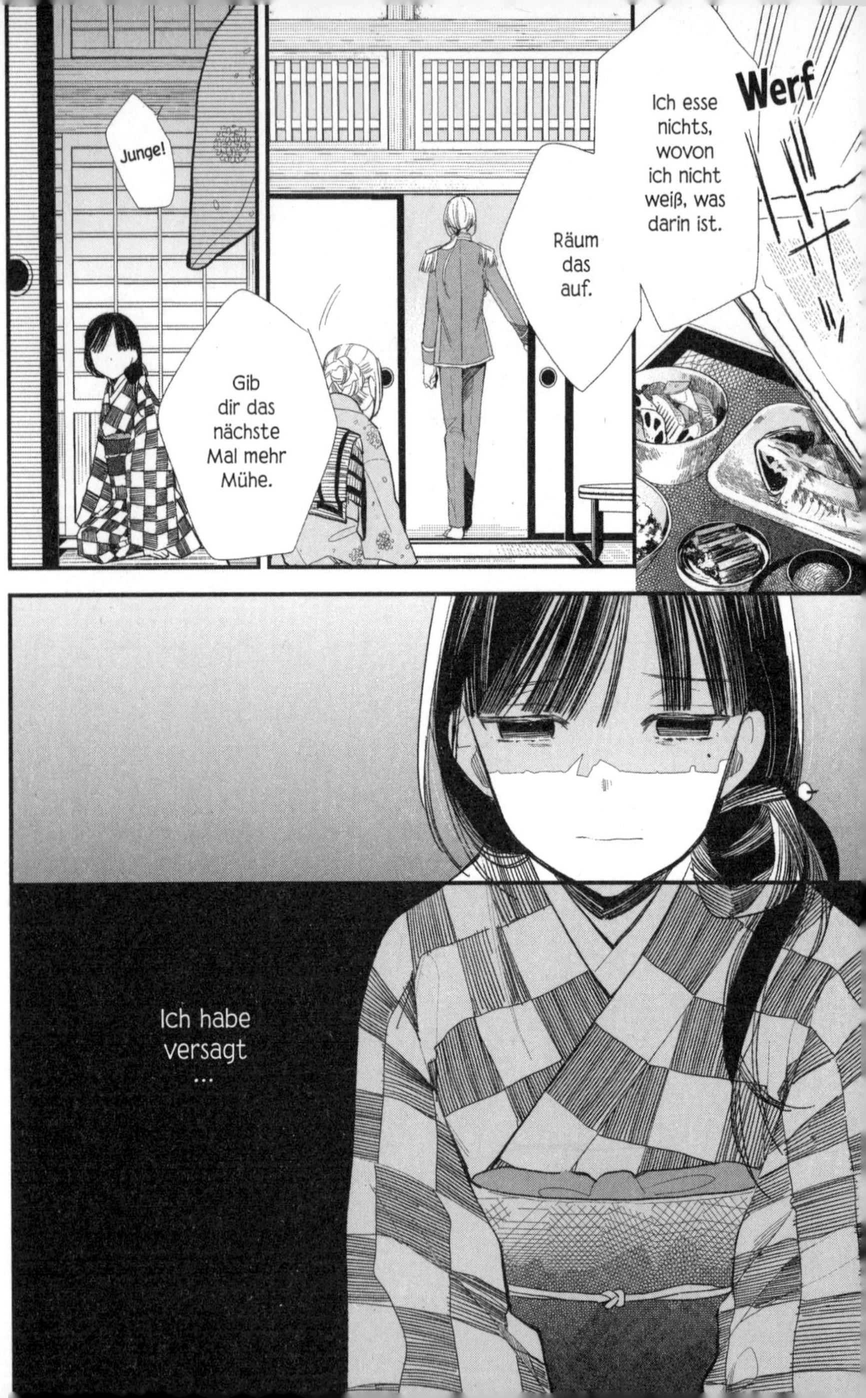
Werf
Ich esse nichts, wovon ich nicht weiß, was darin ist.
Räum das auf.
Gib dir das nächste Mal mehr Mühe.
Junge!
Ich habe versagt …

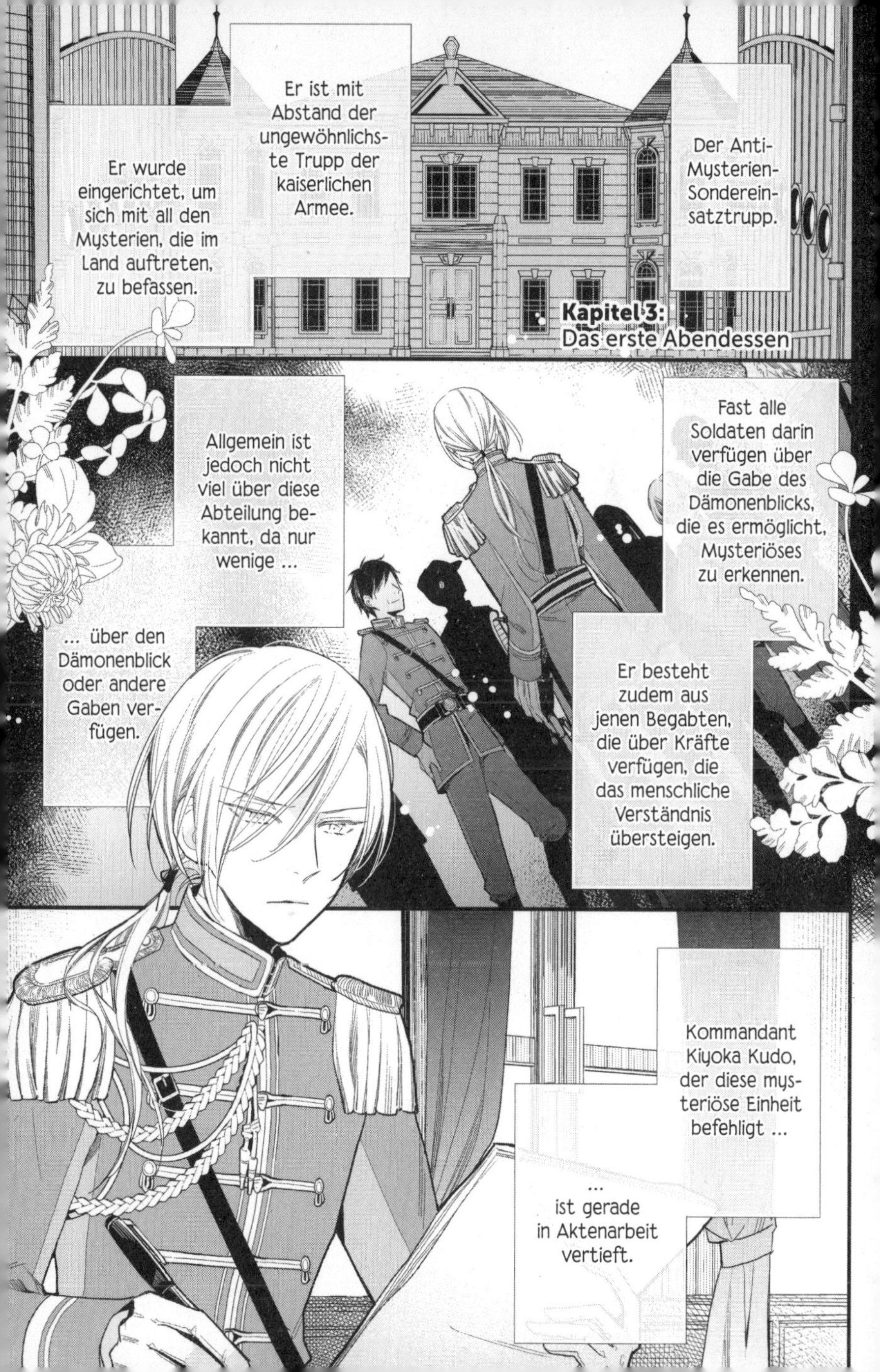
Der Anti-Mysterien-Sondereinsatztrupp.
Er ist mit Abstand der ungewöhnlichste Trupp der kaiserlichen Armee.
Er wurde eingerichtet, um sich mit all den Mysterien, die im Land auftreten, zu befassen.
Kapitel 3: Das erste Abendessen
Fast alle Soldaten darin verfügen über die Gabe des Dämonenblicks, die es ermöglicht, Mysteriöses zu erkennen.
Er besteht zudem aus jenen Begabten, die über Kräfte verfügen, die das menschliche Verständnis übersteigen.
Allgemein ist jedoch nicht viel über diese Abteilung bekannt, da nur wenige …
… über den Dämonenblick oder andere Gaben verfügen.
Kommandant Kiyoka Kudo, der diese mysteriöse Einheit befehligt …
… ist gerade in Aktenarbeit vertieft.

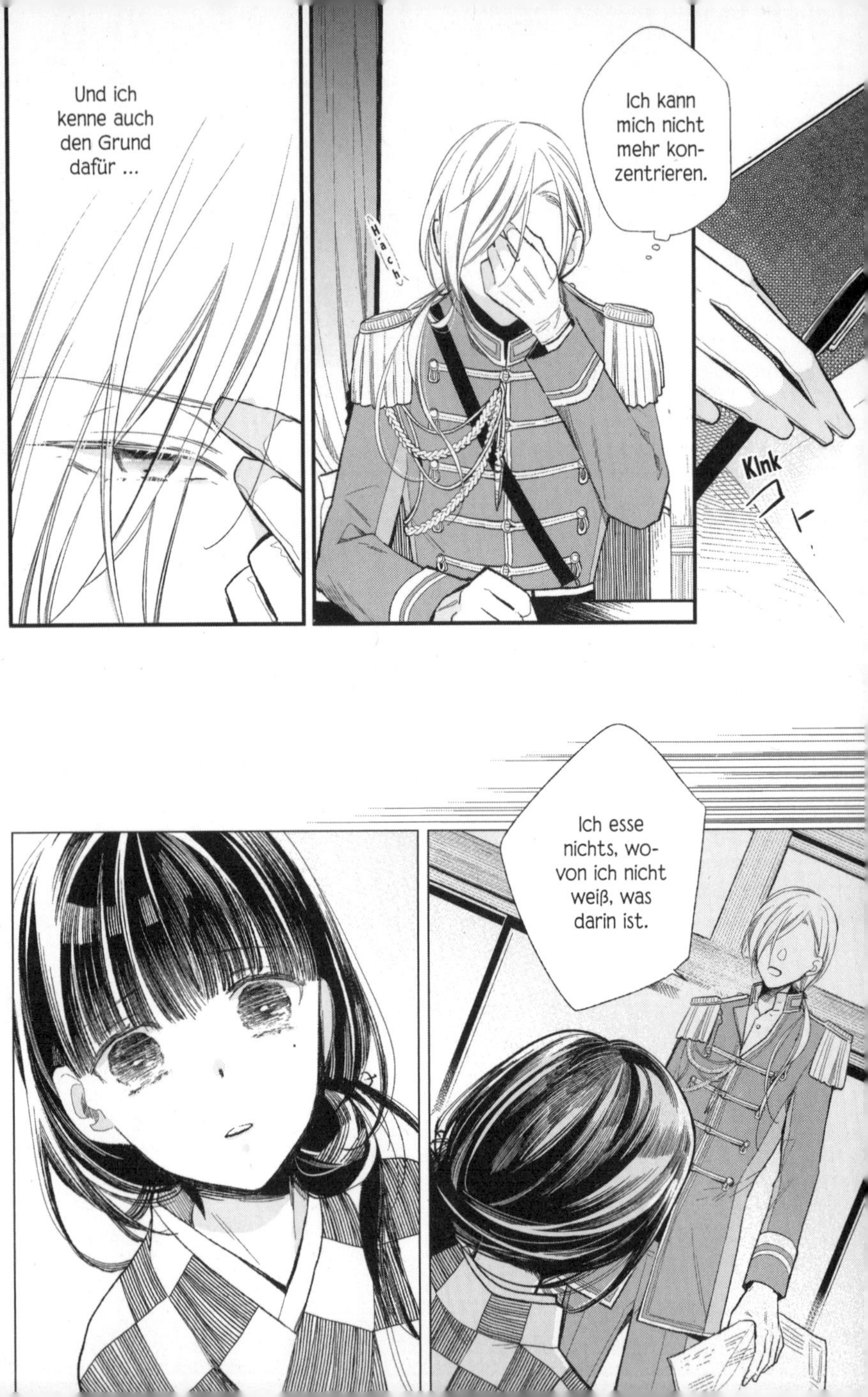
Klink
Ich kann mich nicht mehr konzentrieren.
Hach
Und ich kenne auch den Grund dafür ...
Ich esse nichts, wovon ich nicht weiß, was darin ist.

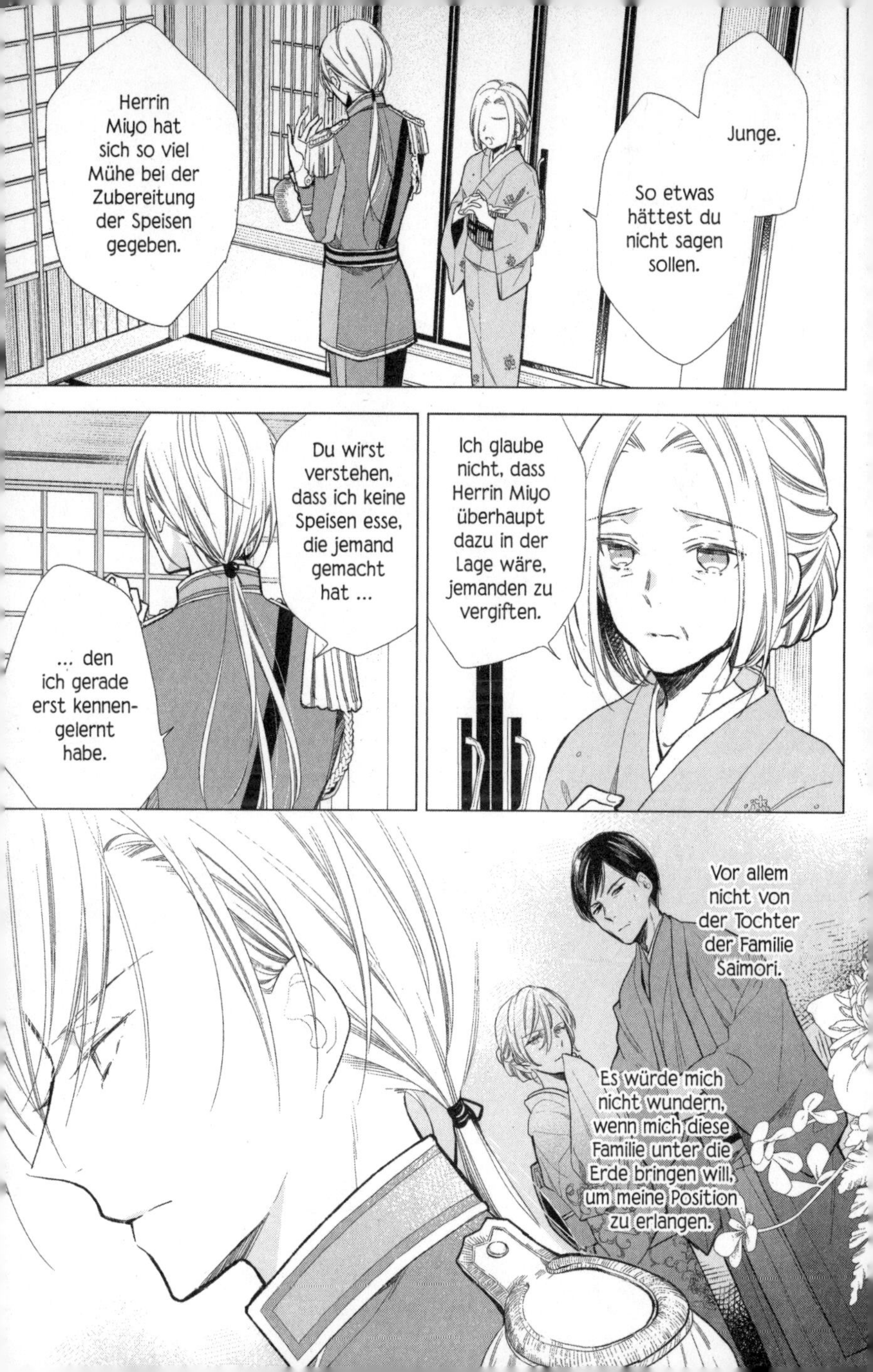

Junge.
So etwas hättest du nicht sagen sollen.
Herrin Miyo hat sich so viel Mühe bei der Zubereitung der Speisen gegeben.
Ich glaube nicht, dass Herrin Miyo überhaupt dazu in der Lage wäre, jemanden zu vergiften.
Du wirst verstehen, dass ich keine Speisen esse, die jemand gemacht hat ...
... den ich gerade erst kennengelernt habe.
Vor allem nicht von der Tochter der Familie Saimori.
Es würde mich nicht wundern, wenn mich diese Familie unter die Erde bringen will, um meine Position zu erlangen.

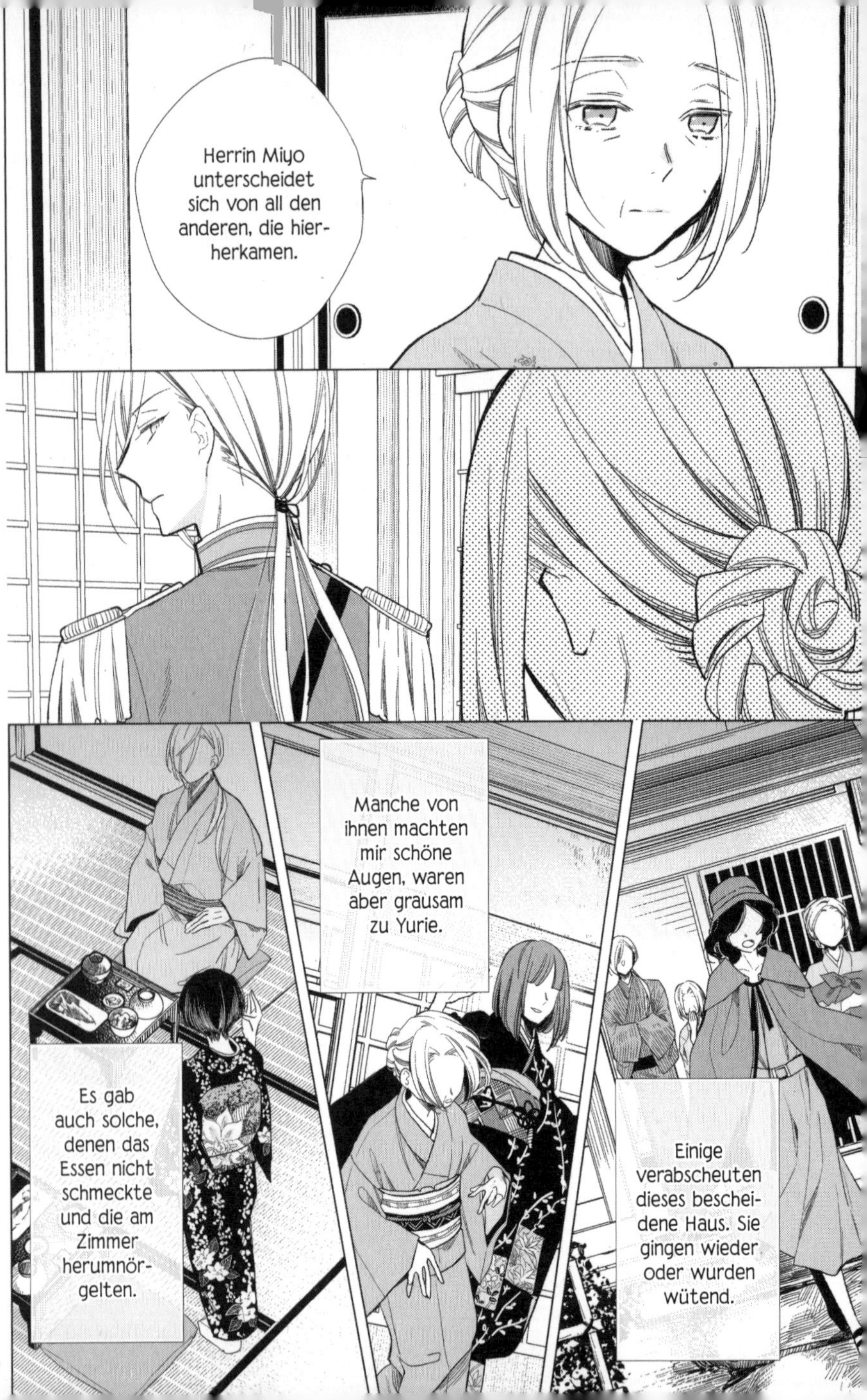
Herrin Miyo unterscheidet sich von all den anderen, die hierherkamen.
Einige verabscheuten dieses bescheidene Haus. Sie gingen wieder oder wurden wütend.
Manche von ihnen machten mir schöne Augen, waren aber grausam zu Yurie.
Es gab auch solche, denen das Essen nicht schmeckte und die am Zimmer herumnörgelten.

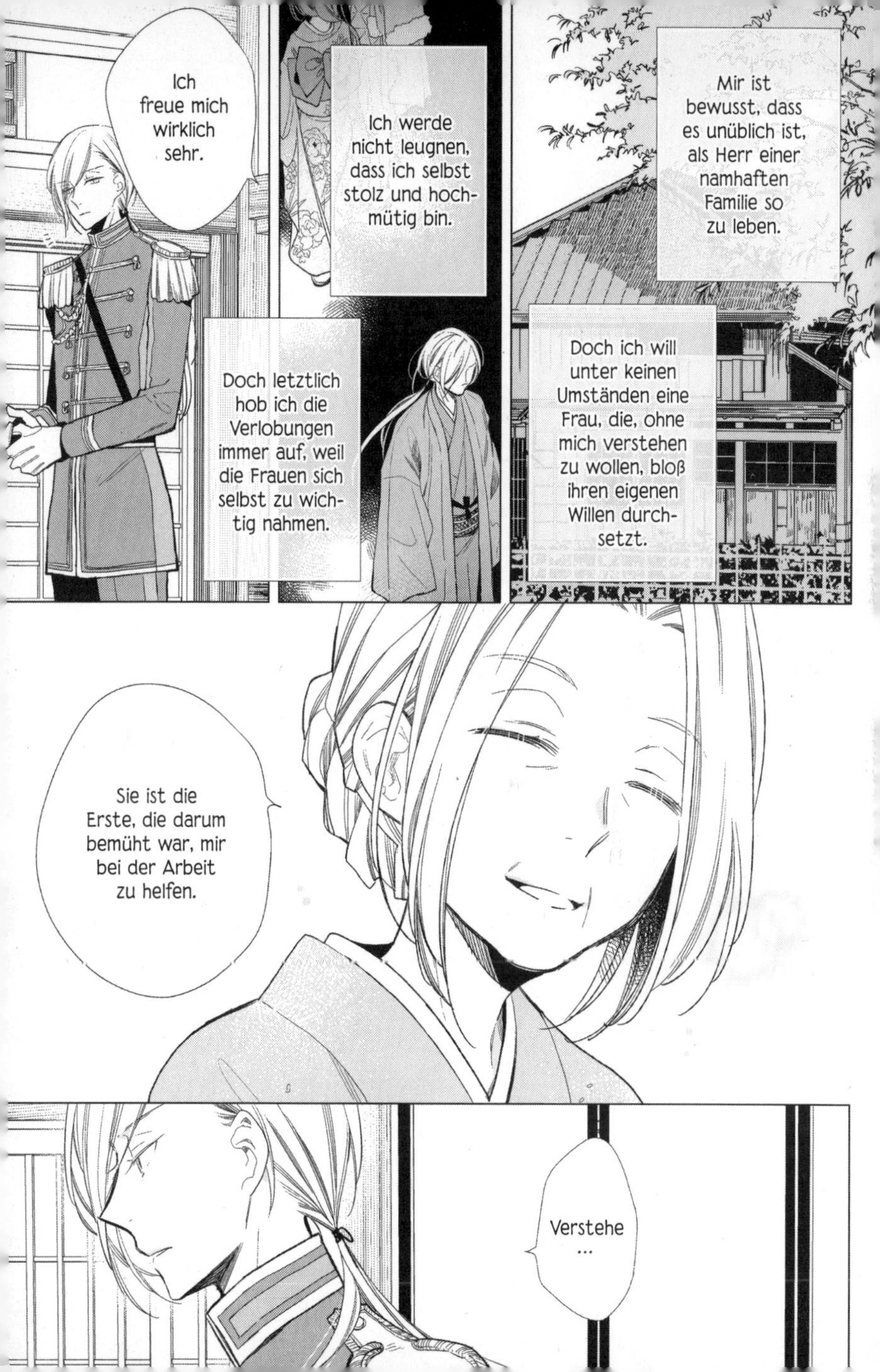
Mir ist bewusst, dass es unüblich ist, als Herr einer namhaften Familie so zu leben.
Doch ich will unter keinen Umständen eine Frau, die, ohne mich verstehen zu wollen, bloß ihren eigenen Willen durchsetzt.
Ich werde nicht leugnen, dass ich selbst stolz und hochmütig bin.
Doch letztlich hob ich die Verlobungen immer auf, weil die Frauen sich selbst zu wichtig nahmen.
Ich freue mich wirklich sehr.
Sie ist die Erste, die darum bemüht war, mir bei der Arbeit zu helfen.
Verstehe …

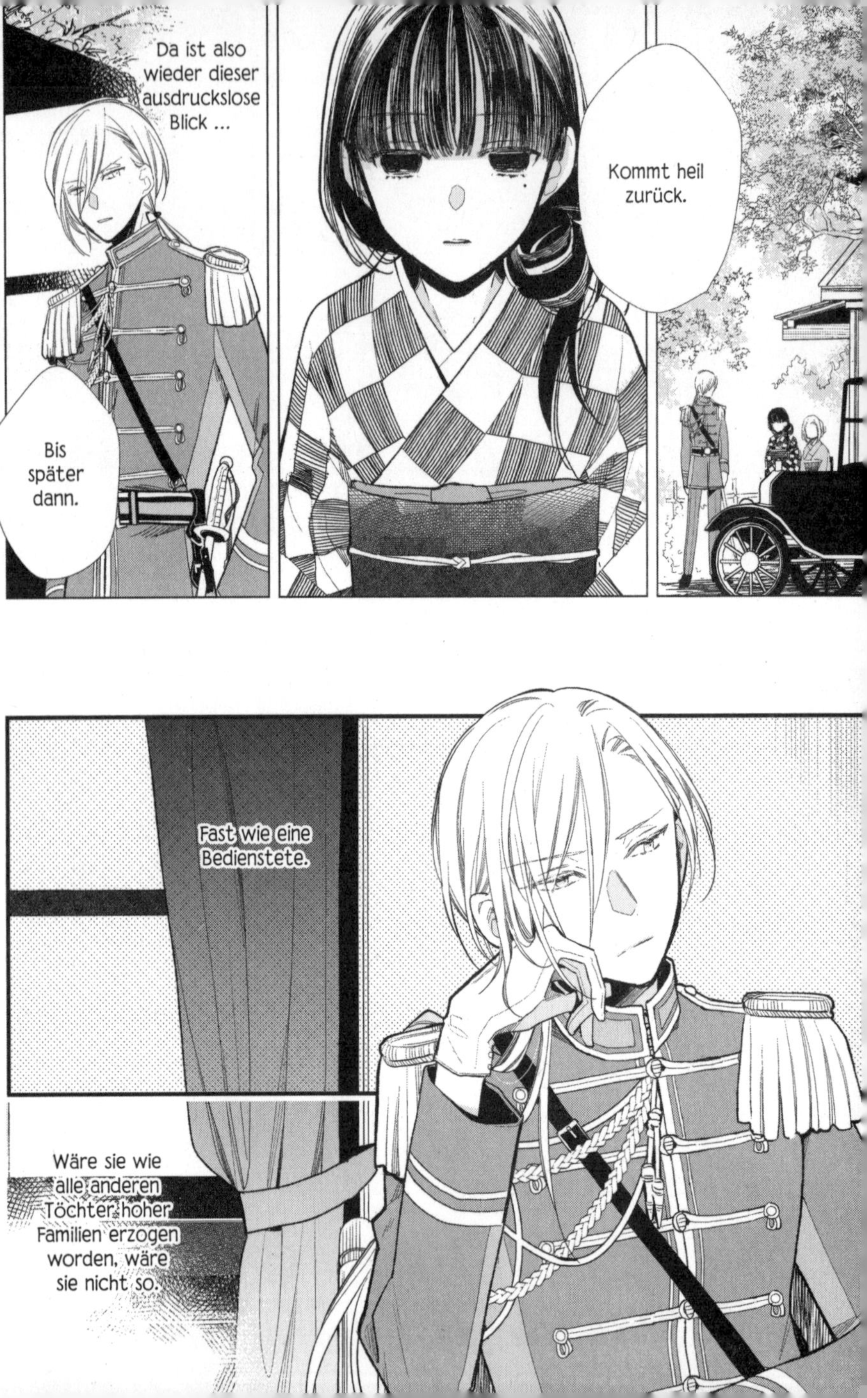
Kommt heil zurück.
Da ist also wieder dieser ausdruckslose Blick ...
Bis später dann.
Fast wie eine Bedienstete.
Wäre sie wie alle anderen Töchter hoher Familien erzogen worden, wäre sie nicht so.

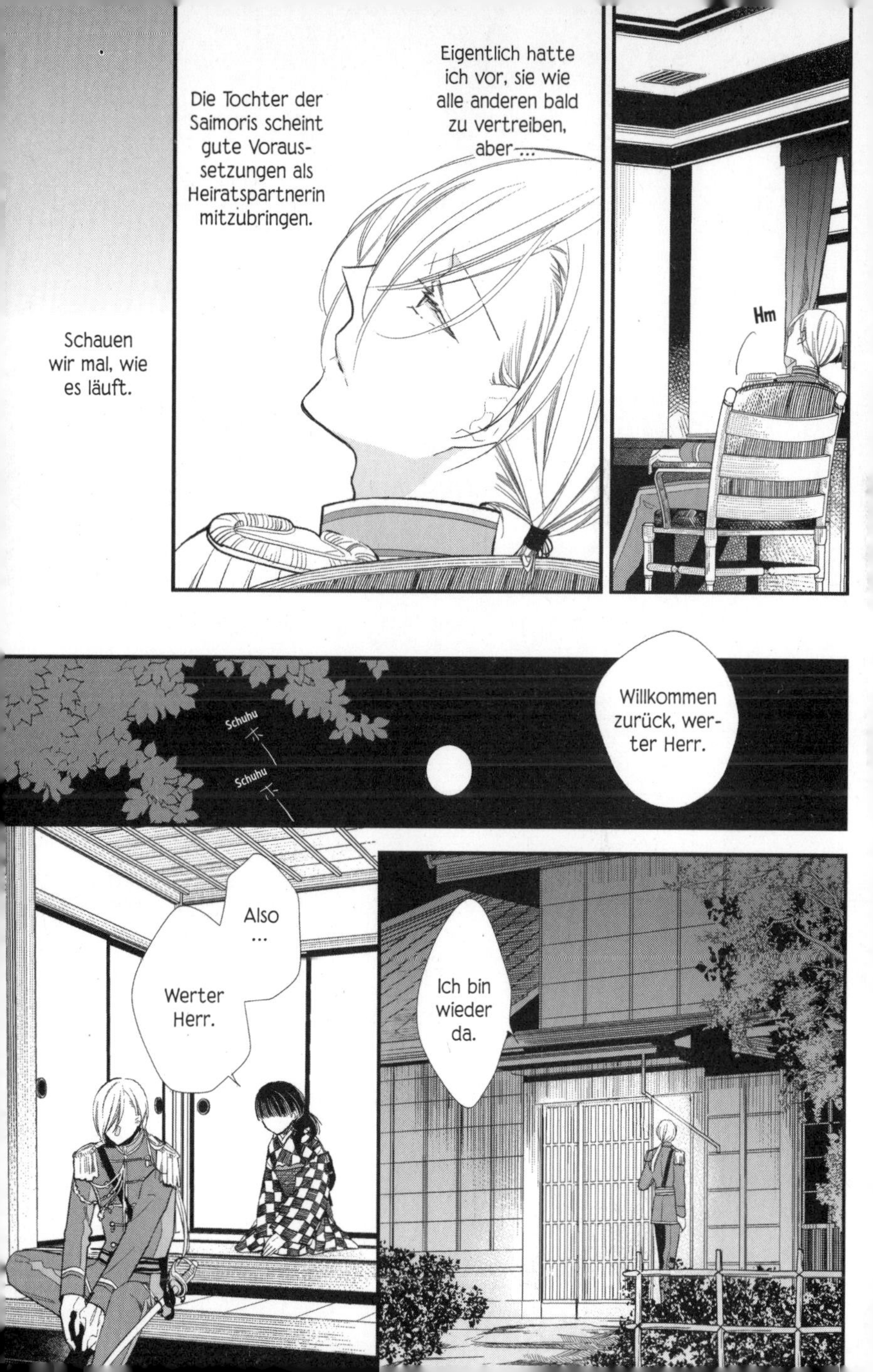
Hm
Eigentlich hatte ich vor, sie wie alle anderen bald zu vertreiben, aber ...
Die Tochter der Saimoris scheint gute Voraussetzungen als Heiratspartnerin mitzubringen.
Schauen wir mal, wie es läuft.
Willkommen zurück, werter Herr.
Schuhu
Schuhu
Ich bin wieder da.
Also ...
Werter Herr.

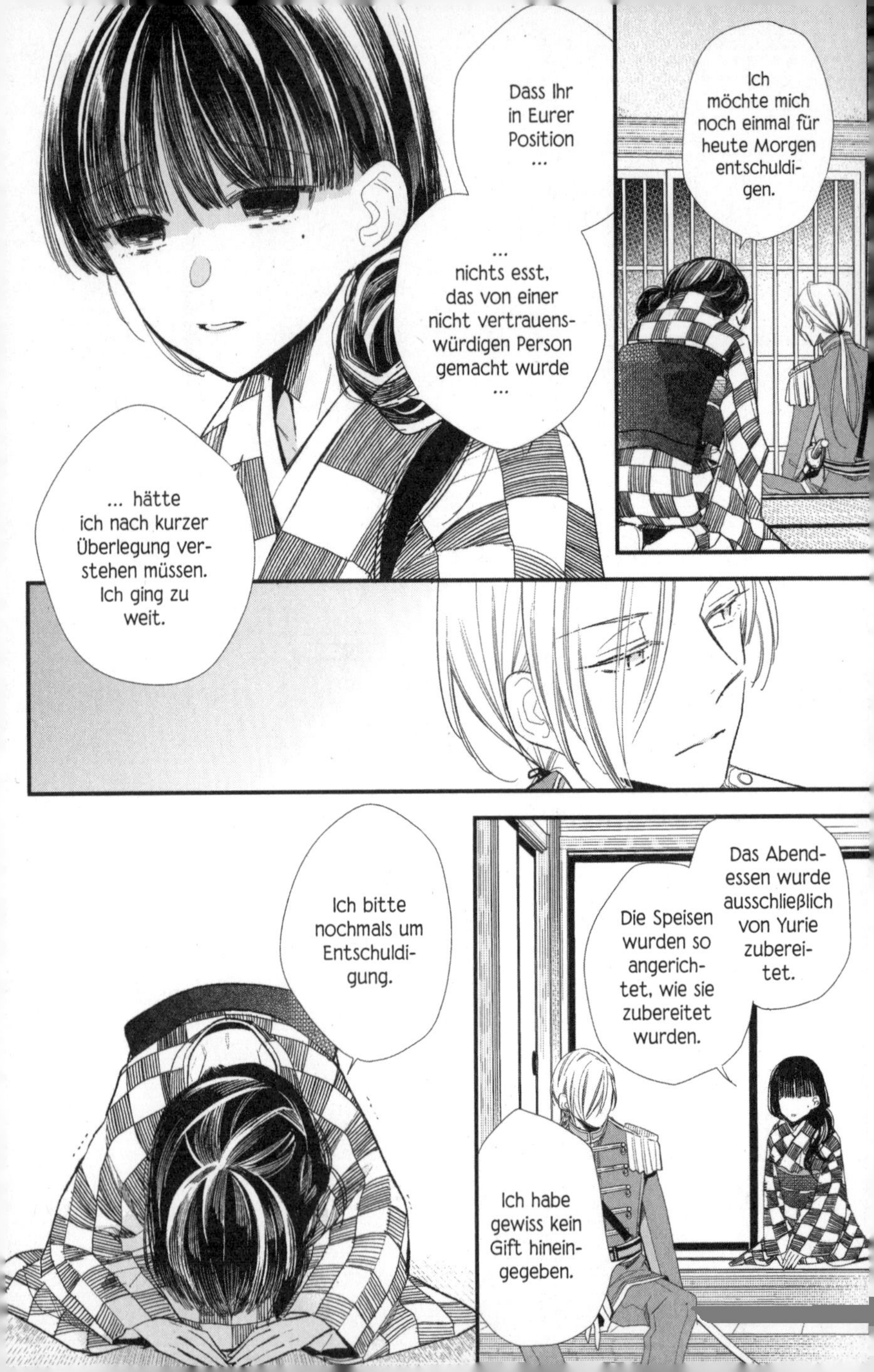

Ich möchte mich noch einmal für heute Morgen entschuldigen.
Dass Ihr in Eurer Position ...
... nichts esst, das von einer nicht vertrauenswürdigen Person gemacht wurde ...
... hätte ich nach kurzer Überlegung verstehen müssen. Ich ging zu weit.
Das Abendessen wurde ausschließlich von Yurie zubereitet.
Die Speisen wurden so angerichtet, wie sie zubereitet wurden.
Ich habe gewiss kein Gift hineingegeben.
Ich bitte nochmals um Entschuldigung.

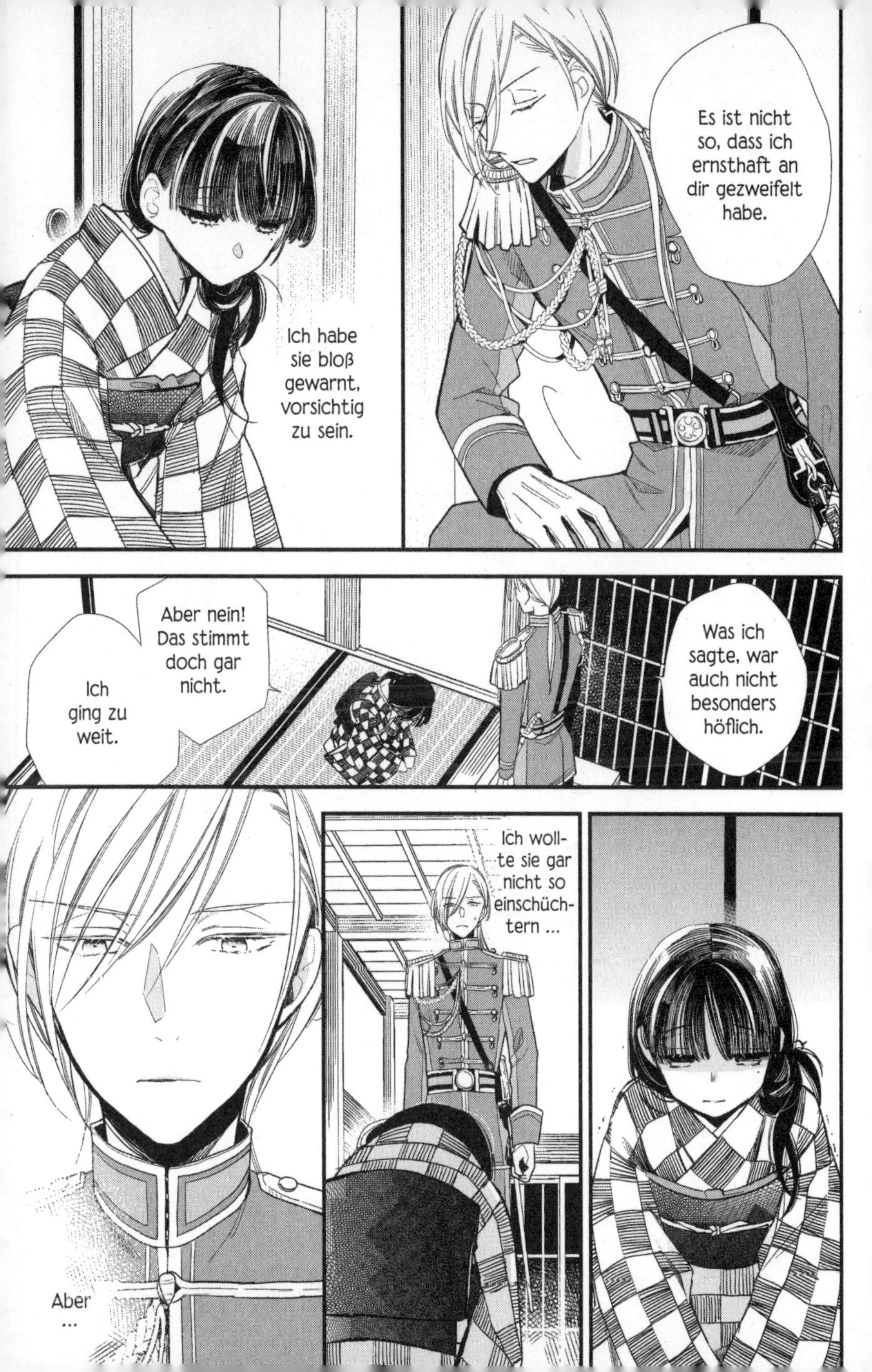
Es ist nicht so, dass ich ernsthaft an dir gezweifelt habe.
Ich habe sie bloß gewarnt, vorsichtig zu sein.
Was ich sagte, war auch nicht besonders höflich.
Aber nein! Das stimmt doch gar nicht.
Ich ging zu weit.
Ich wollte sie gar nicht so einschüchtern ...
Aber ...

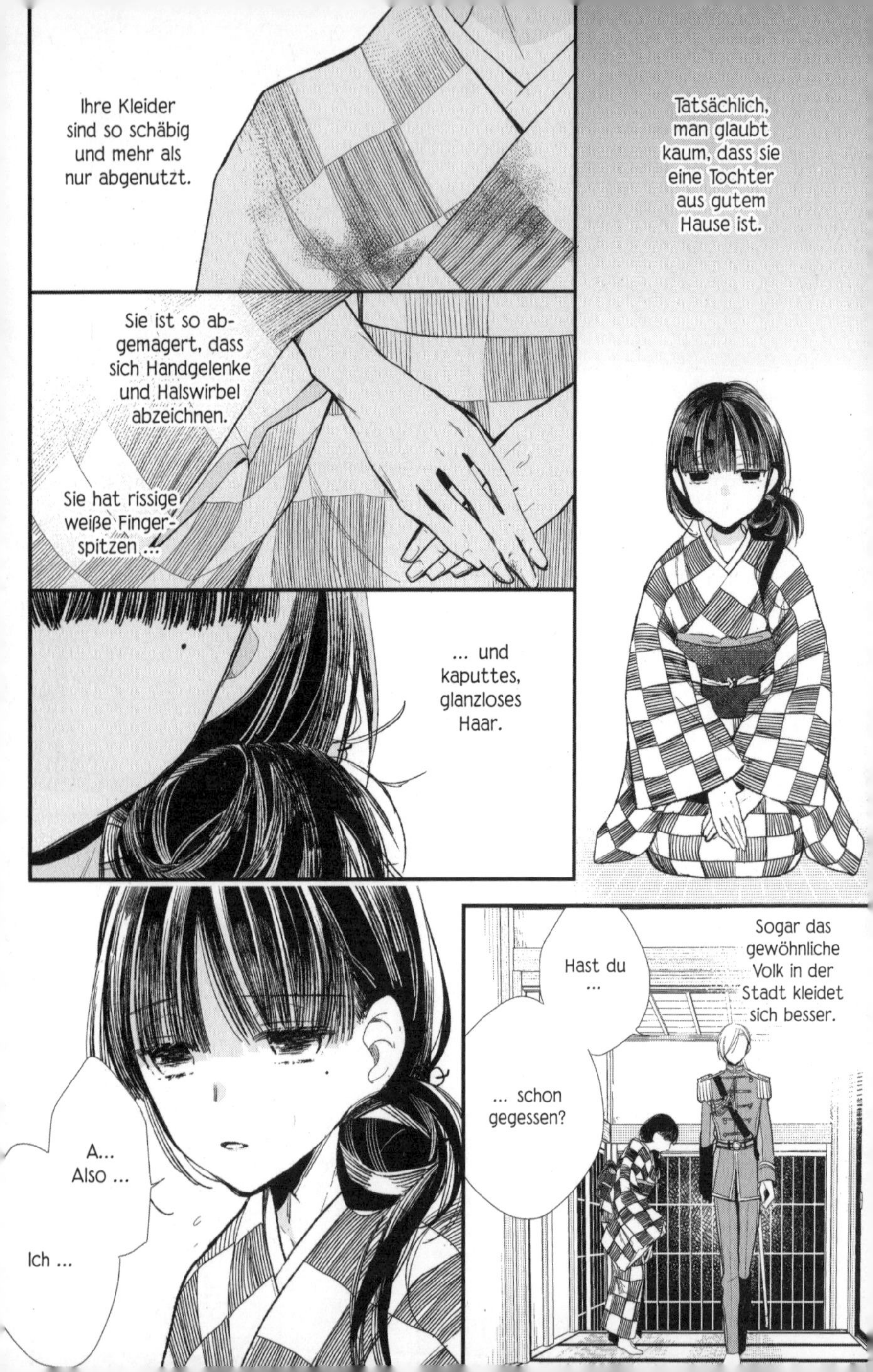
Tatsächlich, man glaubt kaum, dass sie eine Tochter aus gutem Hause ist.
Ihre Kleider sind so schäbig und mehr als nur abgenutzt.
Sie ist so abgemagert, dass sich Handgelenke und Halswirbel abzeichnen.
Sie hat rissige weiße Fingerspitzen ...
... und kaputtes, glanzloses Haar.
Sogar das gewöhnliche Volk in der Stadt kleidet sich besser.
Hast du ...
... schon gegessen?
A... Also ...
Ich ...

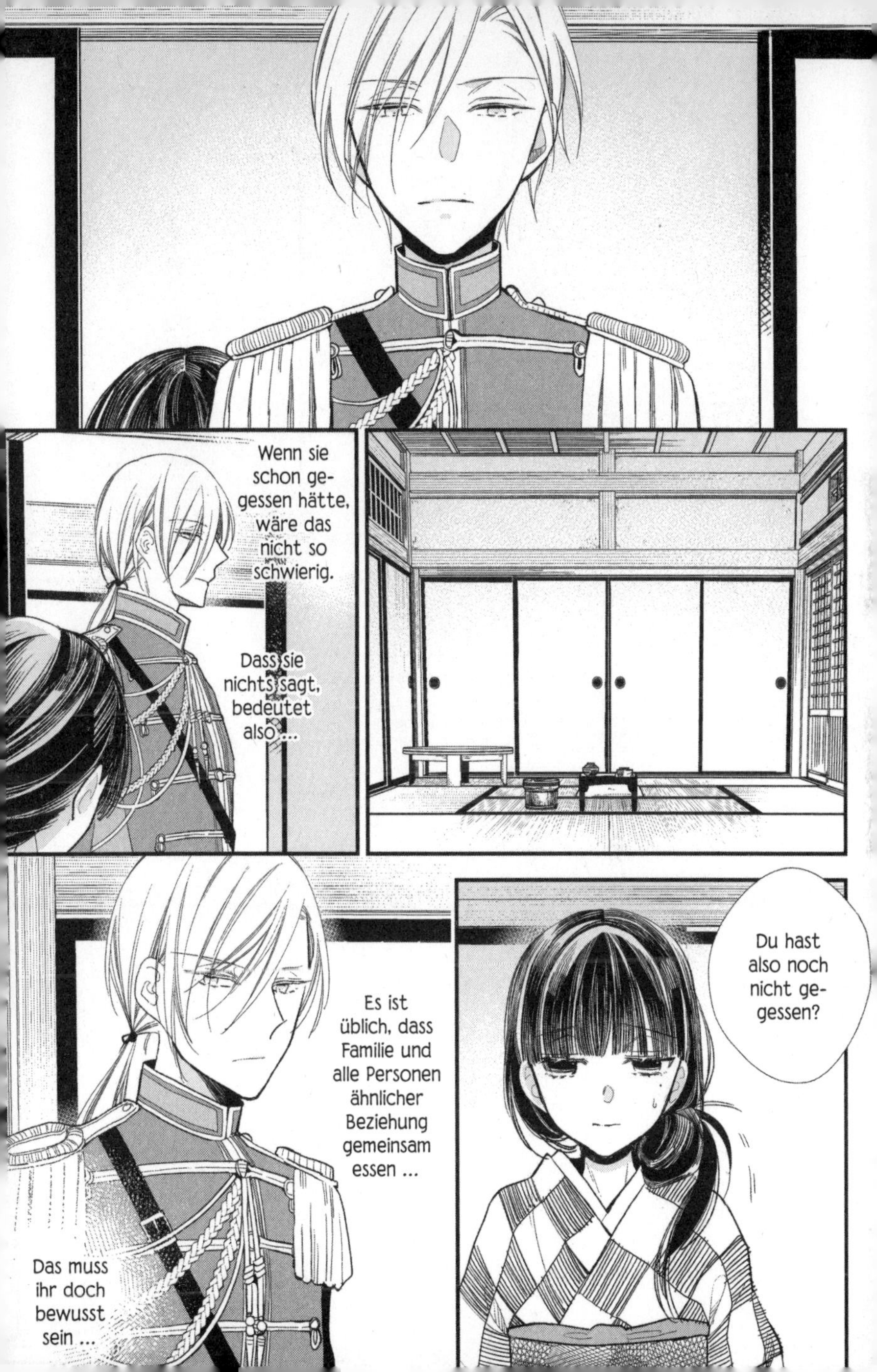
Wenn sie schon gegessen hätte, wäre das nicht so schwierig.
Dass sie nichts sagt, bedeutet also ...
Du hast also noch nicht gegessen?
Es ist üblich, dass Familie und alle Personen ähnlicher Beziehung gemeinsam essen ...
Das muss ihr doch bewusst sein ...

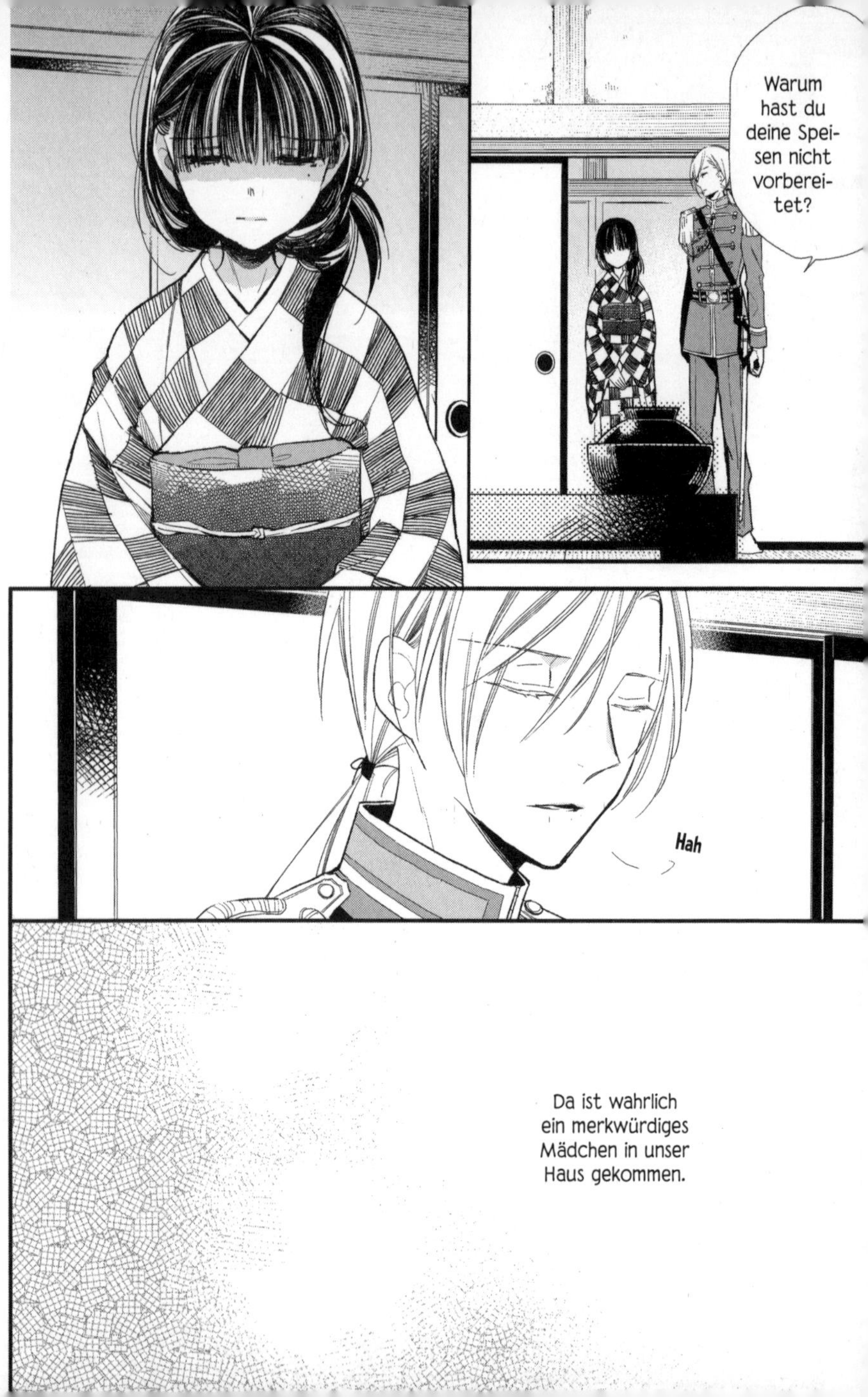
Warum hast du deine Speisen nicht vorbereitet?
Hah
Da ist wahrlich ein merkwürdiges Mädchen in unser Haus gekommen.

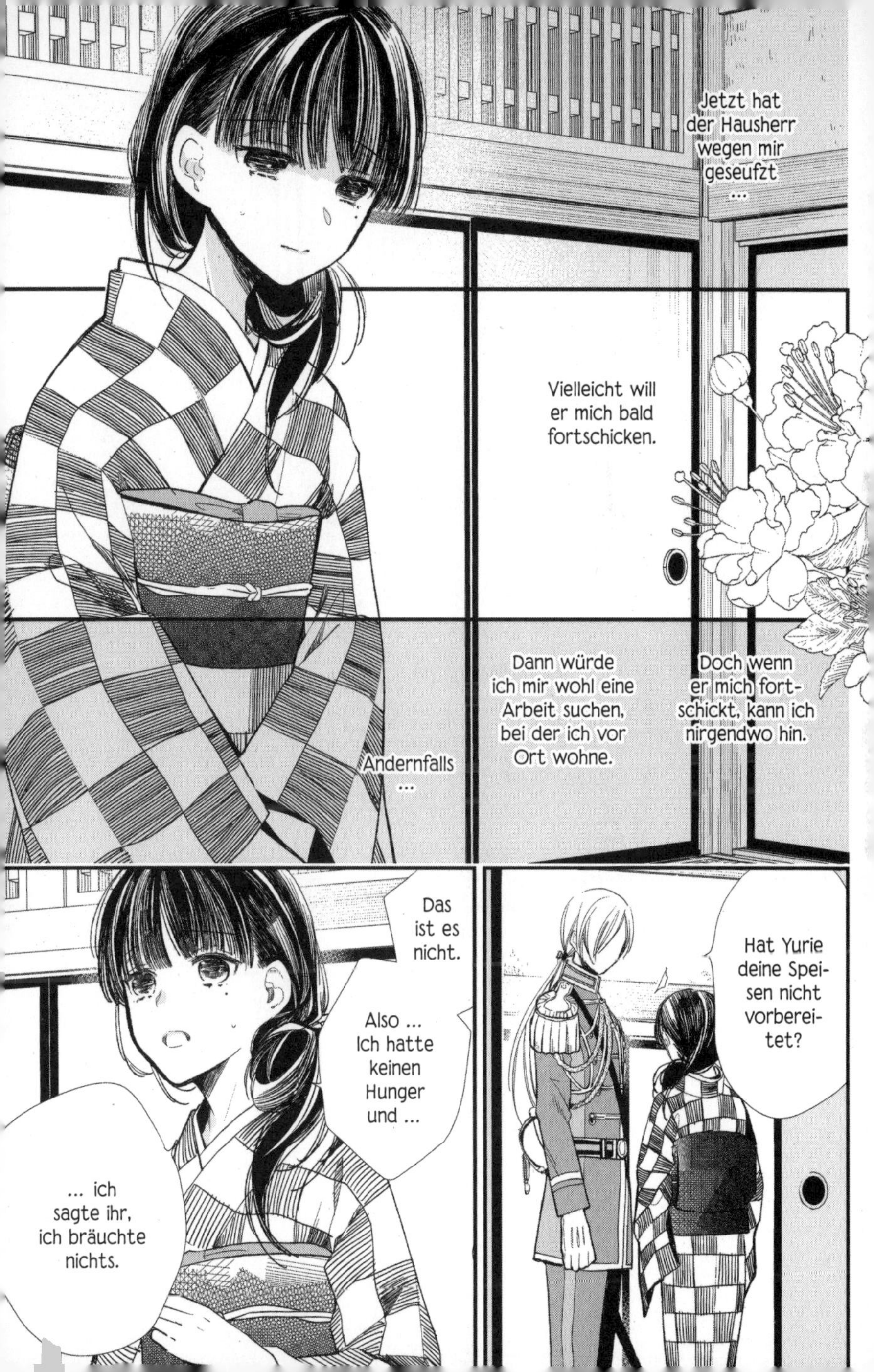
Jetzt hat der Hausherr wegen mir geseufzt ...
Vielleicht will er mich bald fortschicken.
Doch wenn er mich fort-schickt, kann ich nirgendwo hin.
Dann würde ich mir wohl eine Arbeit suchen, bei der ich vor Ort wohne.
Andernfalls ...
Hat Yurie deine Spei-sen nicht vorberei-tet?
Das ist es nicht.
Also ... Ich hatte keinen Hunger und ...
... ich sagte ihr, ich bräuchte nichts.

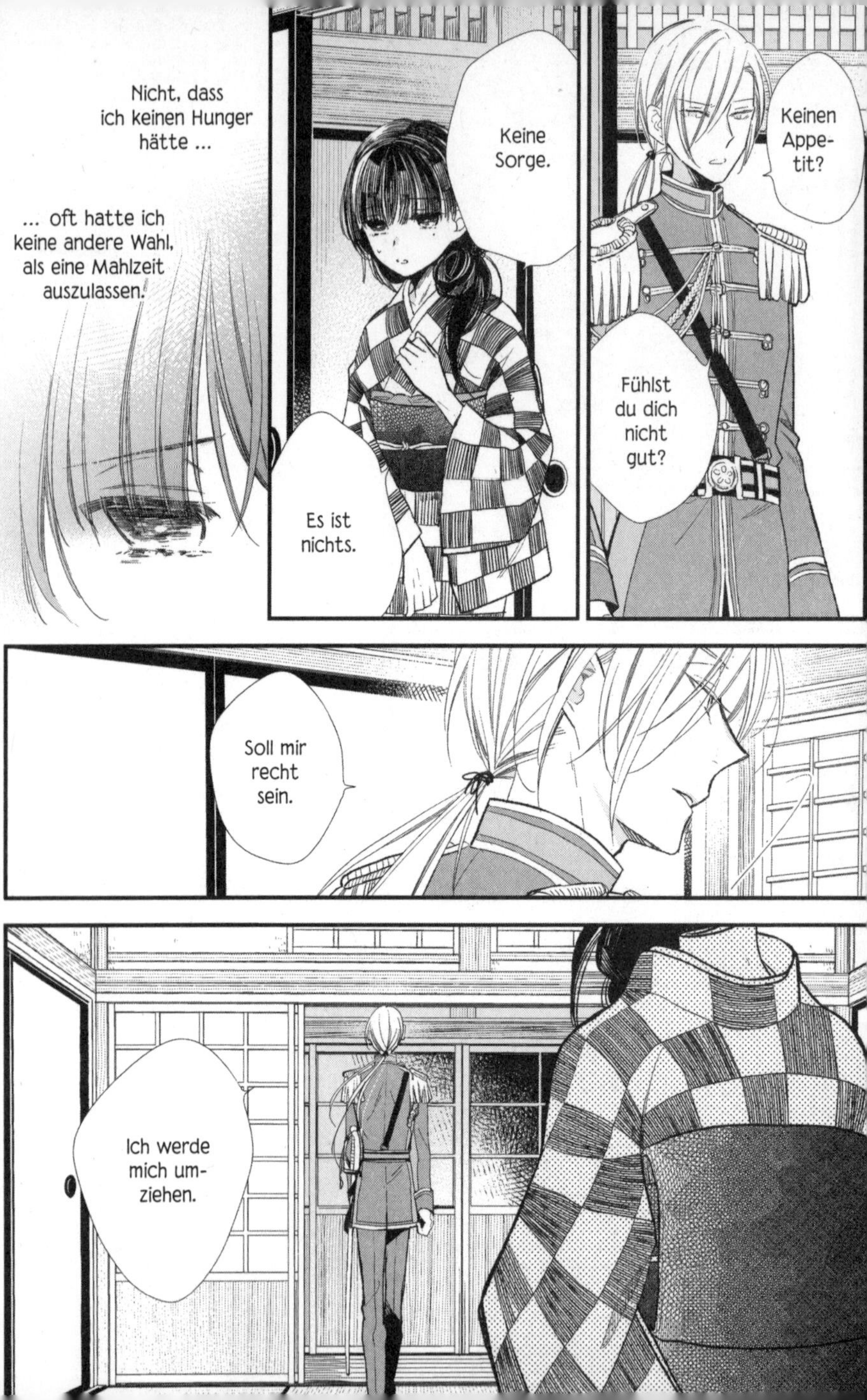
Keinen Appetit?
Fühlst du dich nicht gut?
Keine Sorge.
Es ist nichts.
Nicht, dass ich keinen Hunger hätte ...
... oft hatte ich keine andere Wahl, als eine Mahlzeit auszulassen.
Soll mir recht sein.
Ich werde mich umziehen.

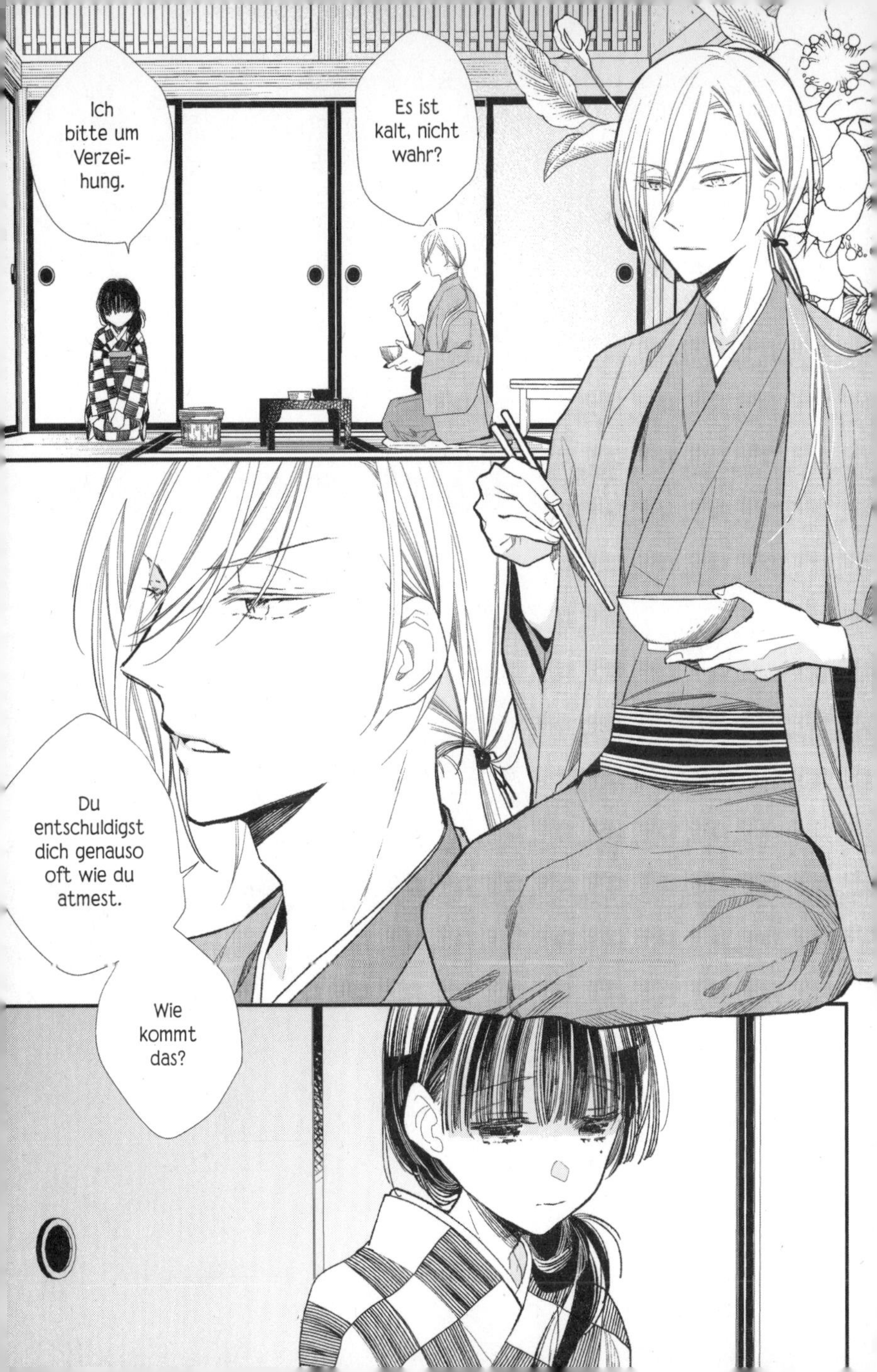
Es ist kalt, nicht wahr?
Ich bitte um Verzeihung.
Du entschuldigst dich genauso oft wie du atmest.
Wie kommt das?

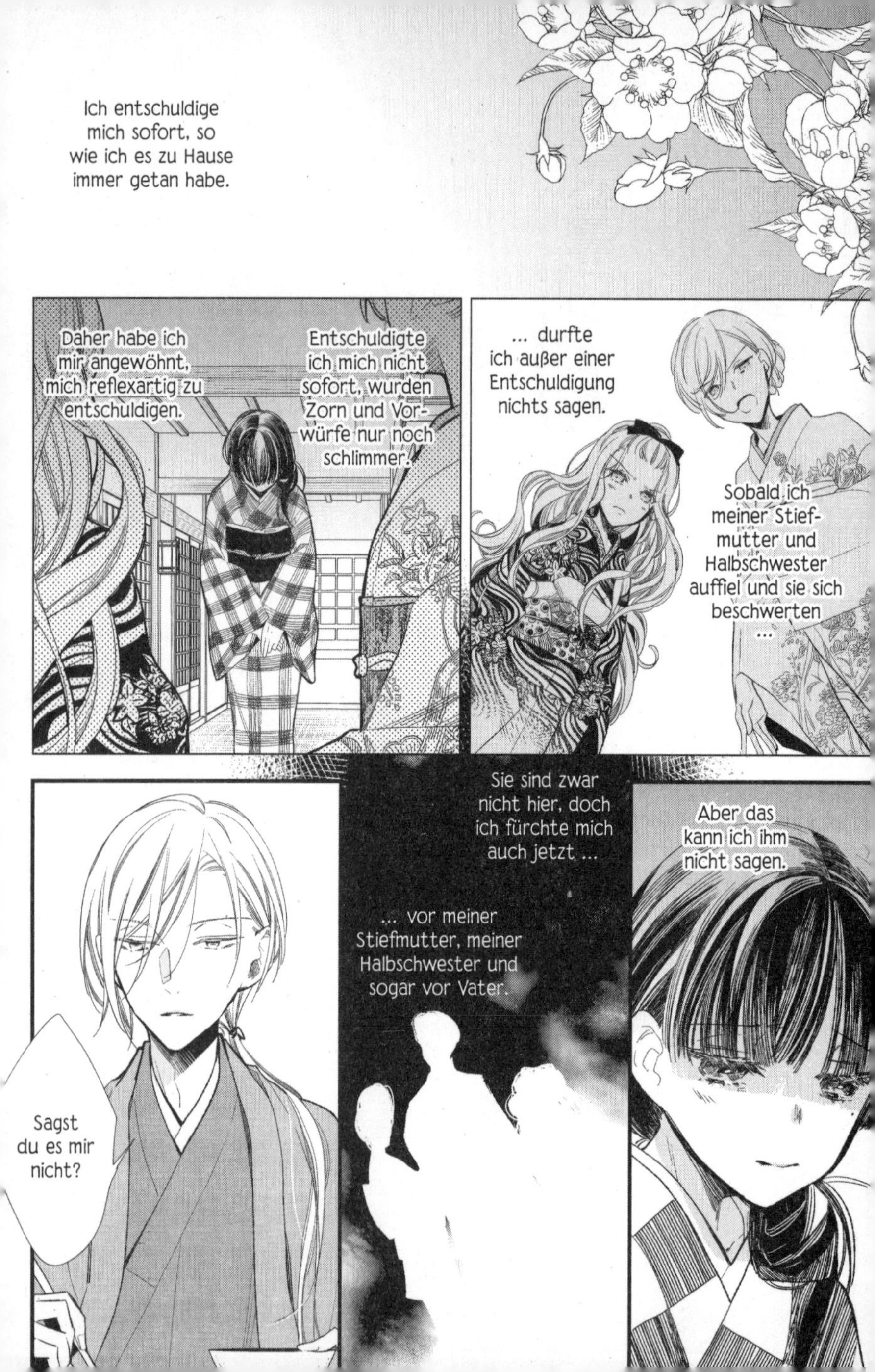
Ich entschuldige mich sofort, so wie ich es zu Hause immer getan habe.
Sobald ich meiner Stiefmutter und Halbschwester auffiel und sie sich beschwerten ...
... durfte ich außer einer Entschuldigung nichts sagen.
Entschuldigte ich mich nicht sofort, wurden Zorn und Vorwürfe nur noch schlimmer.
Daher habe ich mir angewöhnt, mich reflexartig zu entschuldigen.
Aber das kann ich ihm nicht sagen.
Sie sind zwar nicht hier, doch ich fürchte mich auch jetzt ...
... vor meiner Stiefmutter, meiner Halbschwester und sogar vor Vater.
Sagst du es mir nicht?

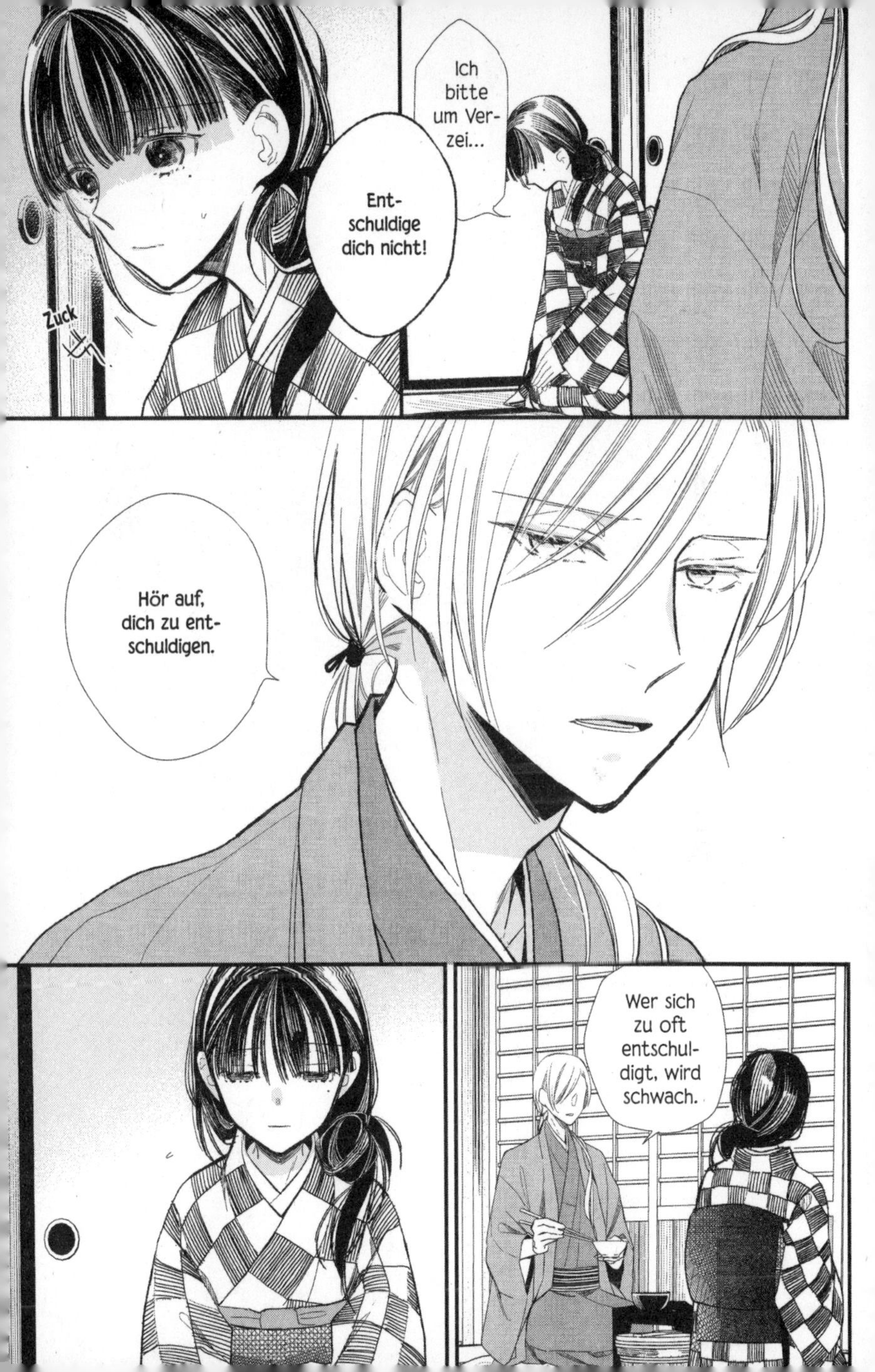
Ich bitte um Verzei...
Entschuldige dich nicht!
Zuck
Hör auf, dich zu entschuldigen.
Wer sich zu oft entschuldigt, wird schwach.

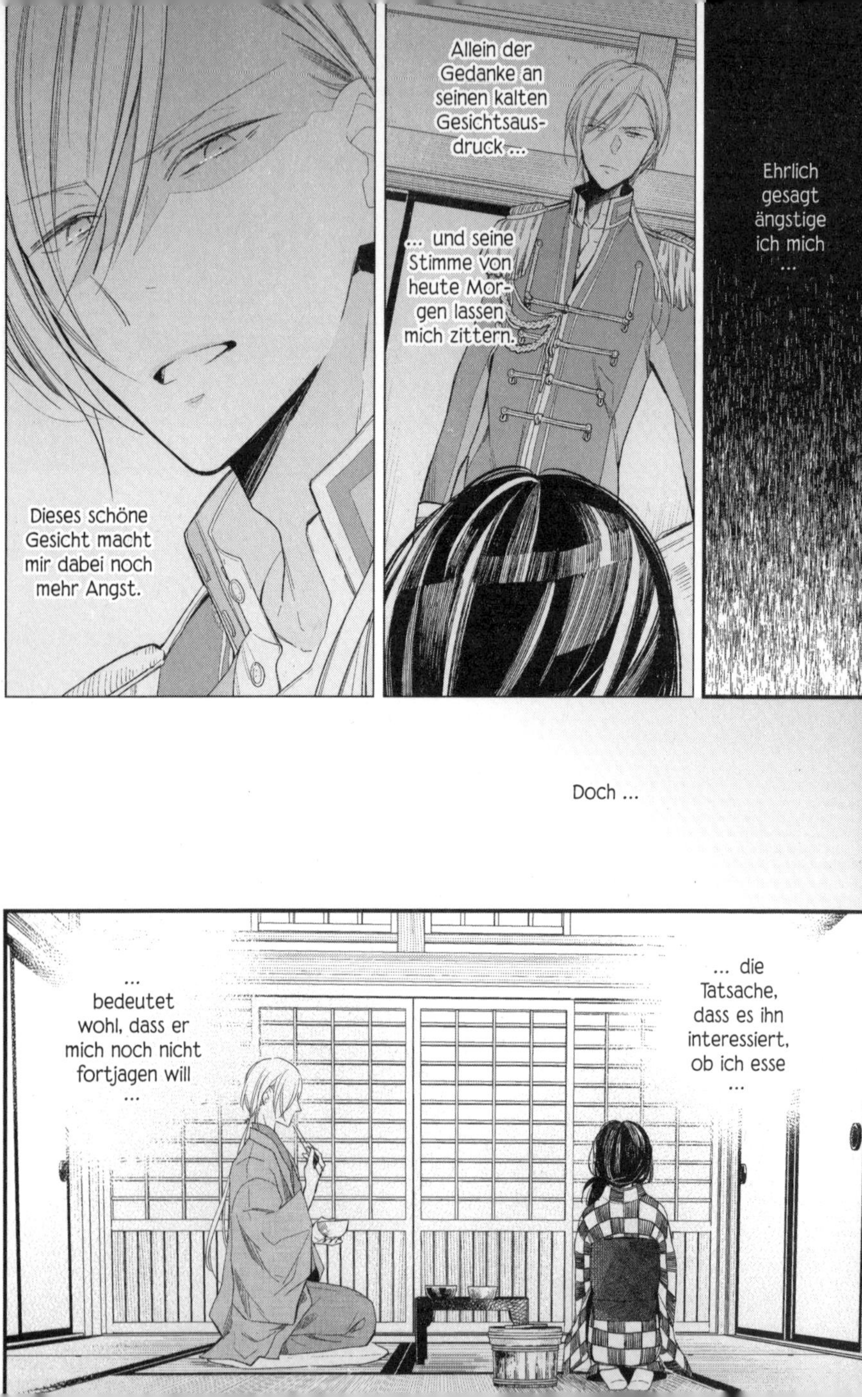
Ehrlich gesagt ängstige ich mich ...
Allein der Gedanke an seinen kalten Gesichtsausdruck ...
... und seine Stimme von heute Morgen lassen mich zittern.
Dieses schöne Gesicht macht mir dabei noch mehr Angst.
Doch ...
... die Tatsache, dass es ihn interessiert, ob ich esse ...
... bedeutet wohl, dass er mich noch nicht fortjagen will ...

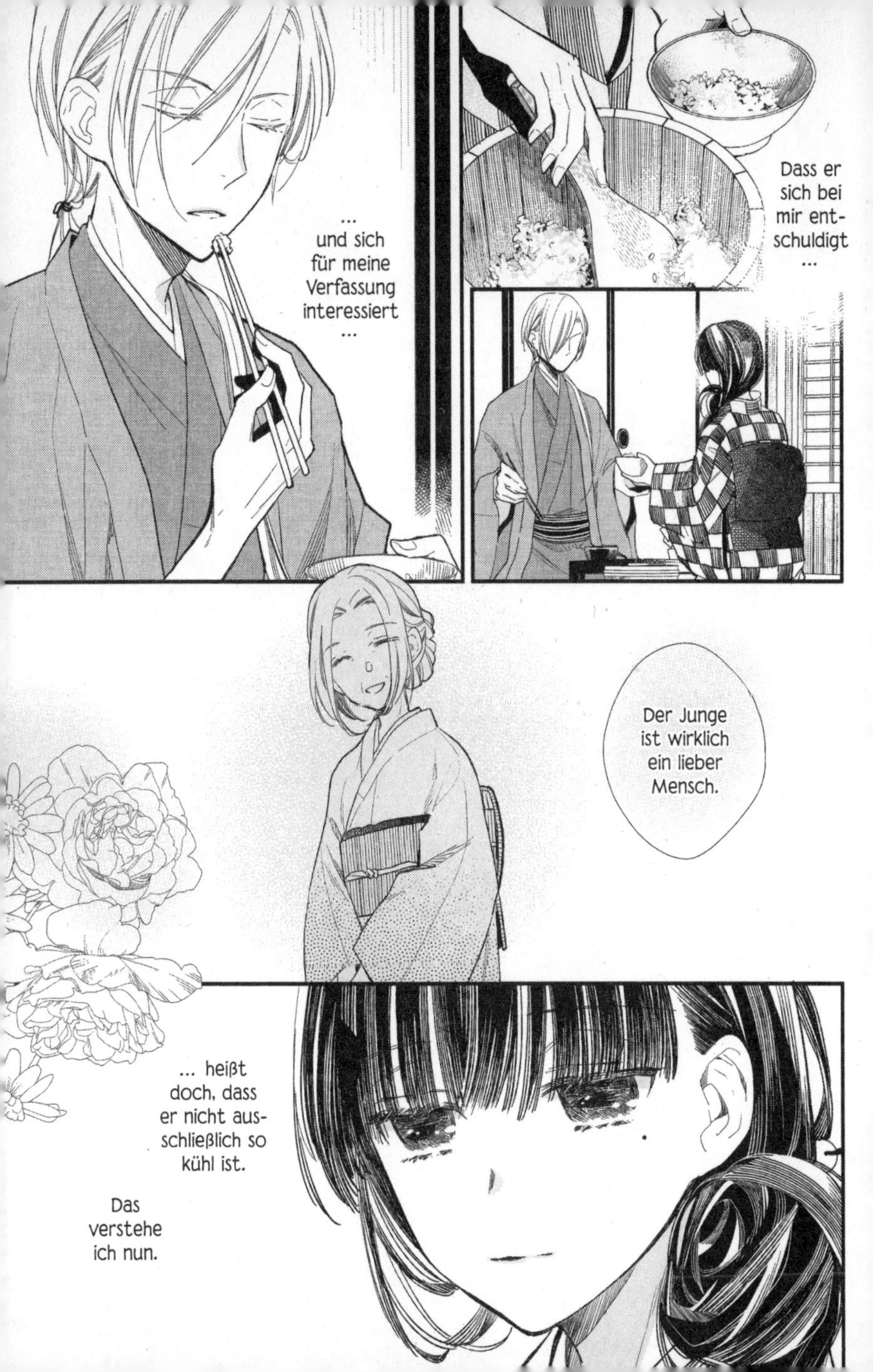
Dass er sich bei mir entschuldigt ...
... und sich für meine Verfassung interessiert ...
Der Junge ist wirklich ein lieber Mensch.
... heißt doch, dass er nicht ausschließlich so kühl ist.
Das verstehe ich nun.

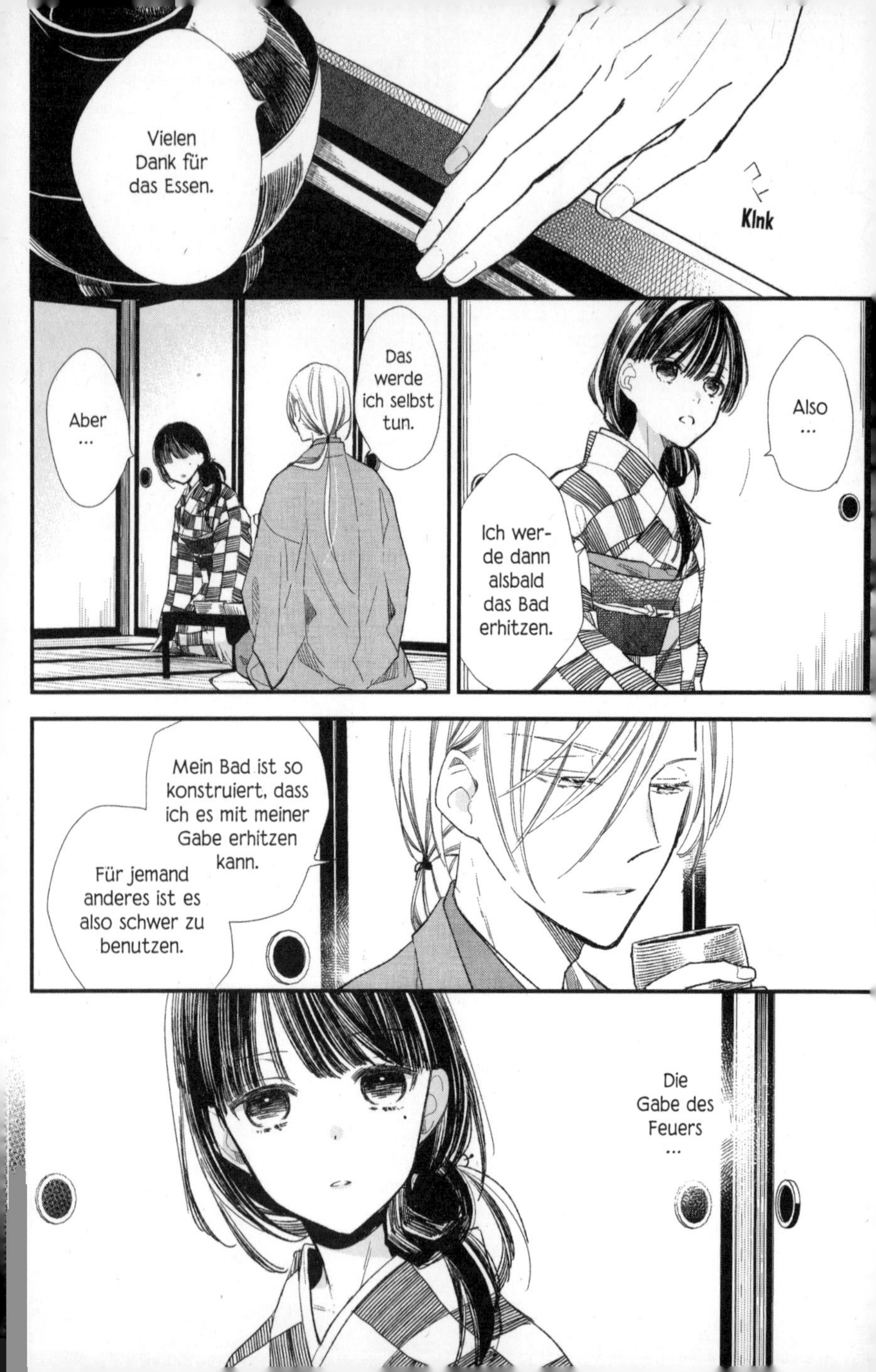
Klink
Vielen Dank für das Essen.
Also ...
Ich wer-de dann alsbald das Bad erhitzen.
Das werde ich selbst tun.
Aber ...
Mein Bad ist so konstruiert, dass ich es mit meiner Gabe erhitzen kann.
Für jemand anderes ist es also schwer zu benutzen.
Die Gabe des Feuers ...

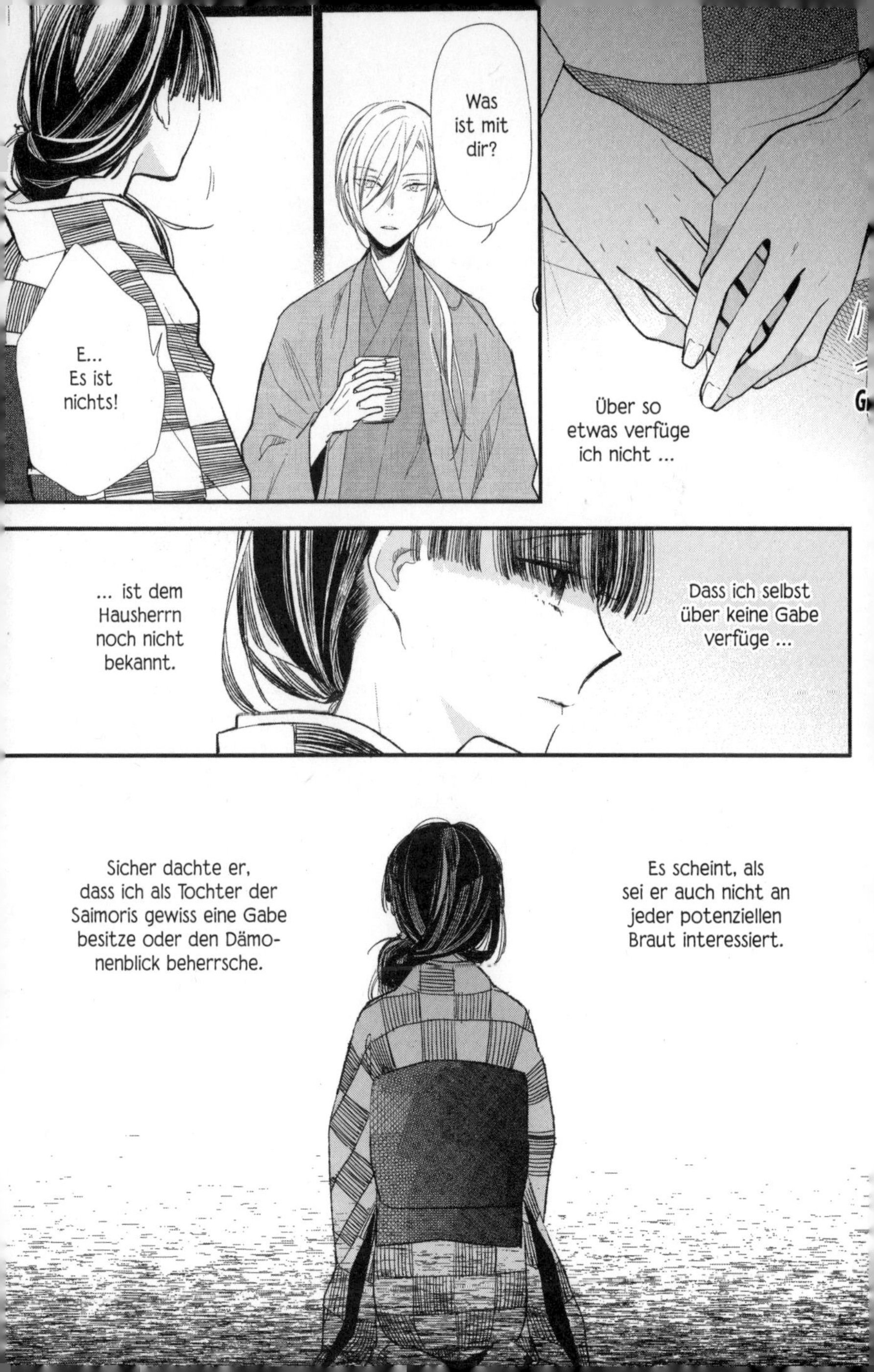
Über so etwas verfüge ich nicht ...
Was ist mit dir?
E... Es ist nichts!
Dass ich selbst über keine Gabe verfüge ...
... ist dem Hausherrn noch nicht bekannt.
Es scheint, als sei er auch nicht an jeder potenziellen Braut interessiert.
Sicher dachte er, dass ich als Tochter der Saimoris gewiss eine Gabe besitze oder den Dämonenblick beherrsche.

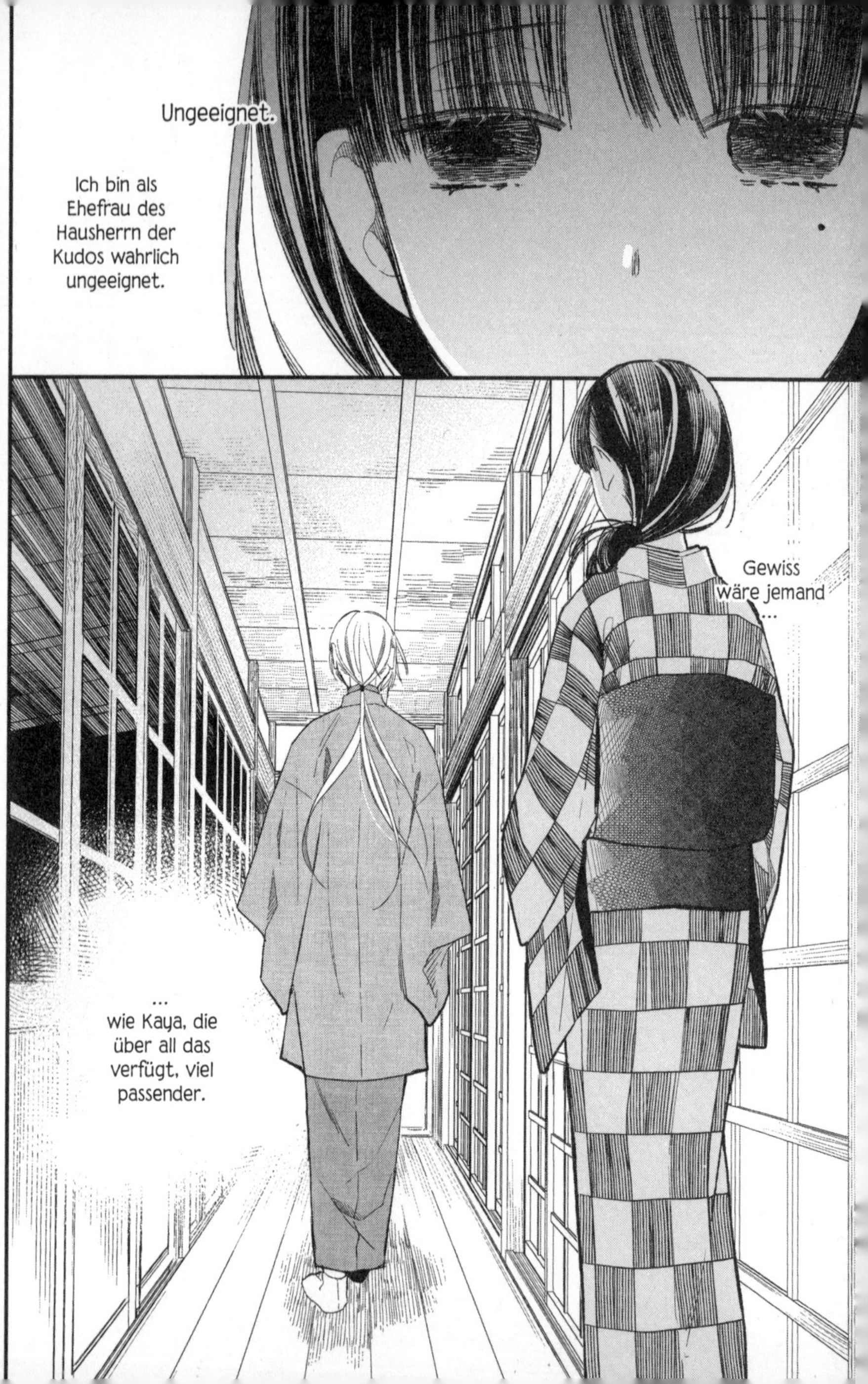
Ungeeignet.
Ich bin als Ehefrau des Hausherrn der Kudos wahrlich ungeeignet.
Gewiss wäre jemand ...
... wie Kaya, die über all das verfügt, viel passender.

## **Kapitel 4:**
## Die merkwürdige Verlobte

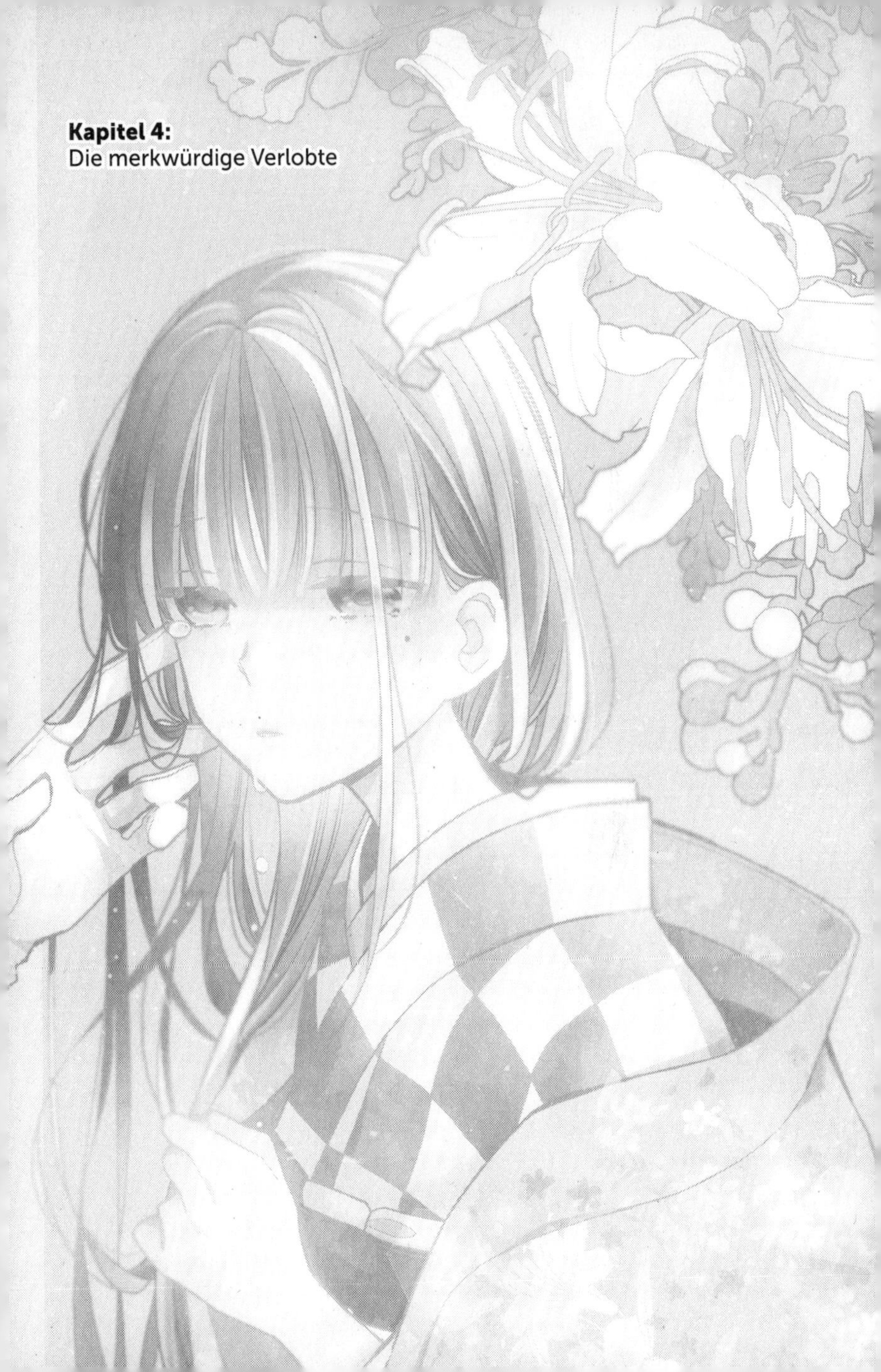

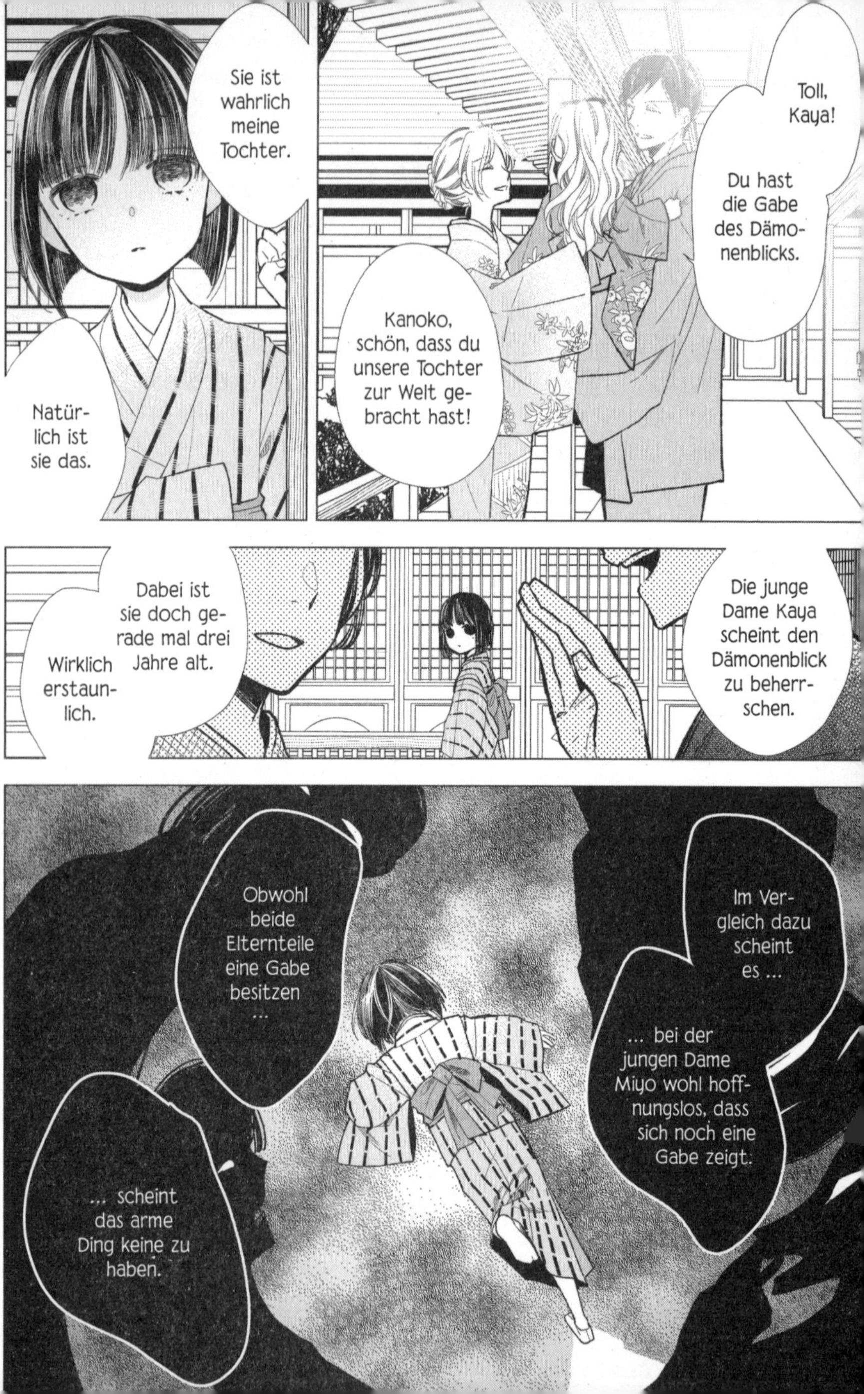
Toll, Kaya!
Du hast die Gabe des Dämonenblicks.
Kanoko, schön, dass du unsere Tochter zur Welt gebracht hast!
Sie ist wahrlich meine Tochter.
Natürlich ist sie das.
Die junge Dame Kaya scheint den Dämonenblick zu beherrschen.
Dabei ist sie doch gerade mal drei Jahre alt.
Wirklich erstaunlich.
Im Vergleich dazu scheint es ...
... bei der jungen Dame Miyo wohl hoffnungslos, dass sich noch eine Gabe zeigt.
Obwohl beide Elternteile eine Gabe besitzen ...
... scheint das arme Ding keine zu haben.

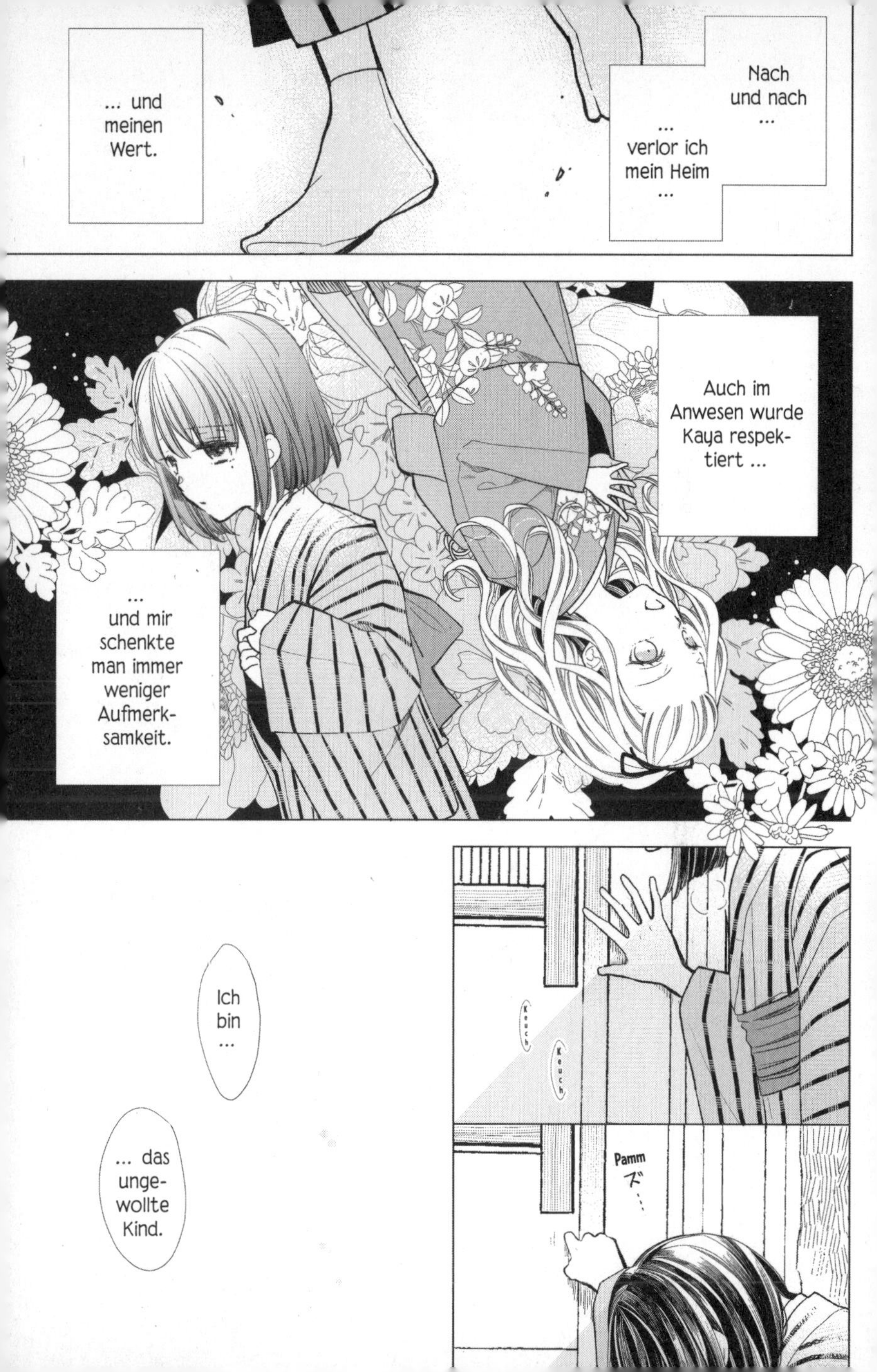

Nach und nach ...
... verlor ich mein Heim ...
... und meinen Wert.
Auch im Anwesen wurde Kaya respektiert ...
... und mir schenkte man immer weniger Aufmerksamkeit.
Keuch
Keuch
Pamm
Ich bin ...
... das ungewollte Kind.

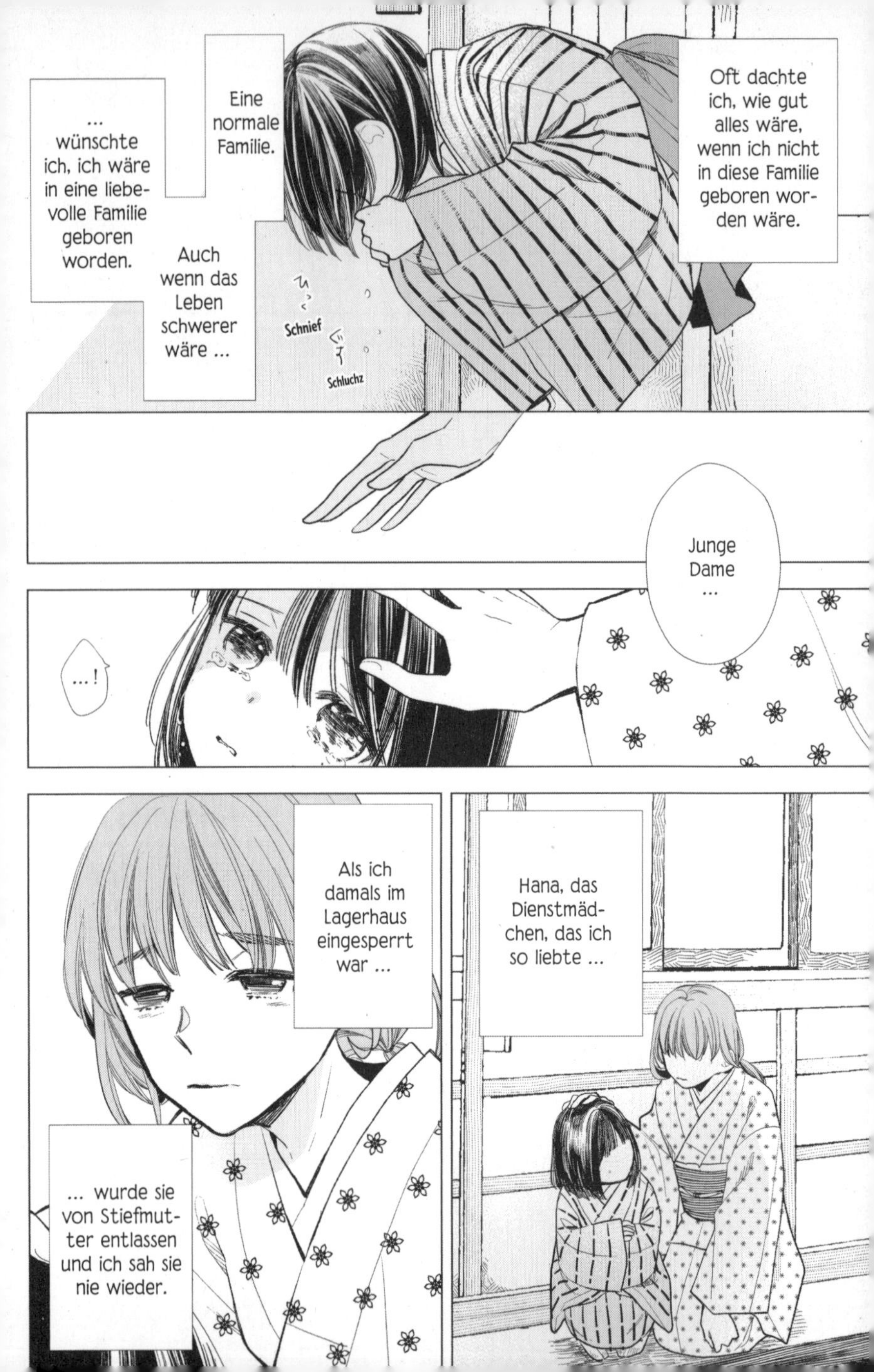
Oft dachte ich, wie gut alles wäre, wenn ich nicht in diese Familie geboren worden wäre.
Eine normale Familie.
... wünschte ich, ich wäre in eine liebevolle Familie geboren worden.
Auch wenn das Leben schwerer wäre ...
Schnief
Schluchz
Junge Dame ...
...!
Hana, das Dienstmädchen, das ich so liebte ...
Als ich damals im Lagerhaus eingesperrt war ...
... wurde sie von Stiefmutter entlassen und ich sah sie nie wieder.

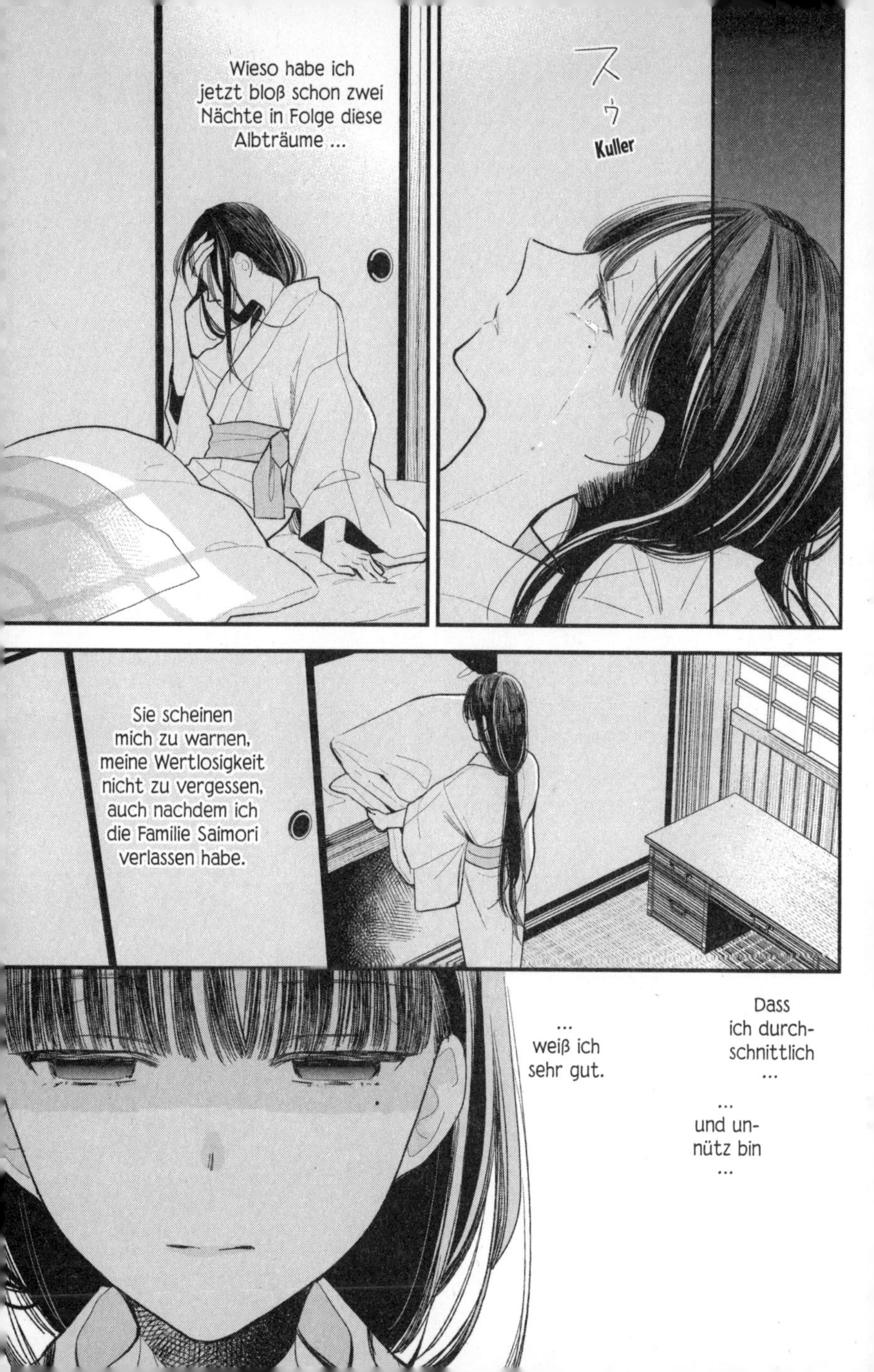

スゥ
Kuller
Wieso habe ich jetzt bloß schon zwei Nächte in Folge diese Albträume ...
Sie scheinen mich zu warnen, meine Wertlosigkeit nicht zu vergessen, auch nachdem ich die Familie Saimori verlassen habe.
Dass ich durchschnittlich ...
... und unnütz bin ...
... weiß ich sehr gut.

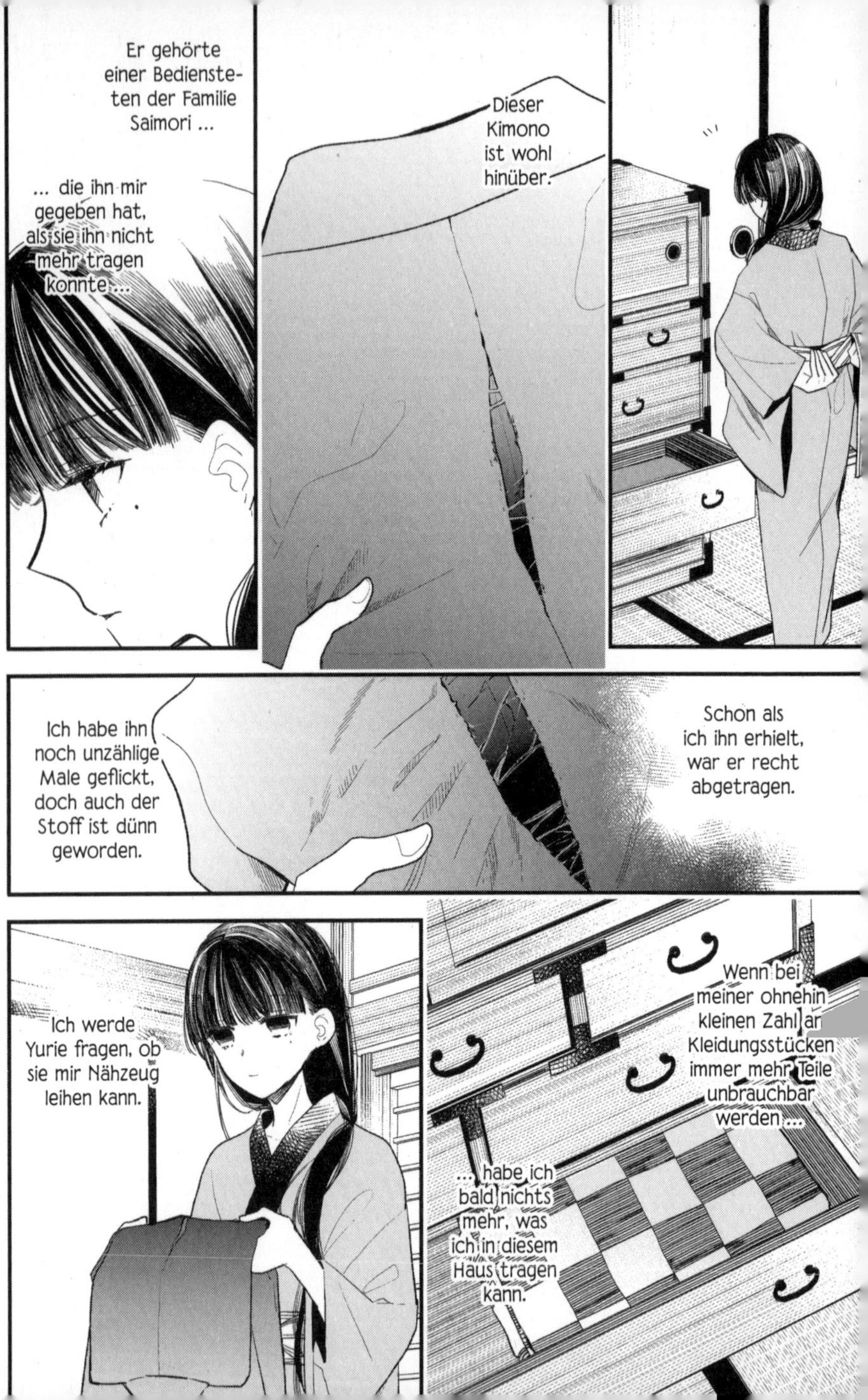
Dieser Kimono ist wohl hinüber.
Er gehörte einer Bedienste-ten der Familie Saimori ...
... die ihn mir gegeben hat, als sie ihn nicht mehr tragen konnte ...
Schon als ich ihn erhielt, war er recht abgetragen.
Ich habe ihn noch unzählige Male geflickt, doch auch der Stoff ist dünn geworden.
Wenn bei meiner ohnehin kleinen Zahl an Kleidungsstücken immer mehr Teile unbrauchbar werden ...
... habe ich bald nichts mehr, was ich in diesem Haus tragen kann.
Ich werde Yurie fragen, ob sie mir Nähzeug leihen kann.

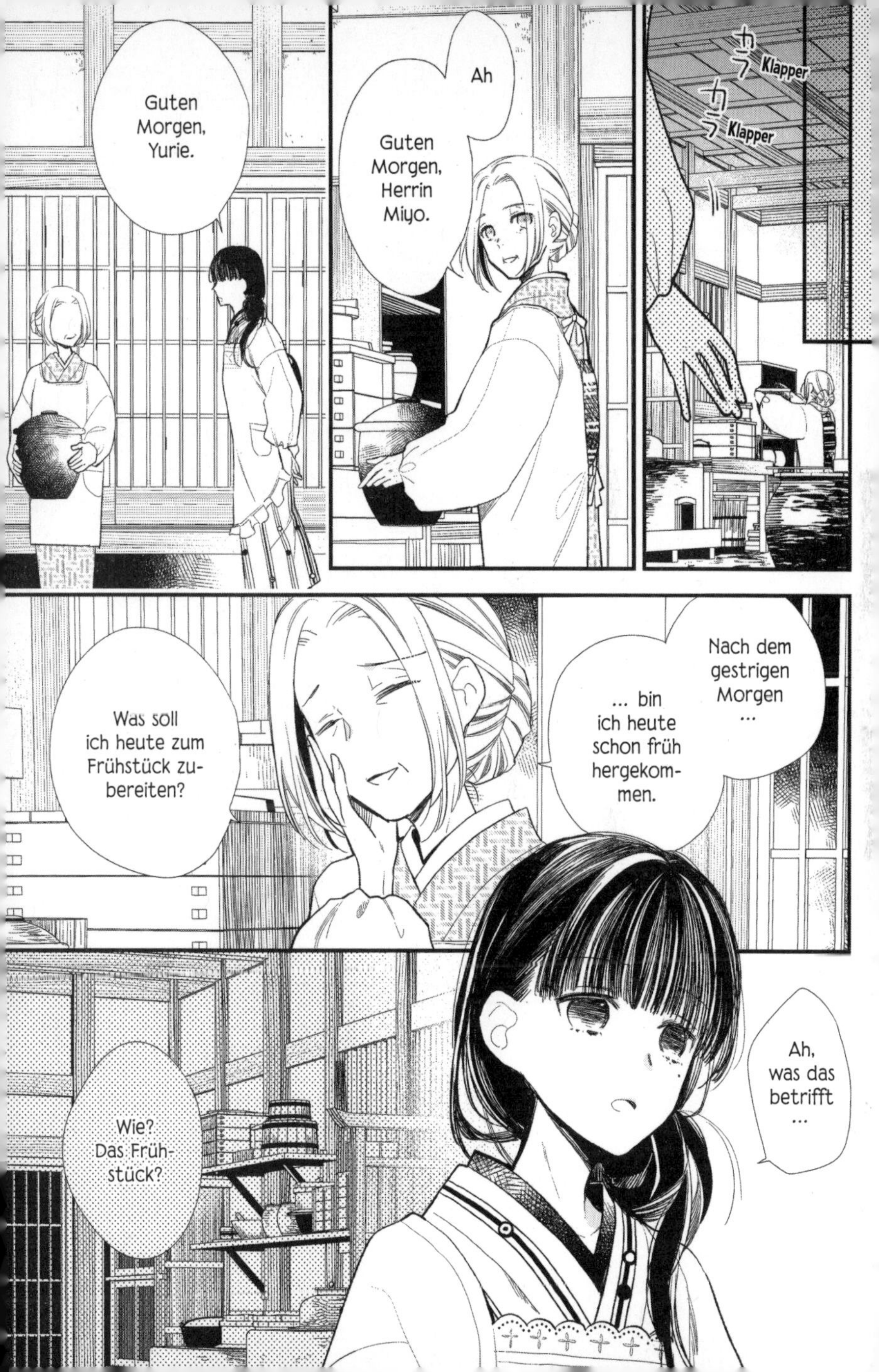
カラ Klapper
カラ Klapper
Ah
Guten Morgen, Herrin Miyo.
Guten Morgen, Yurie.
Nach dem gestrigen Morgen ...
... bin ich heute schon früh hergekommen.
Was soll ich heute zum Frühstück zubereiten?
Ah, was das betrifft ...
Wie? Das Frühstück?

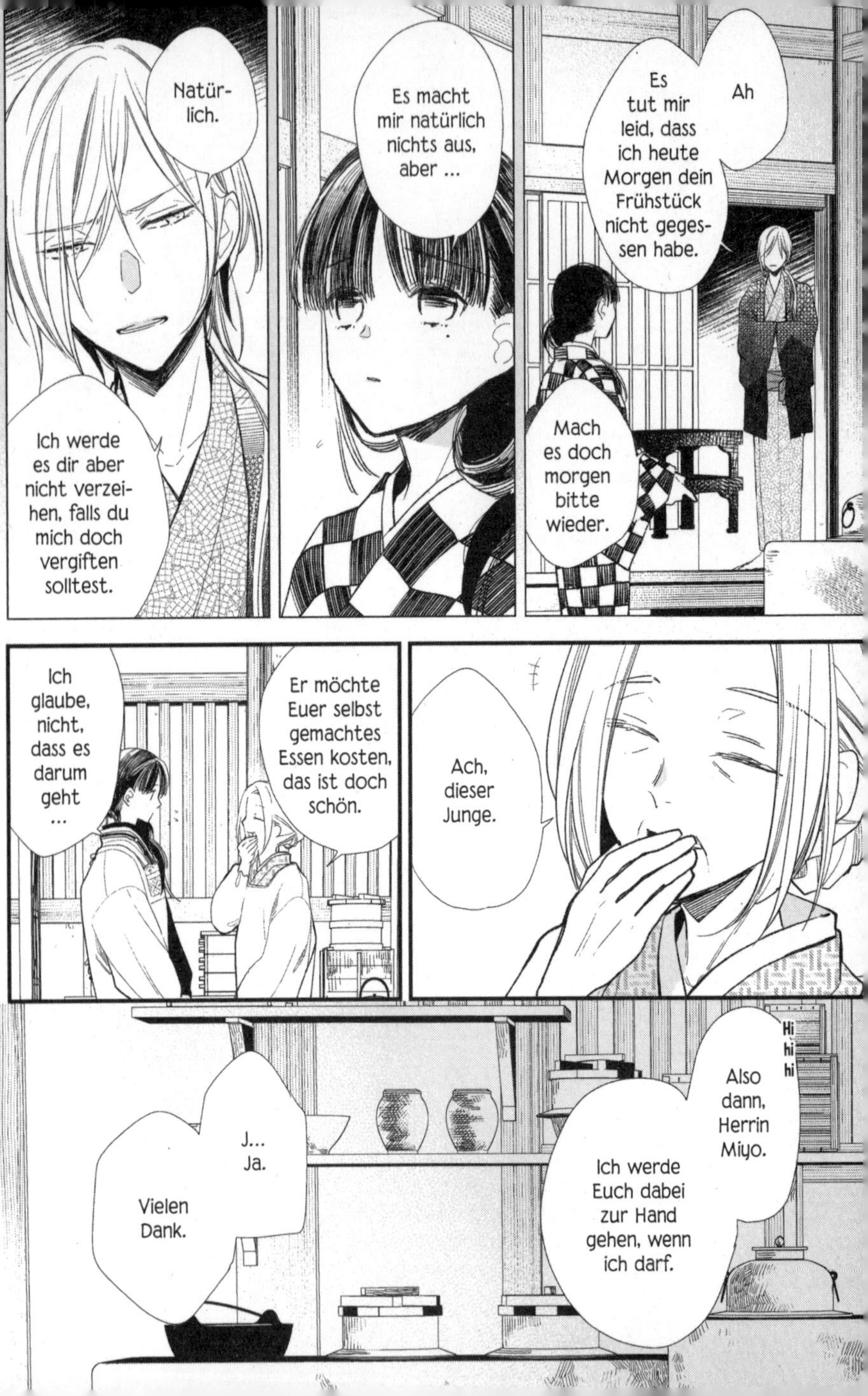
Ah
Es tut mir leid, dass ich heute Morgen dein Frühstück nicht gegessen habe.
Mach es doch morgen bitte wieder.
Es macht mir natürlich nichts aus, aber ...
Natürlich.
Ich werde es dir aber nicht verzeihen, falls du mich doch vergiften solltest.
Ach, dieser Junge.
Er möchte Euer selbst gemachtes Essen kosten, das ist doch schön.
Ich glaube, nicht, dass es darum geht ...
Hi hi hi
Also dann, Herrin Miyo.
Ich werde Euch dabei zur Hand gehen, wenn ich darf.
J... Ja.
Vielen Dank.

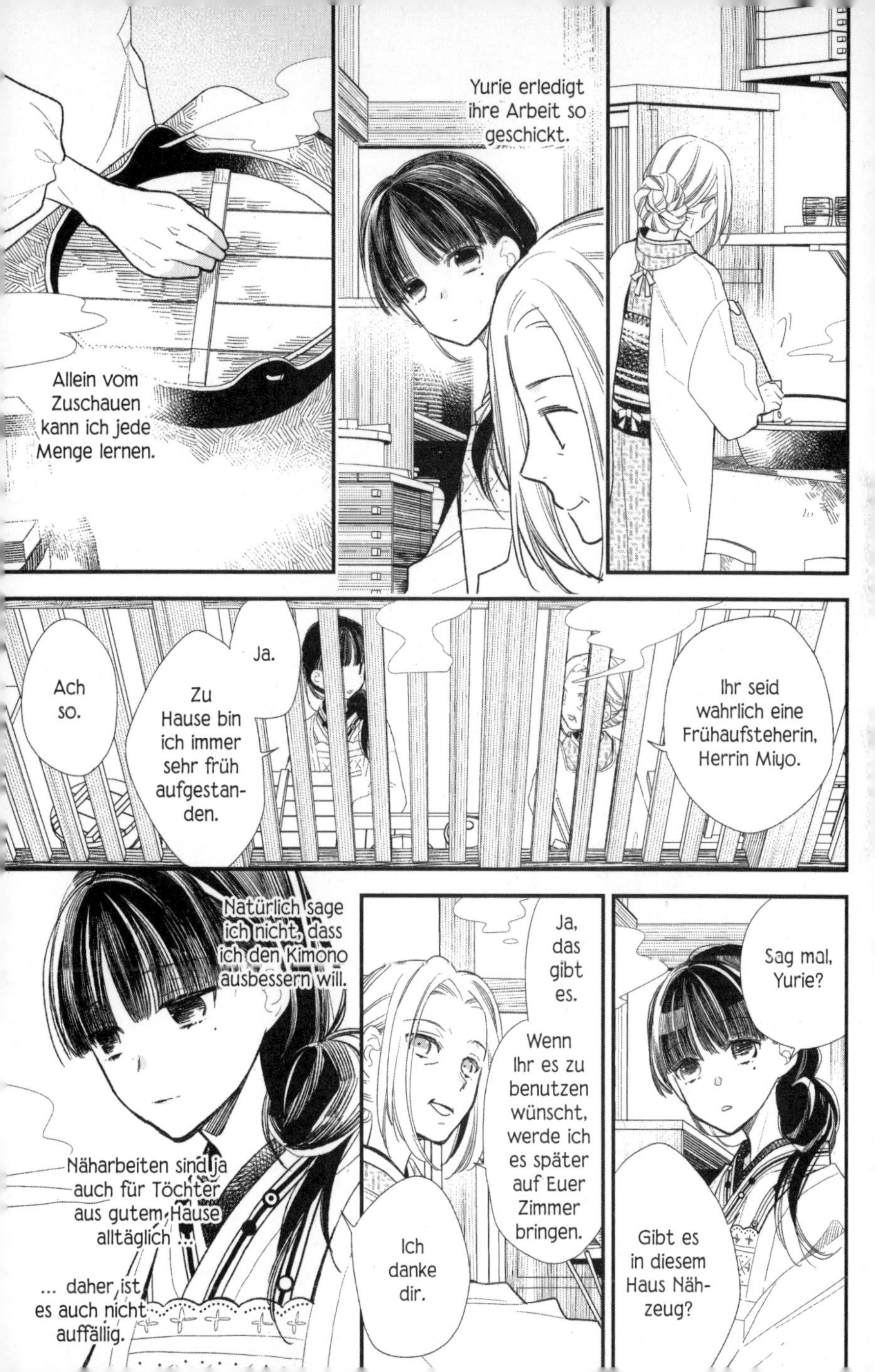
Yurie erledigt ihre Arbeit so geschickt.
Allein vom Zuschauen kann ich jede Menge lernen.
Ihr seid wahrlich eine Frühaufsteherin, Herrin Miyo.
Ja.
Zu Hause bin ich immer sehr früh aufgestanden.
Ach so.
Sag mal, Yurie?
Gibt es in diesem Haus Nähzeug?
Ja, das gibt es.
Wenn Ihr es zu benutzen wünscht, werde ich es später auf Euer Zimmer bringen.
Ich danke dir.
Natürlich sage ich nicht, dass ich den Kimono ausbessern will.
Näharbeiten sind ja auch für Töchter aus gutem Hause alltäglich ...
... daher ist es auch nicht auffällig.

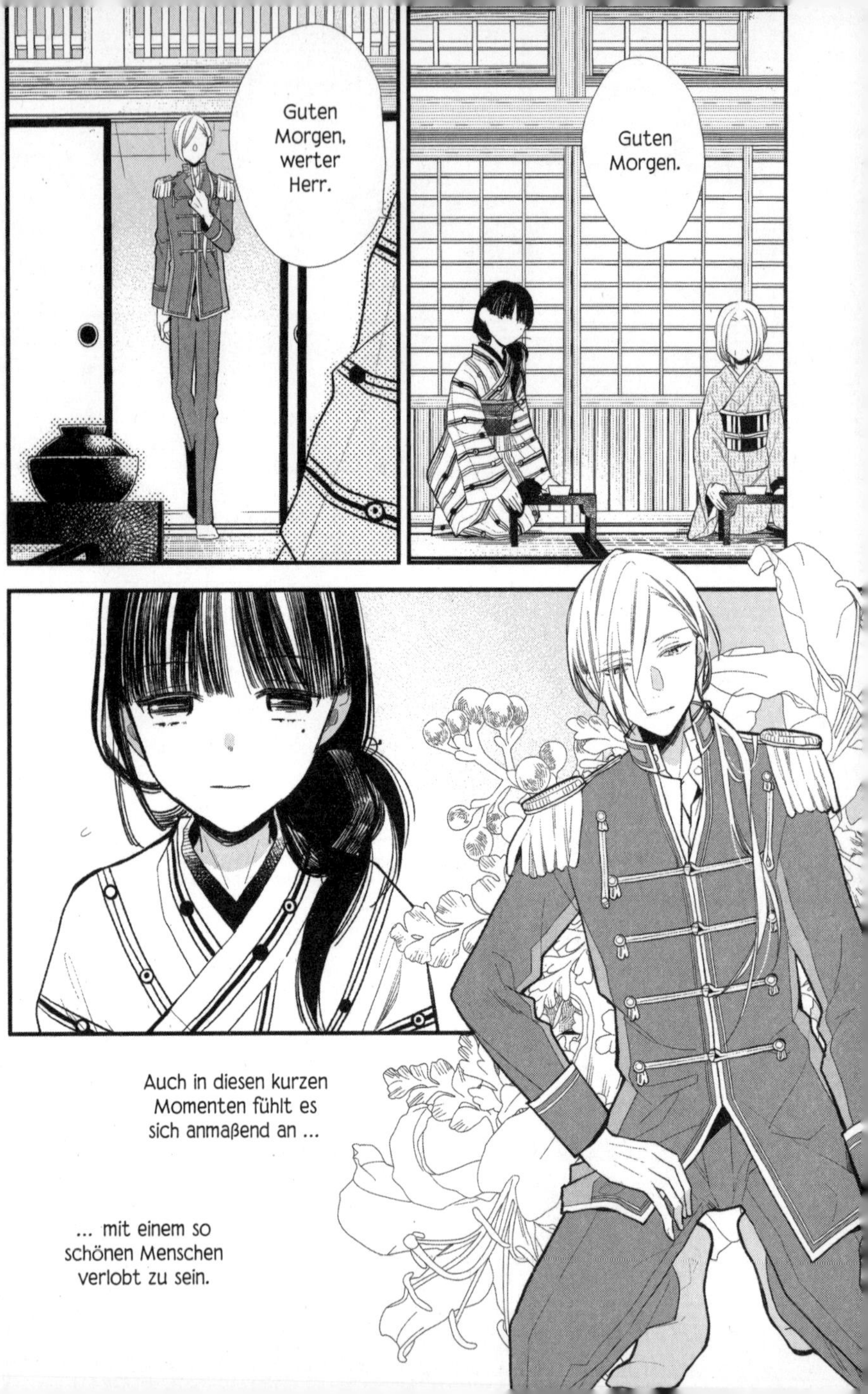
Guten Morgen.
Guten Morgen, werter Herr.
Auch in diesen kurzen Momenten fühlt es sich anmaßend an ...
... mit einem so schönen Menschen verlobt zu sein.

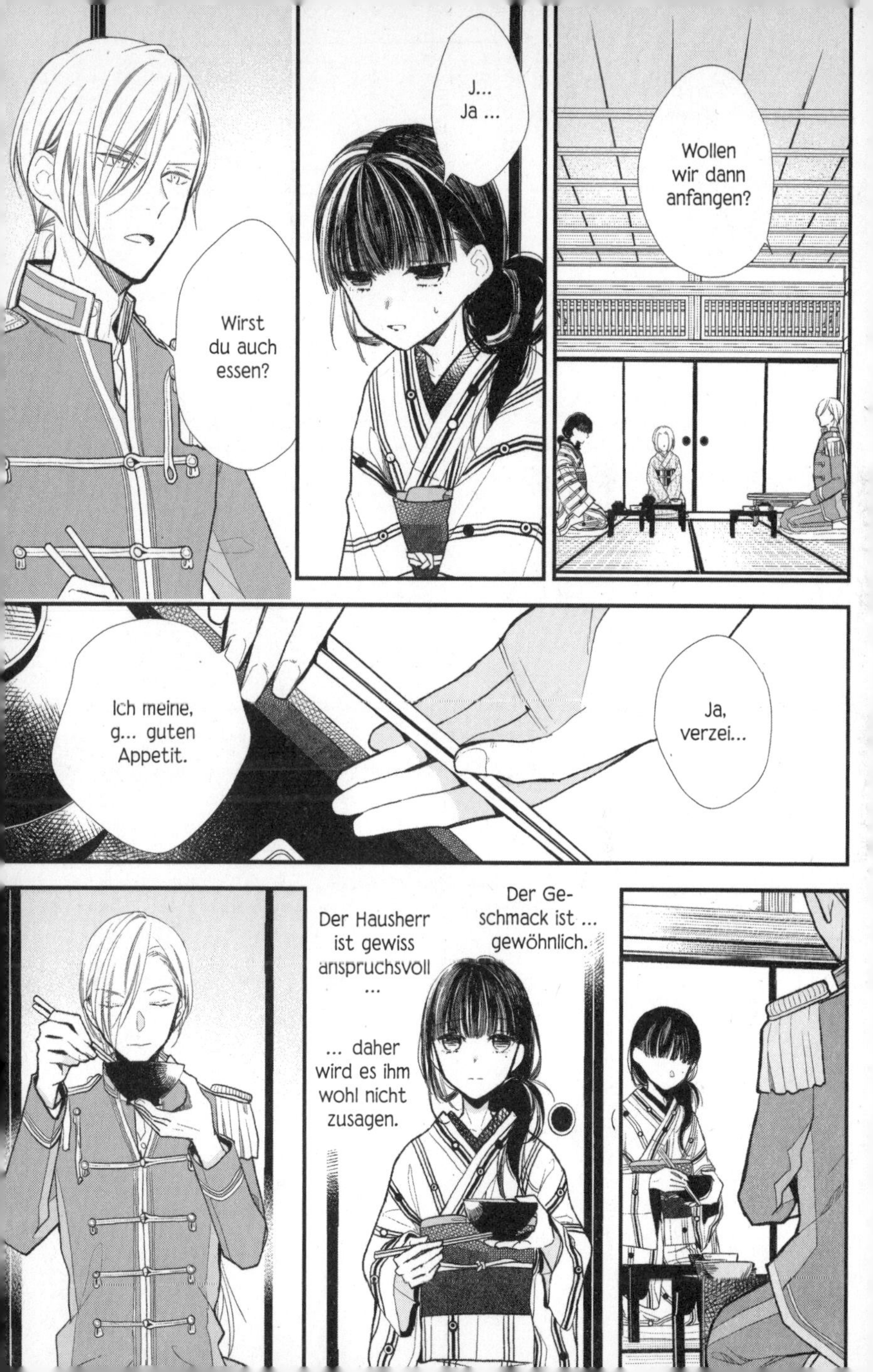
Wollen wir dann anfangen?
J... Ja ...
Wirst du auch essen?
Ja, verzei...
Ich meine, g... guten Appetit.
Der Geschmack ist ... gewöhnlich.
Der Hausherr ist gewiss anspruchsvoll ...
... daher wird es ihm wohl nicht zusagen.

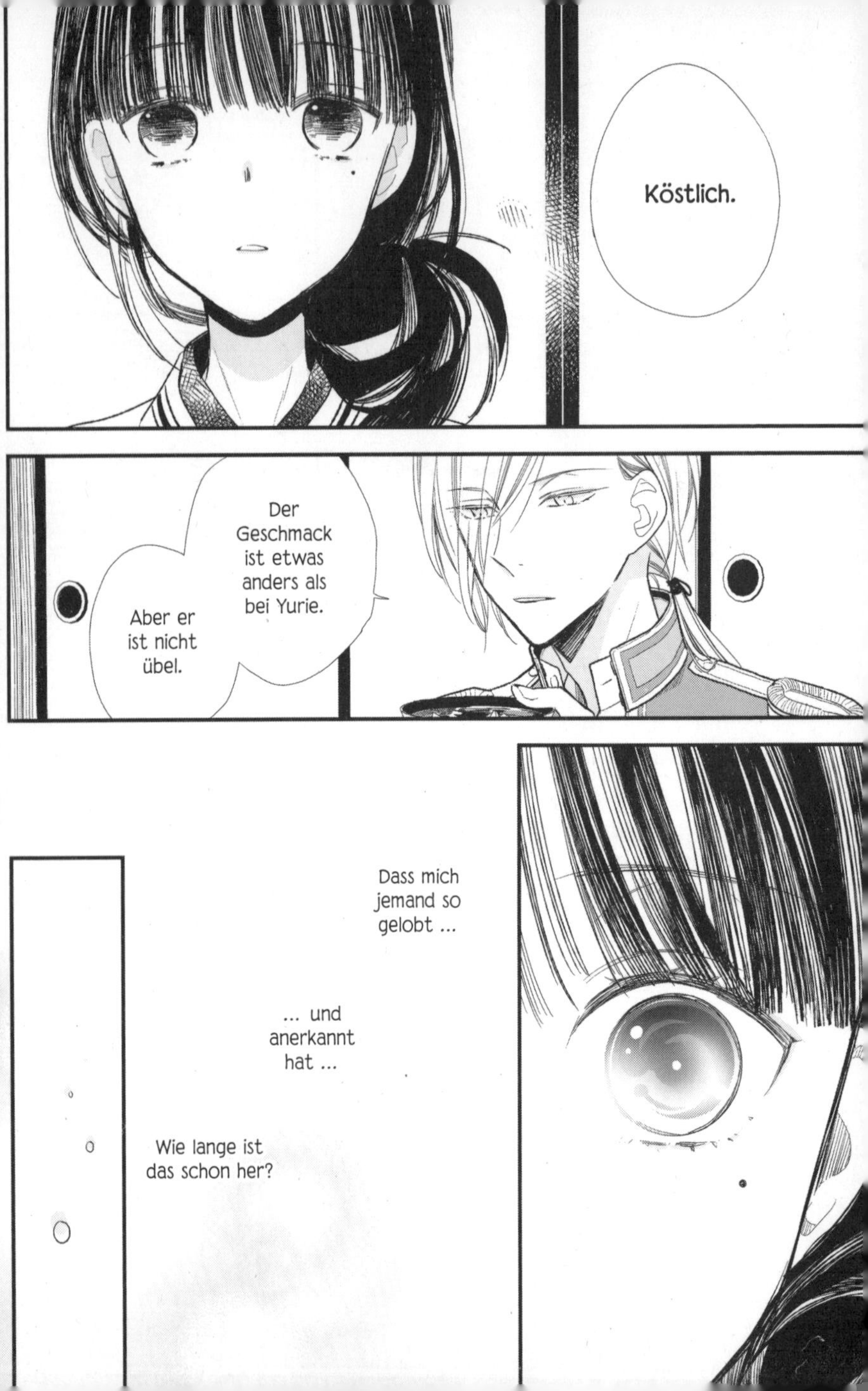
Köstlich.
Der Geschmack ist etwas anders als bei Yurie.
Aber er ist nicht übel.
Dass mich jemand so gelobt ...
... und anerkannt hat ...
Wie lange ist das schon her?

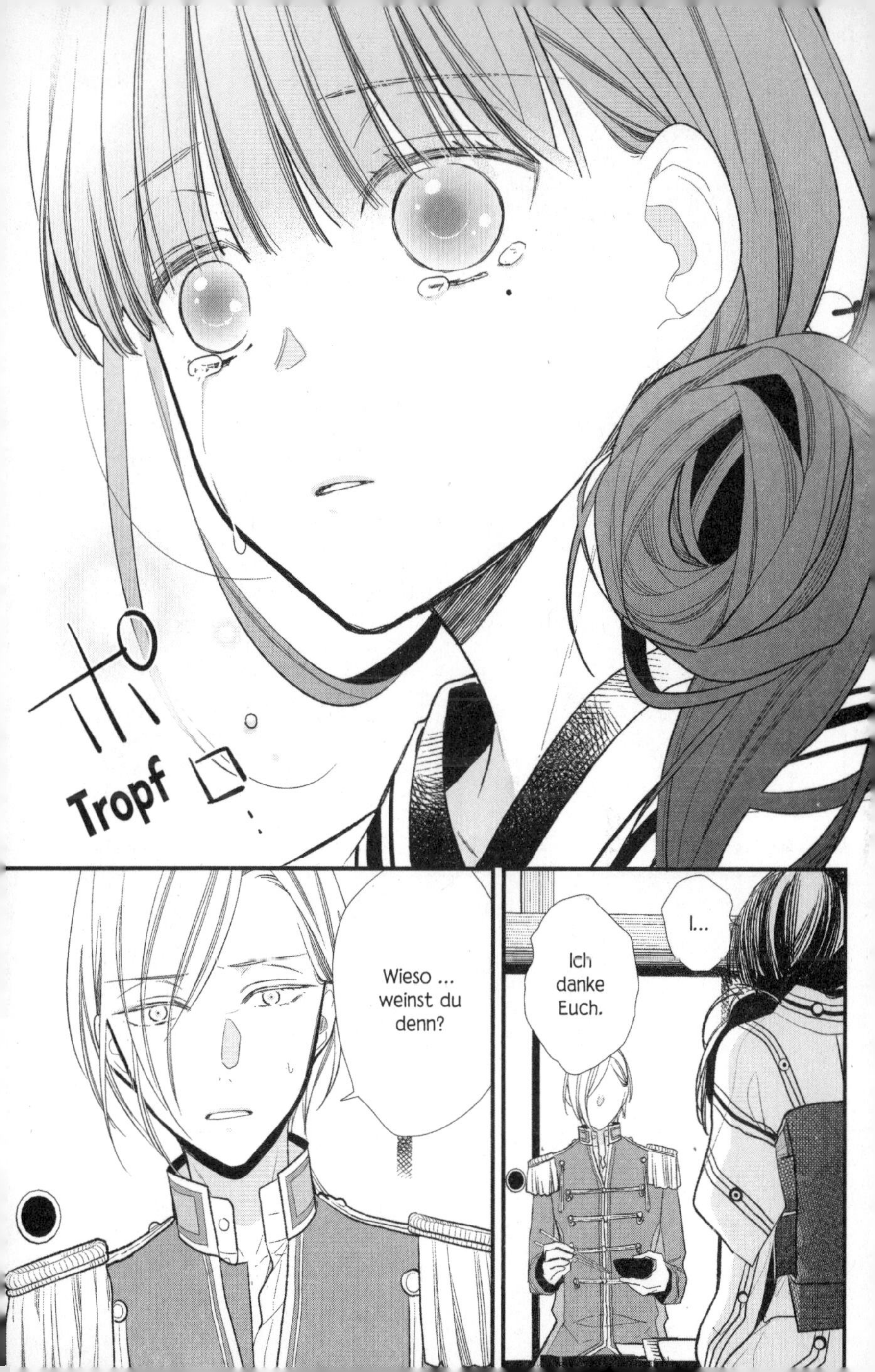
Tropf
I…
Ich danke Euch.
Wieso … weinst du denn?

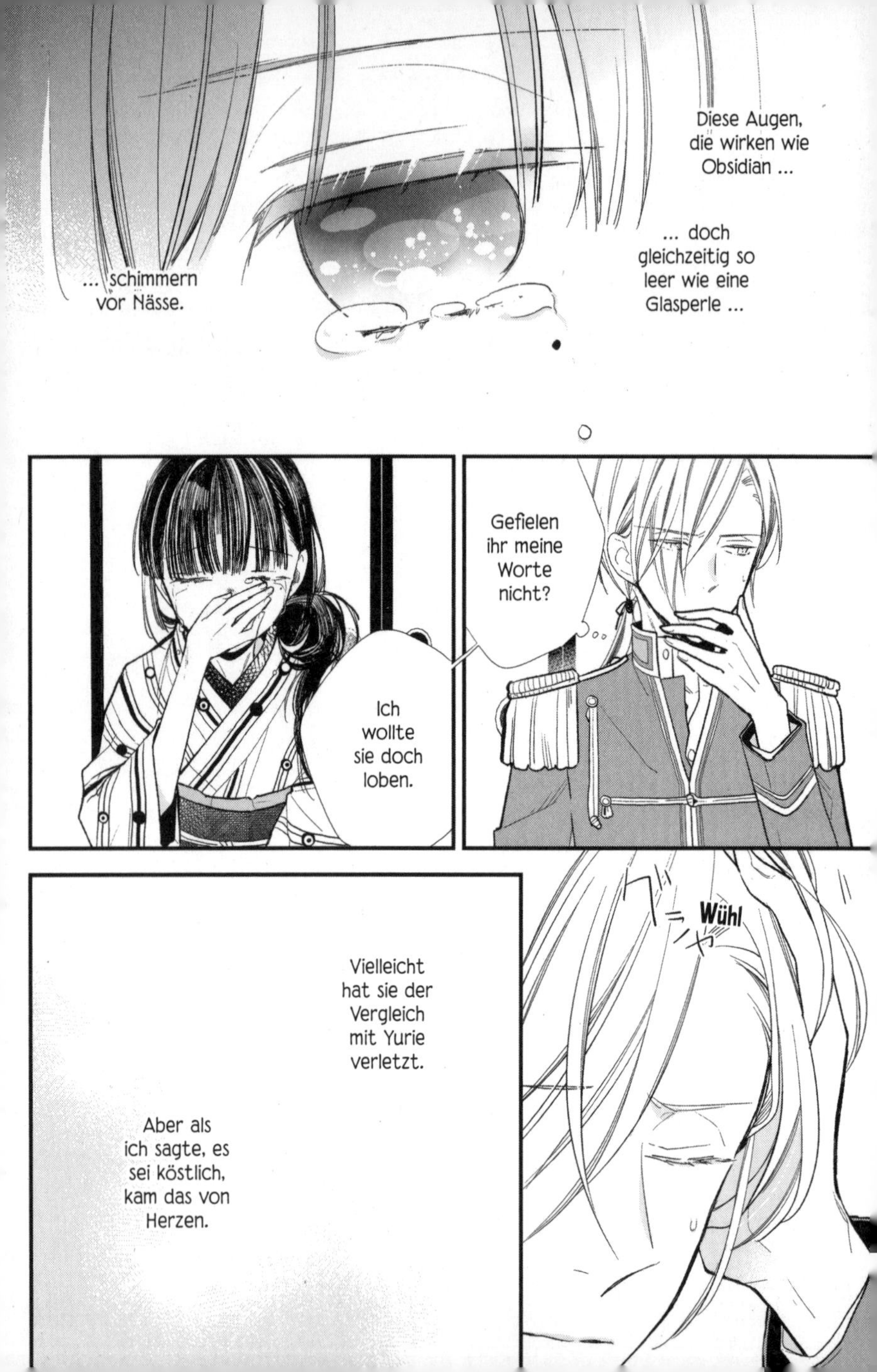
Diese Augen, die wirken wie Obsidian ...
... doch gleichzeitig so leer wie eine Glasperle ...
... schimmern vor Nässe.
Gefielen ihr meine Worte nicht?
Ich wollte sie doch loben.
Wühl
Vielleicht hat sie der Vergleich mit Yurie verletzt.
Aber als ich sagte, es sei köstlich, kam das von Herzen.

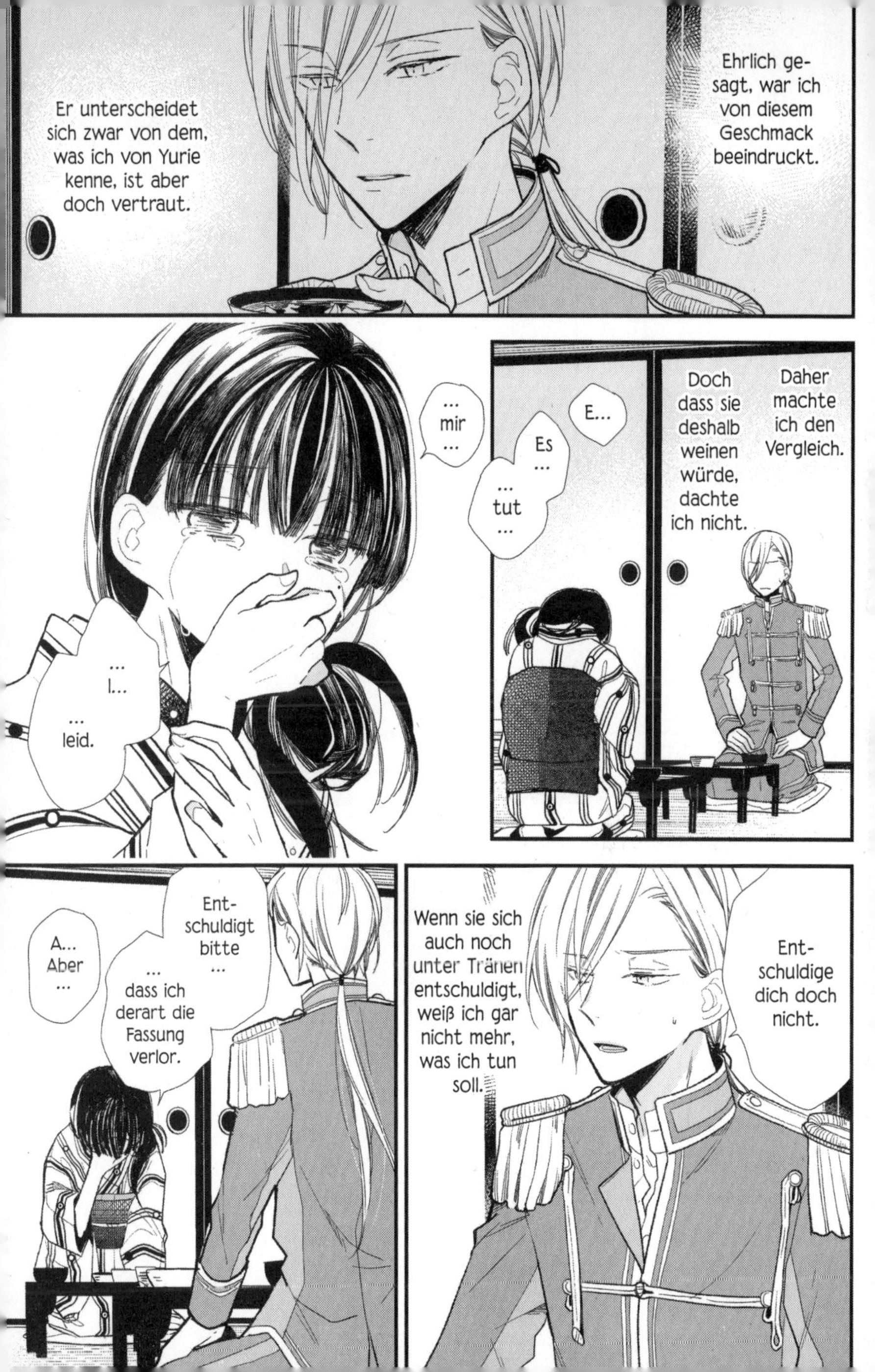

Ehrlich gesagt, war ich von diesem Geschmack beeindruckt.
Er unterscheidet sich zwar von dem, was ich von Yurie kenne, ist aber doch vertraut.
Daher machte ich den Vergleich.
Doch dass sie deshalb weinen würde, dachte ich nicht.
E...
Es ...
... tut ...
... mir ...
... l...
... leid.
Ent-schuldige dich doch nicht.
Wenn sie sich auch noch unter Tränen entschuldigt, weiß ich gar nicht mehr, was ich tun soll.
Ent-schuldigt bitte ...
... dass ich derart die Fassung verlor.
A... Aber ...

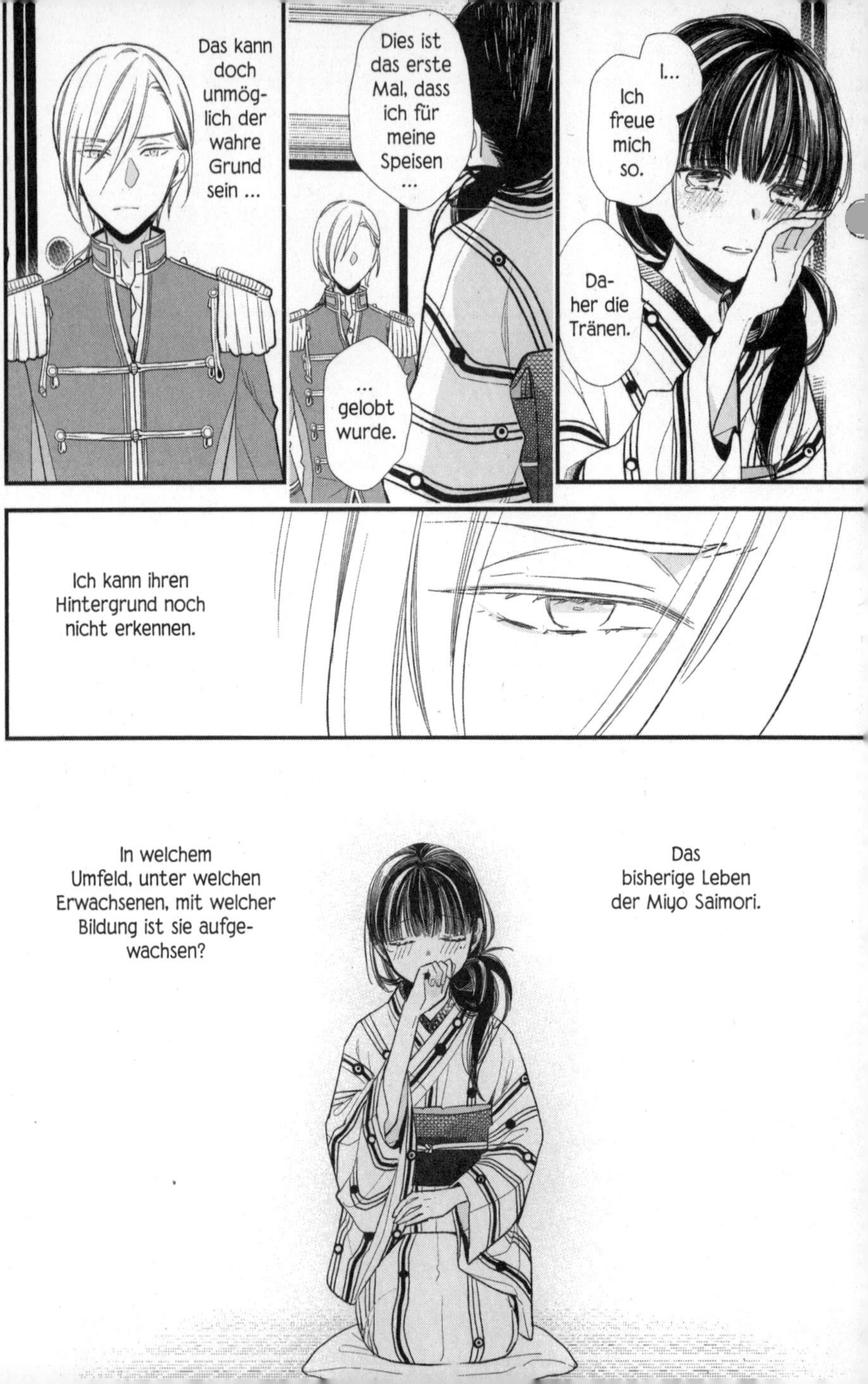
I... Ich freue mich so.
Daher die Tränen.
Dies ist das erste Mal, dass ich für meine Speisen ...
... gelobt wurde.
Das kann doch unmöglich der wahre Grund sein ...
Ich kann ihren Hintergrund noch nicht erkennen.
Das bisherige Leben der Miyo Saimori.
In welchem Umfeld, unter welchen Erwachsenen, mit welcher Bildung ist sie aufgewachsen?

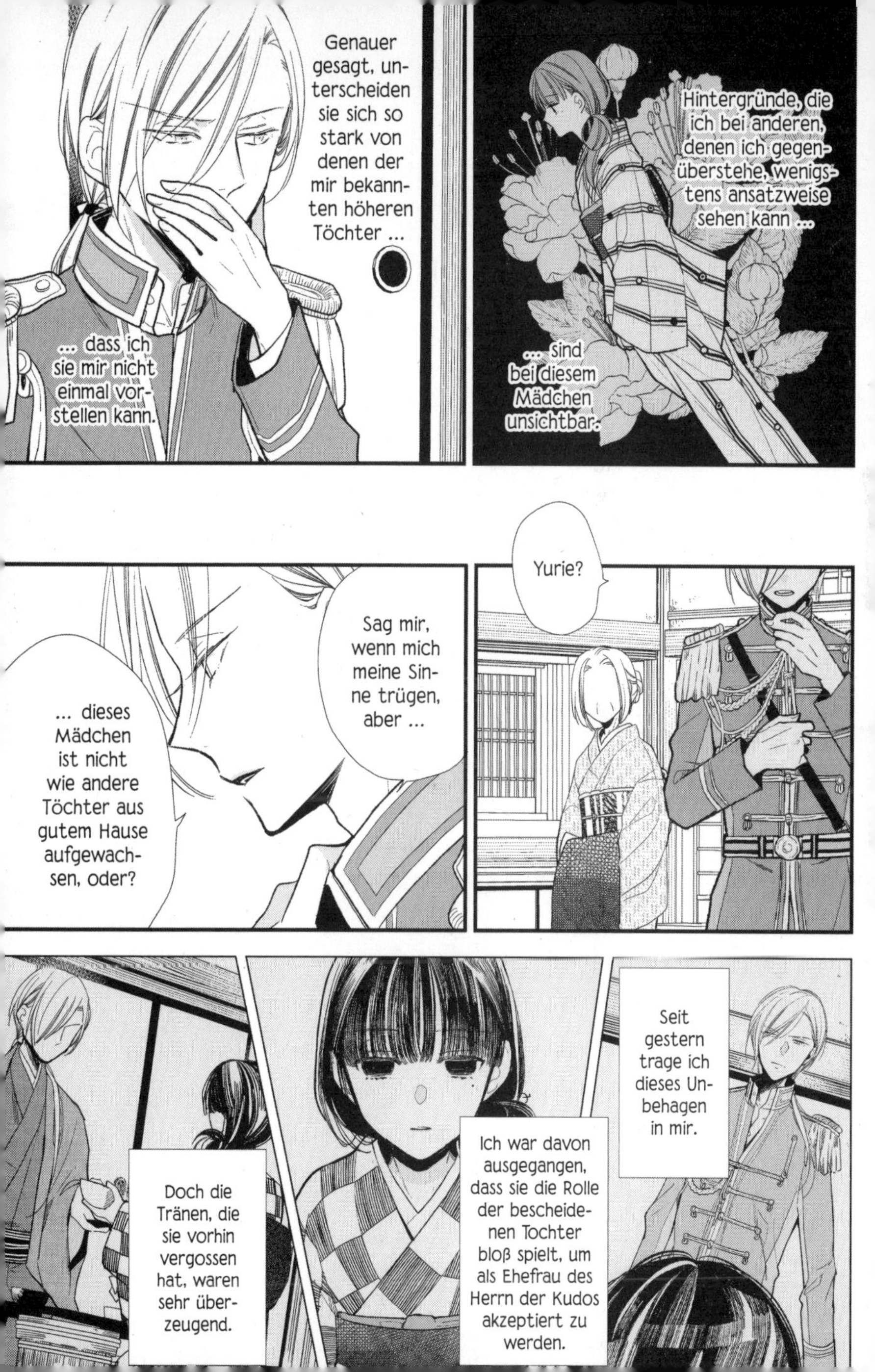
Hintergründe, die ich bei anderen, denen ich gegenüberstehe, wenigstens ansatzweise sehen kann ...
... sind bei diesem Mädchen unsichtbar.
Genauer gesagt, unterscheiden sie sich so stark von denen der mir bekannten höheren Töchter ...
... dass ich sie mir nicht einmal vorstellen kann.
Yurie?
Sag mir, wenn mich meine Sinne trügen, aber ...
... dieses Mädchen ist nicht wie andere Töchter aus gutem Hause aufgewachsen, oder?
Seit gestern trage ich dieses Unbehagen in mir.
Ich war davon ausgegangen, dass sie die Rolle der bescheidenen Tochter bloß spielt, um als Ehefrau des Herrn der Kudos akzeptiert zu werden.
Doch die Tränen, die sie vorhin vergossen hat, waren sehr überzeugend.

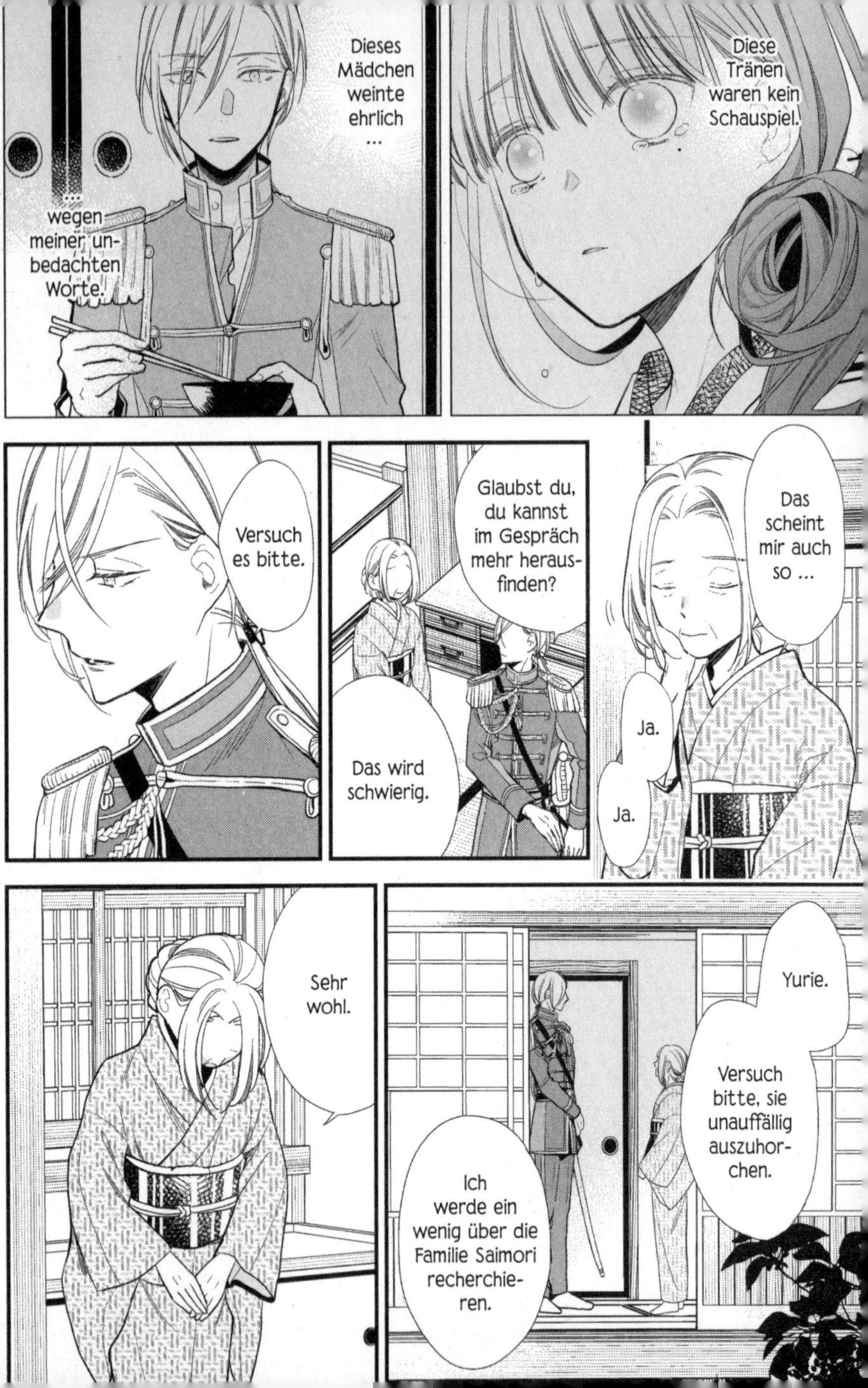
Diese Tränen waren kein Schauspiel.
Dieses Mädchen weinte ehrlich …
… wegen meiner unbedachten Worte.
Das scheint mir auch so …
Ja.
Ja.
Glaubst du, du kannst im Gespräch mehr herausfinden?
Das wird schwierig.
Versuch es bitte.
Yurie.
Versuch bitte, sie unauffällig auszuhorchen.
Ich werde ein wenig über die Familie Saimori recherchieren.
Sehr wohl.

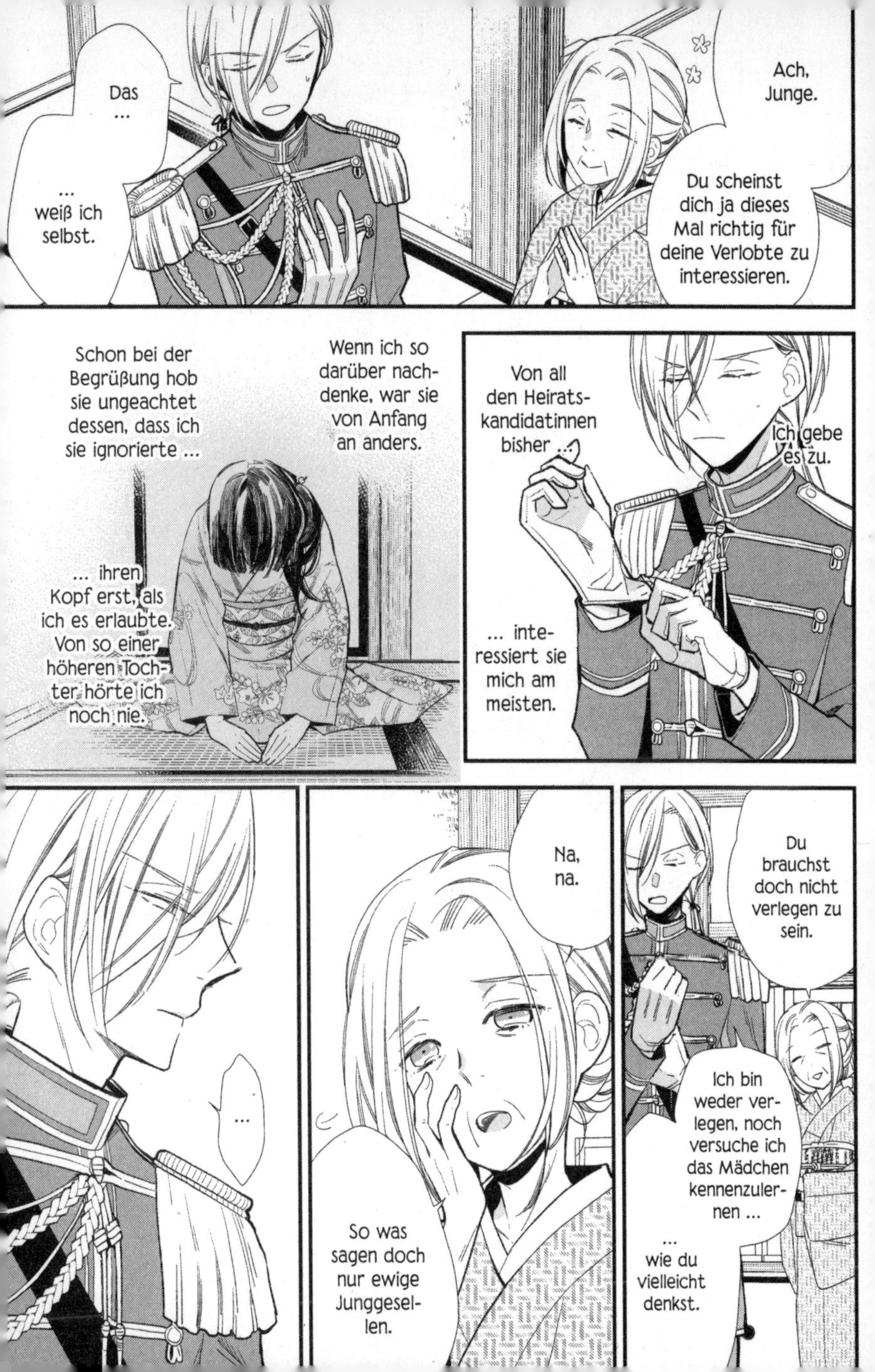
Ach, Junge.
Du scheinst dich ja dieses Mal richtig für deine Verlobte zu interessieren.
Das ...
... weiß ich selbst.
Ich gebe es zu.
Von all den Heirats-kandidatinnen bisher ...
... inte-ressiert sie mich am meisten.
Wenn ich so darüber nach-denke, war sie von Anfang an anders.
Schon bei der Begrüßung hob sie ungeachtet dessen, dass ich sie ignorierte ...
... ihren Kopf erst, als ich es erlaubte. Von so einer höheren Toch-ter hörte ich noch nie.
Du brauchst doch nicht verlegen zu sein.
Ich bin weder ver-legen, noch versuche ich das Mädchen kennenzuler-nen ...
... wie du vielleicht denkst.
Na, na.
So was sagen doch nur ewige Junggesel-len.
...

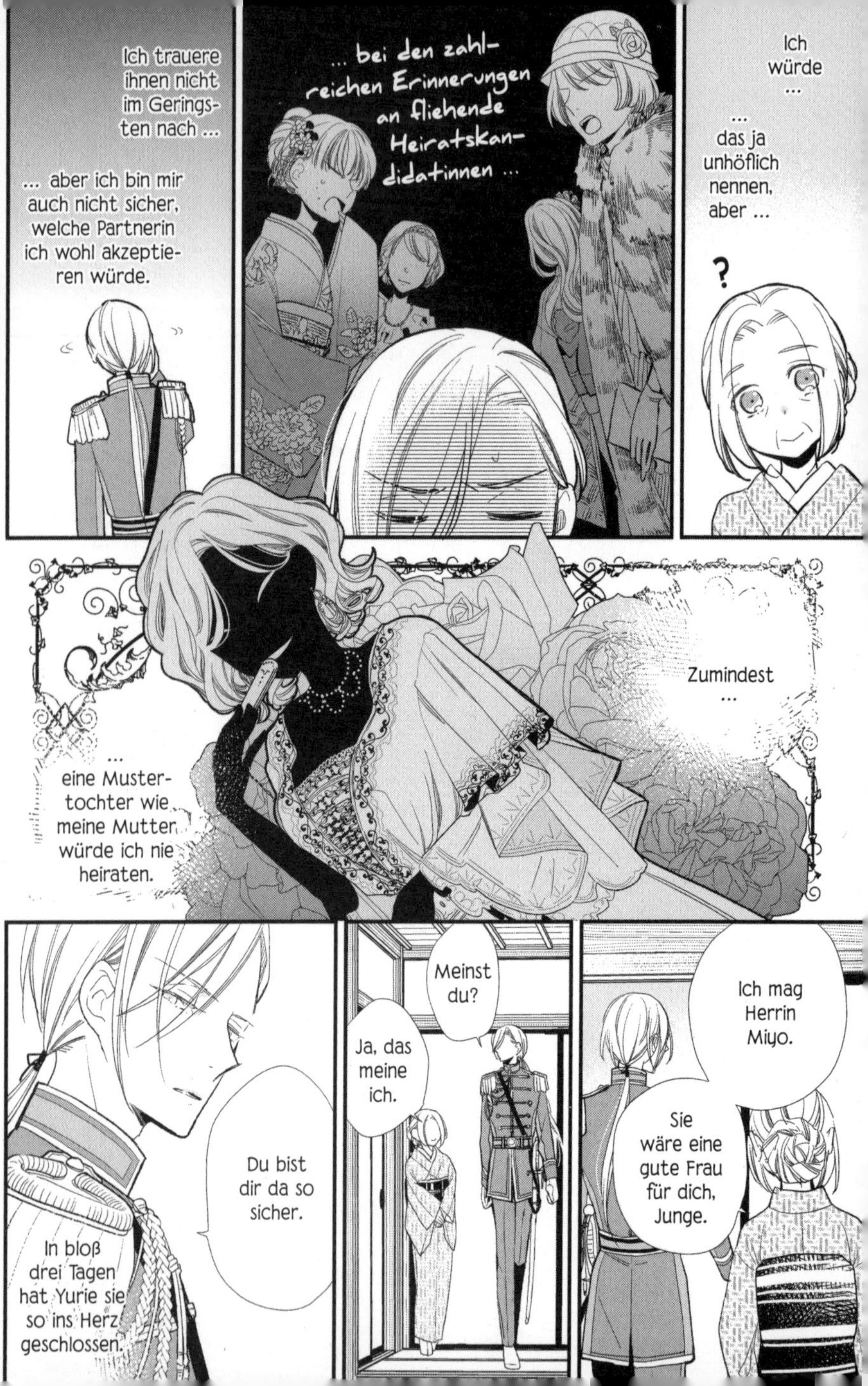
Ich würde …
… das ja unhöflich nennen, aber …
?
… bei den zahlreichen Erinnerungen an fliehende Heiratskandidatinnen …
Ich trauere ihnen nicht im Geringsten nach …
… aber ich bin mir auch nicht sicher, welche Partnerin ich wohl akzeptieren würde.
Zumindest …
… eine Mustertochter wie meine Mutter würde ich nie heiraten.
Ich mag Herrin Miyo.
Sie wäre eine gute Frau für dich, Junge.
Meinst du?
Ja, das meine ich.
Du bist dir da so sicher.
In bloß drei Tagen hat Yurie sie so ins Herz geschlossen.

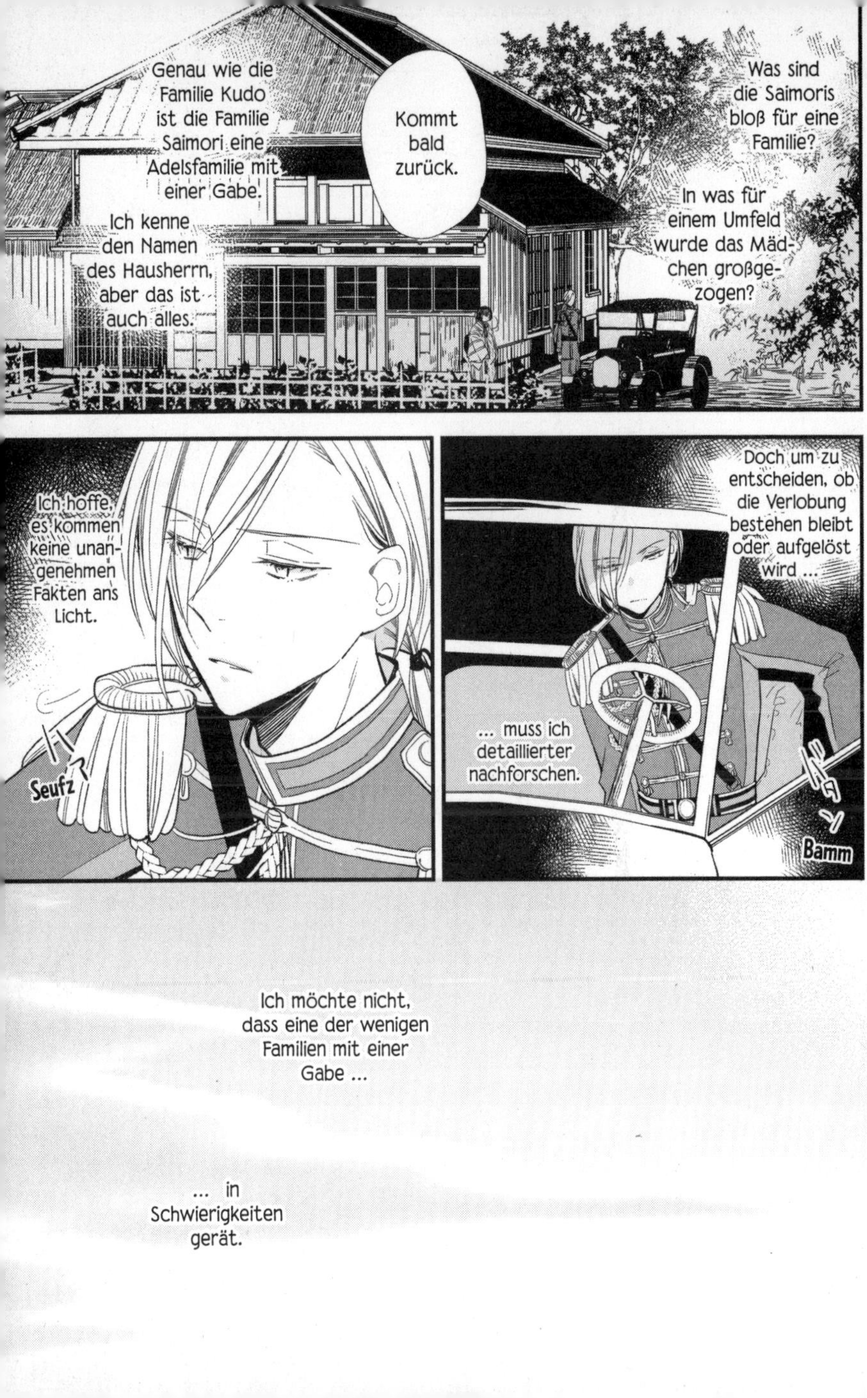
Was sind die Saimoris bloß für eine Familie?
In was für einem Umfeld wurde das Mädchen großgezogen?
Kommt bald zurück.
Genau wie die Familie Kudo ist die Familie Saimori eine Adelsfamilie mit einer Gabe.
Ich kenne den Namen des Hausherrn, aber das ist auch alles.
Doch um zu entscheiden, ob die Verlobung bestehen bleibt oder aufgelöst wird …
… muss ich detaillierter nachforschen.
Bamm
Ich hoffe, es kommen keine unangenehmen Fakten ans Licht.
Seufz
Ich möchte nicht, dass eine der wenigen Familien mit einer Gabe …
… in Schwierigkeiten gerät.

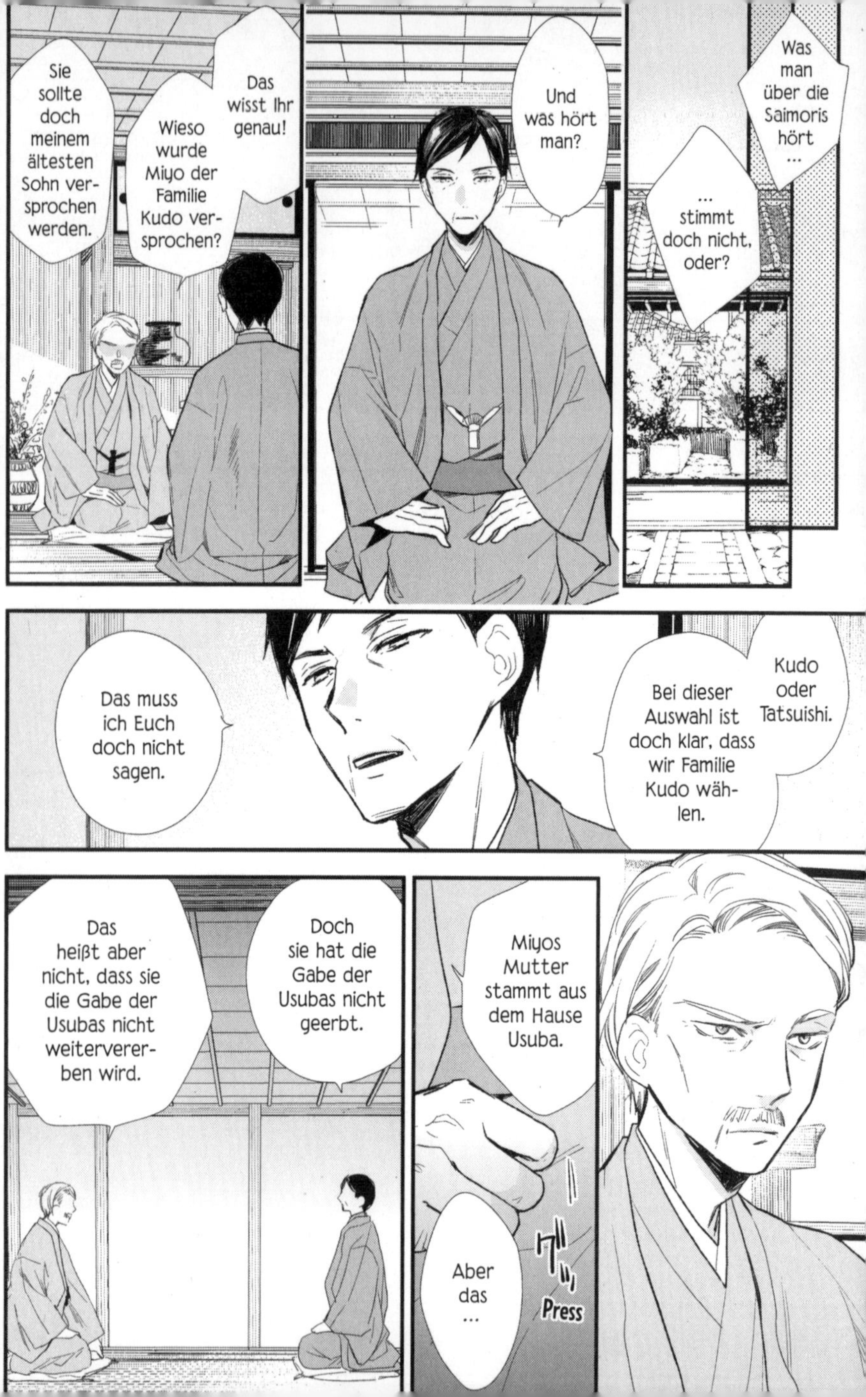
Was man über die Saimoris hört ...
... stimmt doch nicht, oder?
Und was hört man?
Das wisst Ihr genau!
Wieso wurde Miyo der Familie Kudo versprochen?
Sie sollte doch meinem ältesten Sohn versprochen werden.
Kudo oder Tatsuishi.
Bei dieser Auswahl ist doch klar, dass wir Familie Kudo wählen.
Das muss ich Euch doch nicht sagen.
Miyos Mutter stammt aus dem Hause Usuba.
Aber das ...
Press
Doch sie hat die Gabe der Usubas nicht geerbt.
Das heißt aber nicht, dass sie die Gabe der Usubas nicht weitervererben wird.

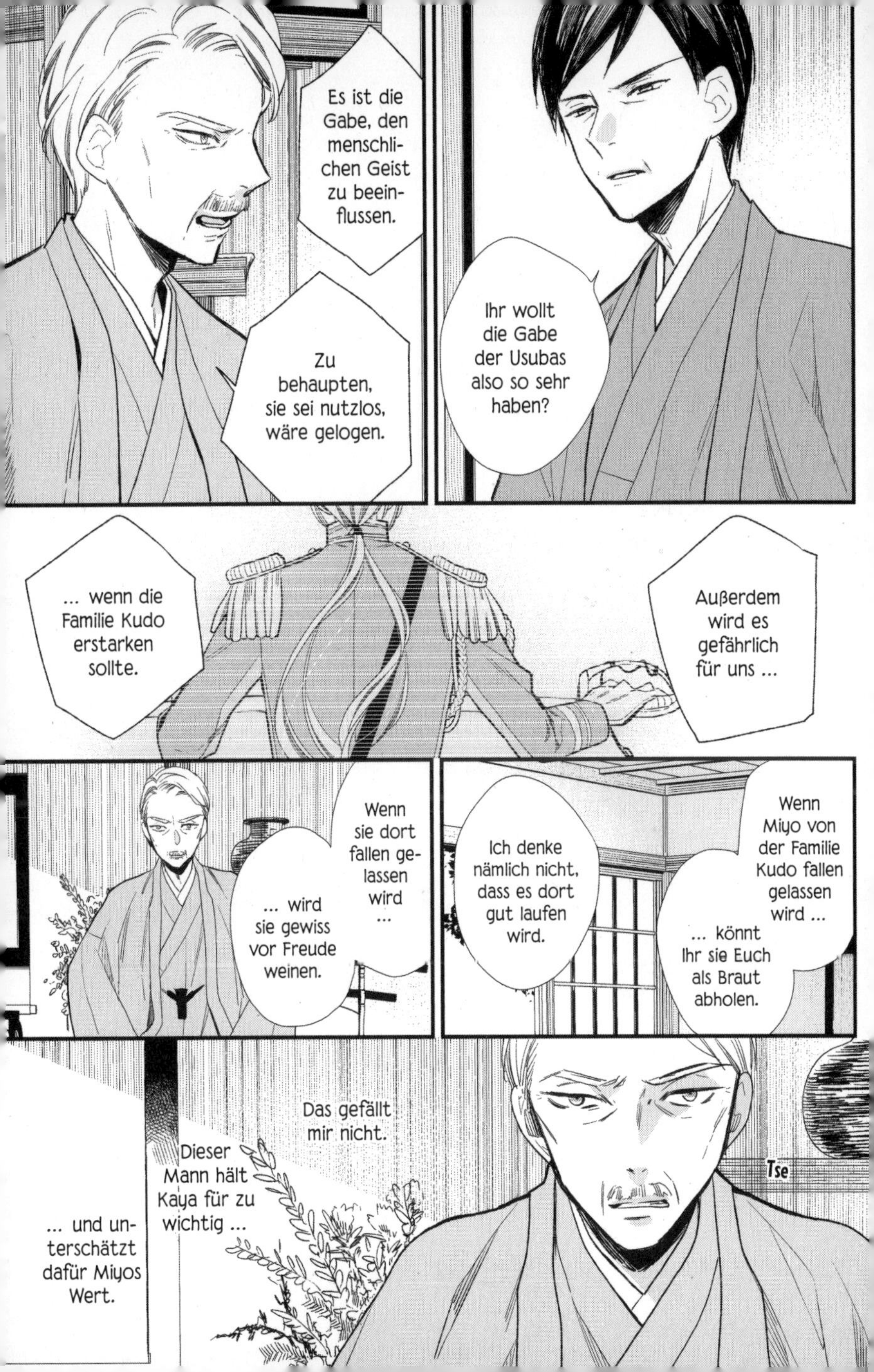

Ihr wollt die Gabe der Usubas also so sehr haben?
Es ist die Gabe, den menschlichen Geist zu beeinflussen.
Zu behaupten, sie sei nutzlos, wäre gelogen.
Außerdem wird es gefährlich für uns ...
... wenn die Familie Kudo erstarken sollte.
Wenn Miyo von der Familie Kudo fallen gelassen wird ...
... könnt Ihr sie Euch als Braut abholen.
Ich denke nämlich nicht, dass es dort gut laufen wird.
Wenn sie dort fallen gelassen wird ...
... wird sie gewiss vor Freude weinen.
Tse
Das gefällt mir nicht.
Dieser Mann hält Kaya für zu wichtig ...
... und unterschätzt dafür Miyos Wert.

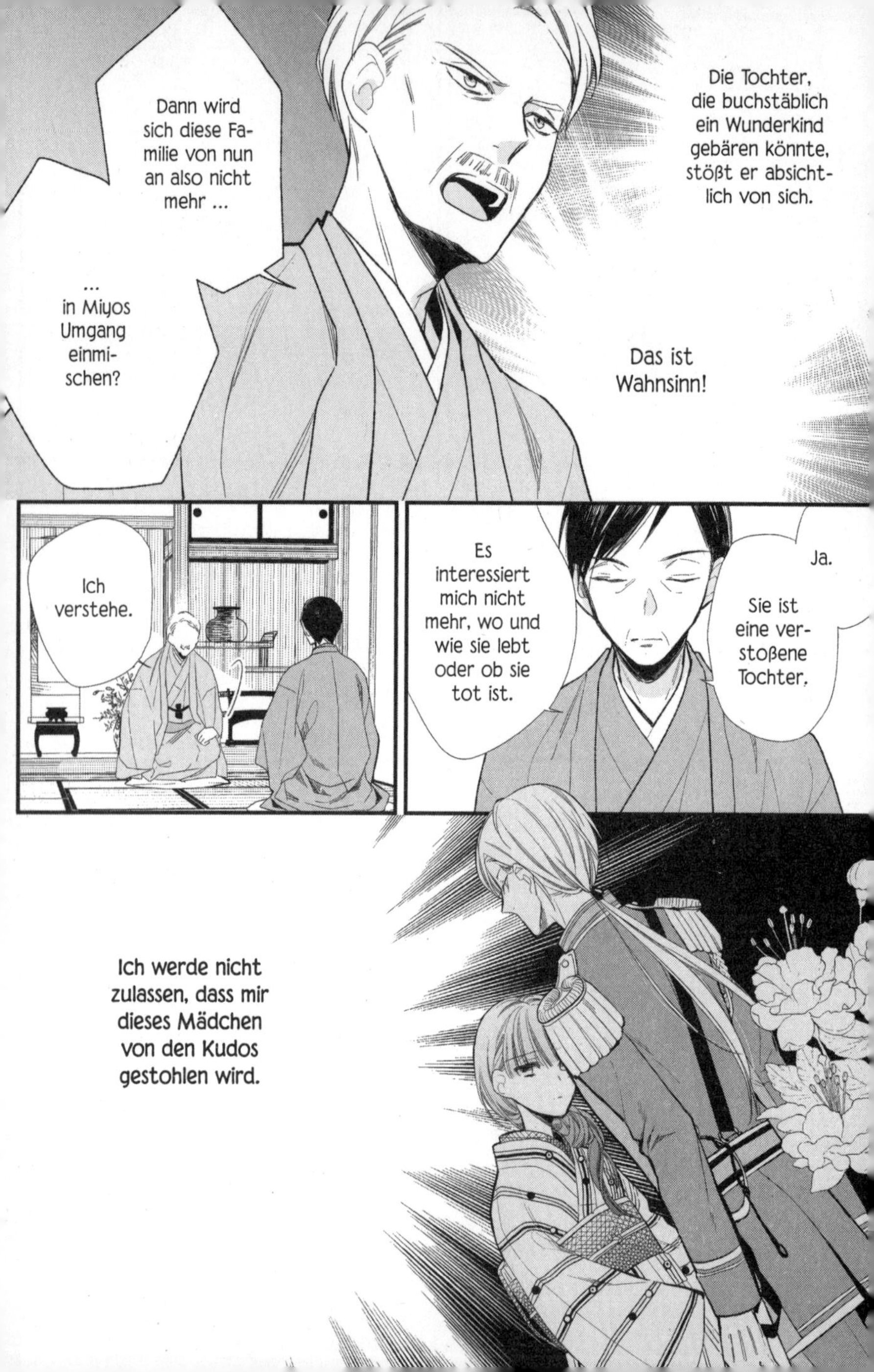
Die Tochter, die buchstäblich ein Wunderkind gebären könnte, stößt er absichtlich von sich.
Das ist Wahnsinn!
Dann wird sich diese Familie von nun an also nicht mehr ...
... in Miyos Umgang einmischen?
Ja.
Sie ist eine verstoßene Tochter.
Es interessiert mich nicht mehr, wo und wie sie lebt oder ob sie tot ist.
Ich verstehe.
Ich werde nicht zulassen, dass mir dieses Mädchen von den Kudos gestohlen wird.

# Kapitel 5: Widersprüchliche Herzen

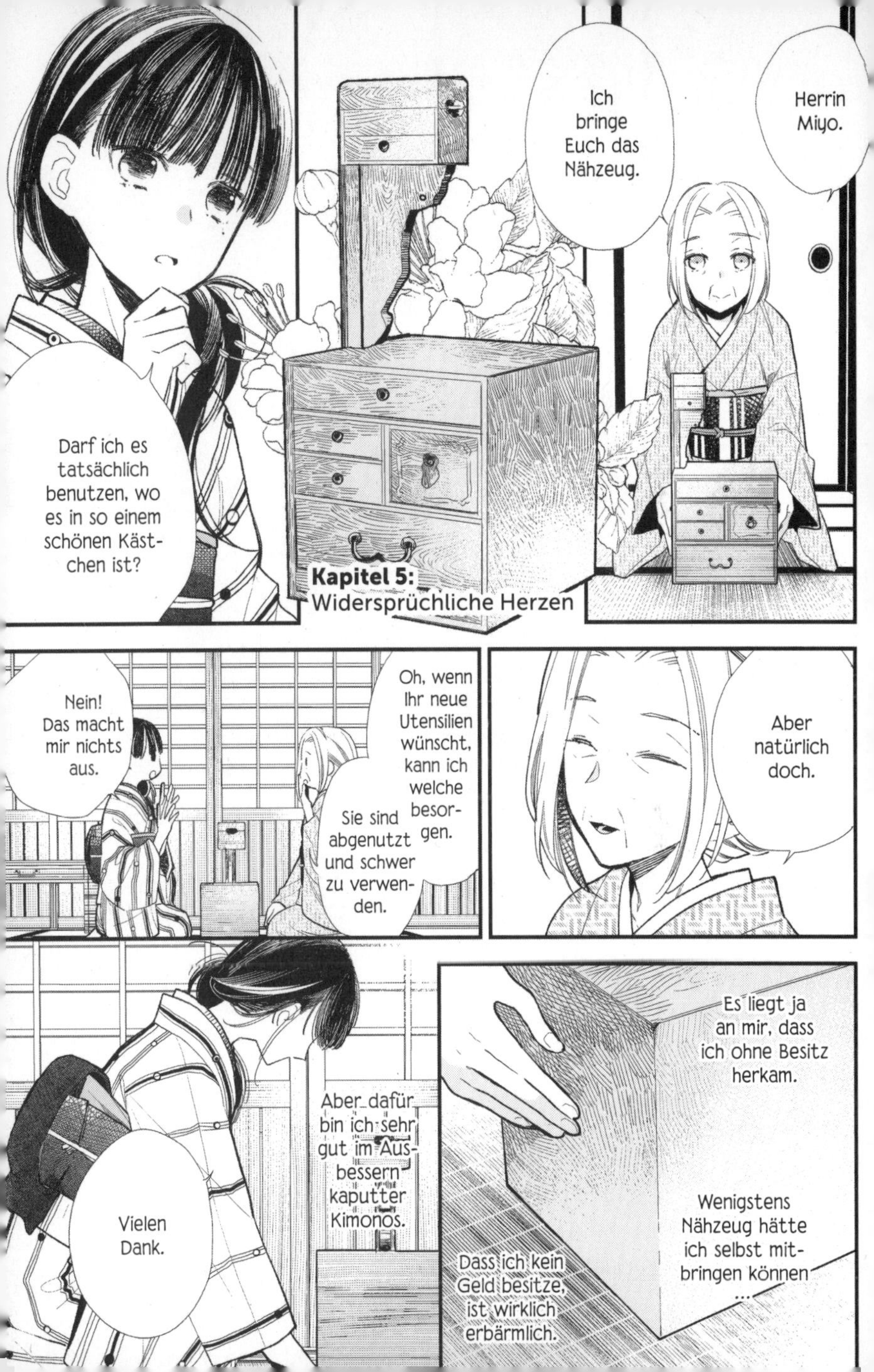

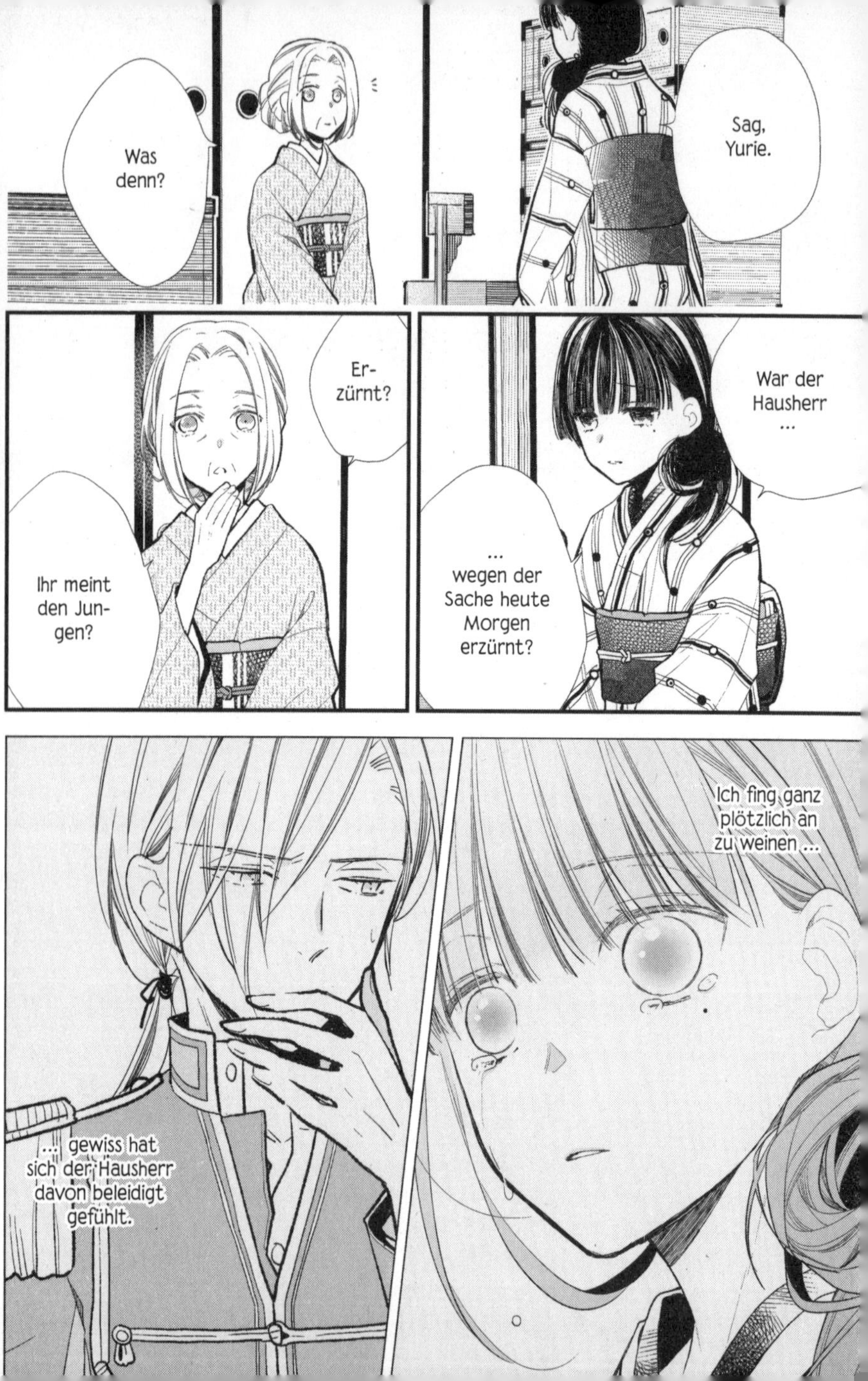
Sag, Yurie.
Was denn?
War der Hausherr ...
... wegen der Sache heute Morgen erzürnt?
Erzürnt?
Ihr meint den Jungen?
Ich fing ganz plötzlich an zu weinen ...
... gewiss hat sich der Hausherr davon beleidigt gefühlt.

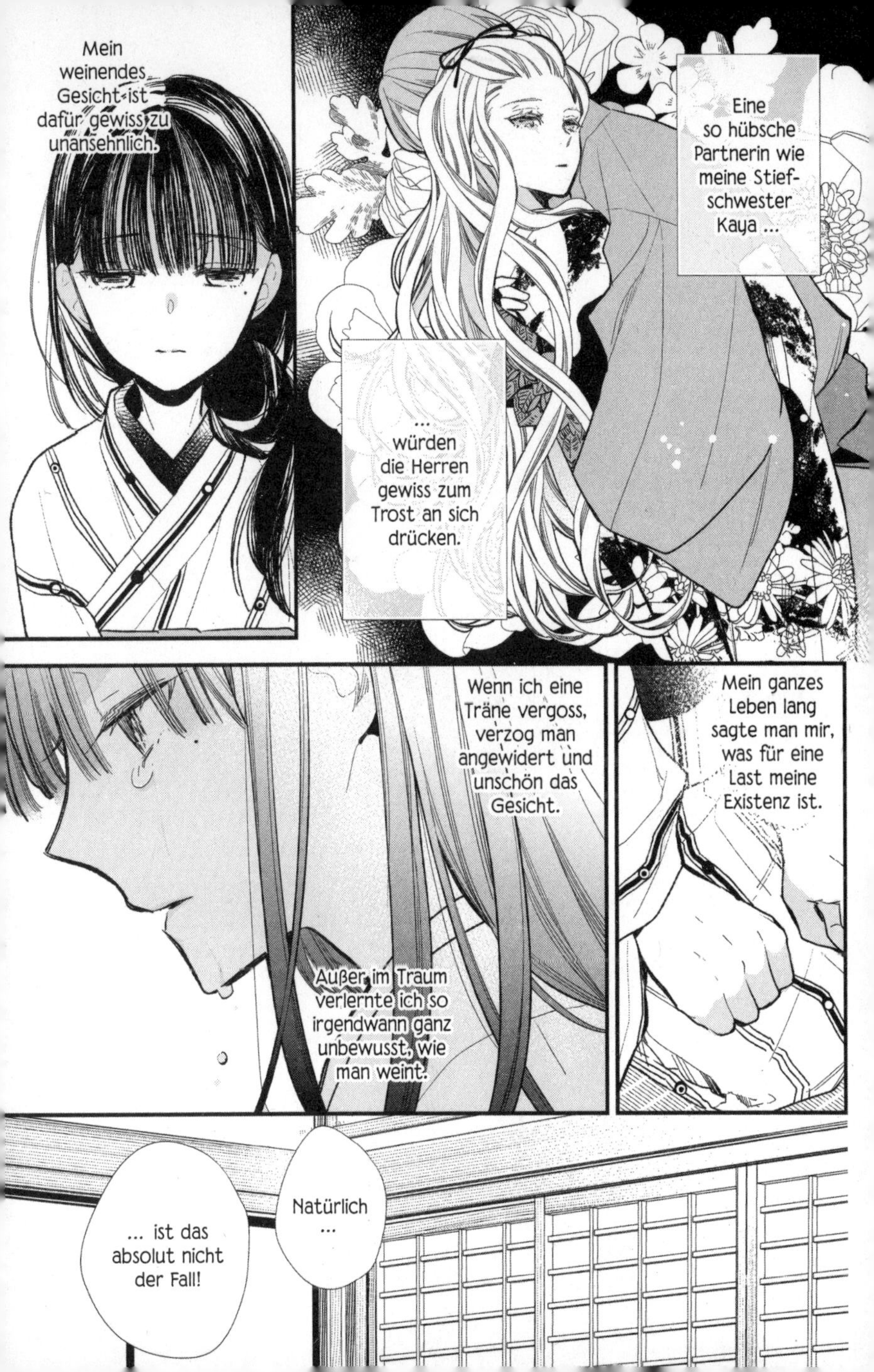
Eine so hübsche Partnerin wie meine Stief-schwester Kaya ...
... würden die Herren gewiss zum Trost an sich drücken.
Mein weinendes Gesicht ist dafür gewiss zu unansehnlich.
Mein ganzes Leben lang sagte man mir, was für eine Last meine Existenz ist.
Wenn ich eine Träne vergoss, verzog man angewidert und unschön das Gesicht.
Außer im Traum verlernte ich so irgendwann ganz unbewusst, wie man weint.
Natürlich ...
... ist das absolut nicht der Fall!

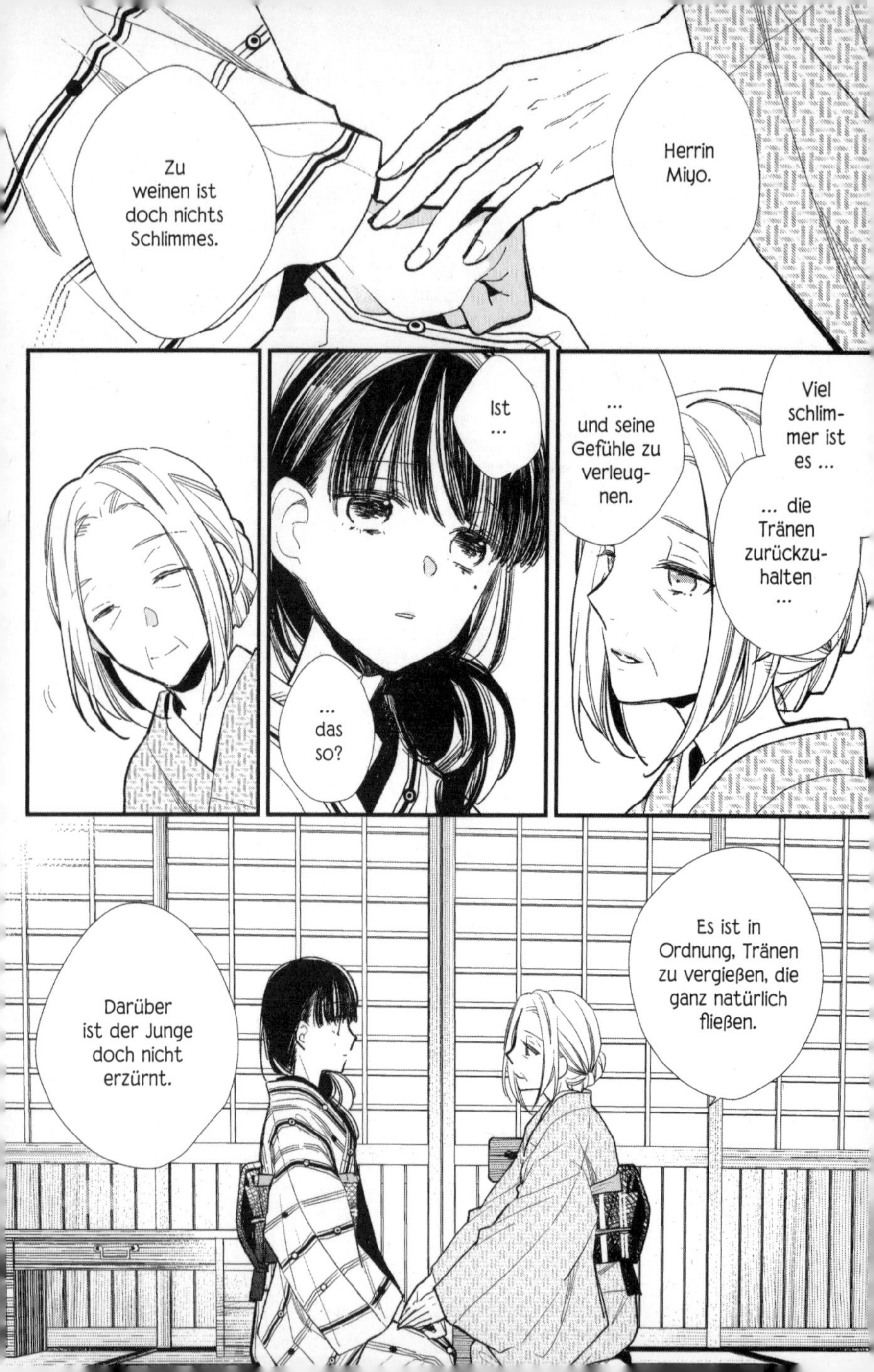
Herrin Miyo.
Zu weinen ist doch nichts Schlimmes.
Viel schlimmer ist es ...
... die Tränen zurückzuhalten ...
... und seine Gefühle zu verleugnen.
Ist ...
... das so?
Es ist in Ordnung, Tränen zu vergießen, die ganz natürlich fließen.
Darüber ist der Junge doch nicht erzürnt.

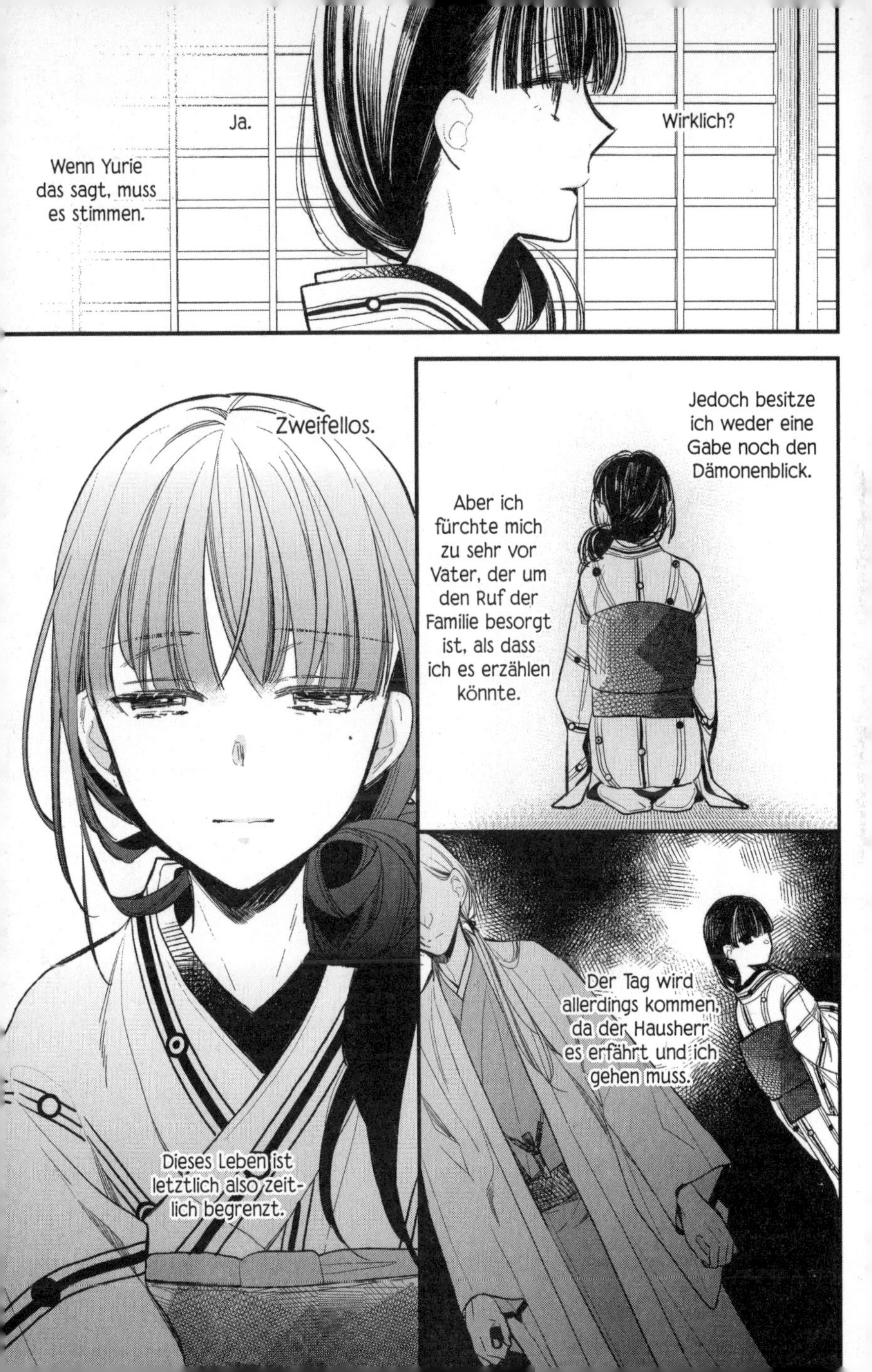

Wirklich?
Ja.
Wenn Yurie das sagt, muss es stimmen.
Zweifellos.
Jedoch besitze ich weder eine Gabe noch den Dämonenblick.
Aber ich fürchte mich zu sehr vor Vater, der um den Ruf der Familie besorgt ist, als dass ich es erzählen könnte.
Der Tag wird allerdings kommen, da der Hausherr es erfährt und ich gehen muss.
Dieses Leben ist letztlich also zeitlich begrenzt.

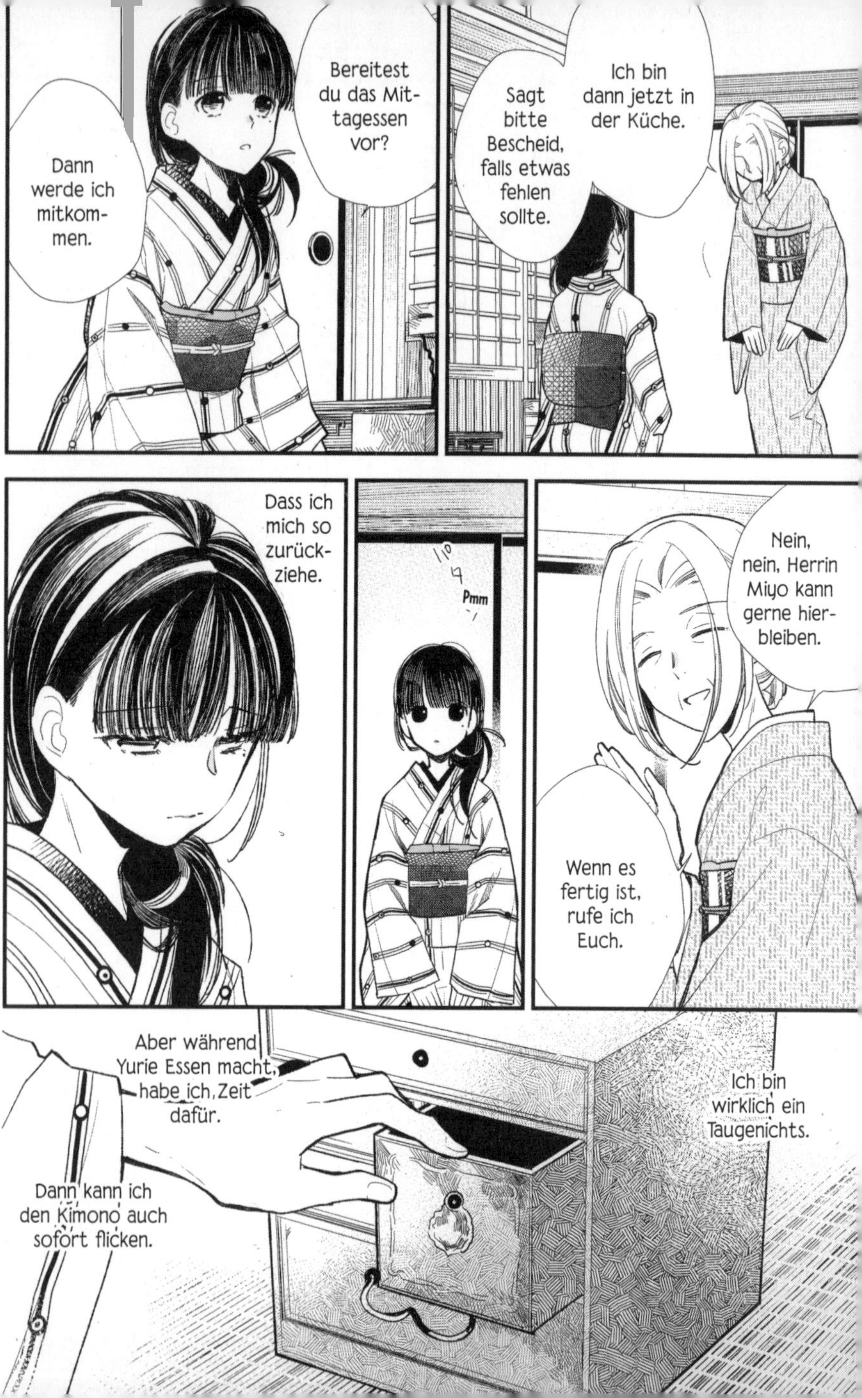

Ich bin dann jetzt in der Küche.
Sagt bitte Bescheid, falls etwas fehlen sollte.
Bereitest du das Mittagessen vor?
Dann werde ich mitkommen.
Nein, nein, Herrin Miyo kann gerne hierbleiben.
Wenn es fertig ist, rufe ich Euch.
Pmm
Dass ich mich so zurückziehe.
Ich bin wirklich ein Taugenichts.
Aber während Yurie Essen macht, habe ich Zeit dafür.
Dann kann ich den Kimono auch sofort flicken.

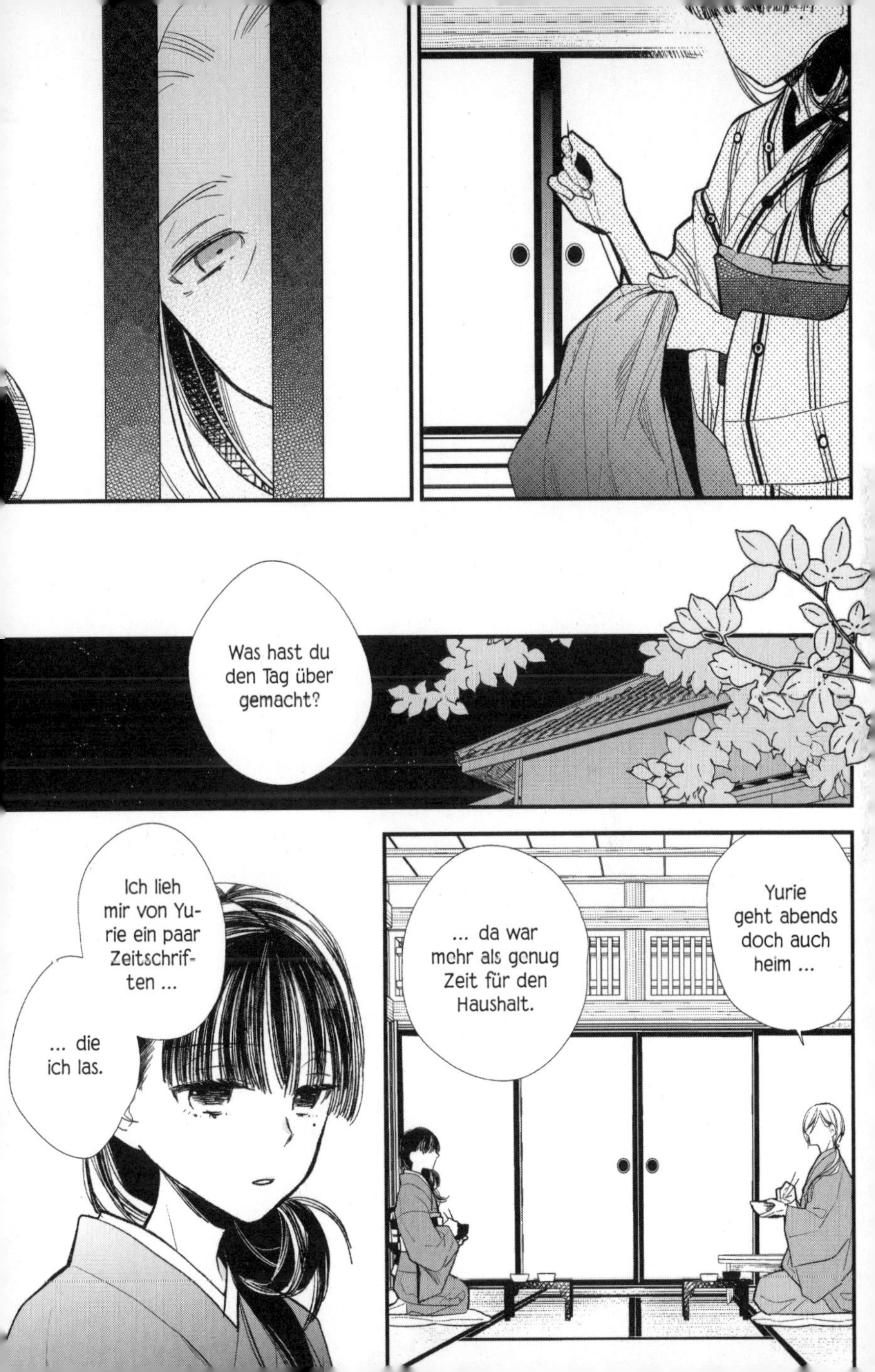
Was hast du den Tag über gemacht?
Yurie geht abends doch auch heim ...
... da war mehr als genug Zeit für den Haushalt.
Ich lieh mir von Yurie ein paar Zeitschriften ...
... die ich las.

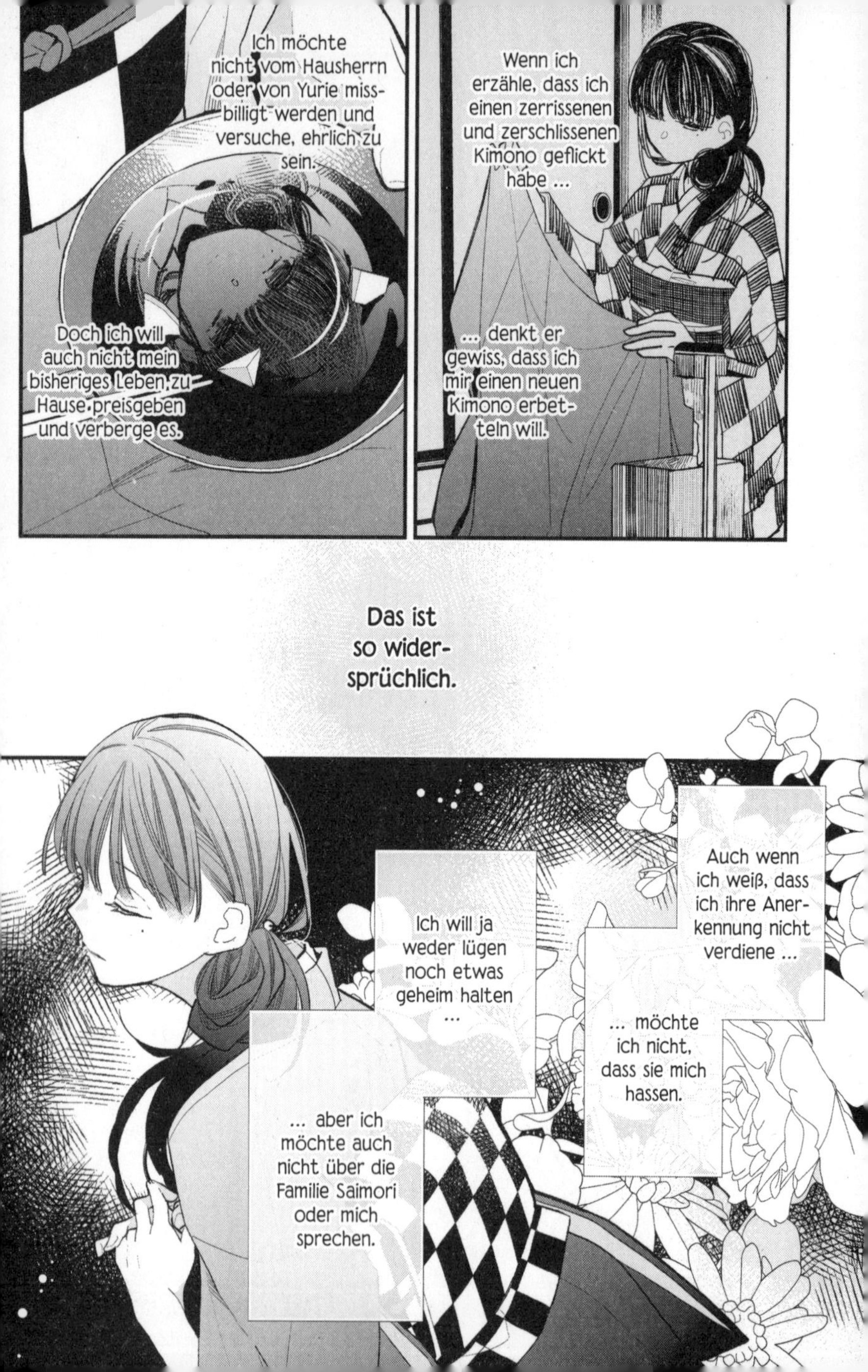
Wenn ich erzähle, dass ich einen zerrissenen und zerschlissenen Kimono geflickt habe ...
... denkt er gewiss, dass ich mir einen neuen Kimono erbetteln will.
Ich möchte nicht vom Hausherrn oder von Yurie missbilligt werden und versuche, ehrlich zu sein.
Doch ich will auch nicht mein bisheriges Leben zu Hause preisgeben und verberge es.
Das ist so widersprüchlich.
Auch wenn ich weiß, dass ich ihre Anerkennung nicht verdiene ...
... möchte ich nicht, dass sie mich hassen.
Ich will ja weder lügen noch etwas geheim halten ...
... aber ich möchte auch nicht über die Familie Saimori oder mich sprechen.

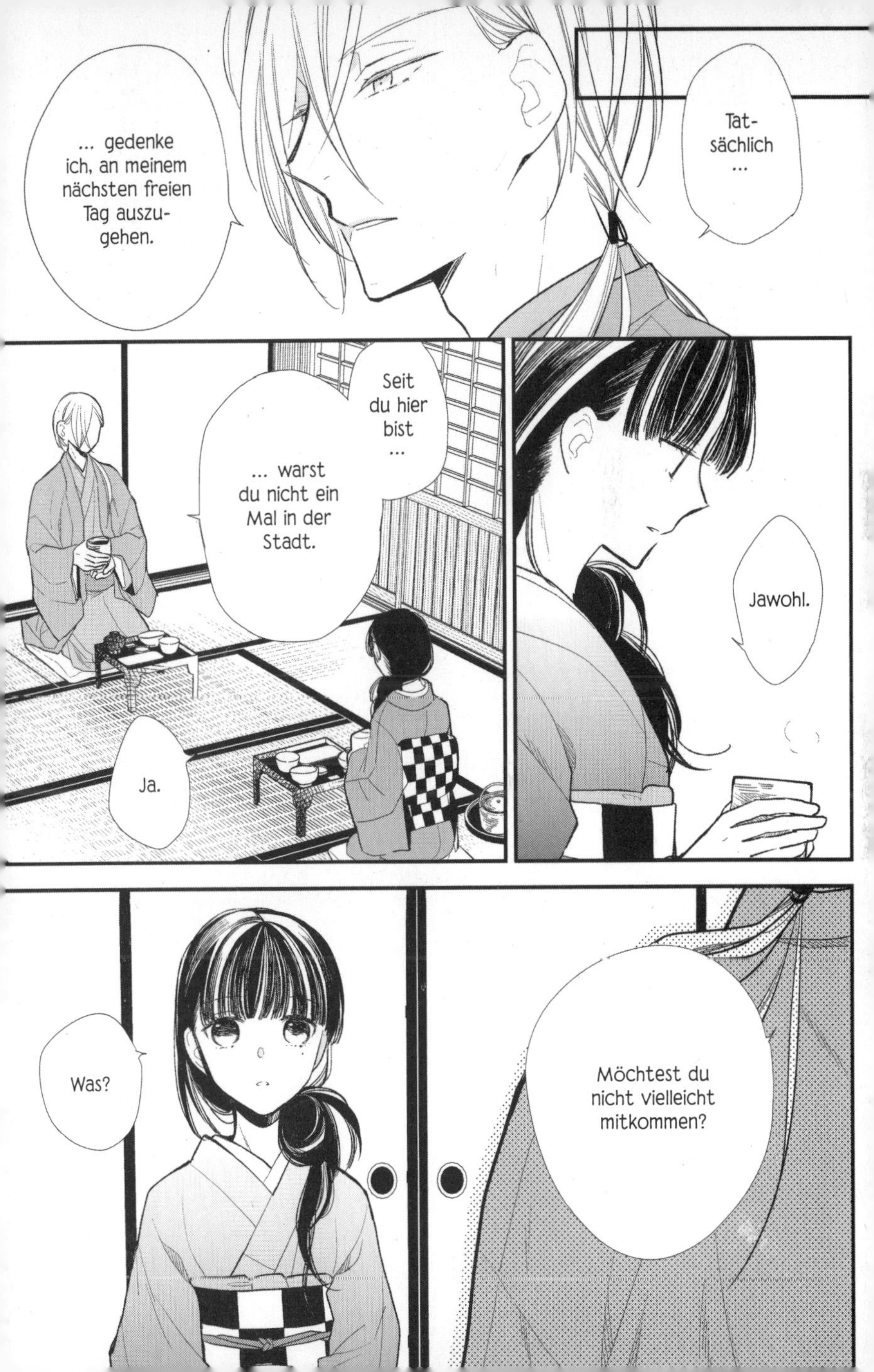
Tat-
sächlich
...
... gedenke
ich, an meinem
nächsten freien
Tag auszu-
gehen.
Jawohl.
Seit
du hier
bist
...
... warst
du nicht ein
Mal in der
Stadt.
Ja.
Möchtest du
nicht vielleicht
mitkommen?
Was?

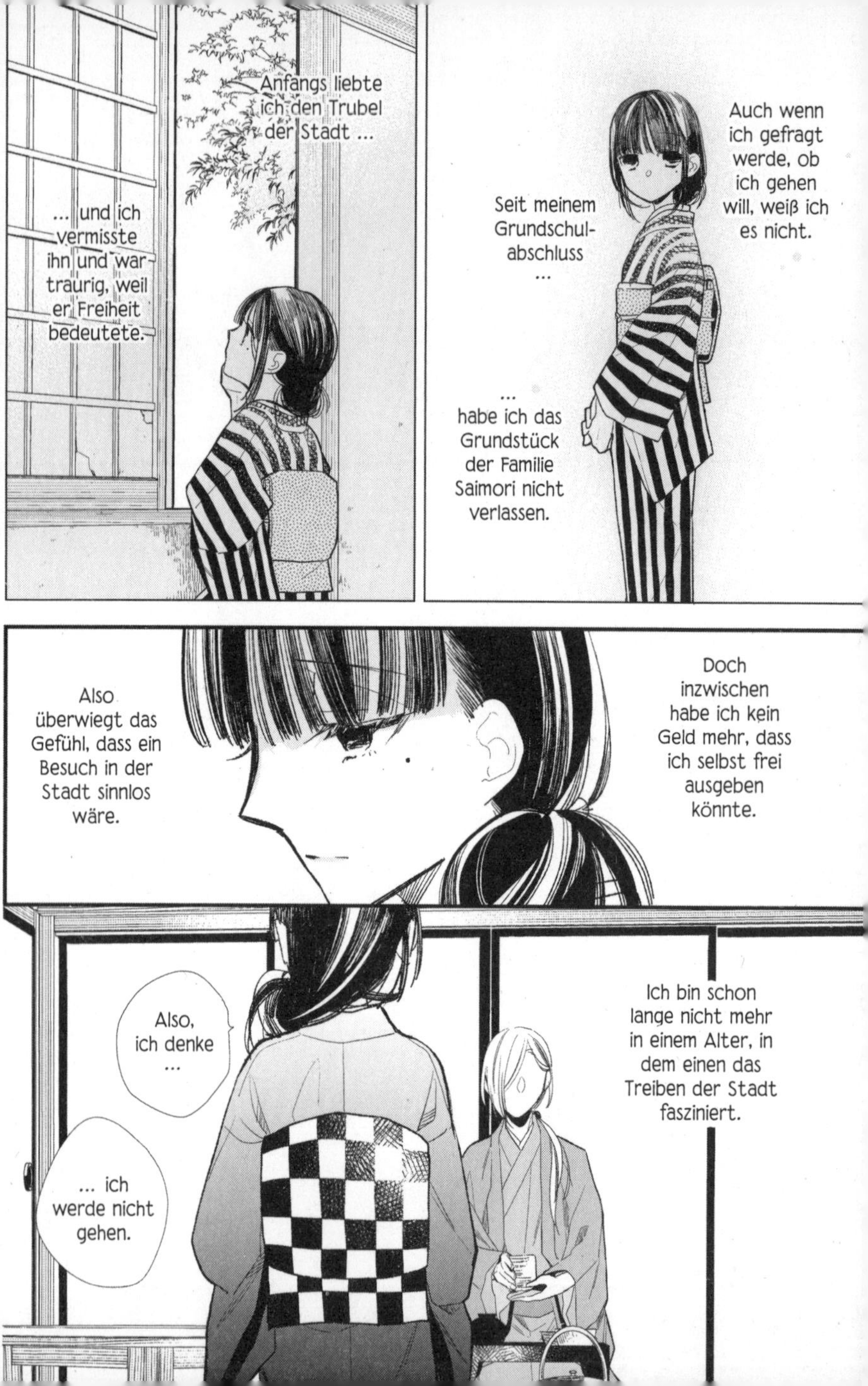

Auch wenn ich gefragt werde, ob ich gehen will, weiß ich es nicht.
Seit meinem Grundschulabschluss ...
... habe ich das Grundstück der Familie Saimori nicht verlassen.
Anfangs liebte ich den Trubel der Stadt ...
... und ich vermisste ihn und war traurig, weil er Freiheit bedeutete.
Doch inzwischen habe ich kein Geld mehr, dass ich selbst frei ausgeben könnte.
Also überwiegt das Gefühl, dass ein Besuch in der Stadt sinnlos wäre.
Ich bin schon lange nicht mehr in einem Alter, in dem einen das Treiben der Stadt fasziniert.
Also, ich denke ...
... ich werde nicht gehen.

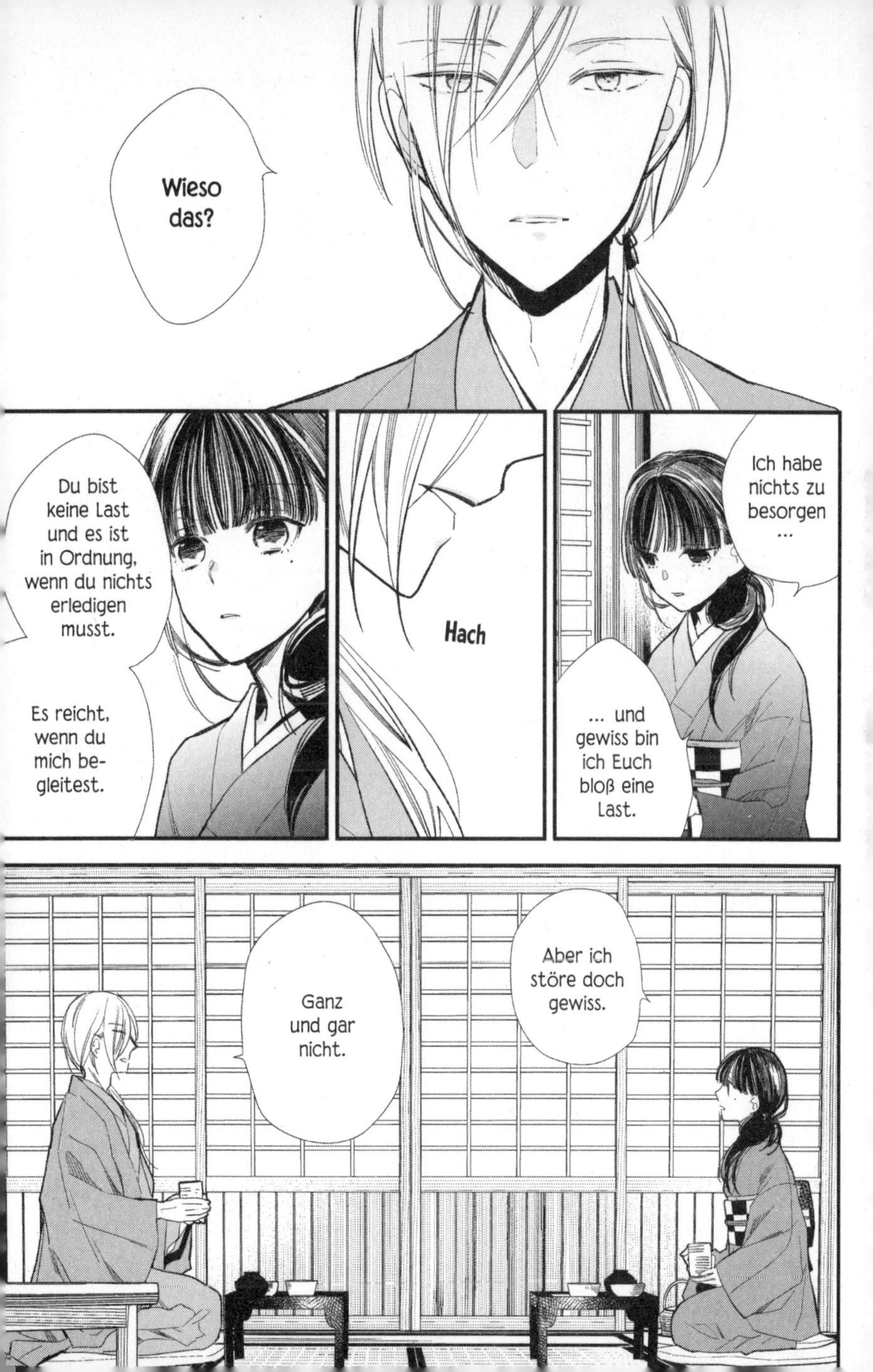
Wieso das?
Ich habe nichts zu besorgen ...
... und gewiss bin ich Euch bloß eine Last.
Hach
Du bist keine Last und es ist in Ordnung, wenn du nichts erledigen musst.
Es reicht, wenn du mich be-gleitest.
Aber ich störe doch gewiss.
Ganz und gar nicht.

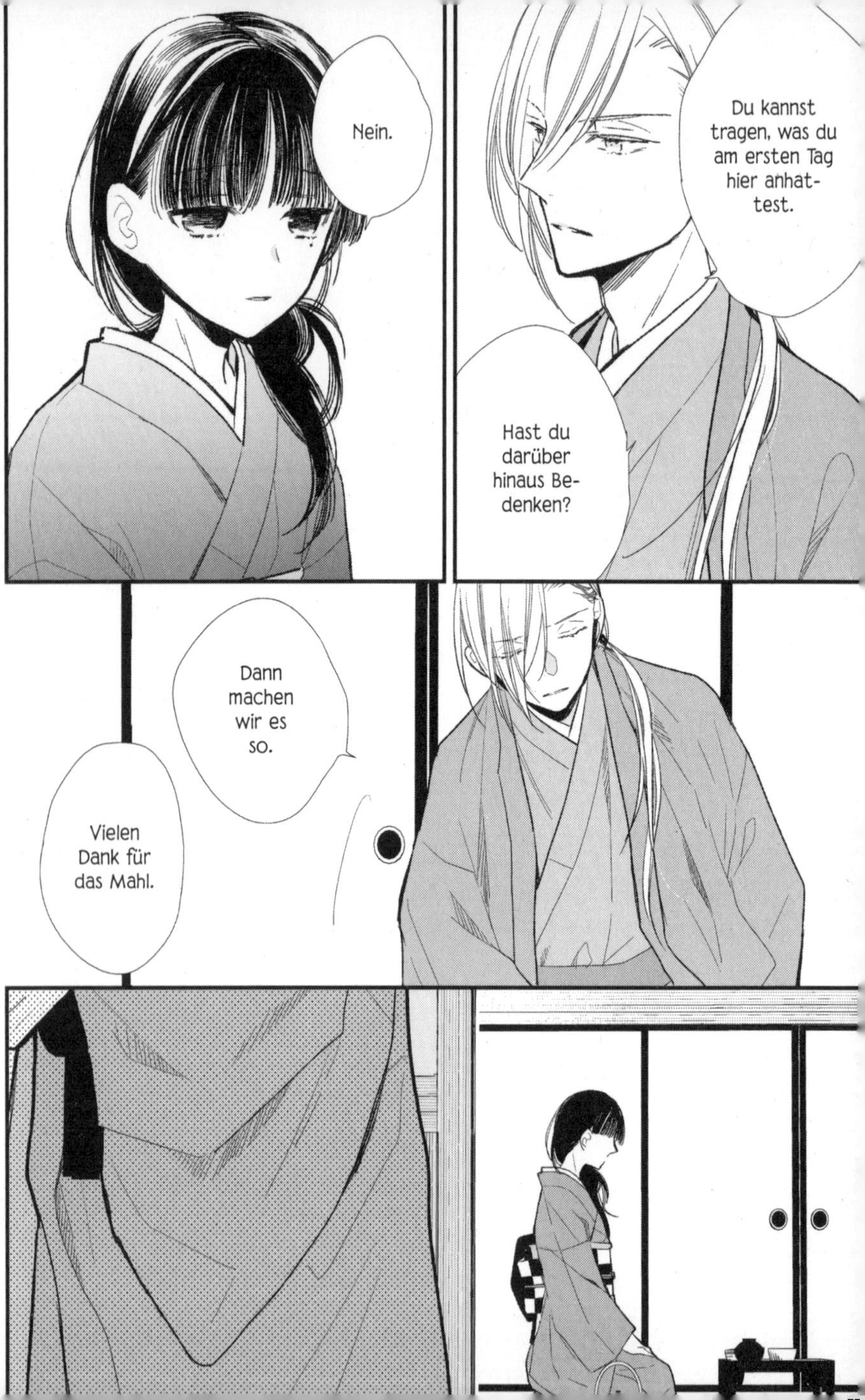
Du kannst tragen, was du am ersten Tag hier anhattest.
Hast du darüber hinaus Bedenken?
Nein.
Dann machen wir es so.
Vielen Dank für das Mahl.

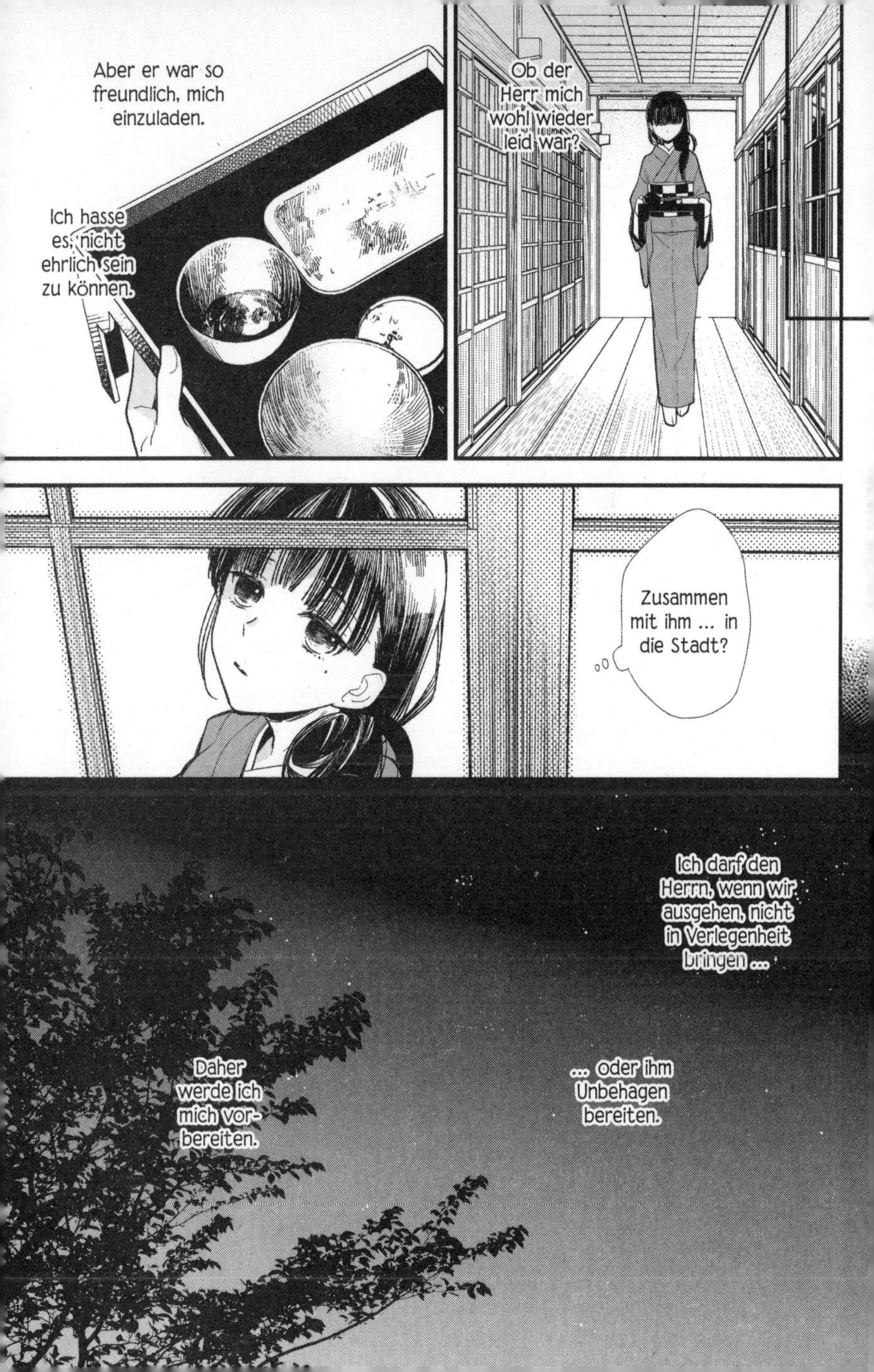
Ob der Herr mich wohl wieder leid war?
Aber er war so freundlich, mich einzuladen.
Ich hasse es, nicht ehrlich sein zu können.
Zusammen mit ihm ... in die Stadt?
Ich darf den Herrn, wenn wir ausgehen, nicht in Verlegenheit bringen ...
... oder ihm Unbehagen bereiten.
Daher werde ich mich vor-bereiten.

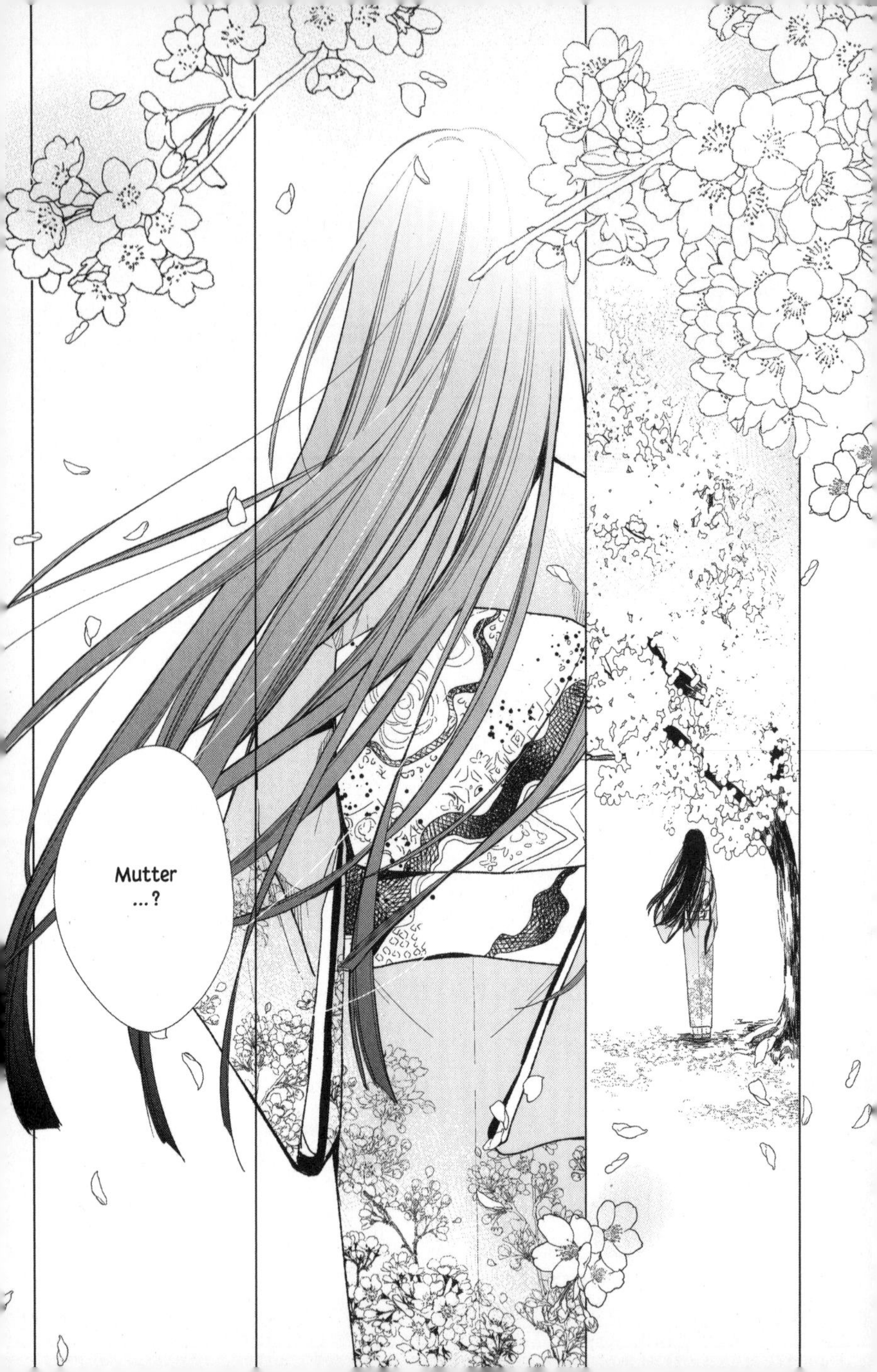
Mutter ...?

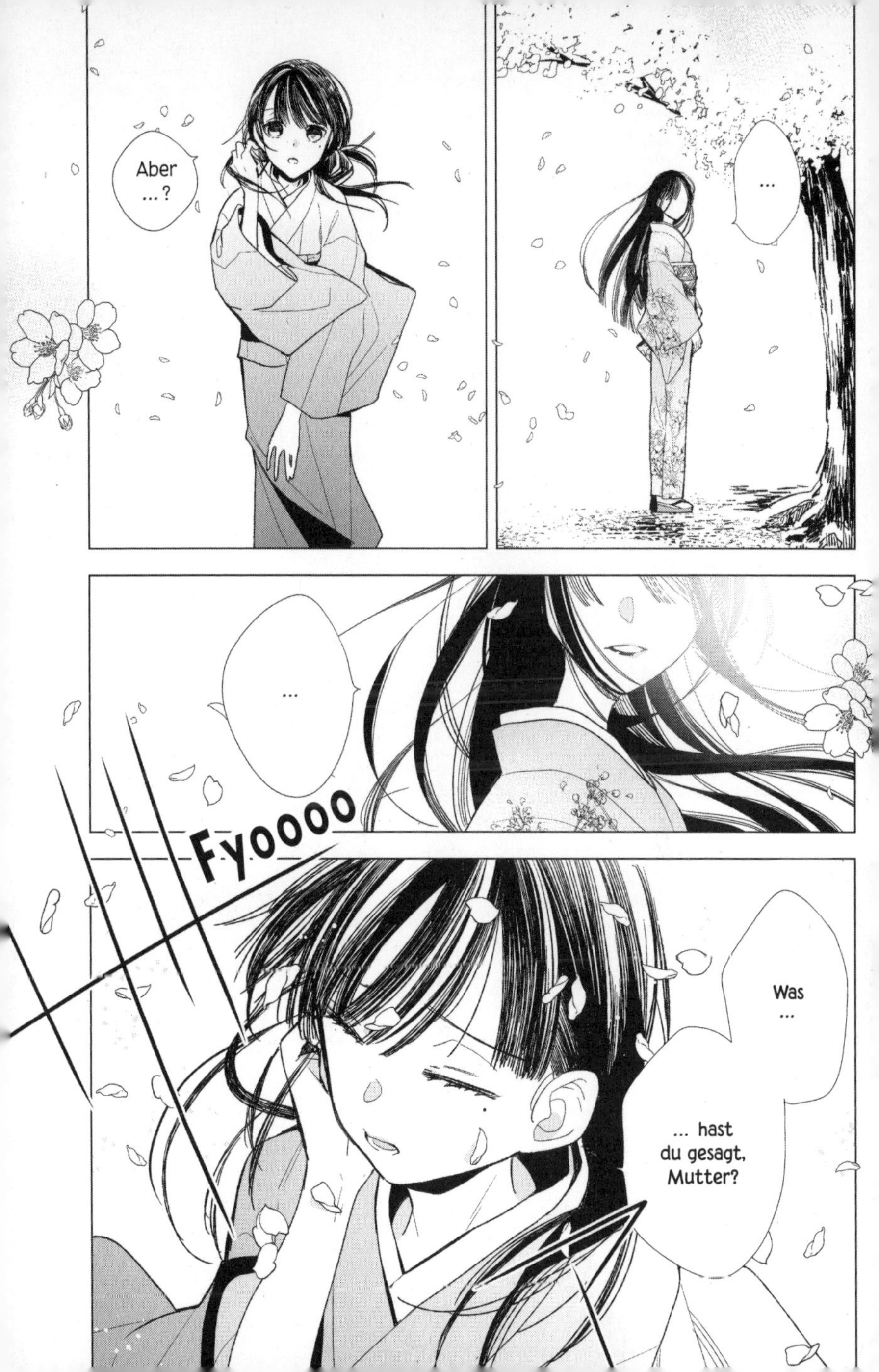
...
Aber ...?
...
Fyoooo
Was ...
... hast du gesagt, Mutter?

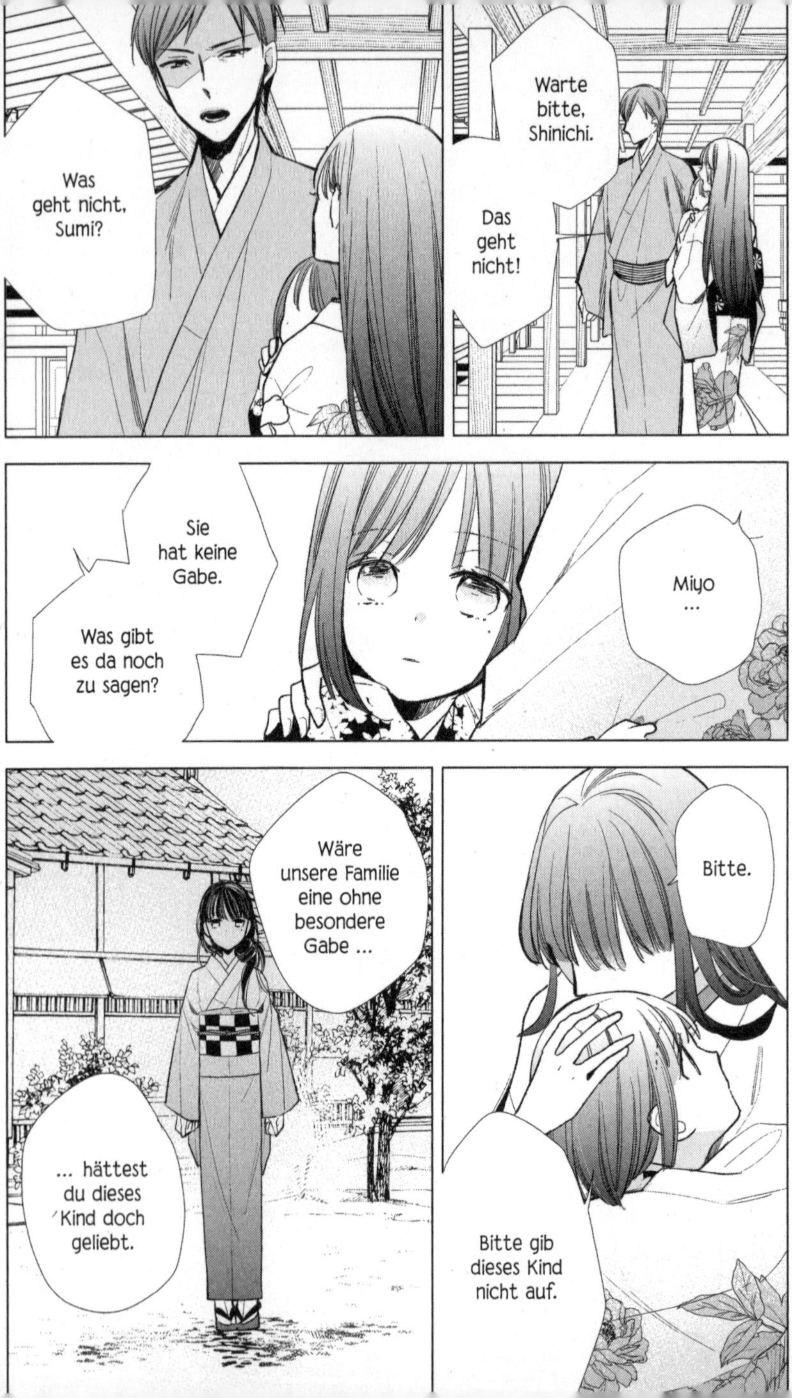

Warte bitte, Shinichi.
Das geht nicht!
Was geht nicht, Sumi?
Miyo ...
Sie hat keine Gabe.
Was gibt es da noch zu sagen?
Bitte.
Bitte gib dieses Kind nicht auf.
Wäre unsere Familie eine ohne besondere Gabe ...
... hättest du dieses Kind doch geliebt.

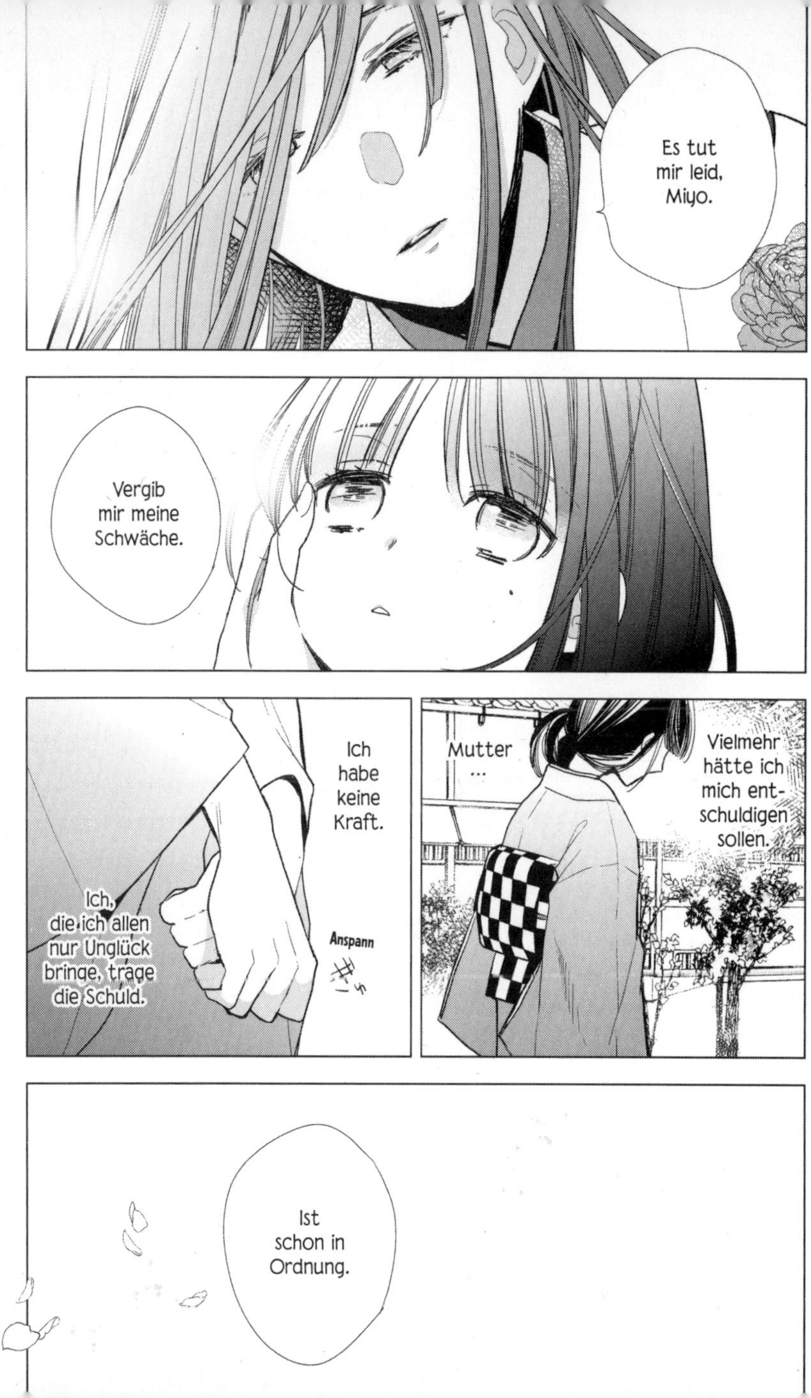
Es tut mir leid, Miyo.
Vergib mir meine Schwäche.
Vielmehr hätte ich mich entschuldigen sollen.
Mutter …
Ich habe keine Kraft.
Anspann
Ich, die ich allen nur Unglück bringe, trage die Schuld.
Ist schon in Ordnung.

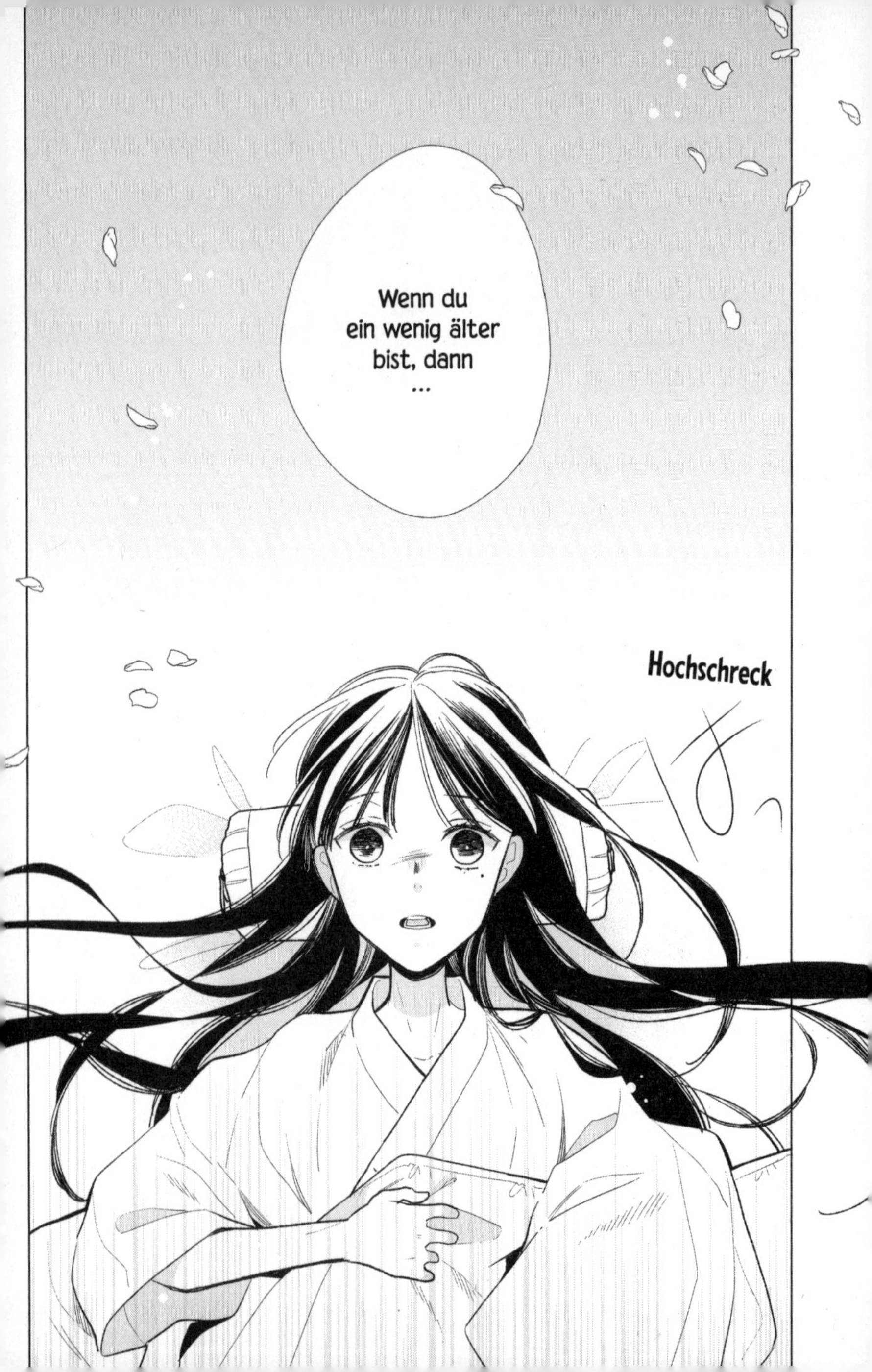
Wenn du ein wenig älter bist, dann …
Hochschreck

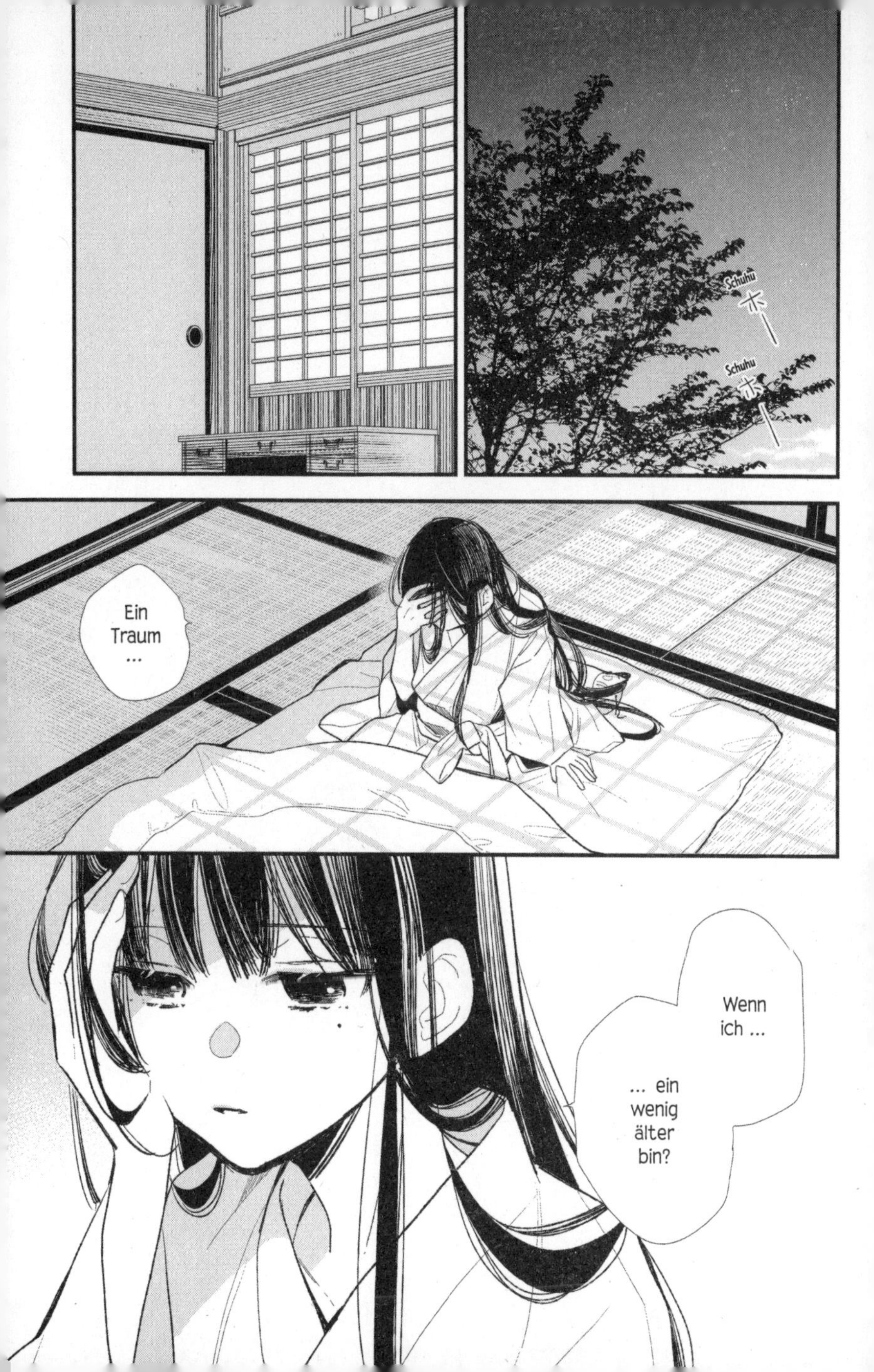
Schuhu
ホー
Schuhu
ホー
Ein Traum ...
Wenn ich ...
... ein wenig älter bin?

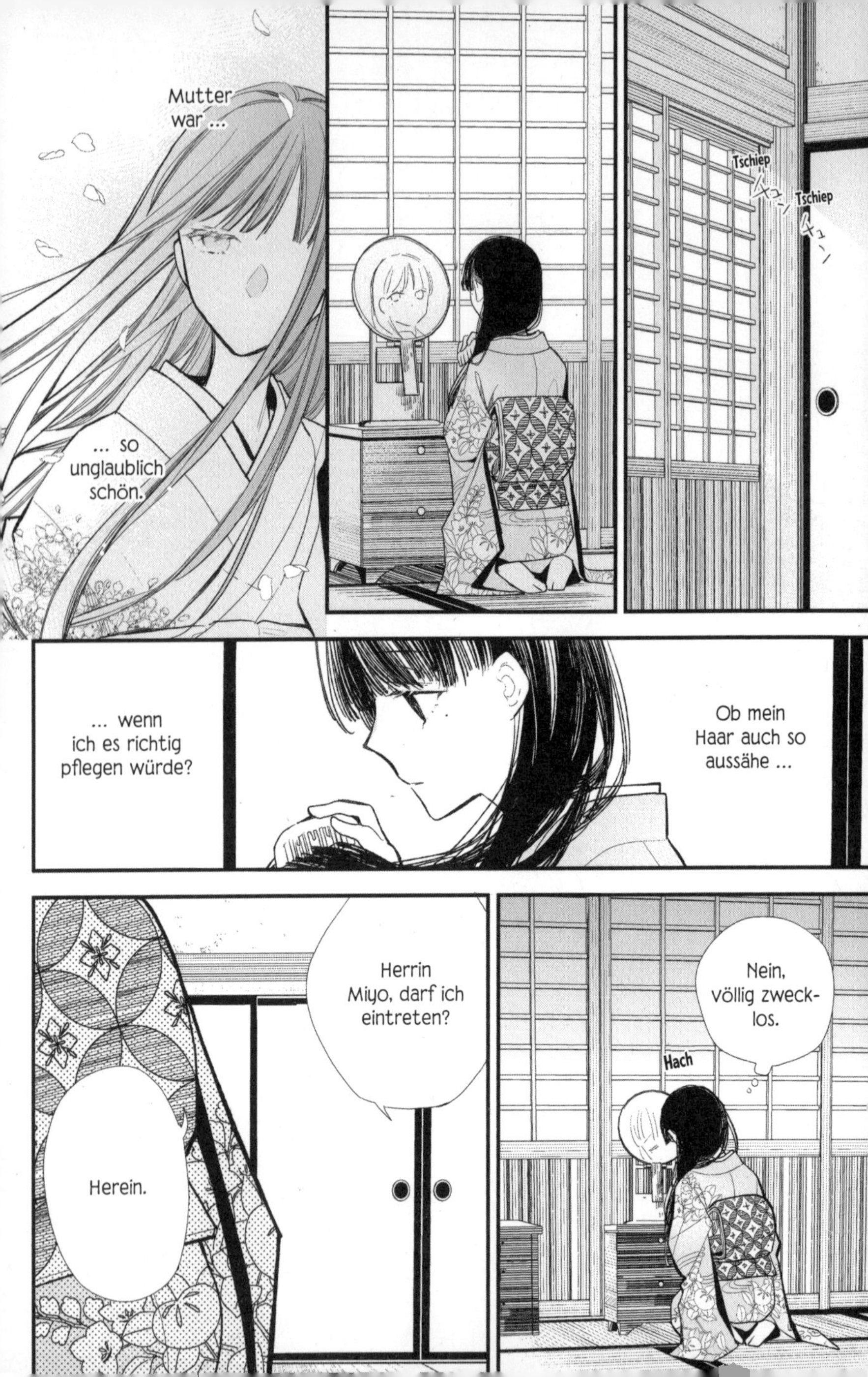
Tschiep
Tschiep
Mutter war ...
... so unglaublich schön.
Ob mein Haar auch so aussähe ...
... wenn ich es richtig pflegen würde?
Nein, völlig zweck-los.
Hach
Herrin Miyo, darf ich eintreten?
Herein.

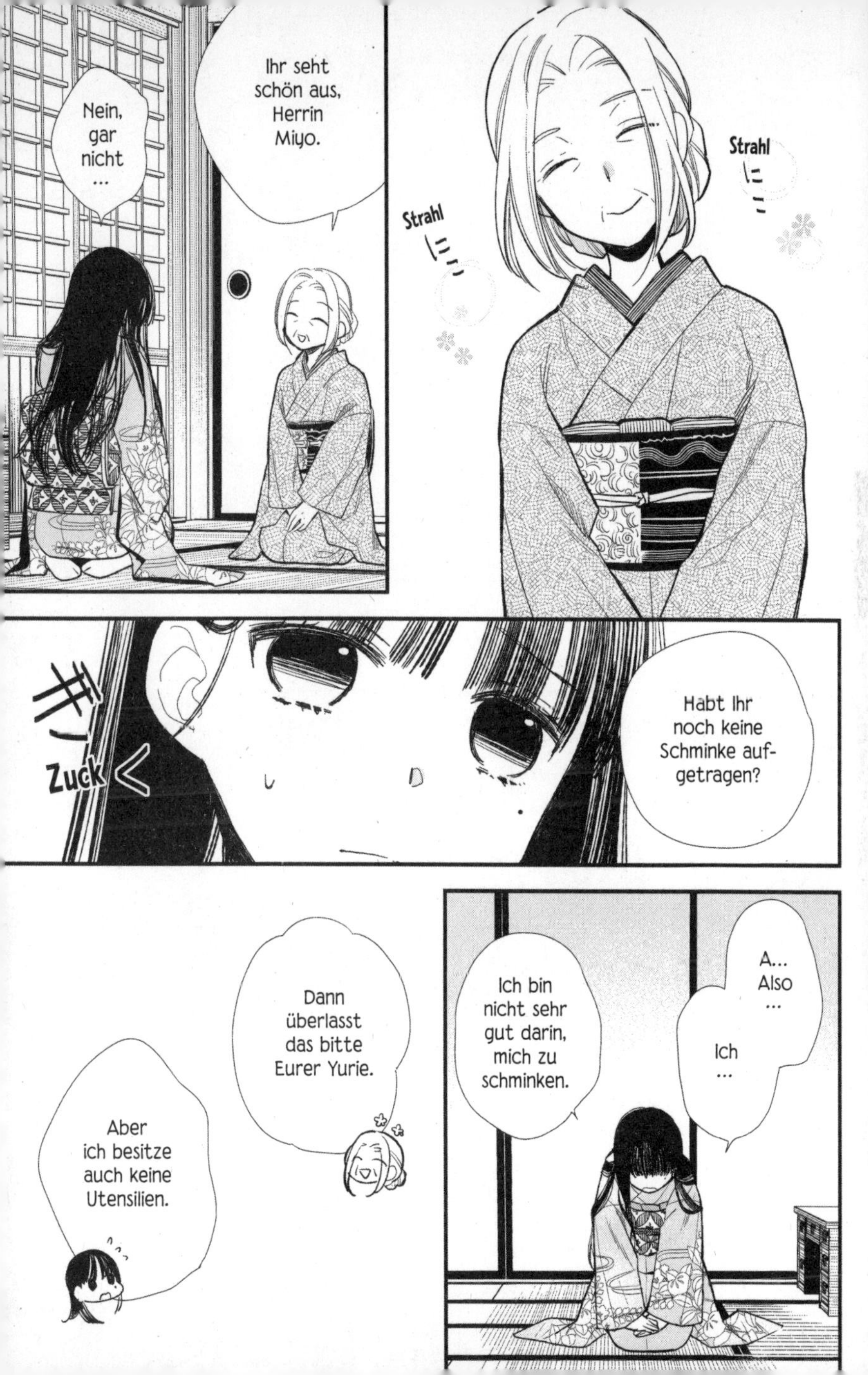
Strahl
Strahl
Ihr seht schön aus, Herrin Miyo.
Nein, gar nicht ...
Habt Ihr noch keine Schminke aufgetragen?
Zuck
A... Also ...
Ich ...
Ich bin nicht sehr gut darin, mich zu schminken.
Dann überlasst das bitte Eurer Yurie.
Aber ich besitze auch keine Utensilien.

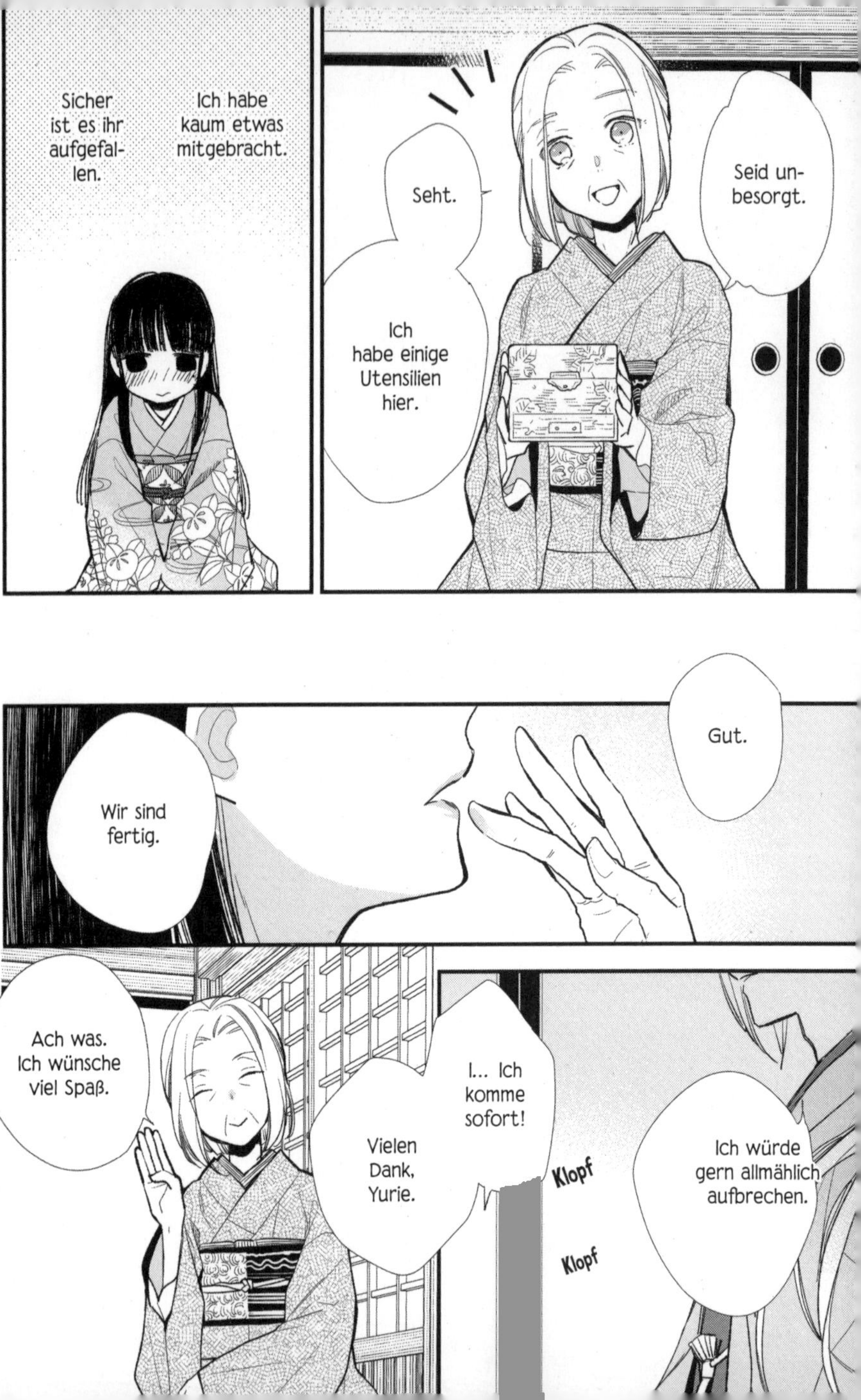
Seid unbesorgt.
Seht.
Ich habe einige Utensilien hier.
Ich habe kaum etwas mitgebracht.
Sicher ist es ihr aufgefallen.
Gut.
Wir sind fertig.
Ich würde gern allmählich aufbrechen.
Klopf
Klopf
I... Ich komme sofort!
Vielen Dank, Yurie.
Ach was. Ich wünsche viel Spaß.

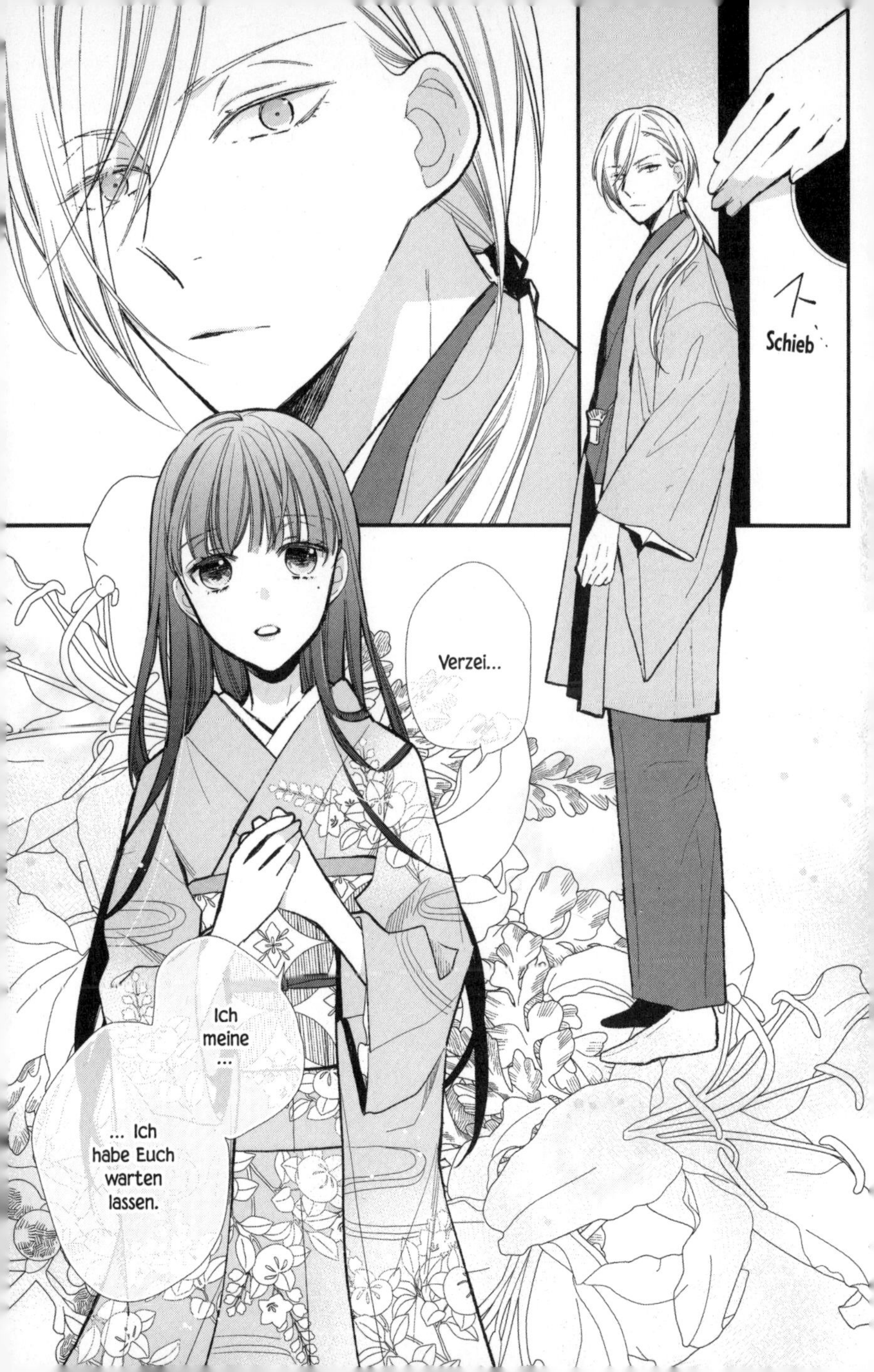
Schieb
Verzei...
Ich meine ...
... Ich habe Euch warten lassen.

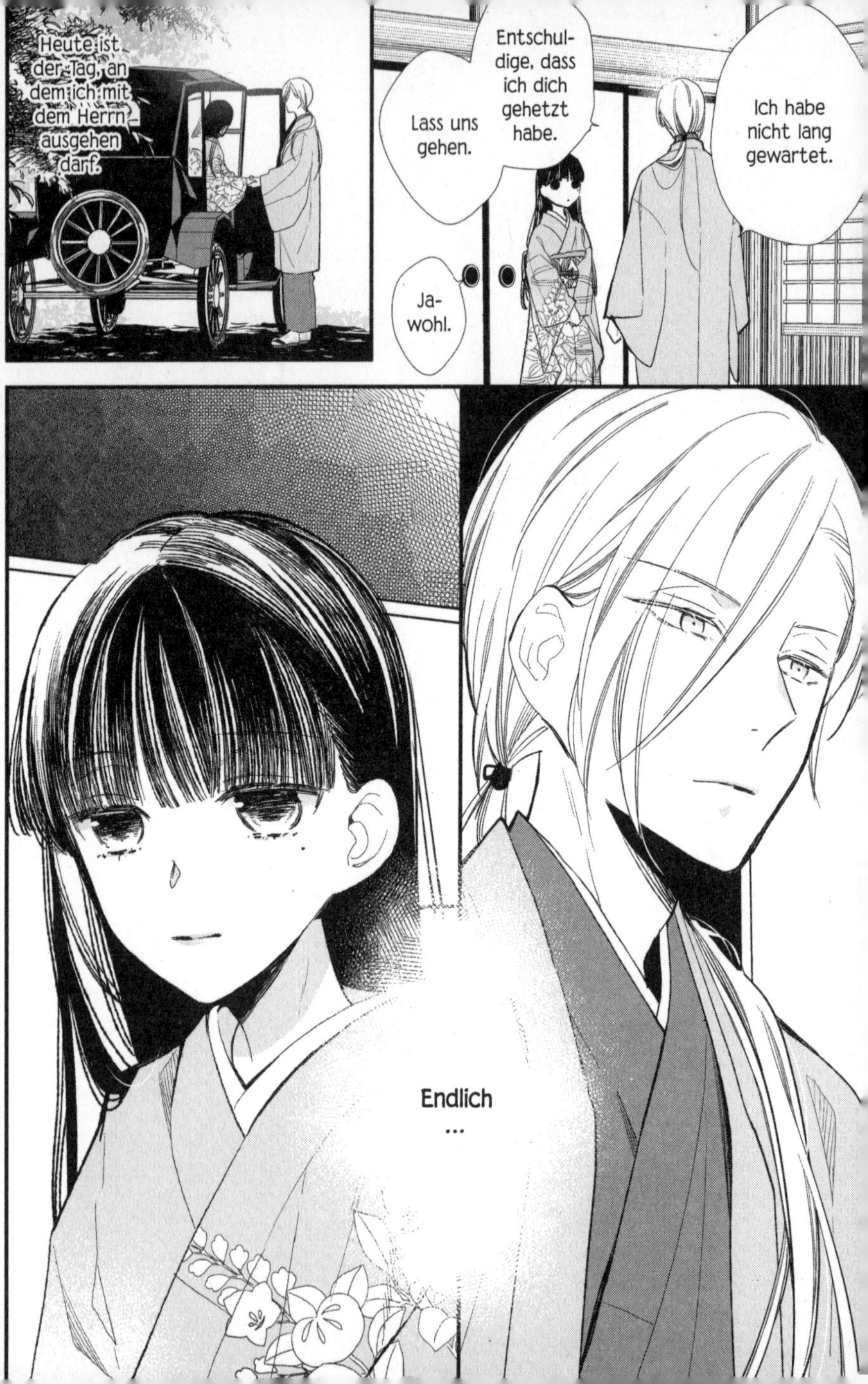
Ich habe nicht lang gewartet.
Entschuldige, dass ich dich gehetzt habe.
Lass uns gehen.
Jawohl.
Heute ist der Tag, an dem ich mit dem Herrn ausgehen darf.
Endlich …

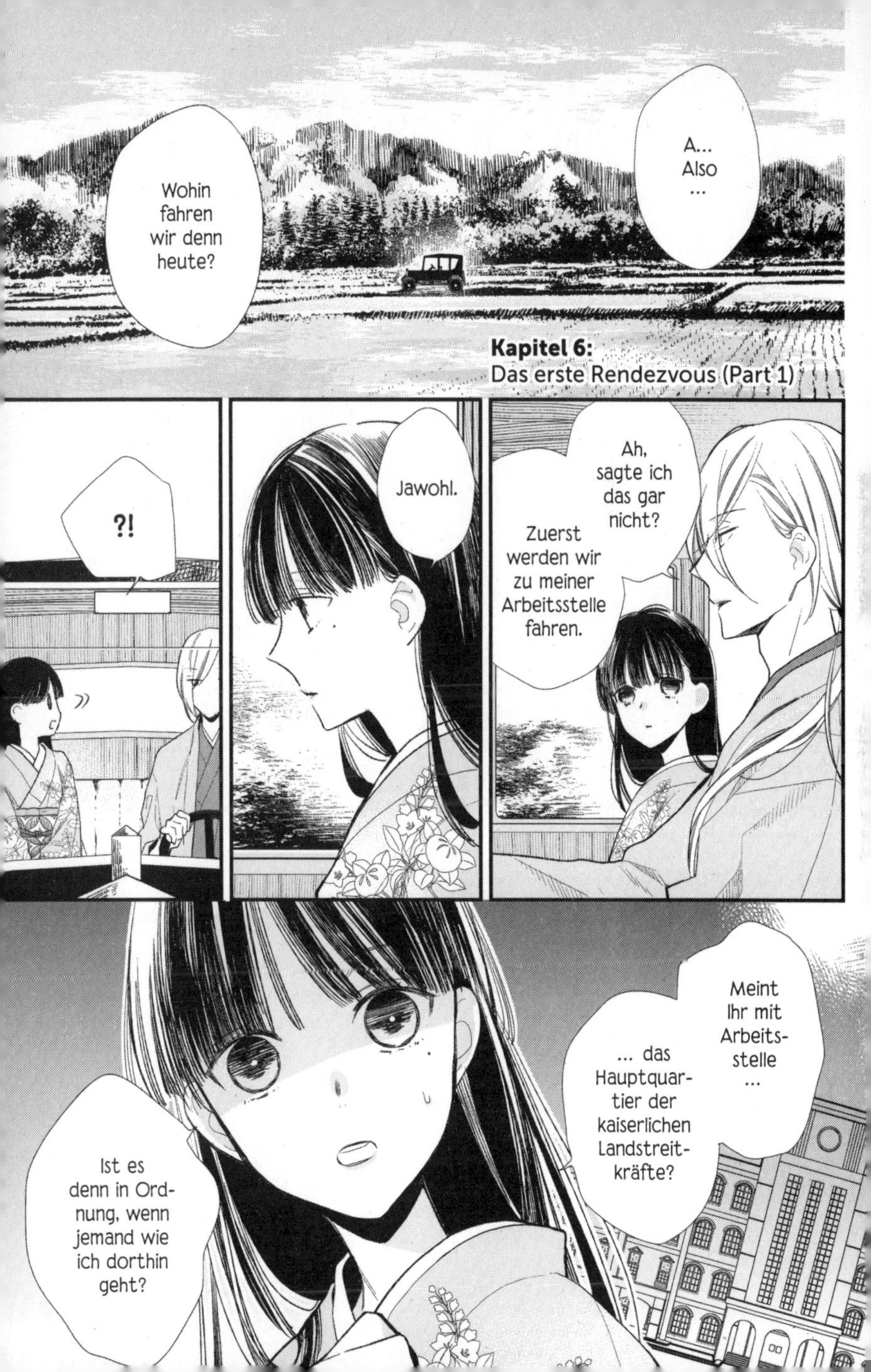
A... Also ...
Wohin fahren wir denn heute?
Kapitel 6:
Das erste Rendezvous (Part 1)
Ah, sagte ich das gar nicht?
Zuerst werden wir zu meiner Arbeitsstelle fahren.
Jawohl.
?!
Meint Ihr mit Arbeits-stelle ...
... das Hauptquar-tier der kaiserlichen Landstreit-kräfte?
Ist es denn in Ord-nung, wenn jemand wie ich dorthin geht?

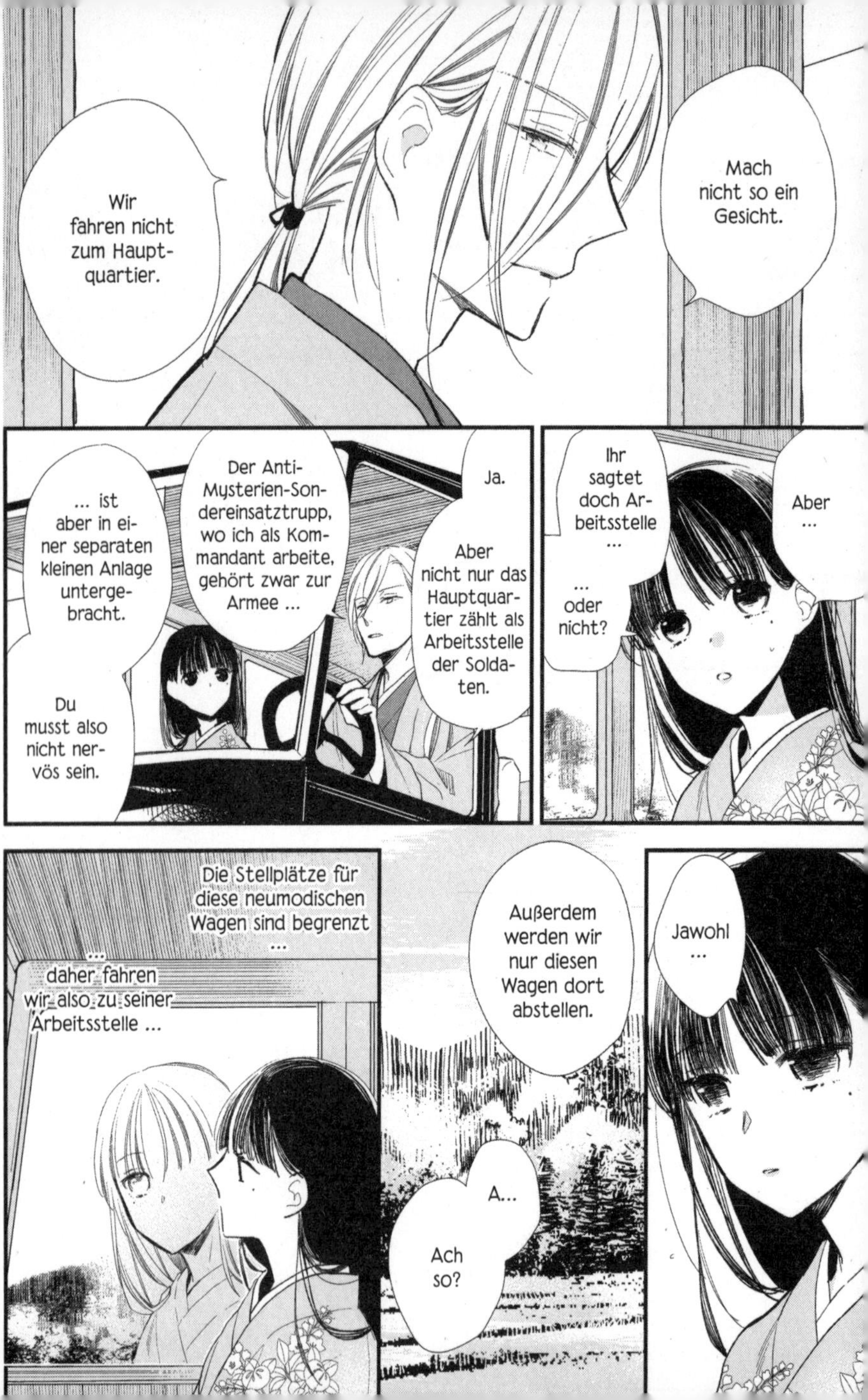
Mach nicht so ein Gesicht.
Wir fahren nicht zum Hauptquartier.
Aber ...
Ihr sagtet doch Arbeitsstelle ...
... oder nicht?
Ja.
Aber nicht nur das Hauptquartier zählt als Arbeitsstelle der Soldaten.
Der Anti-Mysterien-Sondereinsatztrupp, wo ich als Kommandant arbeite, gehört zwar zur Armee ...
... ist aber in einer separaten kleinen Anlage untergebracht.
Du musst also nicht nervös sein.
Jawohl ...
Außerdem werden wir nur diesen Wagen dort abstellen.
A...
Ach so?
Die Stellplätze für diese neumodischen Wagen sind begrenzt ...
... daher fahren wir also zu seiner Arbeitsstelle ...

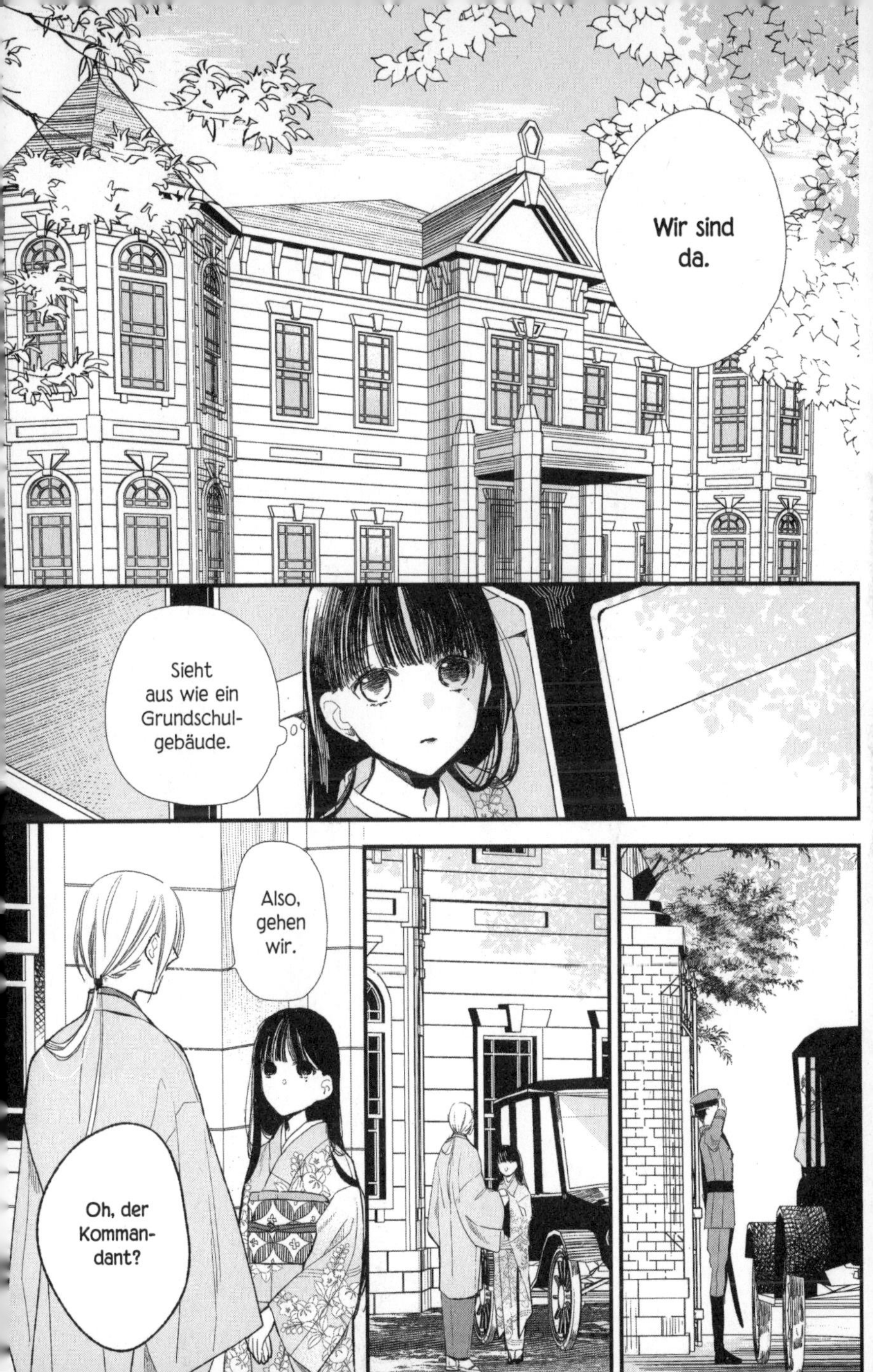
Wir sind da.
Sieht aus wie ein Grundschulgebäude.
Also, gehen wir.
Oh, der Kommandant?

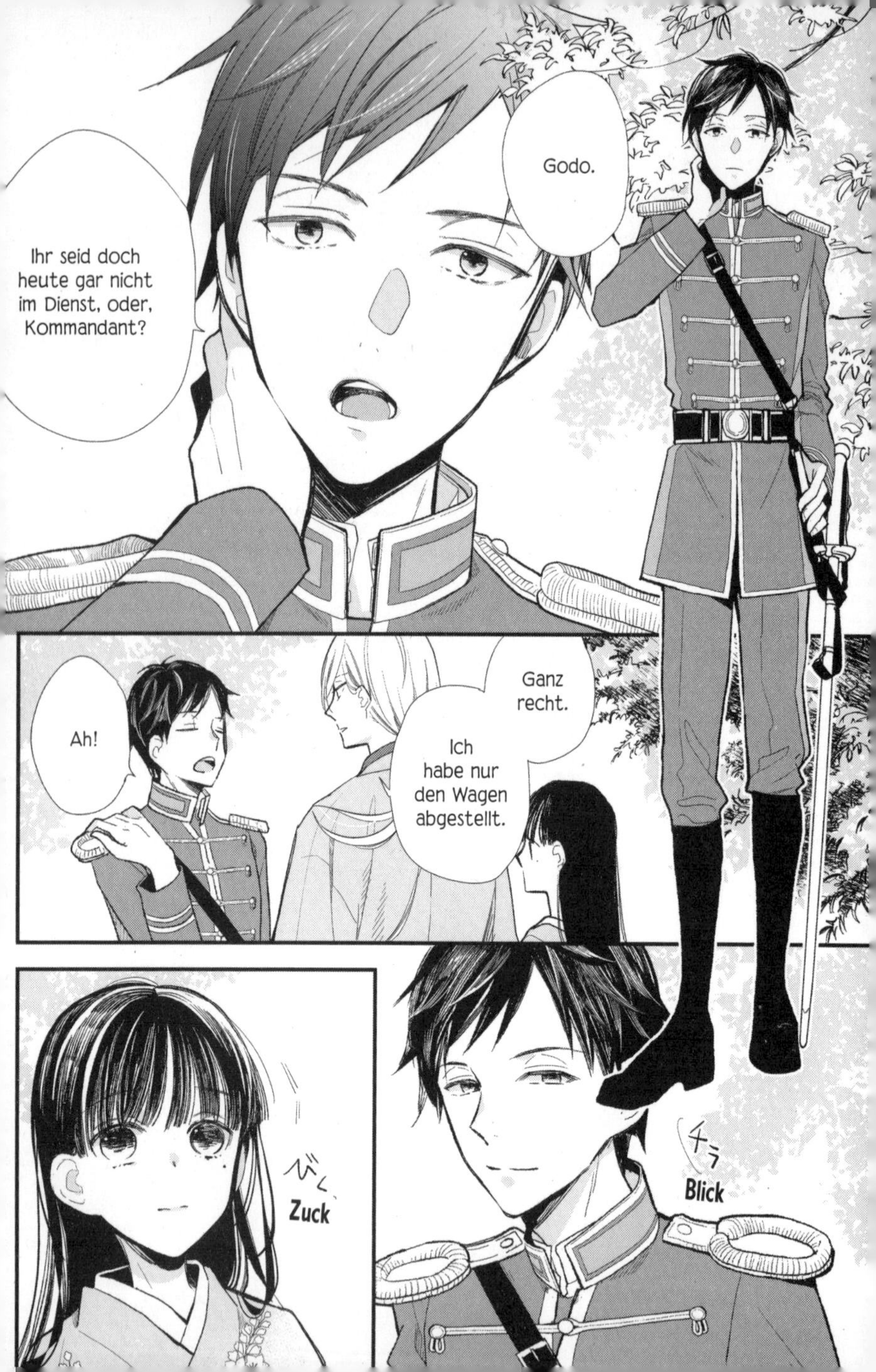
Godo.
Ihr seid doch heute gar nicht im Dienst, oder, Kommandant?
Ganz recht.
Ich habe nur den Wagen abgestellt.
Ah!
チラ
Blick
びく
Zuck

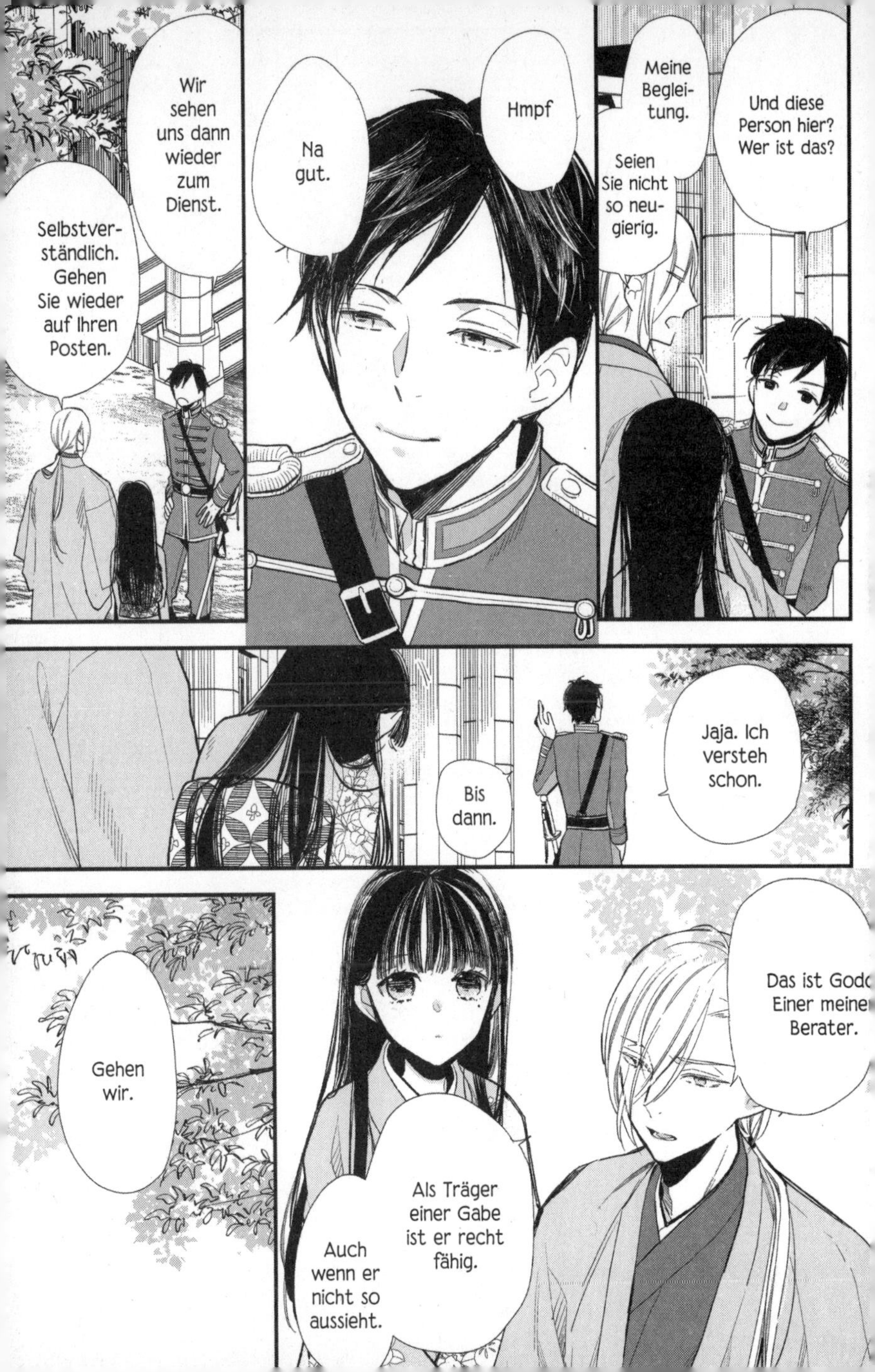
Und diese Person hier? Wer ist das?
Meine Begleitung.
Seien Sie nicht so neugierig.
Hmpf
Na gut.
Wir sehen uns dann wieder zum Dienst.
Selbstverständlich. Gehen Sie wieder auf Ihren Posten.
Jaja. Ich versteh schon.
Bis dann.
Das ist God
Einer meine
Berater.
Als Träger einer Gabe ist er recht fähig.
Auch wenn er nicht so aussieht.
Gehen wir.

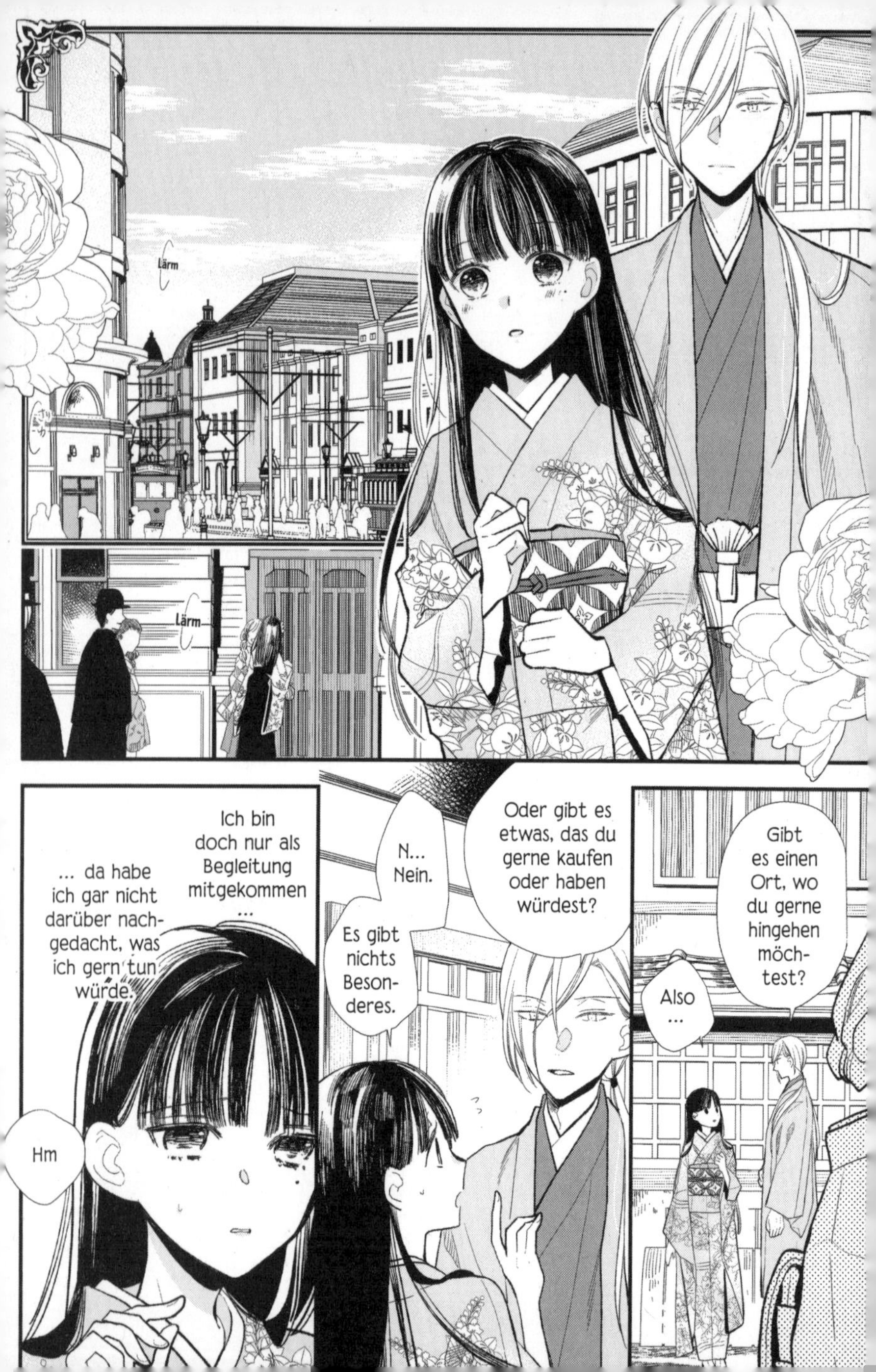
Lärm
Lärm
Gibt es einen Ort, wo du gerne hingehen möchtest?
Also ...
Oder gibt es etwas, das du gerne kaufen oder haben würdest?
N... Nein.
Es gibt nichts Besonderes.
Ich bin doch nur als Begleitung mitgekommen ...
... da habe ich gar nicht darüber nachgedacht, was ich gern tun würde.
Hm

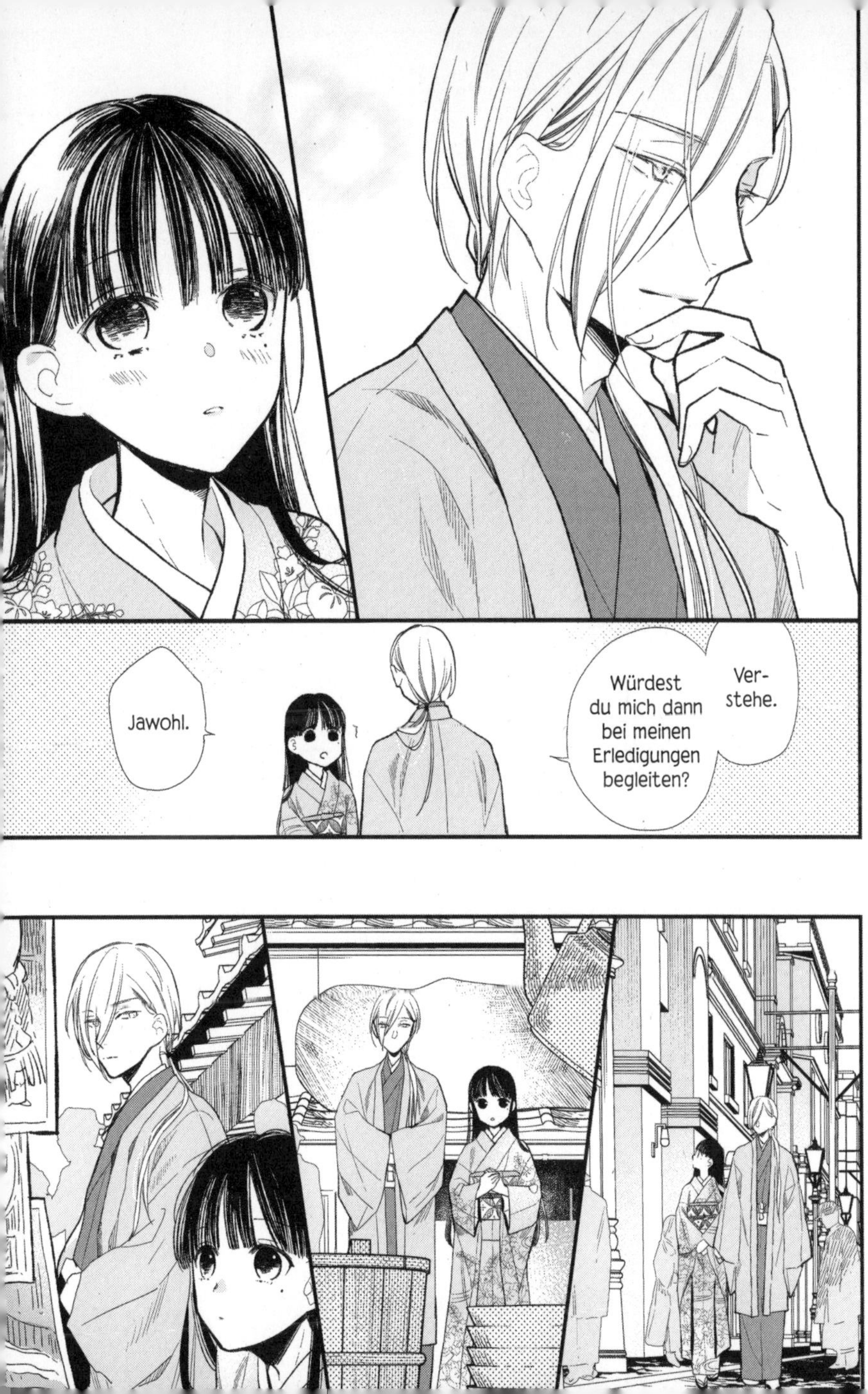
Ver-
stehe.
Würdest
du mich dann
bei meinen
Erledigungen
begleiten?
Jawohl.

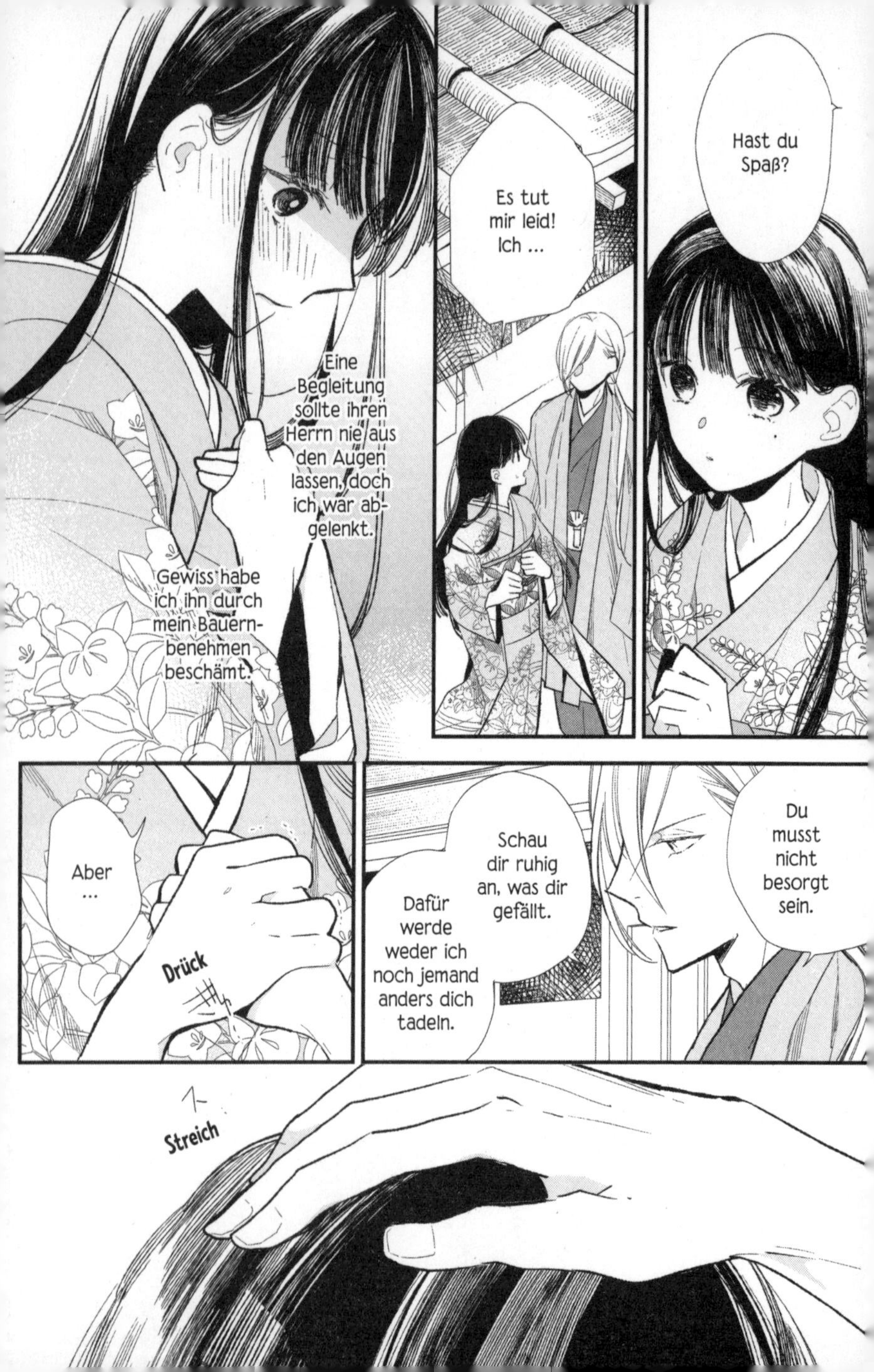
Hast du Spaß?
Es tut mir leid! Ich ...
Eine Begleitung sollte ihren Herrn nie aus den Augen lassen, doch ich war abgelenkt.
Gewiss habe ich ihn durch mein Bauernbenehmen beschämt.
Du musst nicht besorgt sein.
Schau dir ruhig an, was dir gefällt.
Dafür werde weder ich noch jemand anders dich tadeln.
Aber ...
Drück
Streich

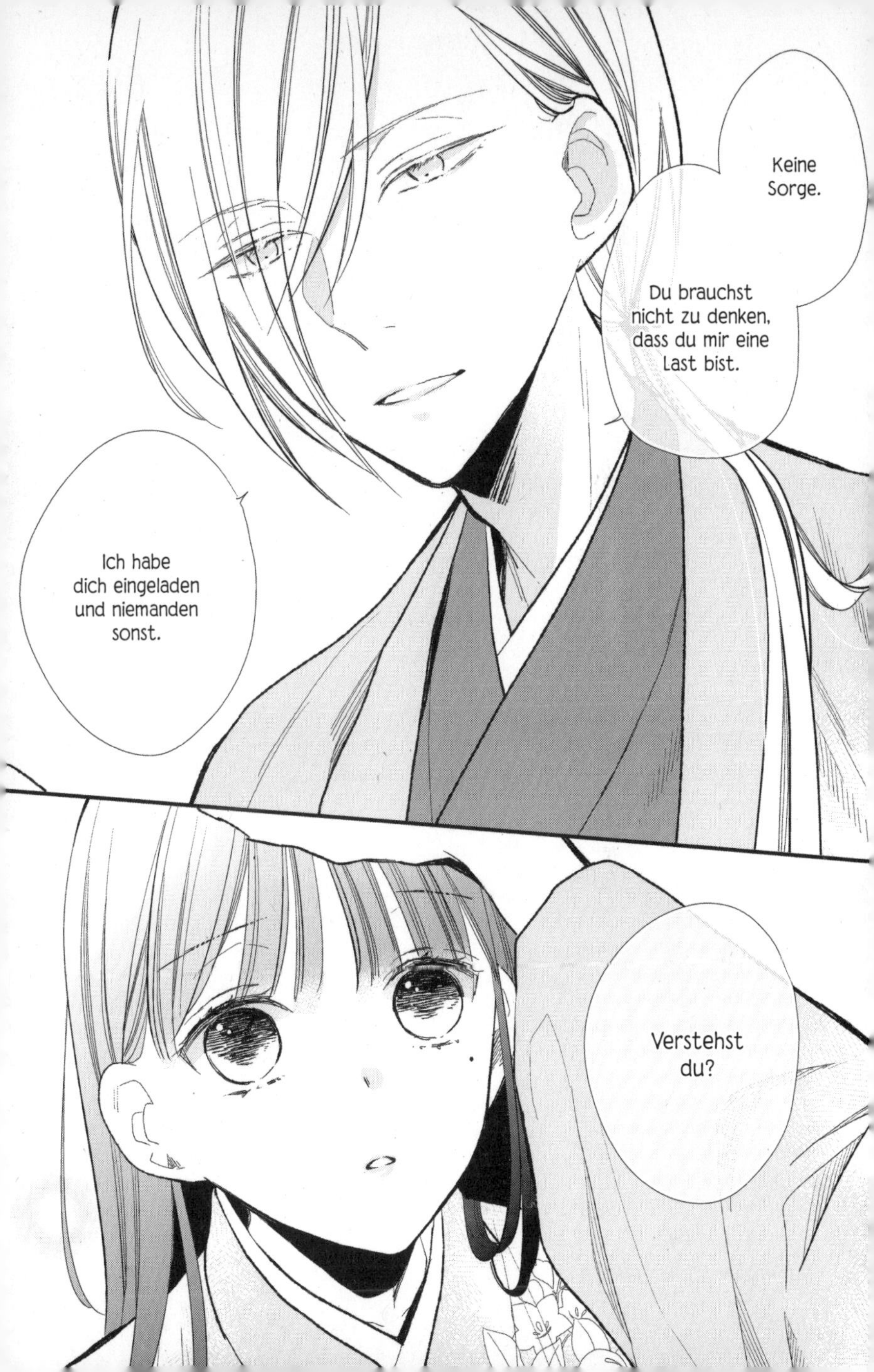
Keine Sorge.
Du brauchst nicht zu denken, dass du mir eine Last bist.
Ich habe dich eingeladen und niemanden sonst.
Verstehst du?

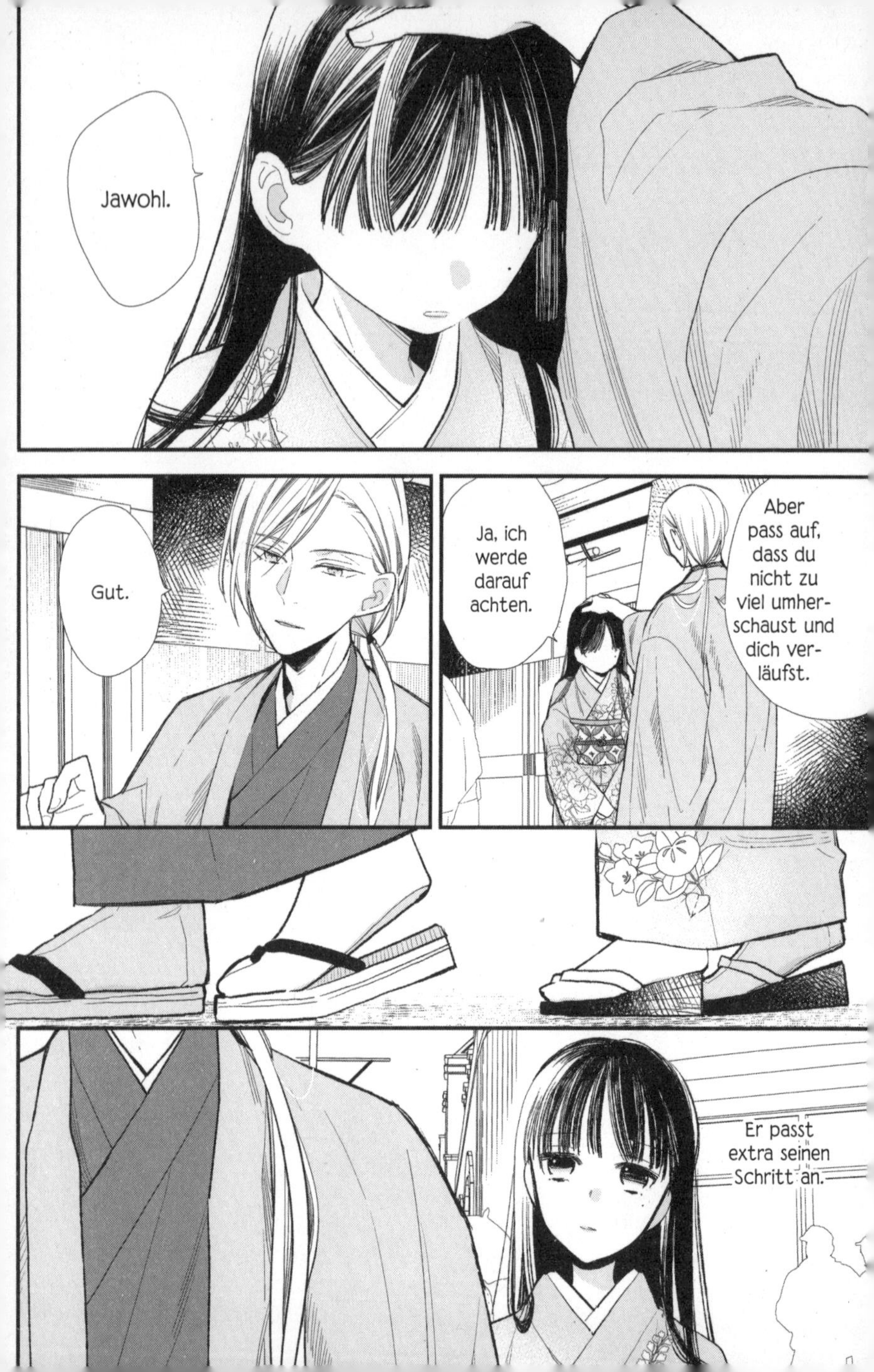
Jawohl.
Aber pass auf, dass du nicht zu viel umherschaust und dich verläufst.
Ja, ich werde darauf achten.
Gut.
Er passt extra seinen Schritt an.

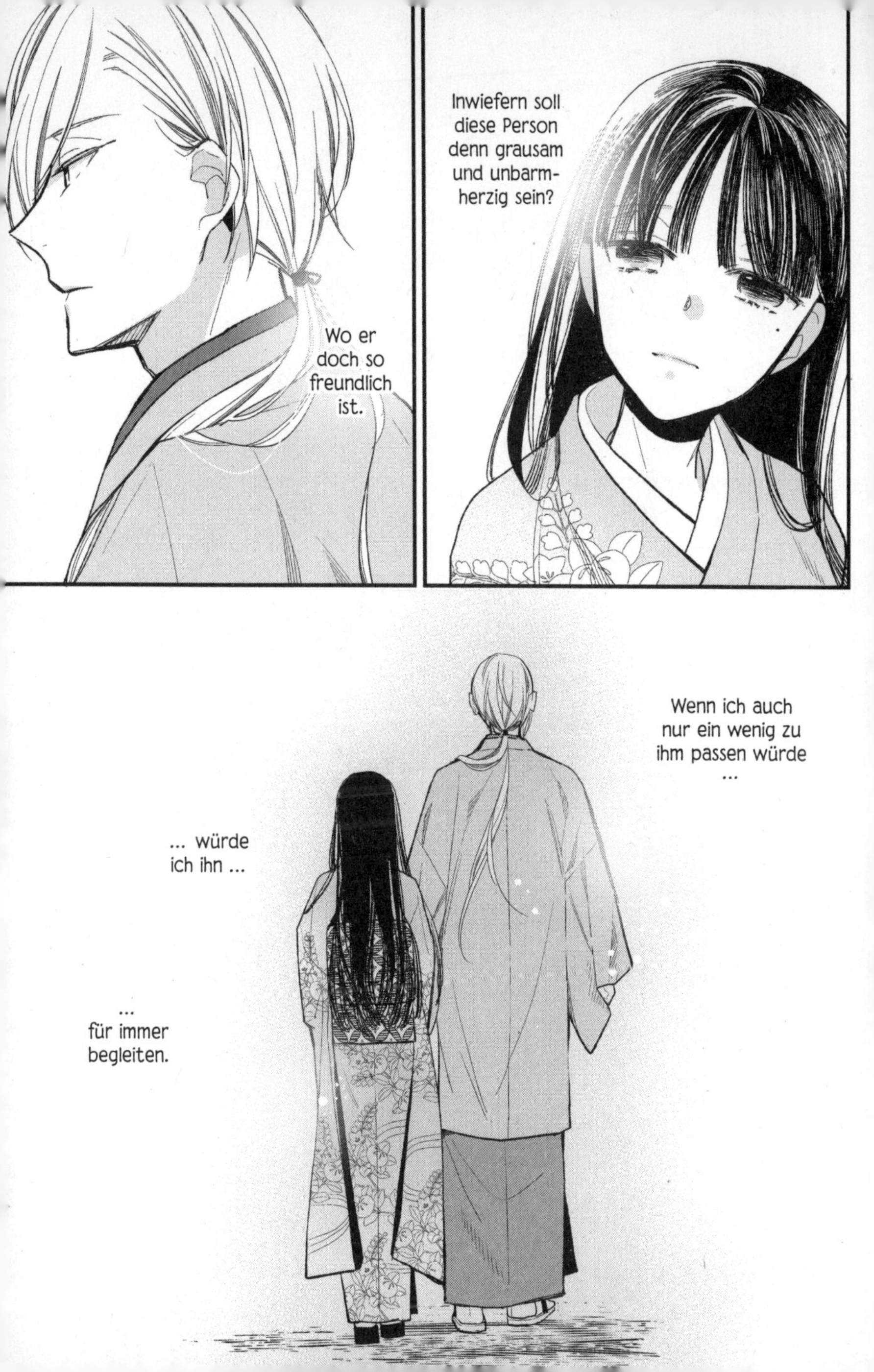
Inwiefern soll diese Person denn grausam und unbarmherzig sein?
Wo er doch so freundlich ist.
Wenn ich auch nur ein wenig zu ihm passen würde ...
... würde ich ihn ...
... für immer begleiten.

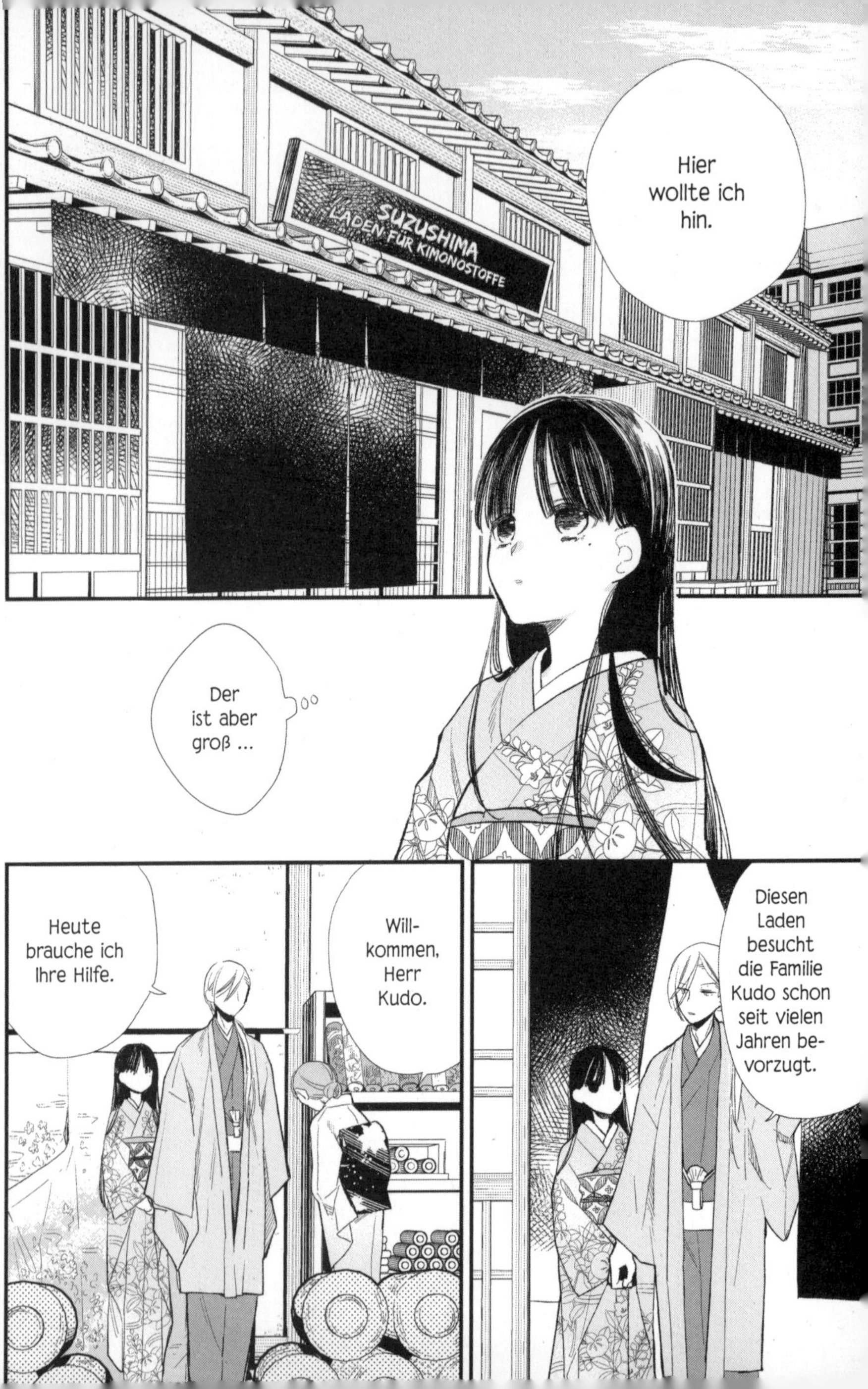
SUZUSHIMA
LADEN FÜR KIMONOSTOFFE
Hier wollte ich hin.
Der ist aber groß ...
Diesen Laden besucht die Familie Kudo schon seit vielen Jahren bevorzugt.
Willkommen, Herr Kudo.
Heute brauche ich Ihre Hilfe.

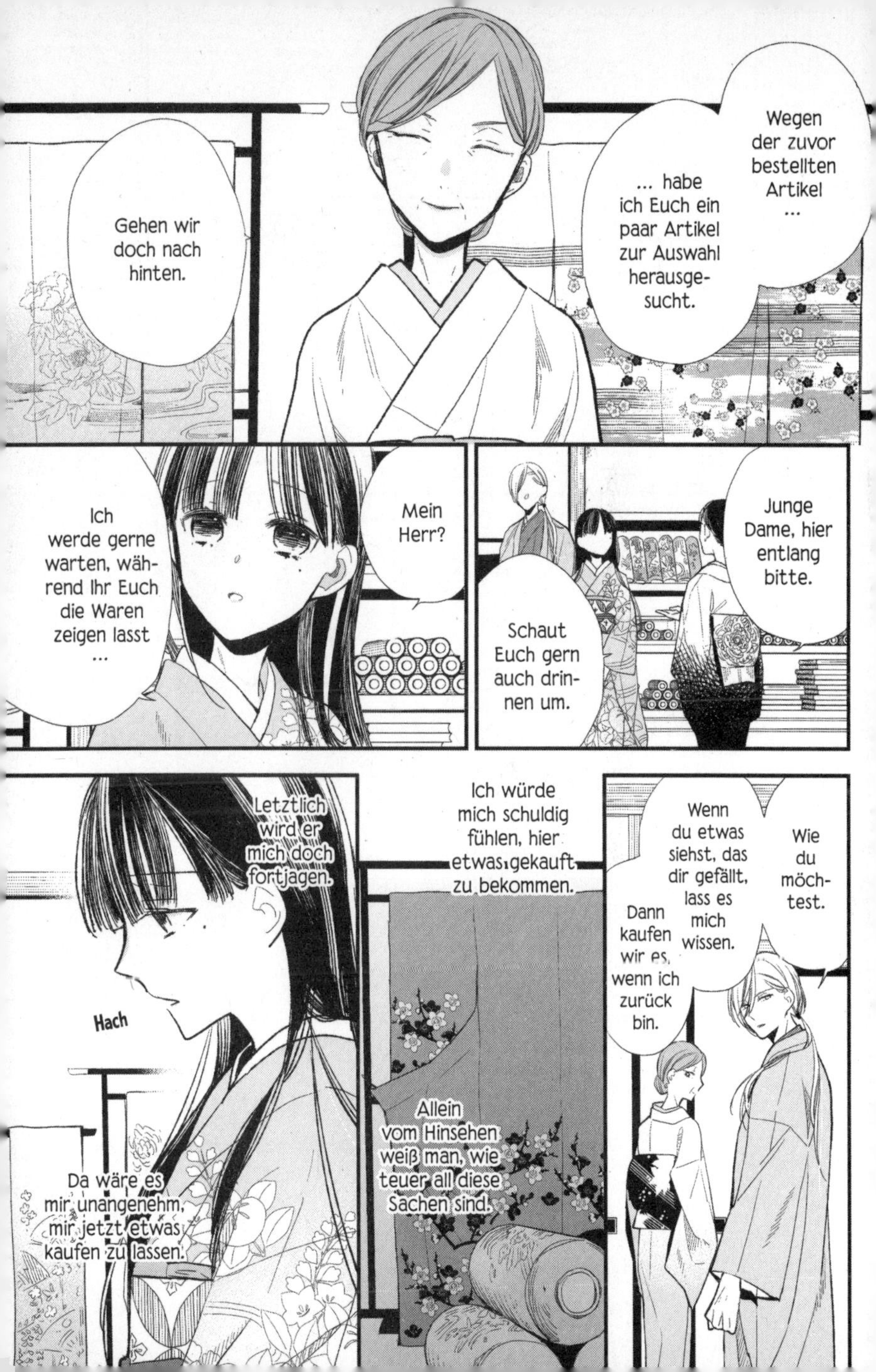
Wegen der zuvor bestellten Artikel ...
... habe ich Euch ein paar Artikel zur Auswahl herausgesucht.
Gehen wir doch nach hinten.
Junge Dame, hier entlang bitte.
Schaut Euch gern auch drinnen um.
Mein Herr?
Ich werde gerne warten, während Ihr Euch die Waren zeigen lasst ...
Wie du möchtest.
Wenn du etwas siehst, das dir gefällt, lass es mich wissen.
Dann kaufen wir es, wenn ich zurück bin.
Ich würde mich schuldig fühlen, hier etwas gekauft zu bekommen.
Allein vom Hinsehen weiß man, wie teuer all diese Sachen sind.
Letztlich wird er mich doch fortjagen.
Hach
Da wäre es mir unangenehm, mir jetzt etwas kaufen zu lassen.

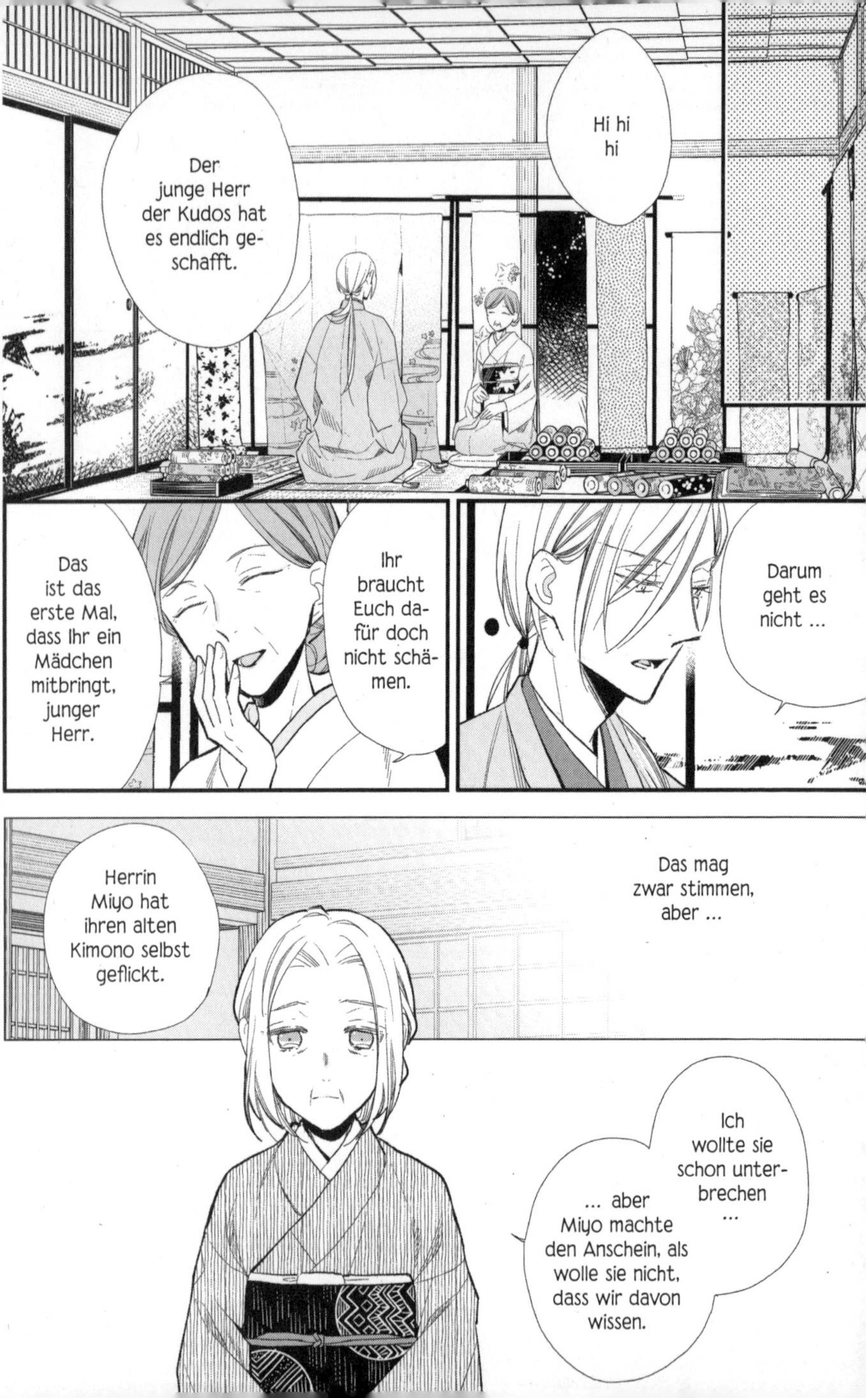
Hi hi hi
Der junge Herr der Kudos hat es endlich geschafft.
Darum geht es nicht ...
Ihr braucht Euch dafür doch nicht schämen.
Das ist das erste Mal, dass Ihr ein Mädchen mitbringt, junger Herr.
Das mag zwar stimmen, aber ...
Herrin Miyo hat ihren alten Kimono selbst geflickt.
Ich wollte sie schon unterbrechen ...
... aber Miyo machte den Anschein, als wolle sie nicht, dass wir davon wissen.

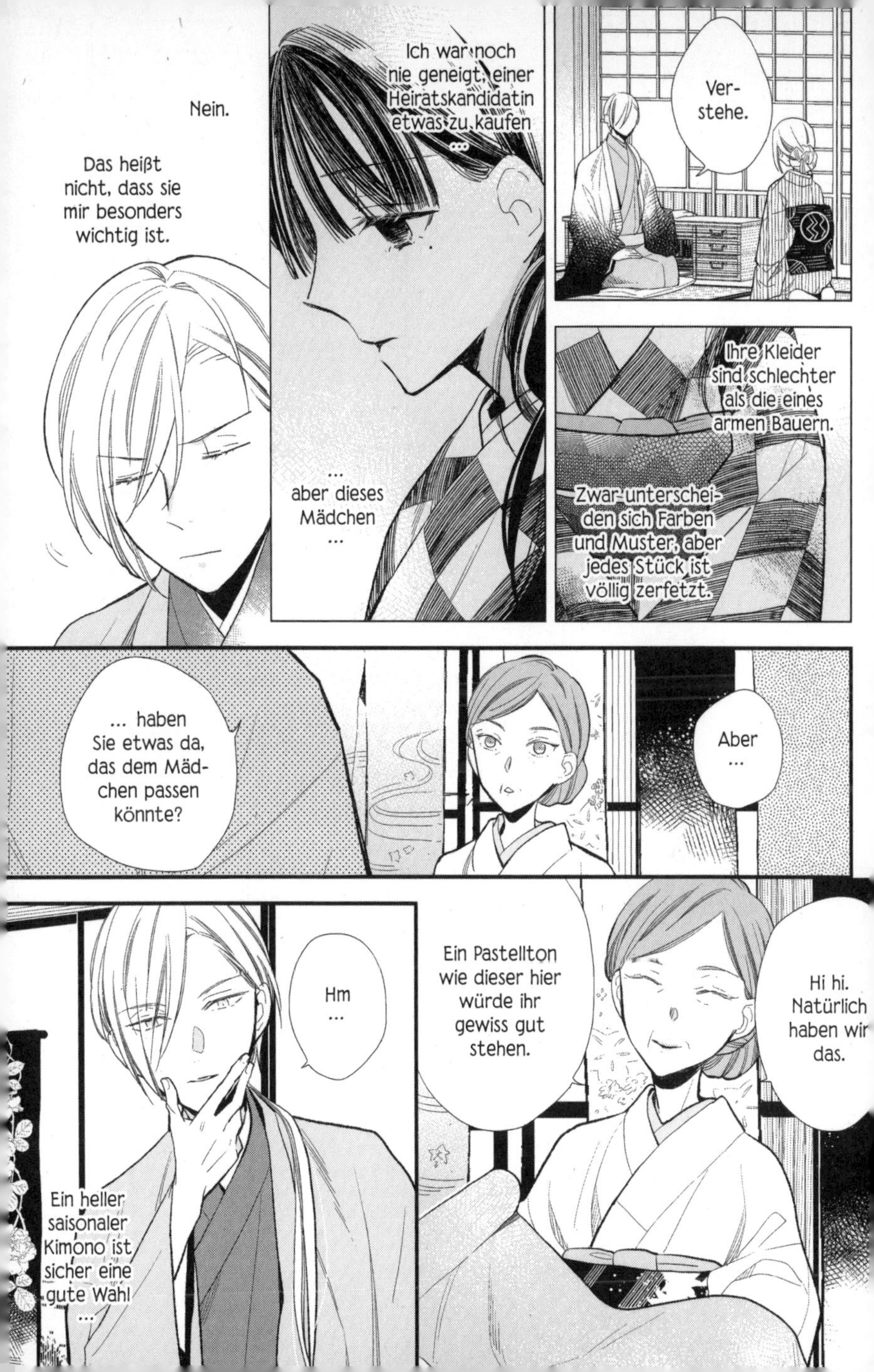
Verstehe.
Ihre Kleider sind schlechter als die eines armen Bauern.
Zwar unterscheiden sich Farben und Muster, aber jedes Stück ist völlig zerfetzt.
Ich war noch nie geneigt, einer Heiratskandidatin etwas zu kaufen ...
... aber dieses Mädchen ...
Nein.
Das heißt nicht, dass sie mir besonders wichtig ist.
Aber ...
... haben Sie etwas da, das dem Mädchen passen könnte?
Hi hi. Natürlich haben wir das.
Ein Pastellton wie dieser hier würde ihr gewiss gut stehen.
Hm ...
Ein heller saisonaler Kimono ist sicher eine gute Wahl ...

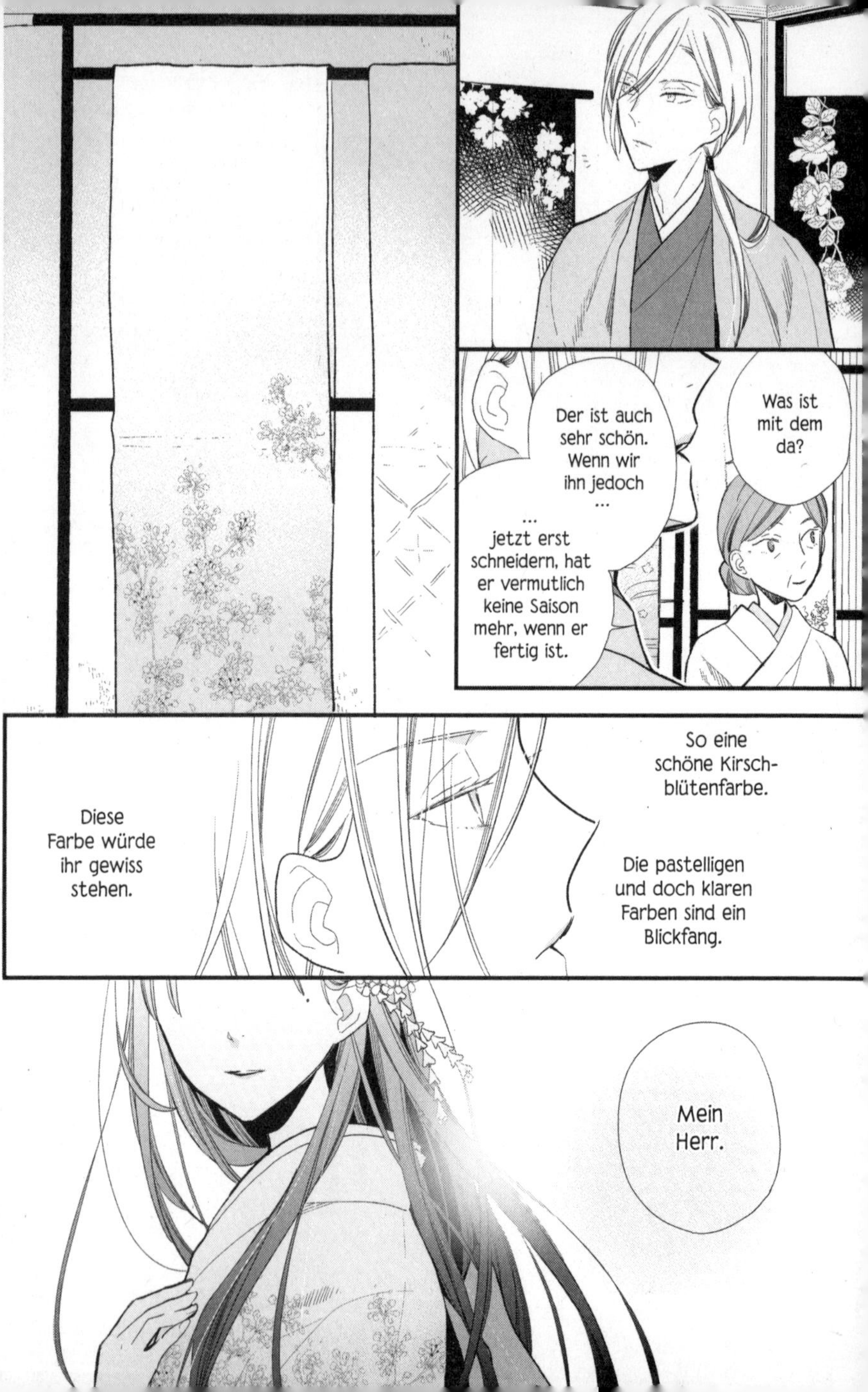

Was ist mit dem da?
Der ist auch sehr schön. Wenn wir ihn jedoch ...
... jetzt erst schneidern, hat er vermutlich keine Saison mehr, wenn er fertig ist.
So eine schöne Kirsch-blütenfarbe.
Die pastelligen und doch klaren Farben sind ein Blickfang.
Diese Farbe würde ihr gewiss stehen.
Mein Herr.

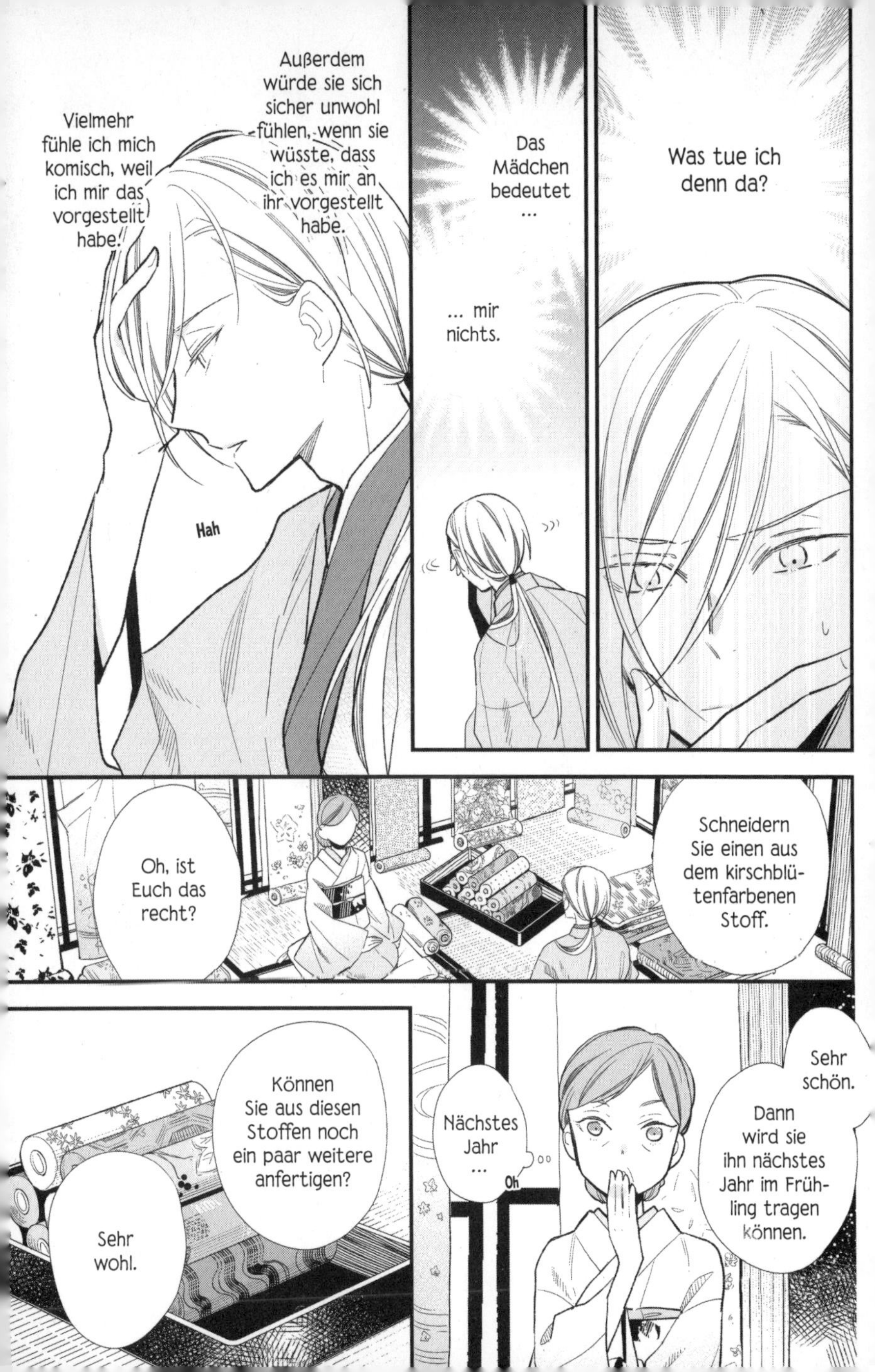
Was tue ich denn da?
Das Mädchen bedeutet ...
... mir nichts.
Außerdem würde sie sich sicher unwohl fühlen, wenn sie wüsste, dass ich es mir an ihr vorgestellt habe.
Vielmehr fühle ich mich komisch, weil ich mir das vorgestellt habe.
Hah
Schneidern Sie einen aus dem kirschblütenfarbenen Stoff.
Oh, ist Euch das recht?
Sehr schön.
Dann wird sie ihn nächstes Jahr im Frühling tragen können.
Nächstes Jahr ...
Oh
Können Sie aus diesen Stoffen noch ein paar weitere anfertigen?
Sehr wohl.

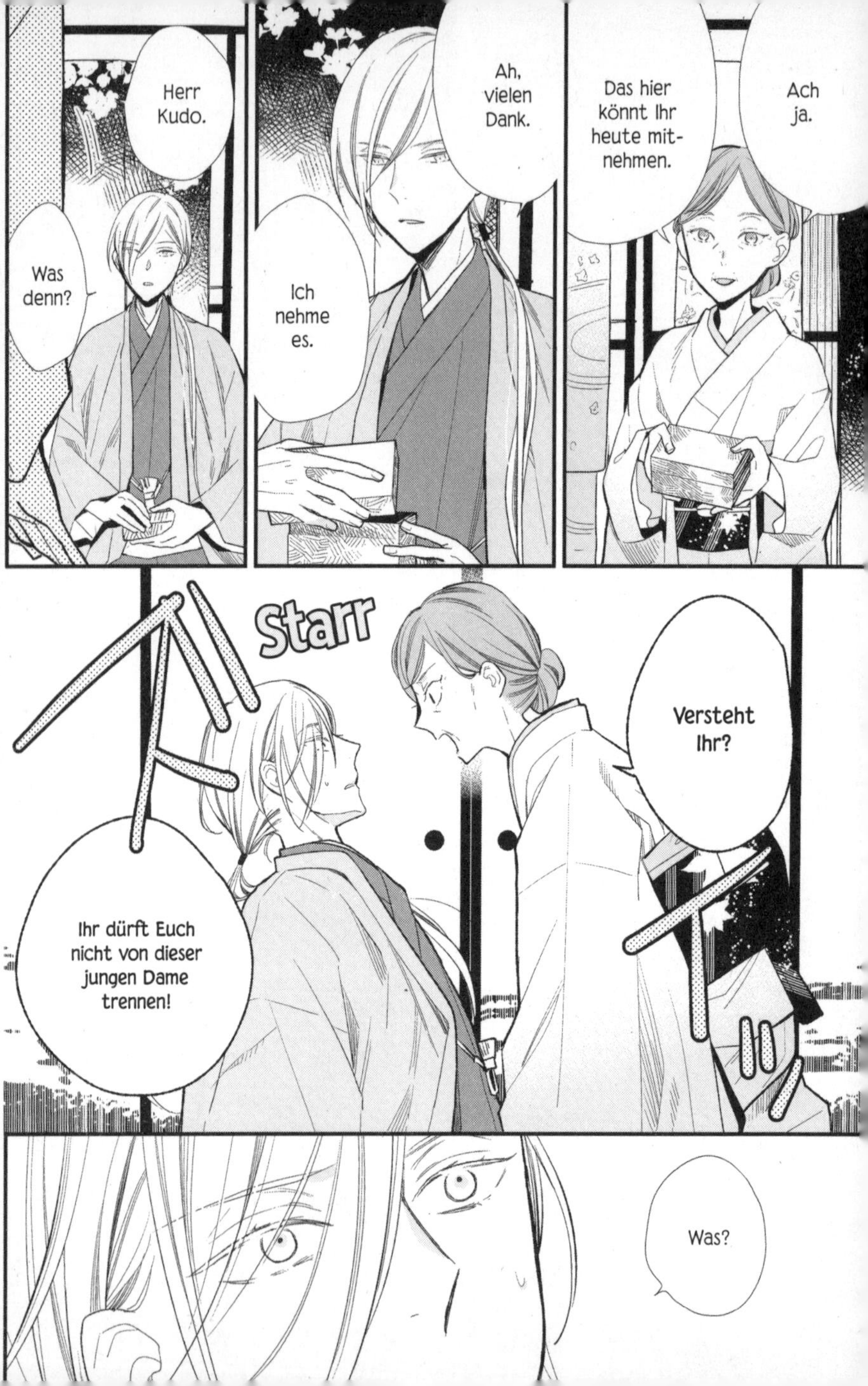
Ach ja.
Das hier könnt Ihr heute mit-nehmen.
Ah, vielen Dank.
Ich nehme es.
Herr Kudo.
Was denn?
Starr
Ihr dürft Euch nicht von dieser jungen Dame trennen!
Versteht Ihr?
Was?

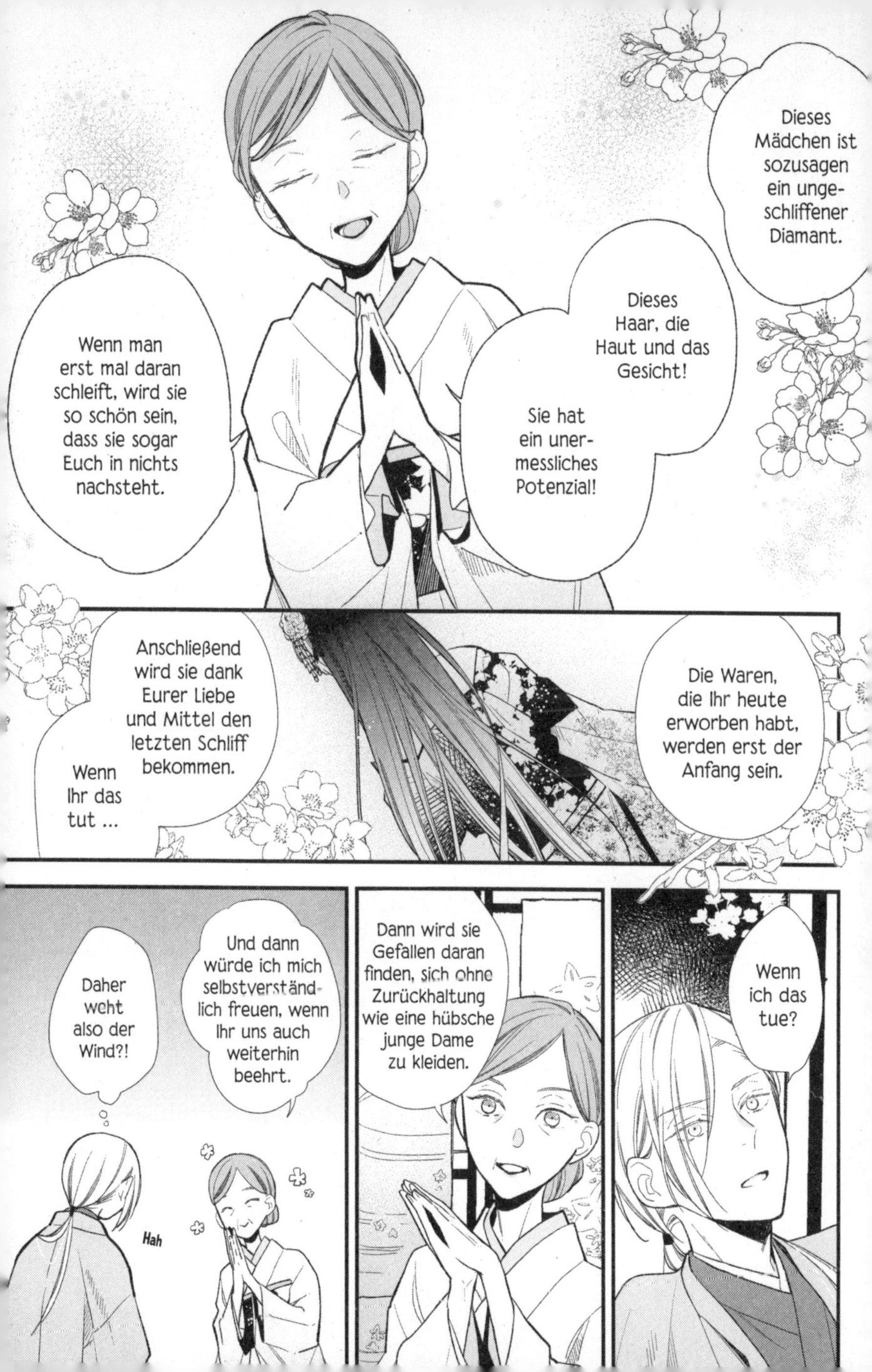
Dieses Mädchen ist sozusagen ein ungeschliffener Diamant.
Dieses Haar, die Haut und das Gesicht!
Sie hat ein unermessliches Potenzial!
Wenn man erst mal daran schleift, wird sie so schön sein, dass sie sogar Euch in nichts nachsteht.
Die Waren, die Ihr heute erworben habt, werden erst der Anfang sein.
Anschließend wird sie dank Eurer Liebe und Mittel den letzten Schliff bekommen.
Wenn Ihr das tut ...
Wenn ich das tue?
Dann wird sie Gefallen daran finden, sich ohne Zurückhaltung wie eine hübsche junge Dame zu kleiden.
Und dann würde ich mich selbstverständlich freuen, wenn Ihr uns auch weiterhin beehrt.
Daher weht also der Wind?!
Hah

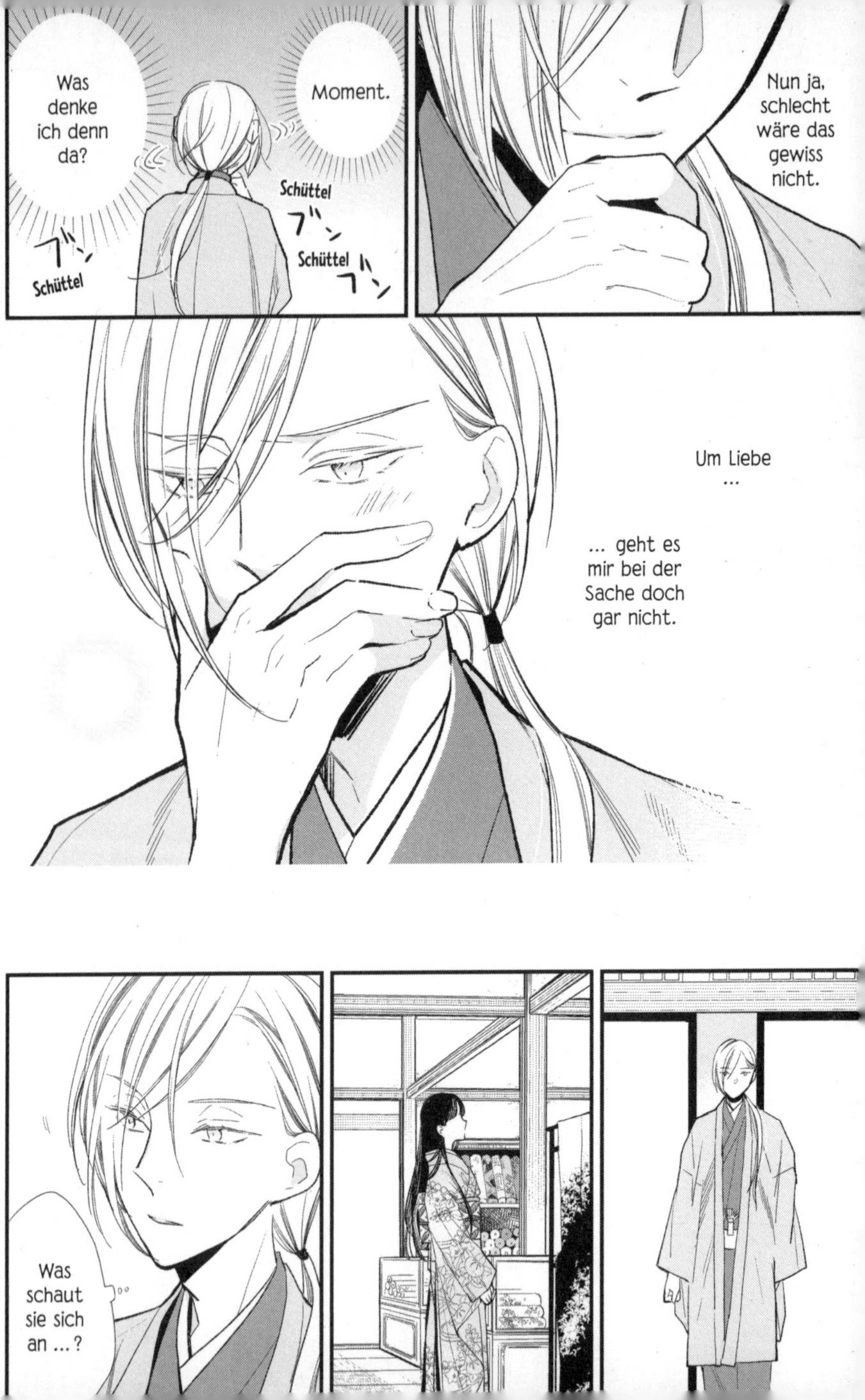

Nun ja, schlecht wäre das gewiss nicht.
Moment.
Was denke ich denn da?
Schüttel
Schüttel
Schüttel
Um Liebe ...
... geht es mir bei der Sache doch gar nicht.
Was schaut sie sich an ...?

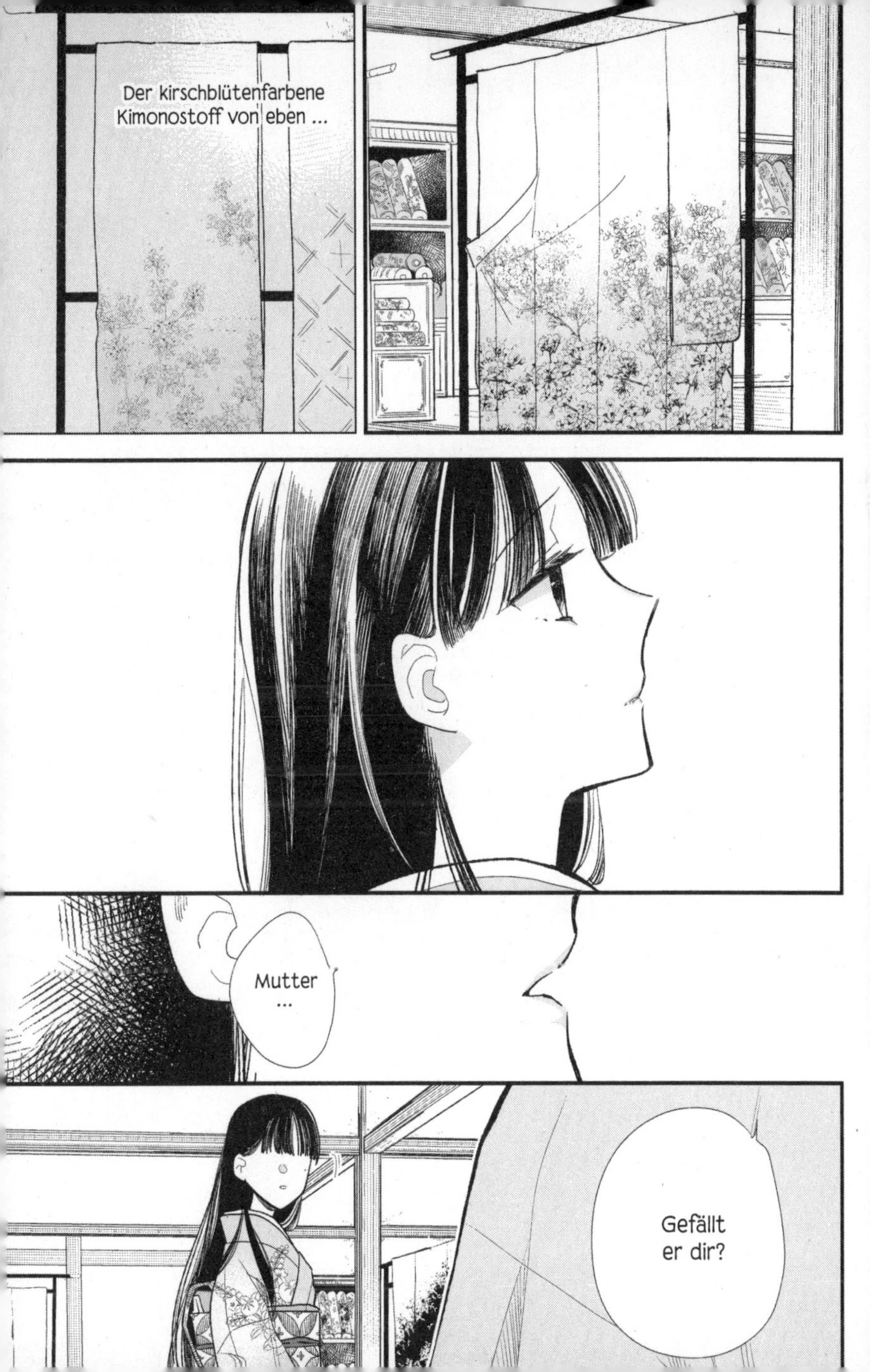
Der kirschblütenfarbene Kimonostoff von eben ...
Mutter ...
Gefällt er dir?

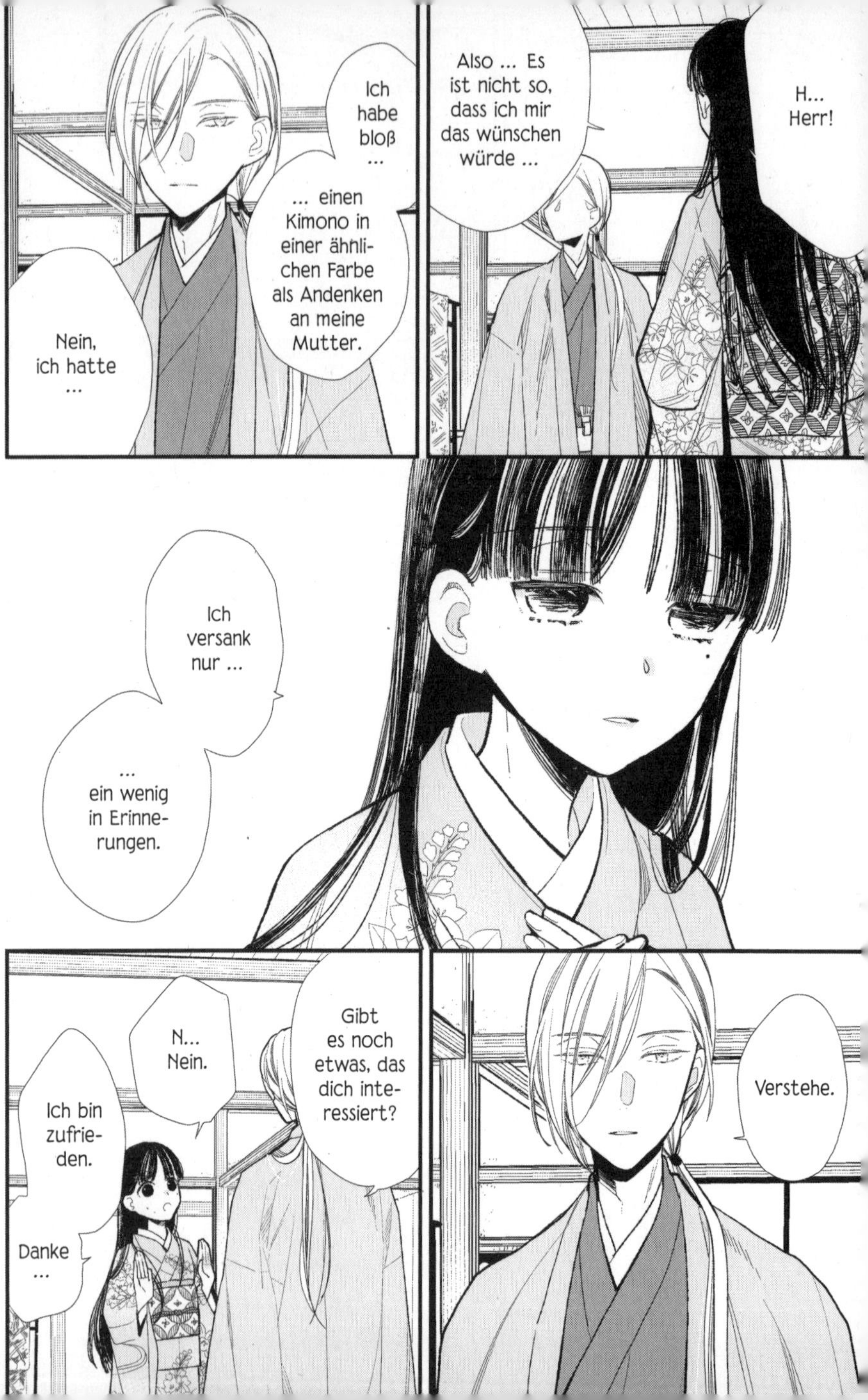
H... Herr!
Also ... Es ist nicht so, dass ich mir das wünschen würde ...
Ich habe bloß ...
... einen Kimono in einer ähnlichen Farbe als Andenken an meine Mutter.
Nein, ich hatte ...
Ich versank nur ...
... ein wenig in Erinnerungen.
Verstehe.
Gibt es noch etwas, das dich interessiert?
N... Nein.
Ich bin zufrieden.
Danke ...

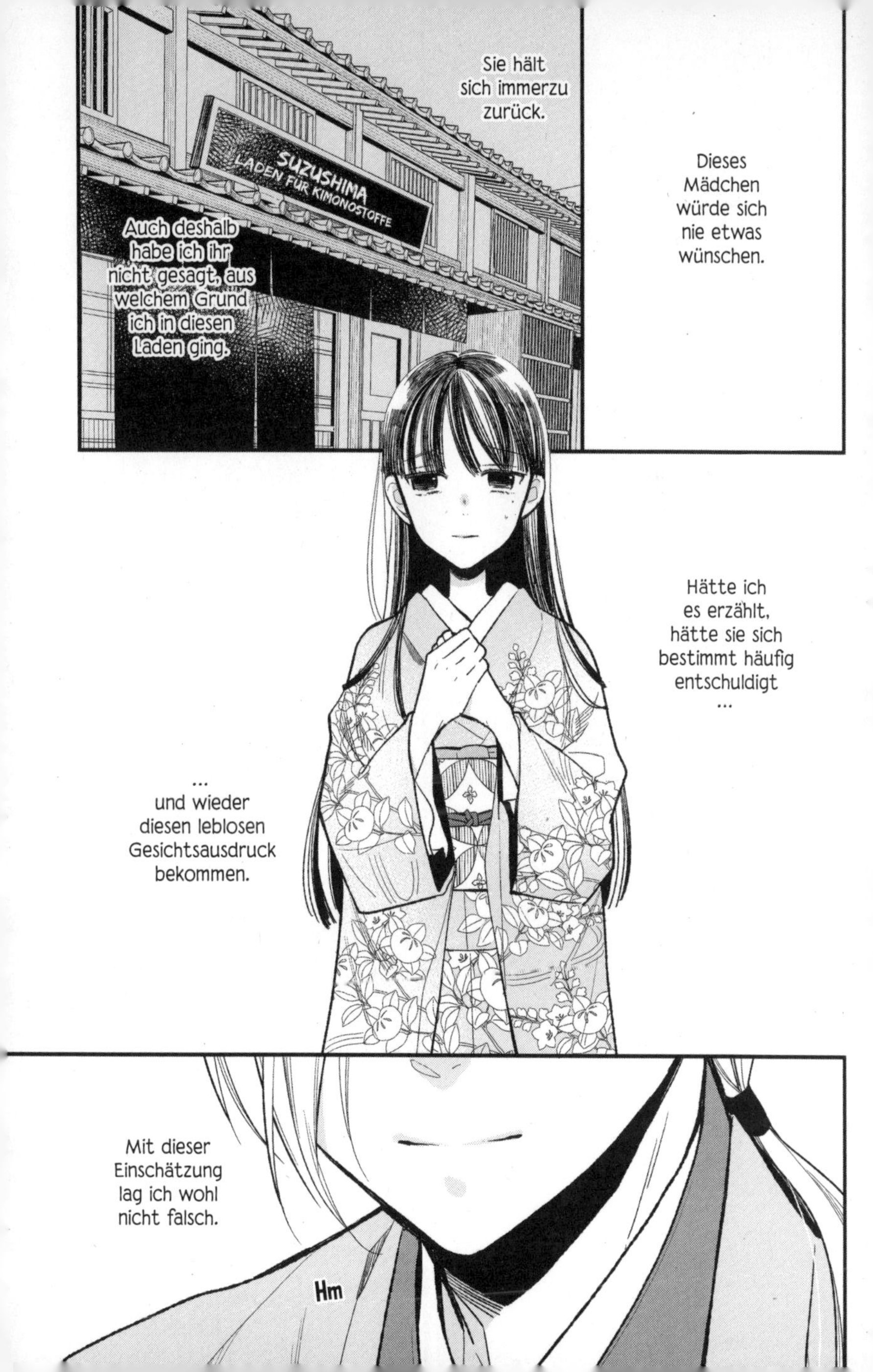
Sie hält sich immerzu zurück.
Dieses Mädchen würde sich nie etwas wünschen.
SUZUSHIMA LADEN FÜR KIMONOSTOFFE
Auch deshalb habe ich ihr nicht gesagt, aus welchem Grund ich in diesen Laden ging.
Hätte ich es erzählt, hätte sie sich bestimmt häufig entschuldigt …
… und wieder diesen leblosen Gesichtsausdruck bekommen.
Mit dieser Einschätzung lag ich wohl nicht falsch.
Hm

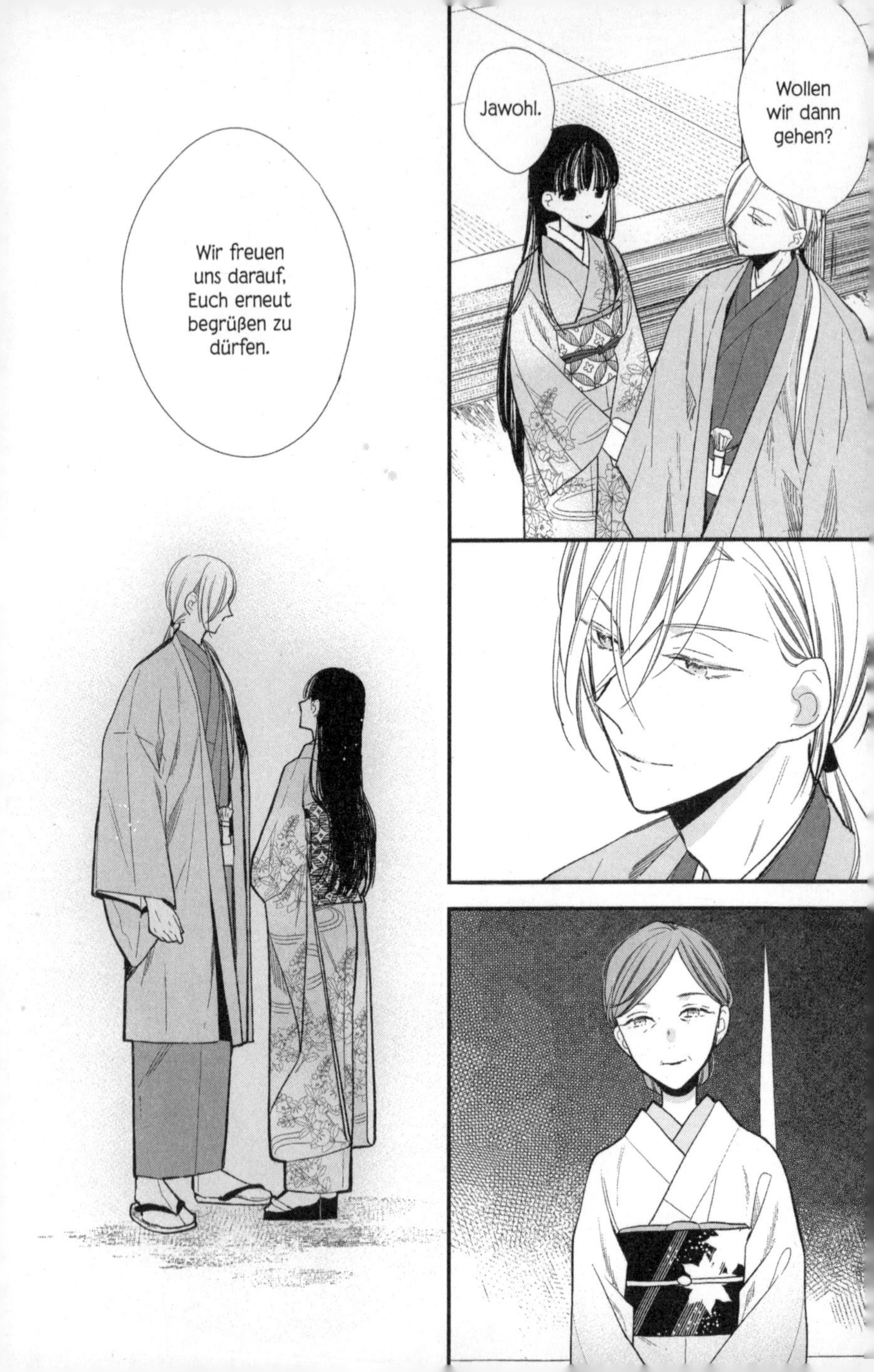
Wollen wir dann gehen?
Jawohl.
Wir freuen uns darauf, Euch erneut begrüßen zu dürfen.

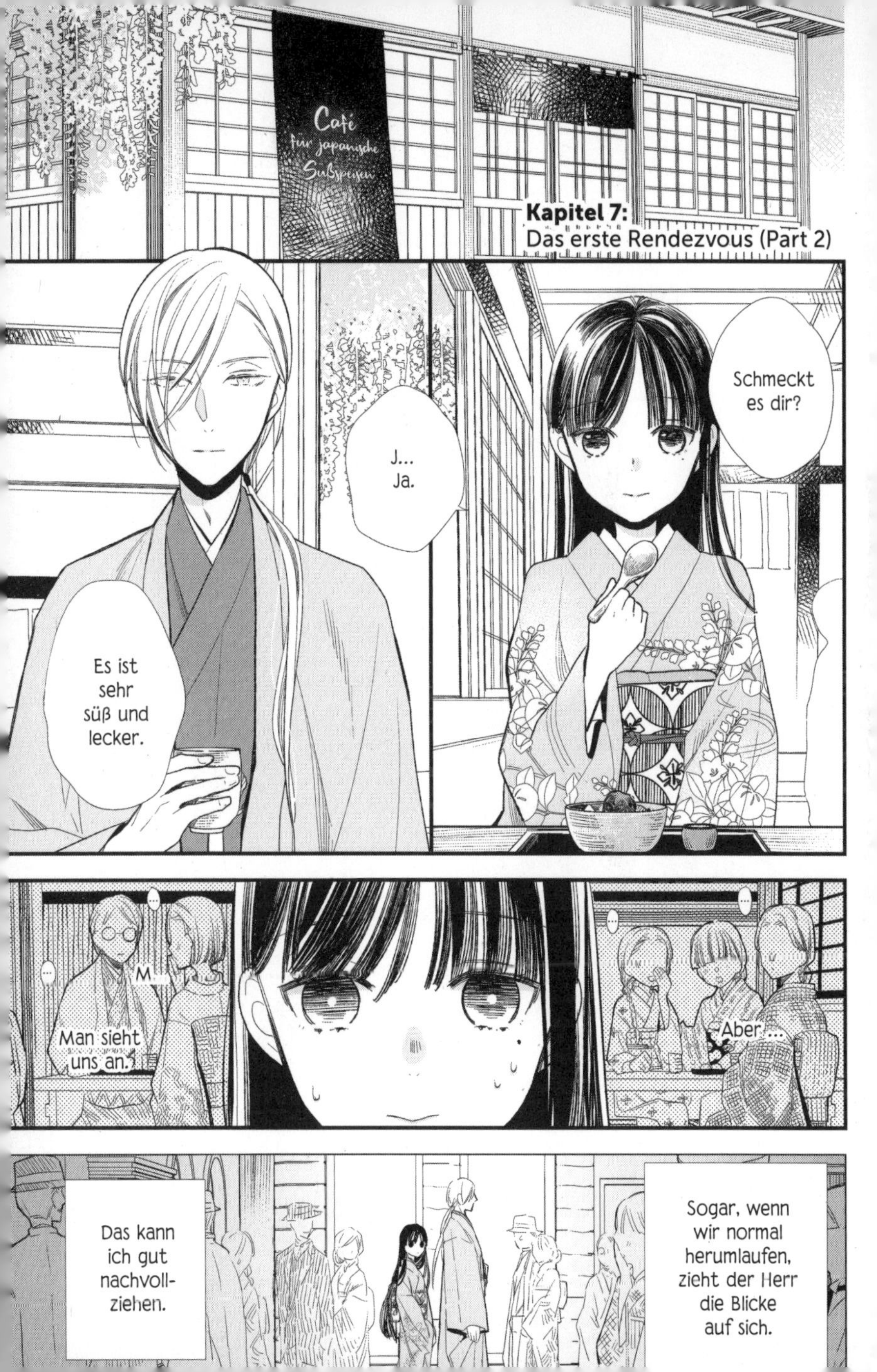
Café für japanische Süßspeisen
Kapitel 7:
Das erste Rendezvous (Part 2)
Schmeckt es dir?
J...
Ja.
Es ist sehr süß und lecker.
...
...
Aber ...
...
...
M...
Man sieht uns an.
Sogar, wenn wir normal herumlaufen, zieht der Herr die Blicke auf sich.
Das kann ich gut nachvoll-ziehen.

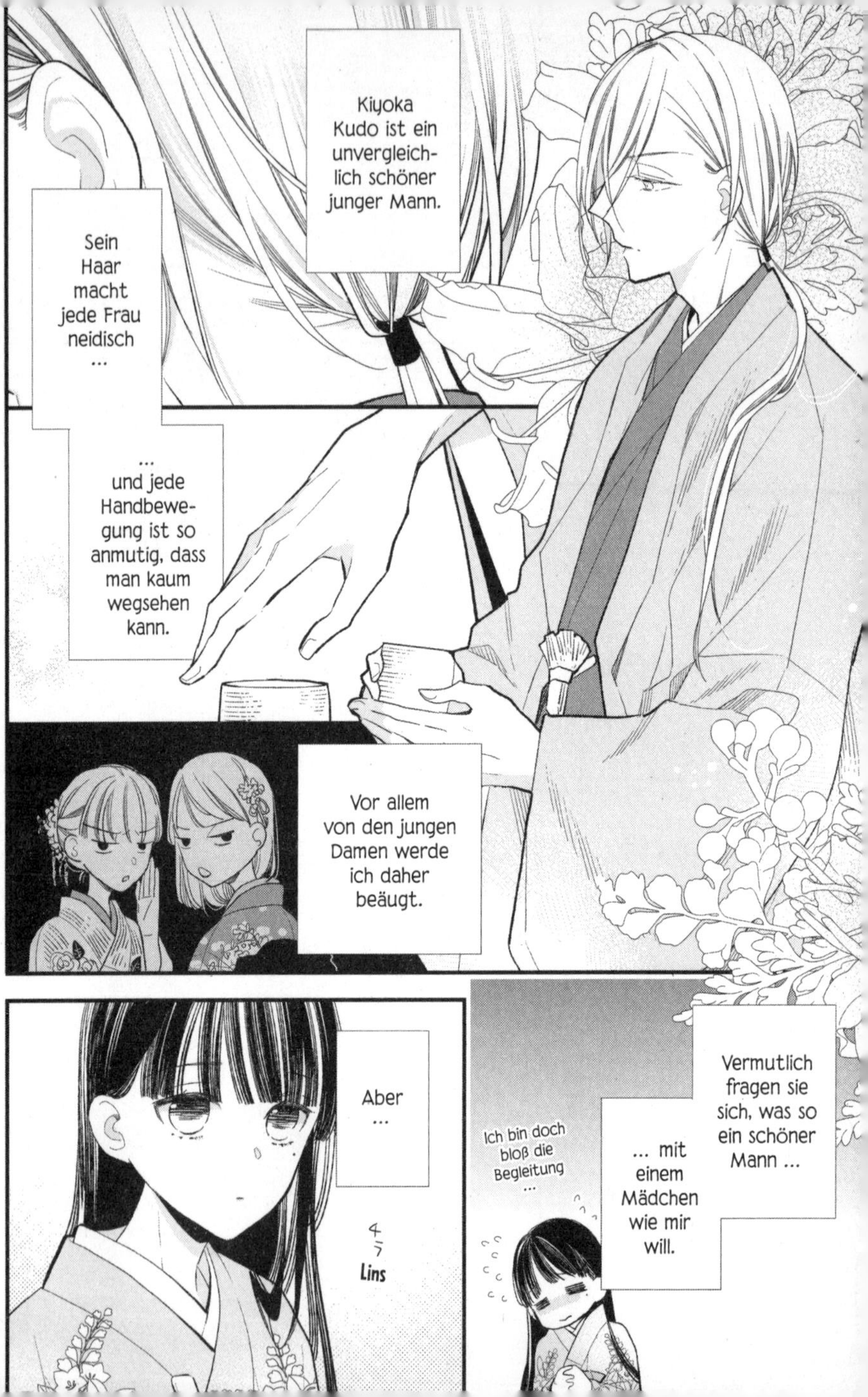
Kiyoka Kudo ist ein unvergleichlich schöner junger Mann.
Sein Haar macht jede Frau neidisch ...
... und jede Handbewegung ist so anmutig, dass man kaum wegsehen kann.
Vor allem von den jungen Damen werde ich daher beäugt.
Vermutlich fragen sie sich, was so ein schöner Mann ...
... mit einem Mädchen wie mir will.
Ich bin doch bloß die Begleitung ...
Aber ...
Lins

Das mag zwar ein törichter Gedanke sein ...
... doch wenn ich den vergnügten Herrn sehe ...
... verfliegen diese Sorgen.
Gewöhnlich schaut er eher ausdruckslos ...
... oder häufig auch finster drein.
Du siehst nicht so aus, als würde es dir schmecken.
D... Das tut es aber.
Du lächelst wohl nie.
Hach
Badumm

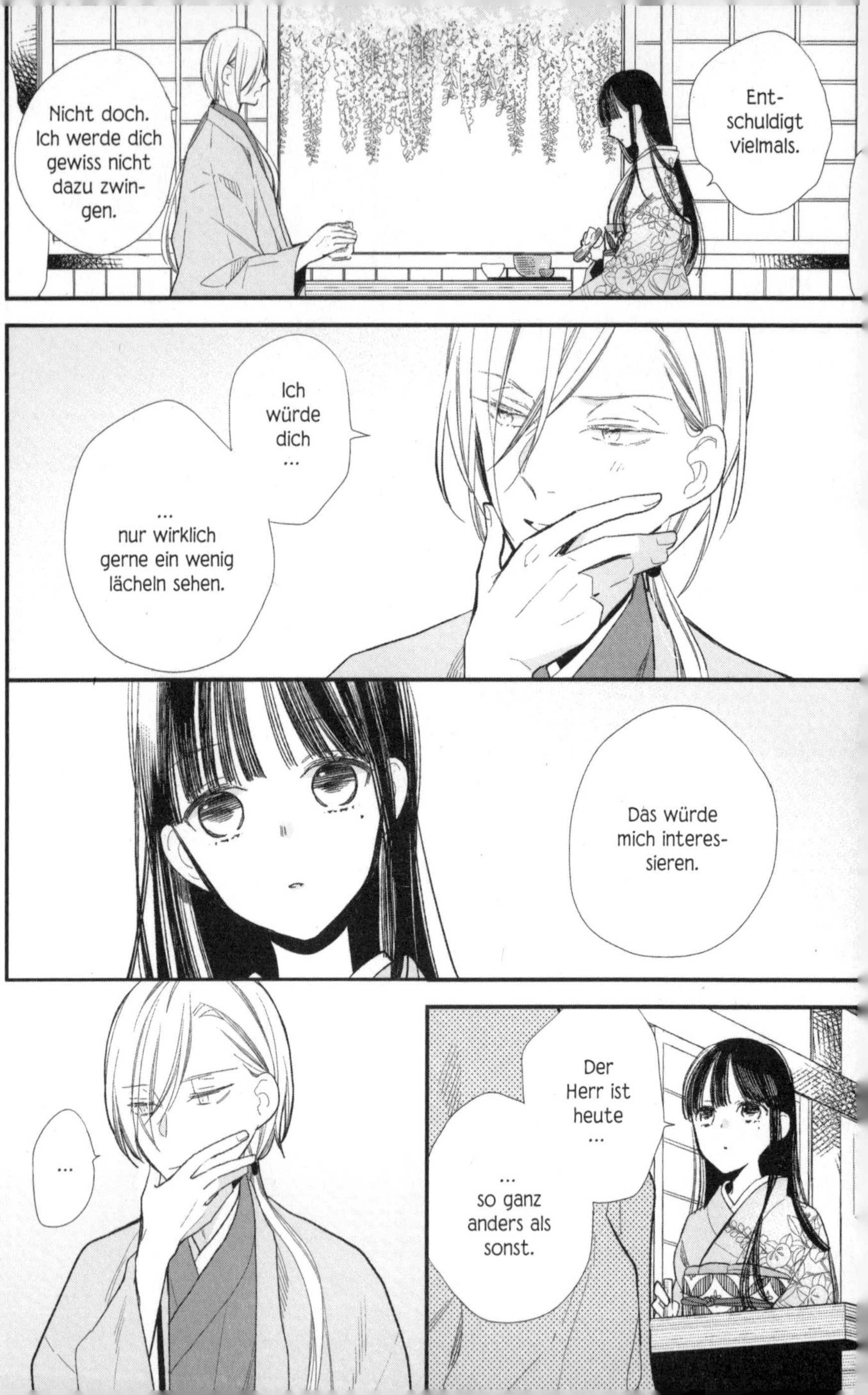
Entschuldigt vielmals.
Nicht doch. Ich werde dich gewiss nicht dazu zwingen.
Ich würde dich ...
... nur wirklich gerne ein wenig lächeln sehen.
Das würde mich interessieren.
Der Herr ist heute ...
... so ganz anders als sonst.
...

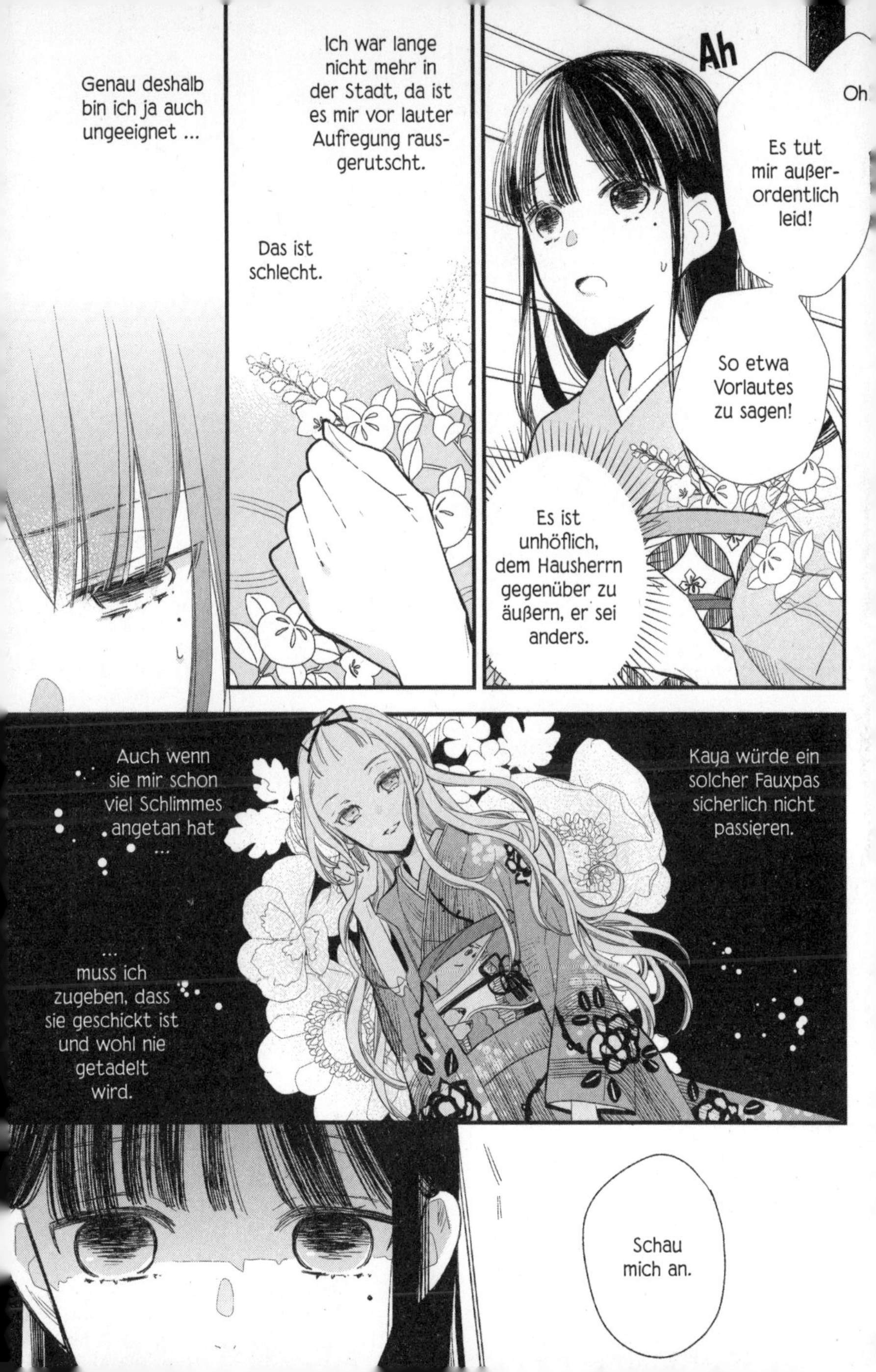

Ah
Oh
Es tut mir außerordentlich leid!
So etwa Vorlautes zu sagen!
Es ist unhöflich, dem Hausherrn gegenüber zu äußern, er sei anders.
Ich war lange nicht mehr in der Stadt, da ist es mir vor lauter Aufregung rausgerutscht.
Das ist schlecht.
Genau deshalb bin ich ja auch ungeeignet ...
Kaya würde ein solcher Fauxpas sicherlich nicht passieren.
Auch wenn sie mir schon viel Schlimmes angetan hat ...
... muss ich zugeben, dass sie geschickt ist und wohl nie getadelt wird.
Schau mich an.

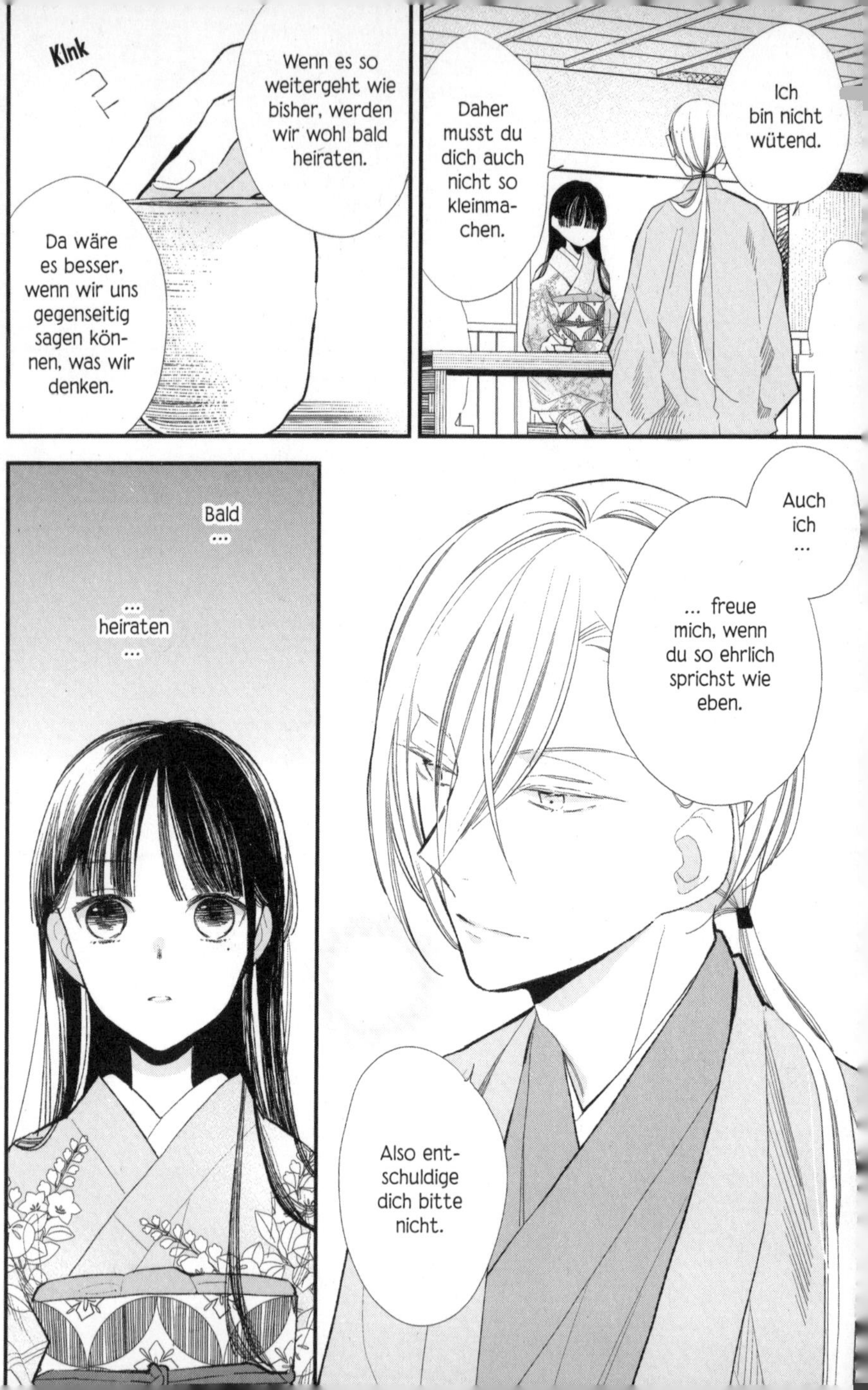
Ich bin nicht wütend.
Daher musst du dich auch nicht so kleinmachen.
Klnk
Wenn es so weitergeht wie bisher, werden wir wohl bald heiraten.
Da wäre es besser, wenn wir uns gegenseitig sagen können, was wir denken.
Auch ich ...
... freue mich, wenn du so ehrlich sprichst wie eben.
Also entschuldige dich bitte nicht.
Bald ...
... heiraten ...

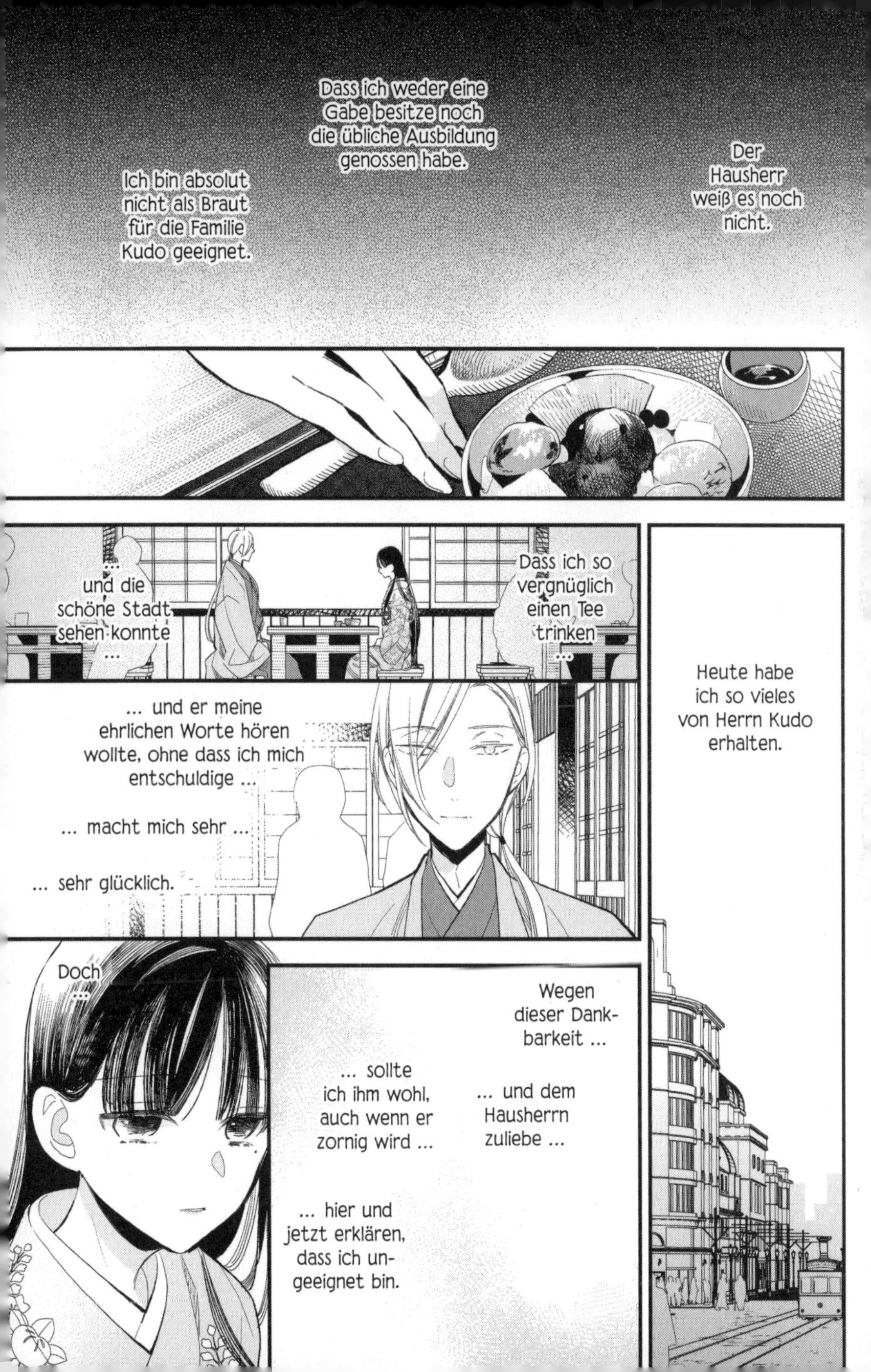
Der Hausherr weiß es noch nicht.
Dass ich weder eine Gabe besitze noch die übliche Ausbildung genossen habe.
Ich bin absolut nicht als Braut für die Familie Kudo geeignet.
Heute habe ich so vieles von Herrn Kudo erhalten.
Dass ich so vergnüglich einen Tee trinken ...
... und die schöne Stadt sehen konnte ...
... und er meine ehrlichen Worte hören wollte, ohne dass ich mich entschuldige ...
... macht mich sehr ...
... sehr glücklich.
Wegen dieser Dankbarkeit ...
... und dem Hausherrn zuliebe ...
... sollte ich ihm wohl, auch wenn er zornig wird ...
... hier und jetzt erklären, dass ich ungeeignet bin.
Doch ...

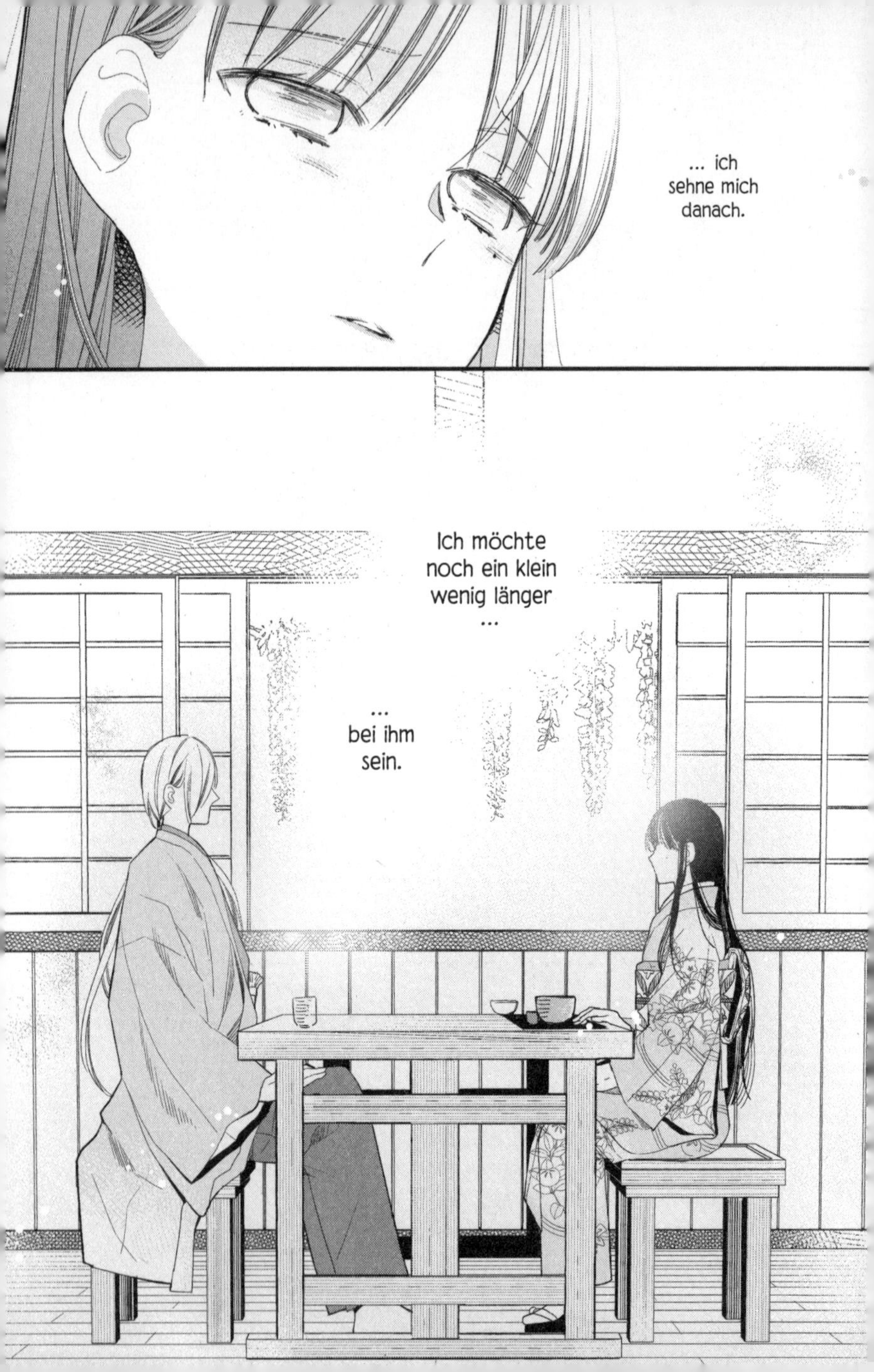

... ich sehne mich danach.
Ich möchte noch ein klein wenig länger ...
... bei ihm sein.

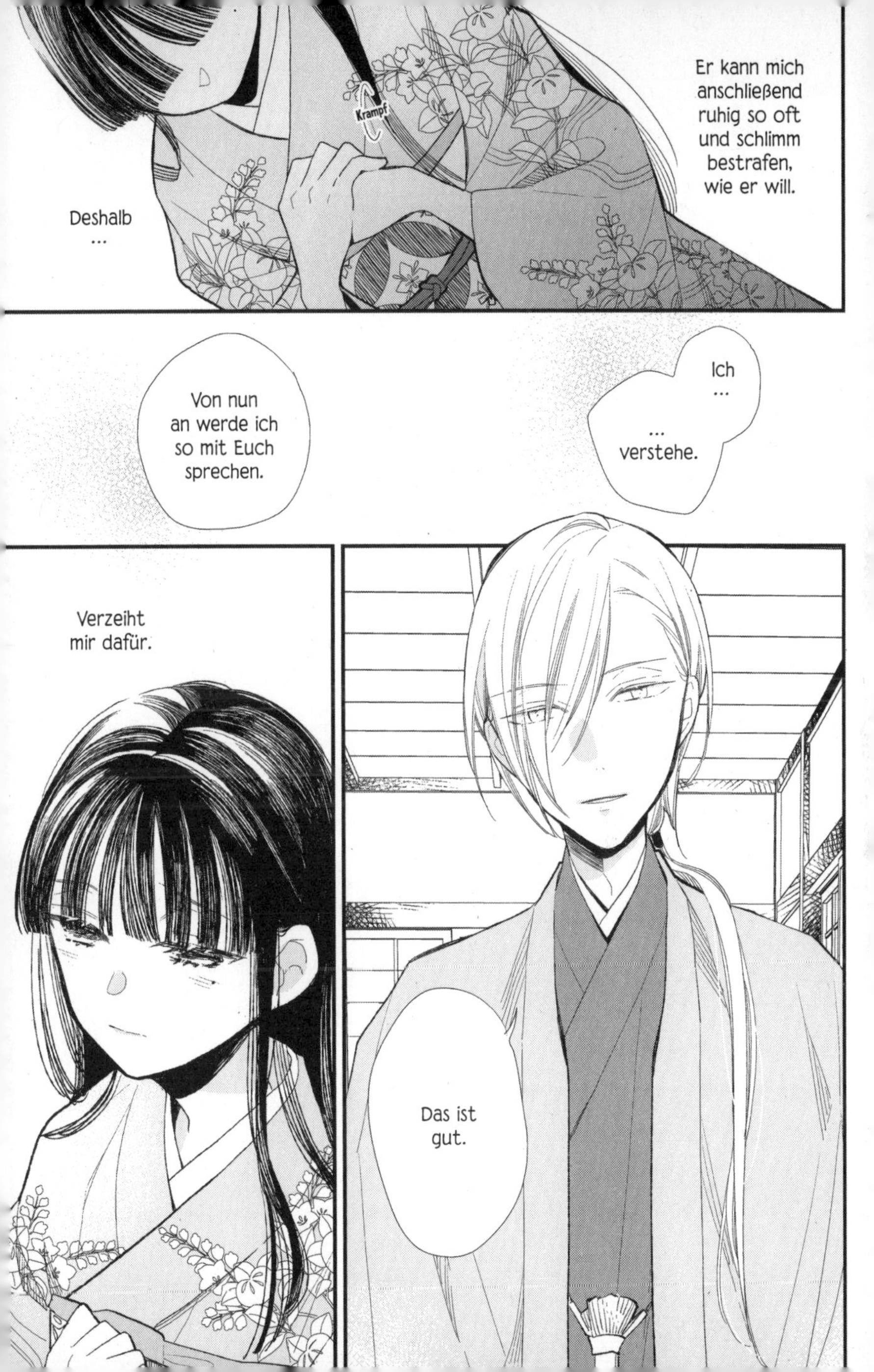
Er kann mich anschließend ruhig so oft und schlimm bestrafen, wie er will.
Krampf
Deshalb …
Ich …
… verstehe.
Von nun an werde ich so mit Euch sprechen.
Verzeiht mir dafür.
Das ist gut.

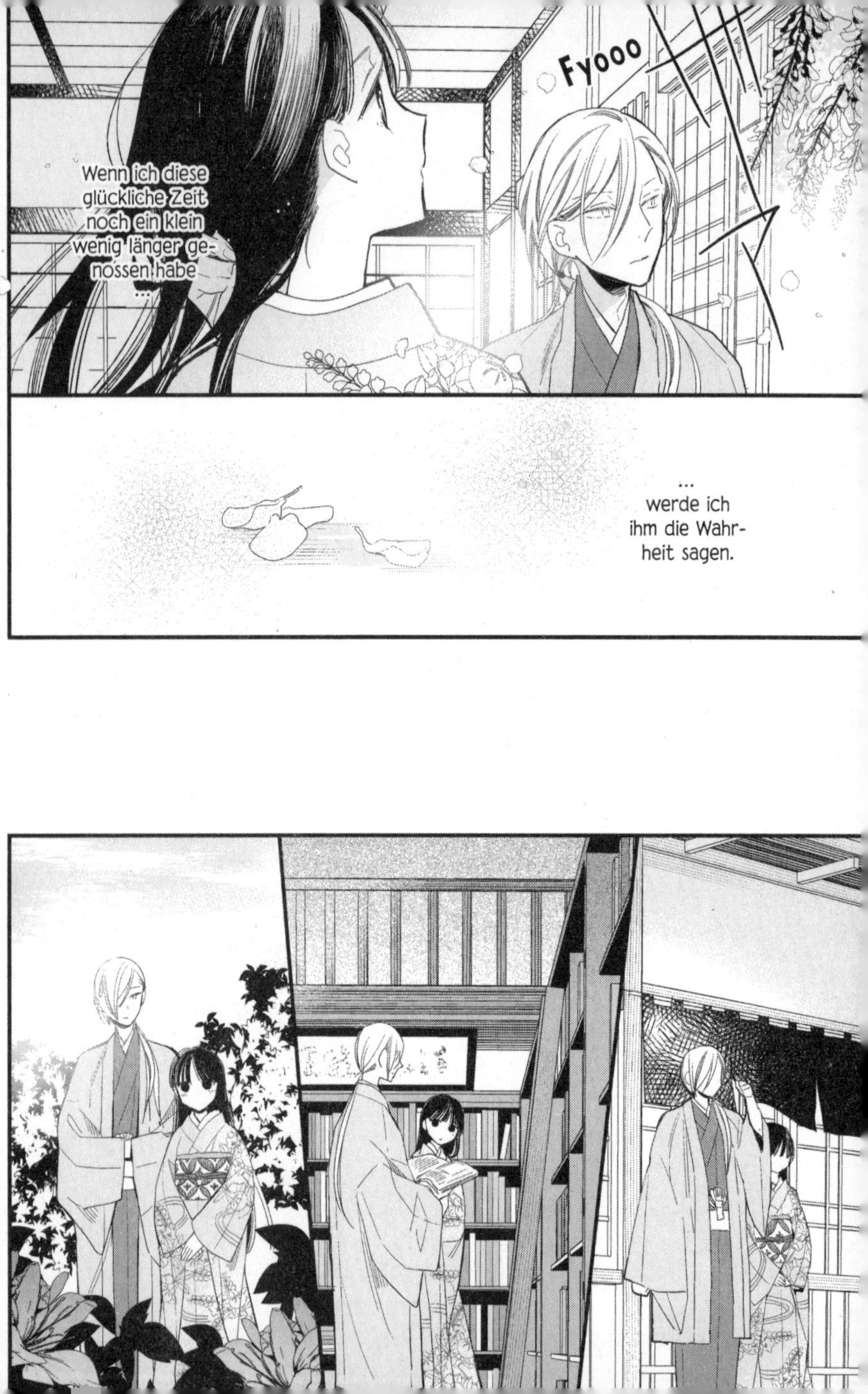
Fyooo
Wenn ich diese glückliche Zeit noch ein klein wenig länger ge-nossen habe …
… werde ich ihm die Wahr-heit sagen.

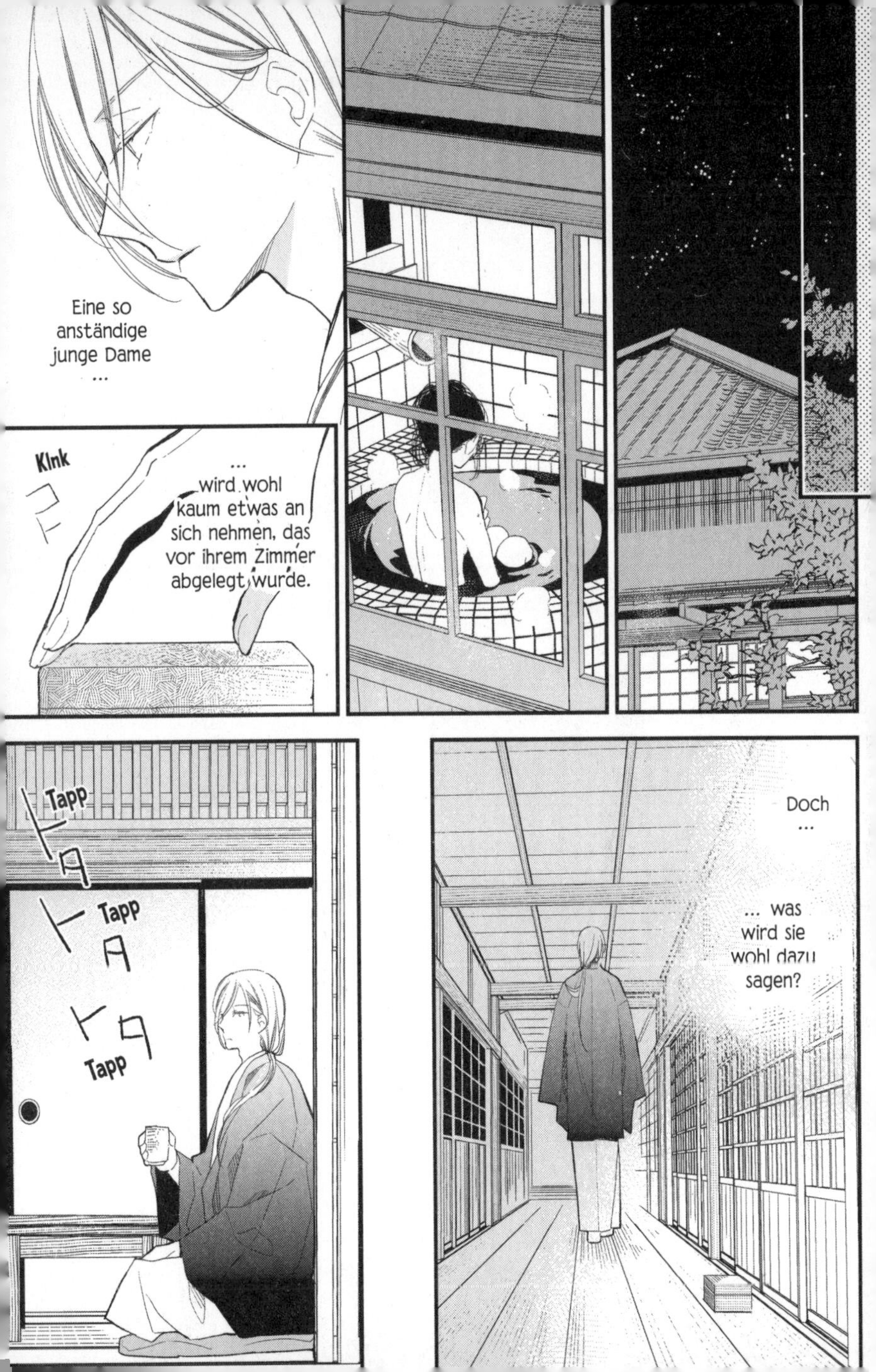
Eine so anständige junge Dame ...
Klink
... wird wohl kaum etwas an sich nehmen, das vor ihrem Zimmer abgelegt wurde.
Doch ...
... was wird sie wohl dazu sagen?
Tapp
Tapp
Tapp

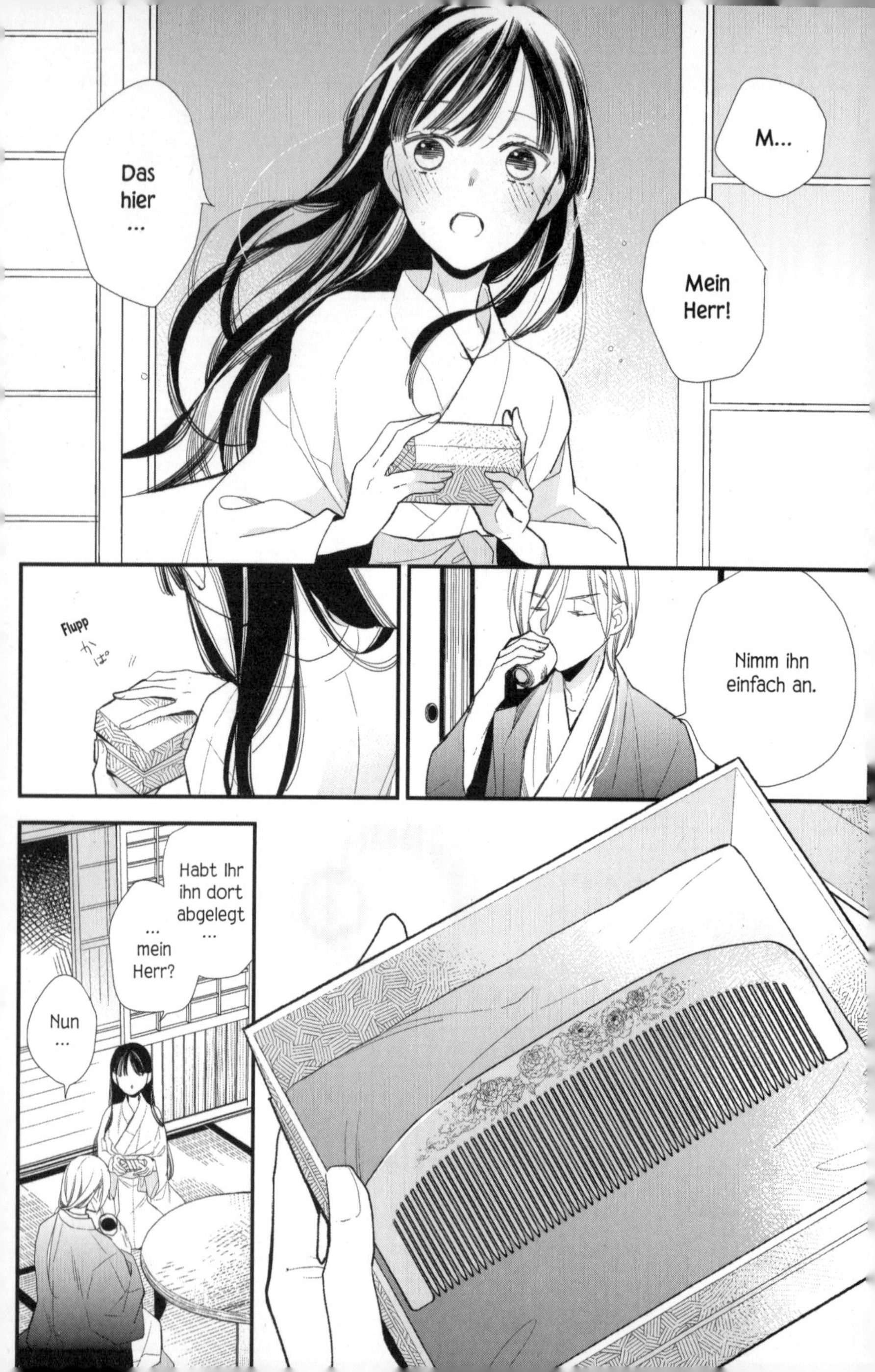
M...
Mein Herr!
Das hier ...
Nimm ihn einfach an.
Flupp
かぱ
Habt Ihr ihn dort abgelegt ... ... mein Herr?
Nun ...

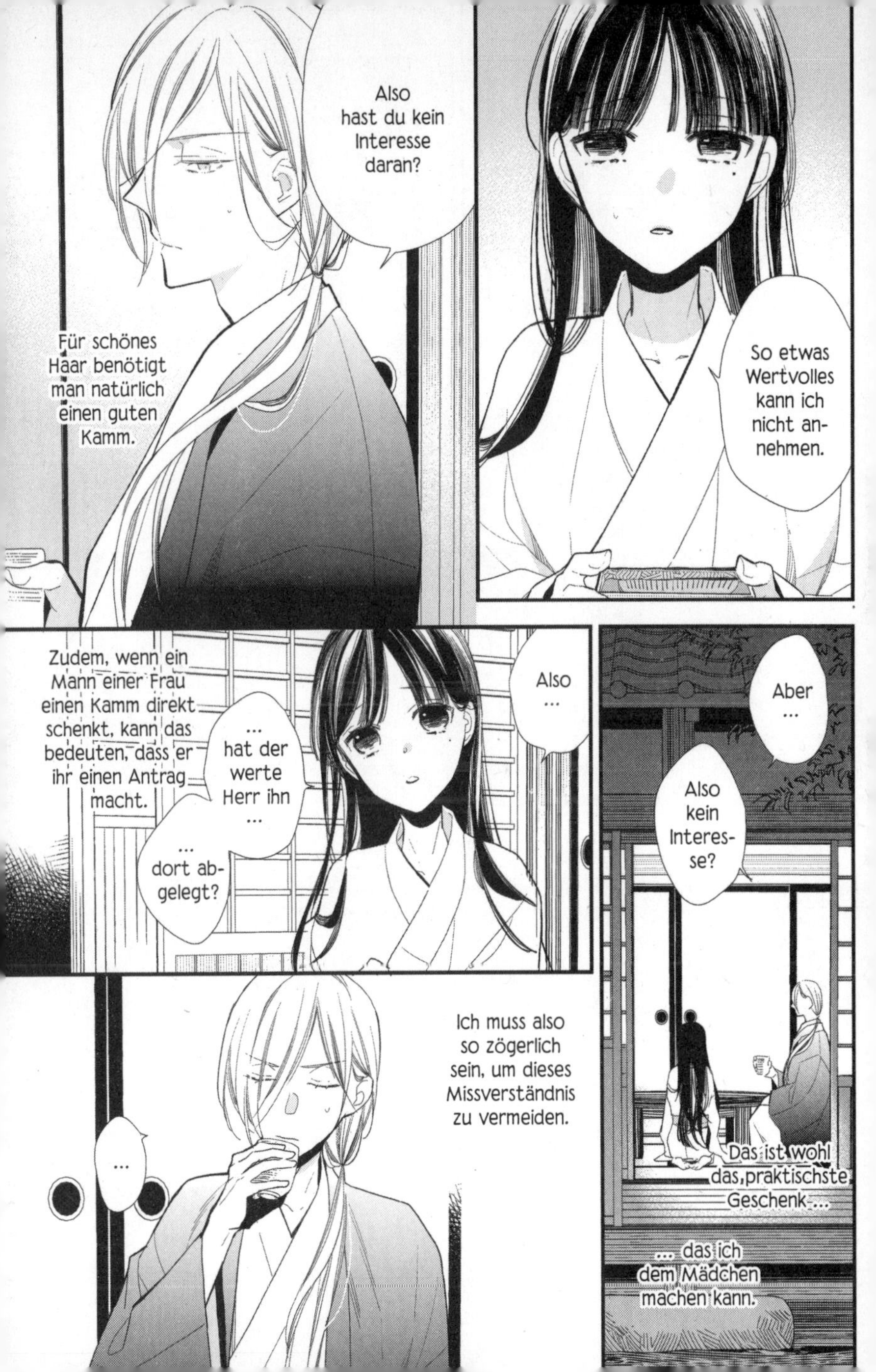
So etwas Wertvolles kann ich nicht annehmen.
Also hast du kein Interesse daran?
Für schönes Haar benötigt man natürlich einen guten Kamm.
Aber ...
Also kein Interesse?
Also ...
... hat der werte Herr ihn ...
... dort abgelegt?
Zudem, wenn ein Mann einer Frau einen Kamm direkt schenkt, kann das bedeuten, dass er ihr einen Antrag macht.
Das ist wohl das praktischste Geschenk ...
... das ich dem Mädchen machen kann.
Ich muss also so zögerlich sein, um dieses Missverständnis zu vermeiden.
...

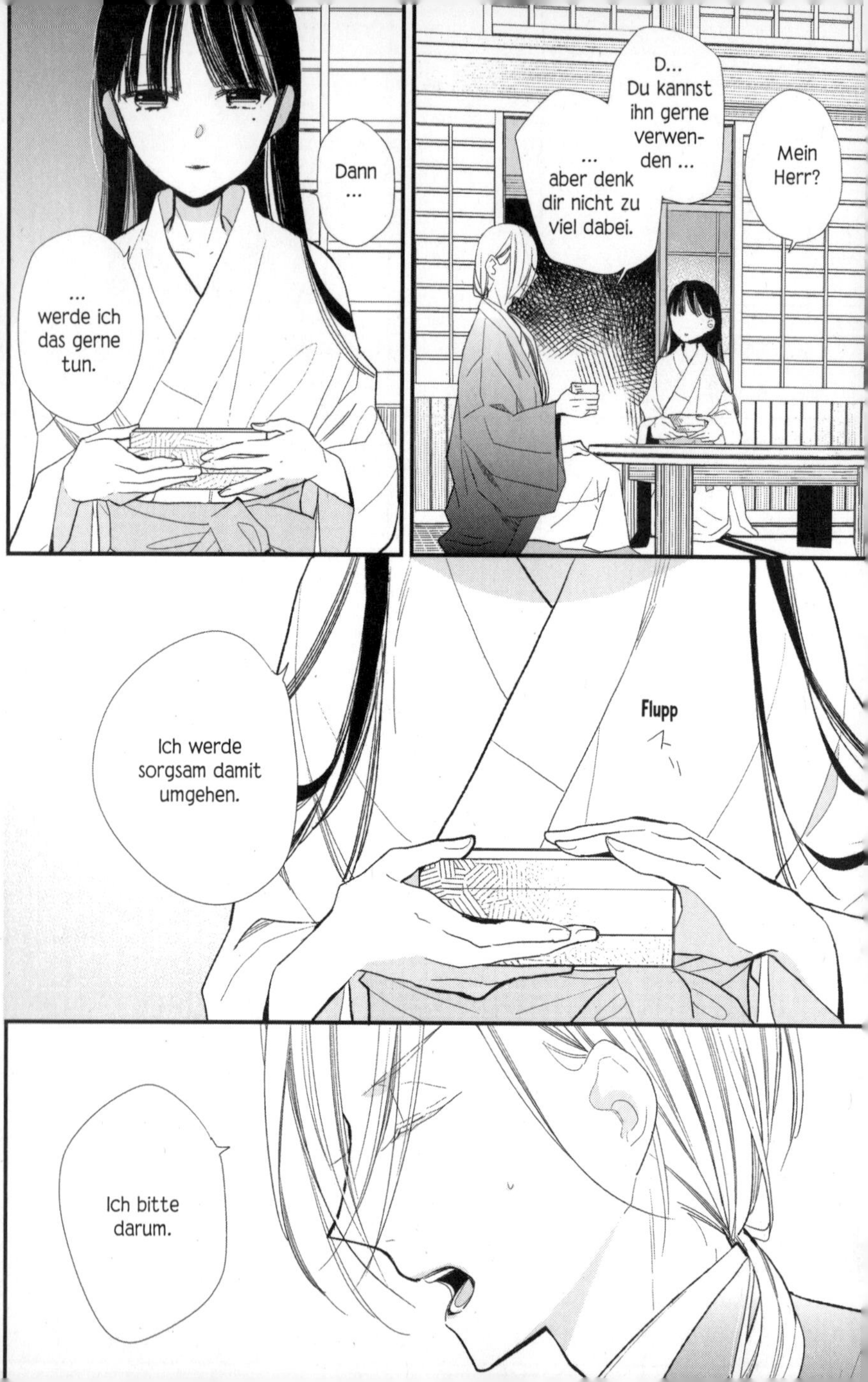
Mein Herr?
D… Du kannst ihn gerne verwenden …
… aber denk dir nicht zu viel dabei.
Dann …
… werde ich das gerne tun.
Flupp
Ich werde sorgsam damit umgehen.
Ich bitte darum.

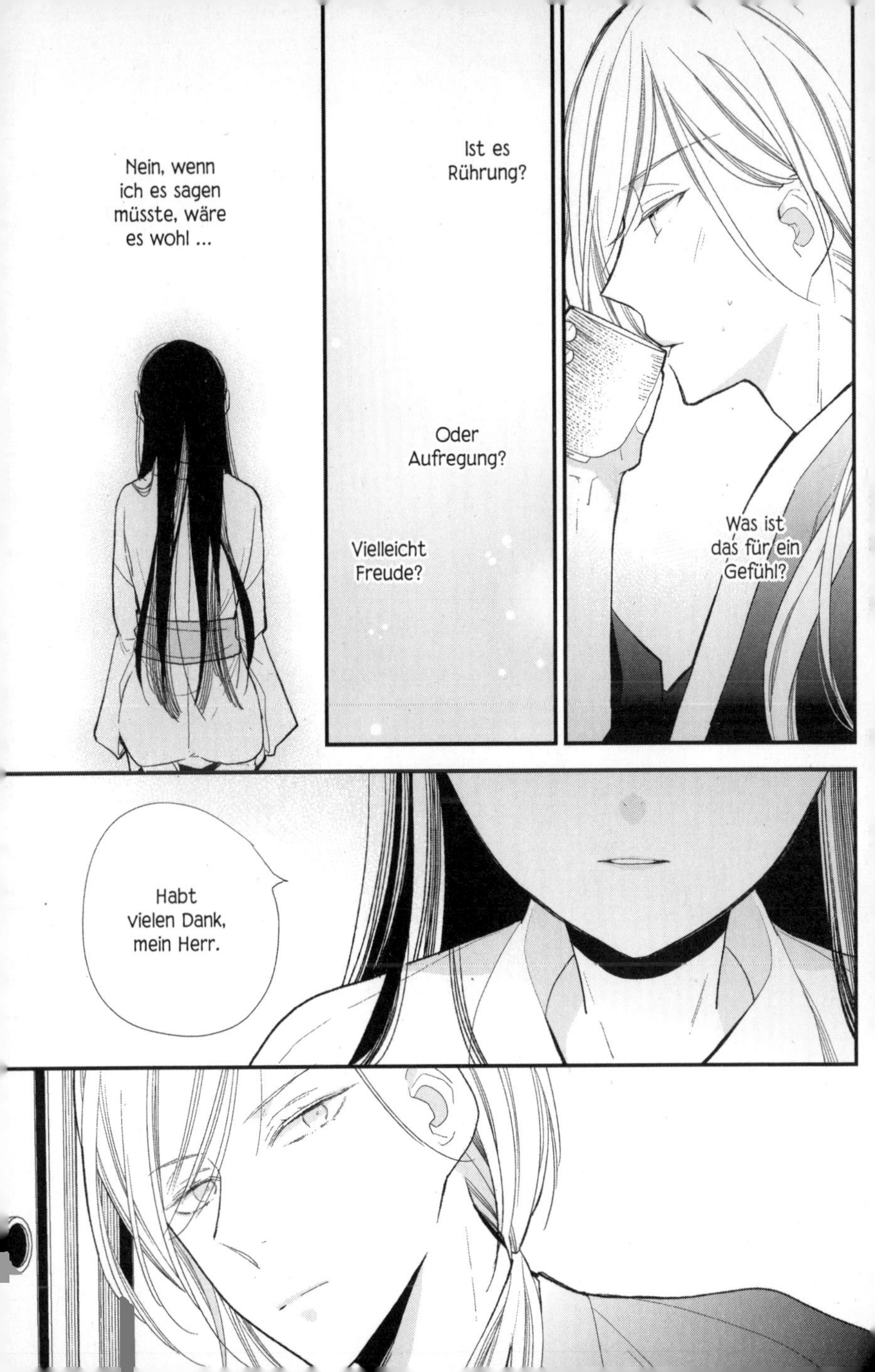
Was ist das für ein Gefühl?
Ist es Rührung?
Oder Aufregung?
Vielleicht Freude?
Nein, wenn ich es sagen müsste, wäre es wohl ...
Habt vielen Dank, mein Herr.

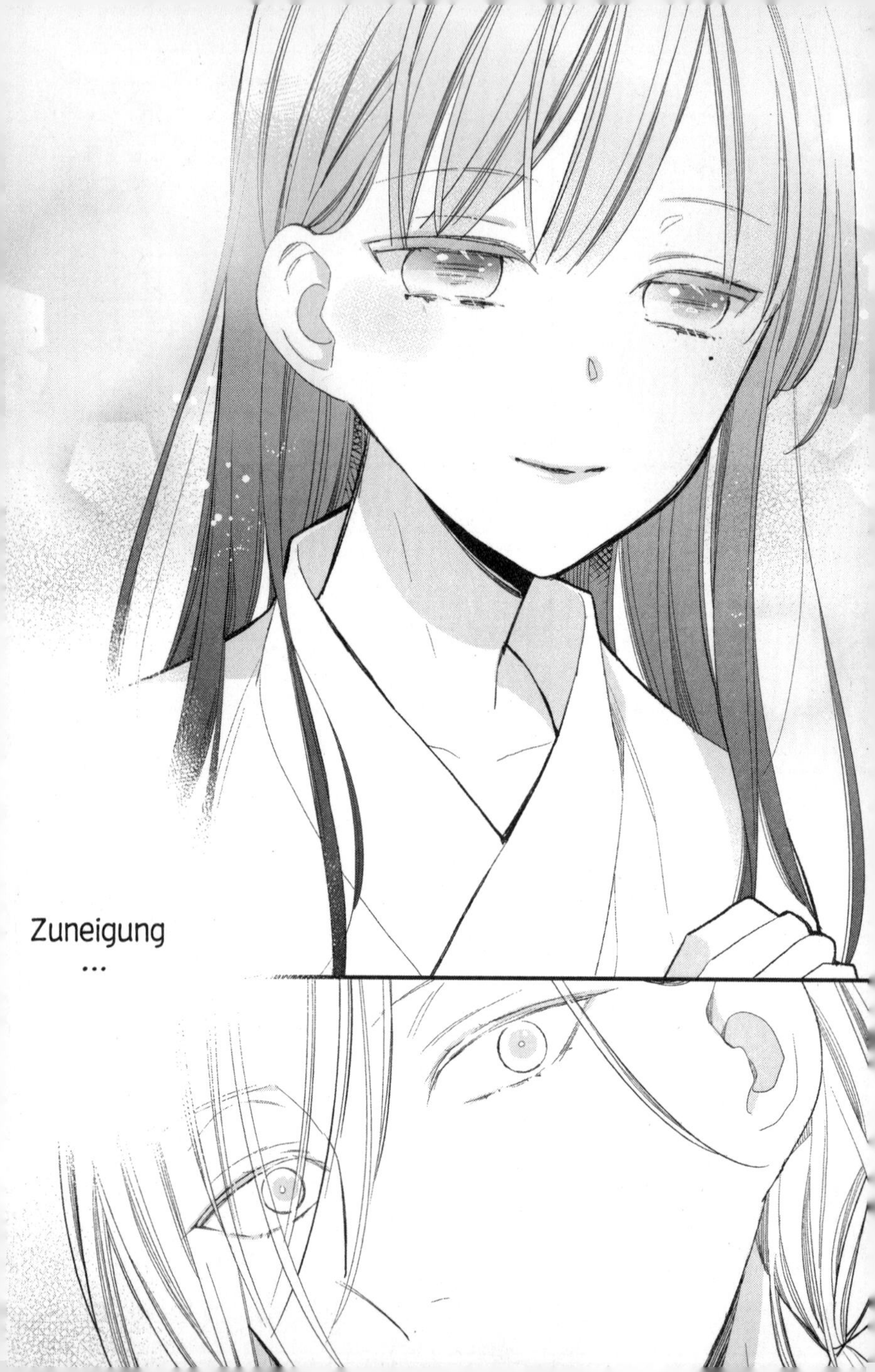
Zuneigung
...

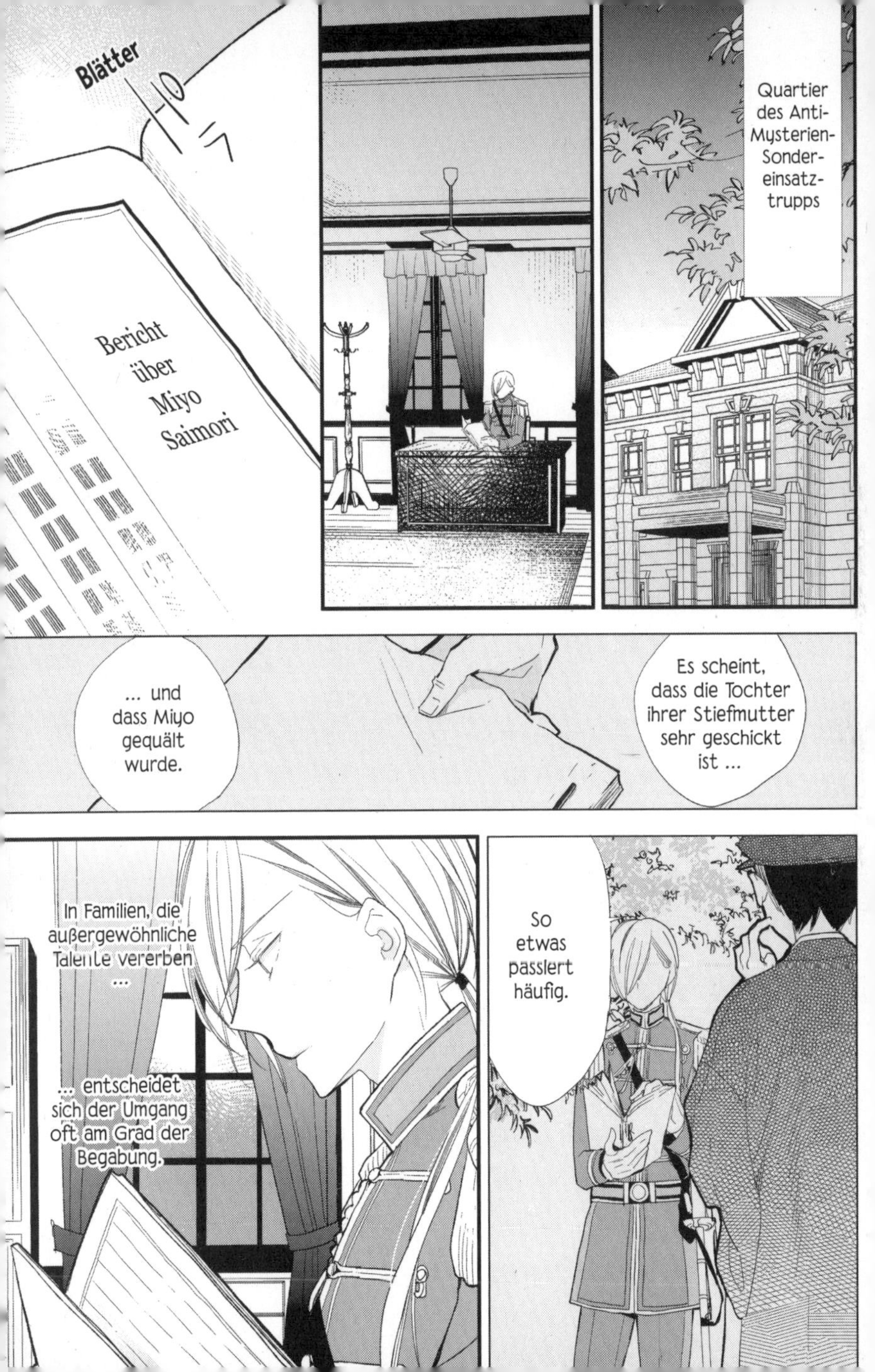
Quartier des Anti-Mysterien-Sondereinsatztrupps
Blätter
Bericht über Miyo Saimori
Es scheint, dass die Tochter ihrer Stiefmutter sehr geschickt ist ...
... und dass Miyo gequält wurde.
So etwas passiert häufig.
In Familien, die außergewöhnliche Talente vererben ...
... entscheidet sich der Umgang oft am Grad der Begabung.

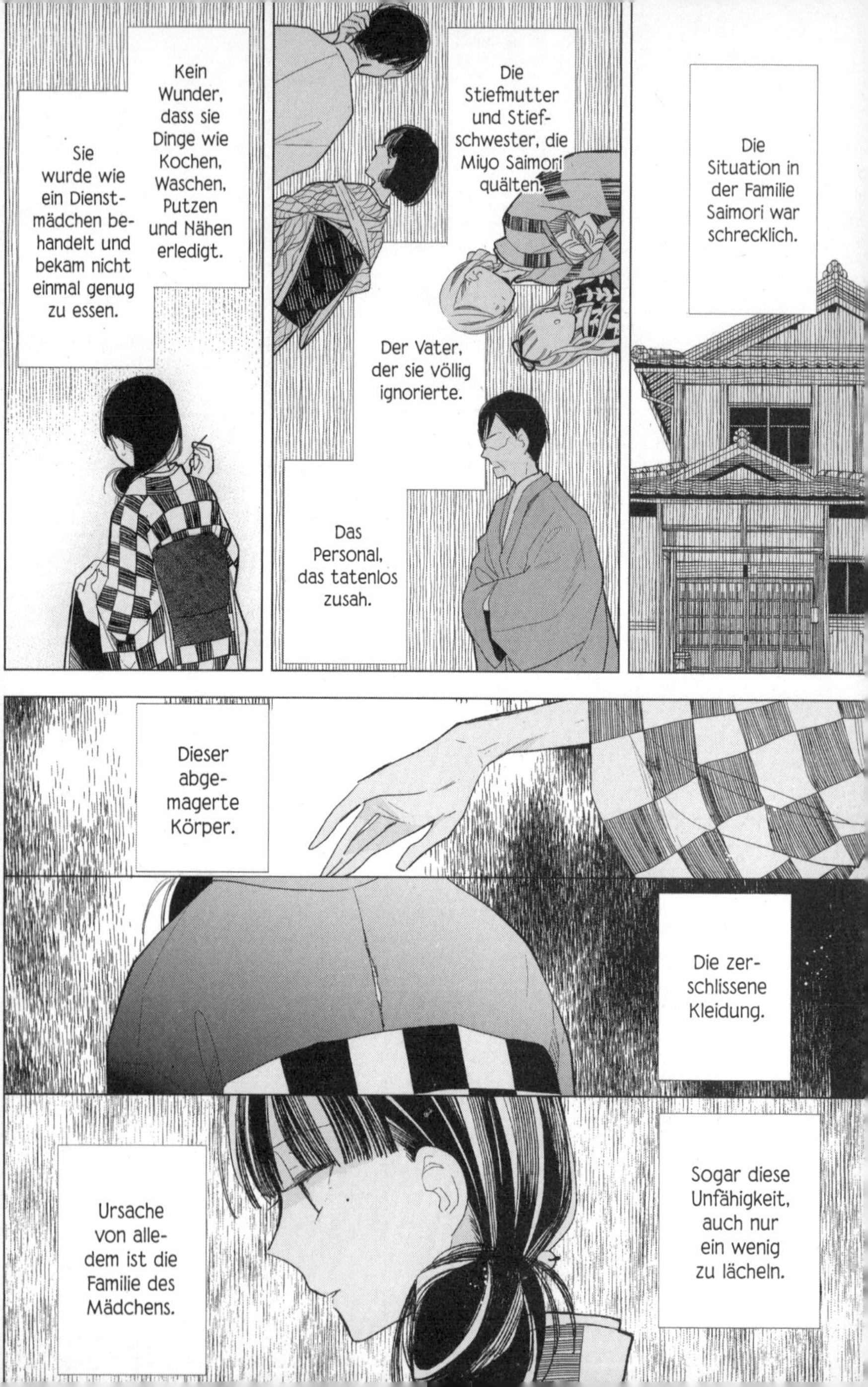

Die Situation in der Familie Saimori war schrecklich.
Die Stiefmutter und Stiefschwester, die Miyo Saimori quälten.
Der Vater, der sie völlig ignorierte.
Das Personal, das tatenlos zusah.
Kein Wunder, dass sie Dinge wie Kochen, Waschen, Putzen und Nähen erledigt.
Sie wurde wie ein Dienstmädchen behandelt und bekam nicht einmal genug zu essen.
Dieser abgemagerte Körper.
Die zerschlissene Kleidung.
Sogar diese Unfähigkeit, auch nur ein wenig zu lächeln.
Ursache von alledem ist die Familie des Mädchens.

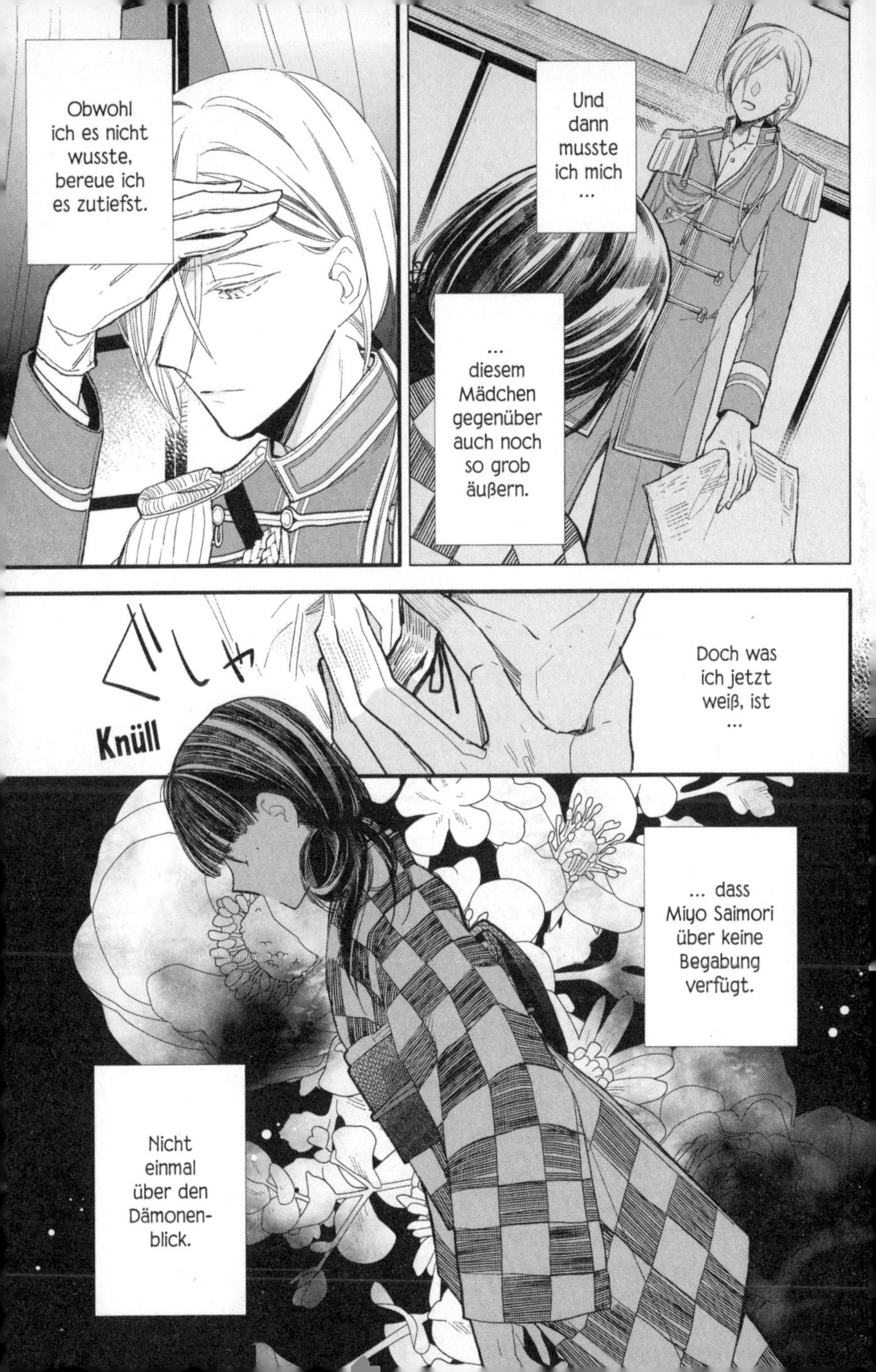
Und dann musste ich mich …
… diesem Mädchen gegenüber auch noch so grob äußern.
Obwohl ich es nicht wusste, bereue ich es zutiefst.
ぐしゃ
Knüll
Doch was ich jetzt weiß, ist …
… dass Miyo Saimori über keine Begabung verfügt.
Nicht einmal über den Dämonen-blick.

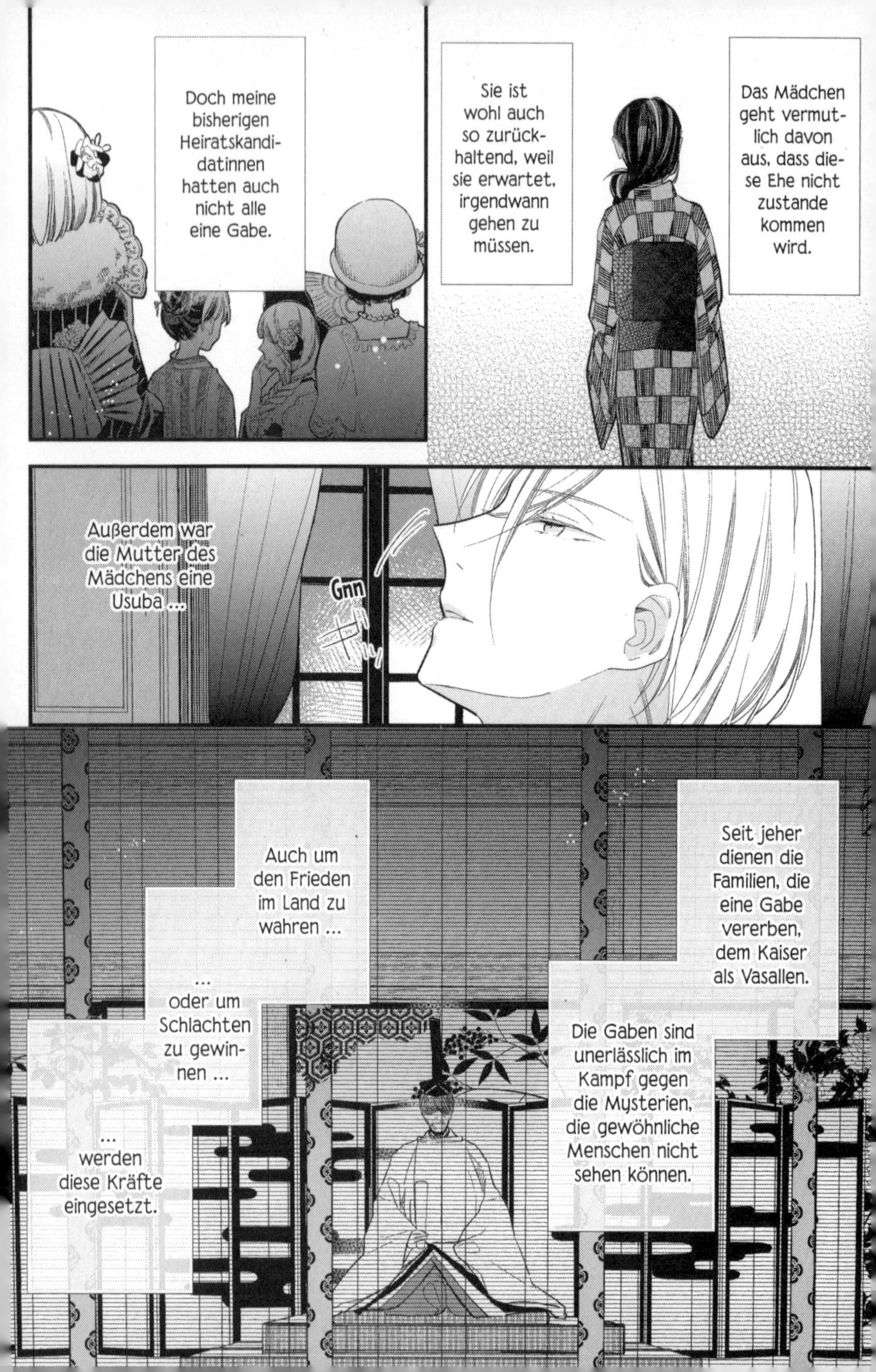
Das Mädchen geht vermutlich davon aus, dass diese Ehe nicht zustande kommen wird.
Sie ist wohl auch so zurückhaltend, weil sie erwartet, irgendwann gehen zu müssen.
Doch meine bisherigen Heiratskandidatinnen hatten auch nicht alle eine Gabe.
Außerdem war die Mutter des Mädchens eine Usuba ...
Gnn
Seit jeher dienen die Familien, die eine Gabe vererben, dem Kaiser als Vasallen.
Die Gaben sind unerlässlich im Kampf gegen die Mysterien, die gewöhnliche Menschen nicht sehen können.
Auch um den Frieden im Land zu wahren ...
... oder um Schlachten zu gewinnen ...
... werden diese Kräfte eingesetzt.

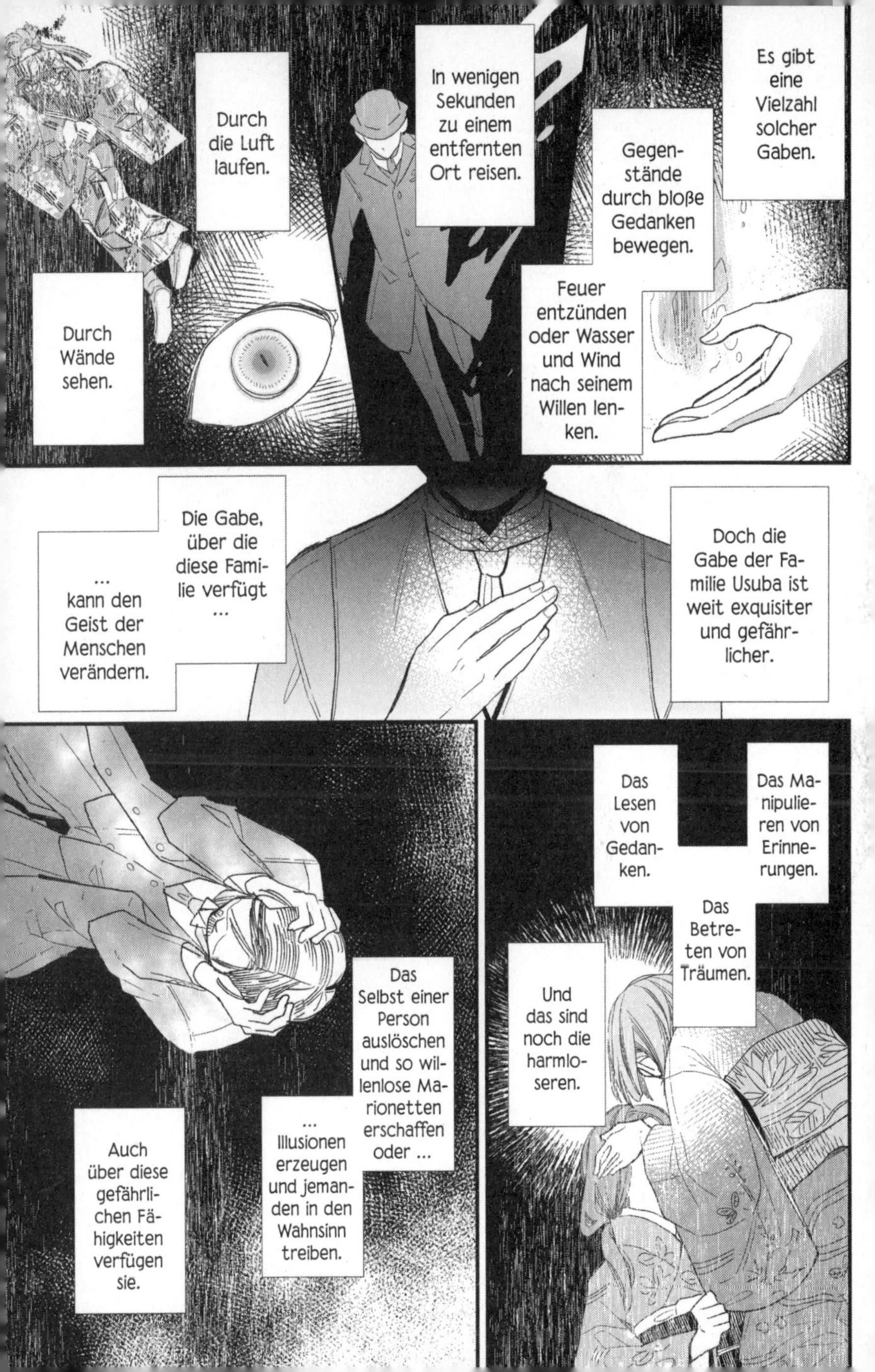
Es gibt eine Vielzahl solcher Gaben.
Gegenstände durch bloße Gedanken bewegen.
Feuer entzünden oder Wasser und Wind nach seinem Willen lenken.
In wenigen Sekunden zu einem entfernten Ort reisen.
Durch die Luft laufen.
Durch Wände sehen.
Doch die Gabe der Familie Usuba ist weit exquisiter und gefährlicher.
Die Gabe, über die diese Familie verfügt ...
... kann den Geist der Menschen verändern.
Das Manipulieren von Erinnerungen.
Das Lesen von Gedanken.
Das Betreten von Träumen.
Und das sind noch die harmloseren.
Das Selbst einer Person auslöschen und so willenlose Marionetten erschaffen oder ...
... Illusionen erzeugen und jemanden in den Wahnsinn treiben.
Auch über diese gefährlichen Fähigkeiten verfügen sie.

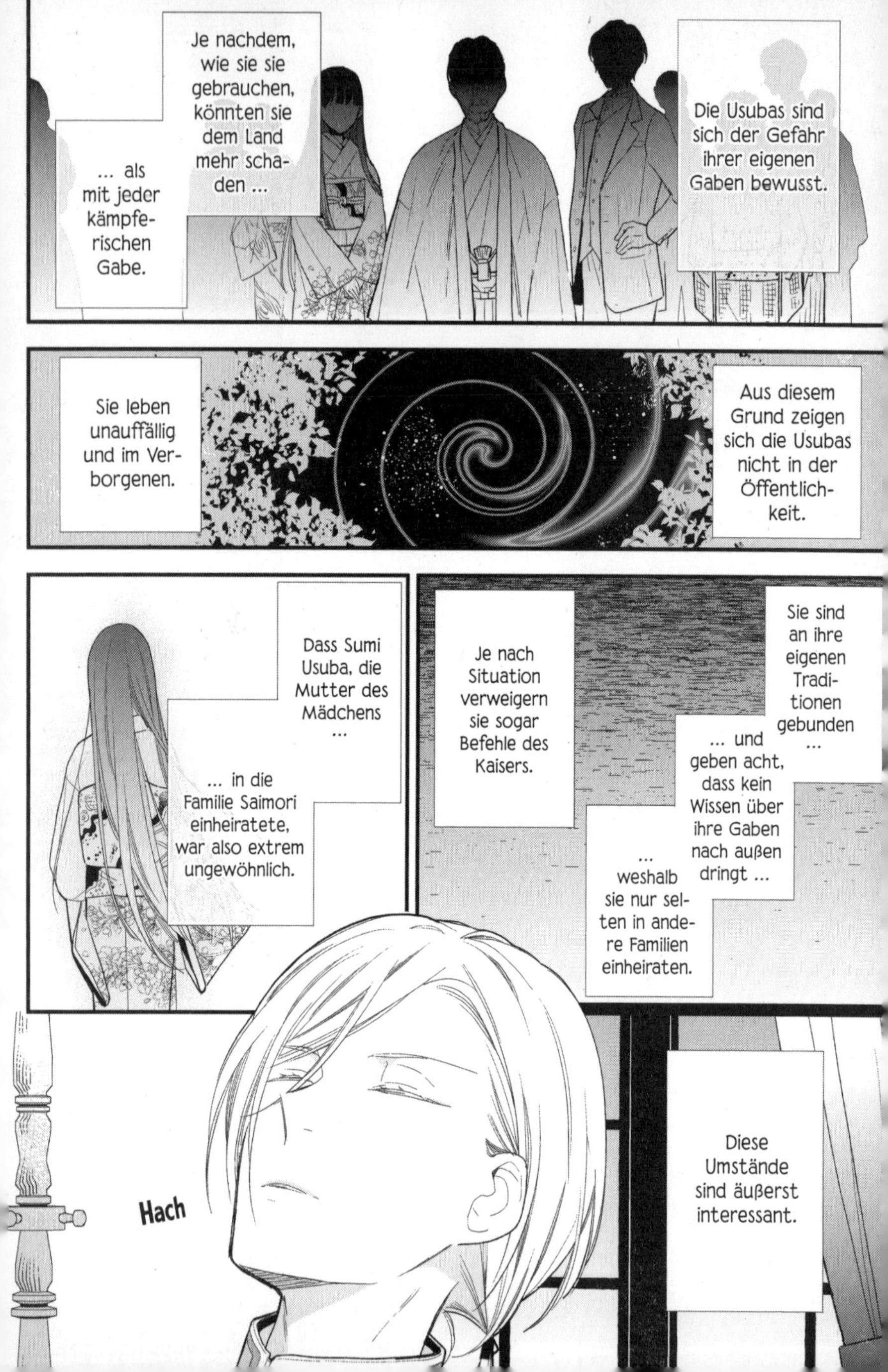

Die Usubas sind sich der Gefahr ihrer eigenen Gaben bewusst.
Je nachdem, wie sie sie gebrauchen, könnten sie dem Land mehr schaden ...
... als mit jeder kämpferischen Gabe.
Aus diesem Grund zeigen sich die Usubas nicht in der Öffentlichkeit.
Sie leben unauffällig und im Verborgenen.
Sie sind an ihre eigenen Traditionen gebunden ...
... und geben acht, dass kein Wissen über ihre Gaben nach außen dringt ...
... weshalb sie nur selten in andere Familien einheiraten.
Je nach Situation verweigern sie sogar Befehle des Kaisers.
Dass Sumi Usuba, die Mutter des Mädchens ...
... in die Familie Saimori einheiratete, war also extrem ungewöhnlich.
Diese Umstände sind äußerst interessant.
Hach

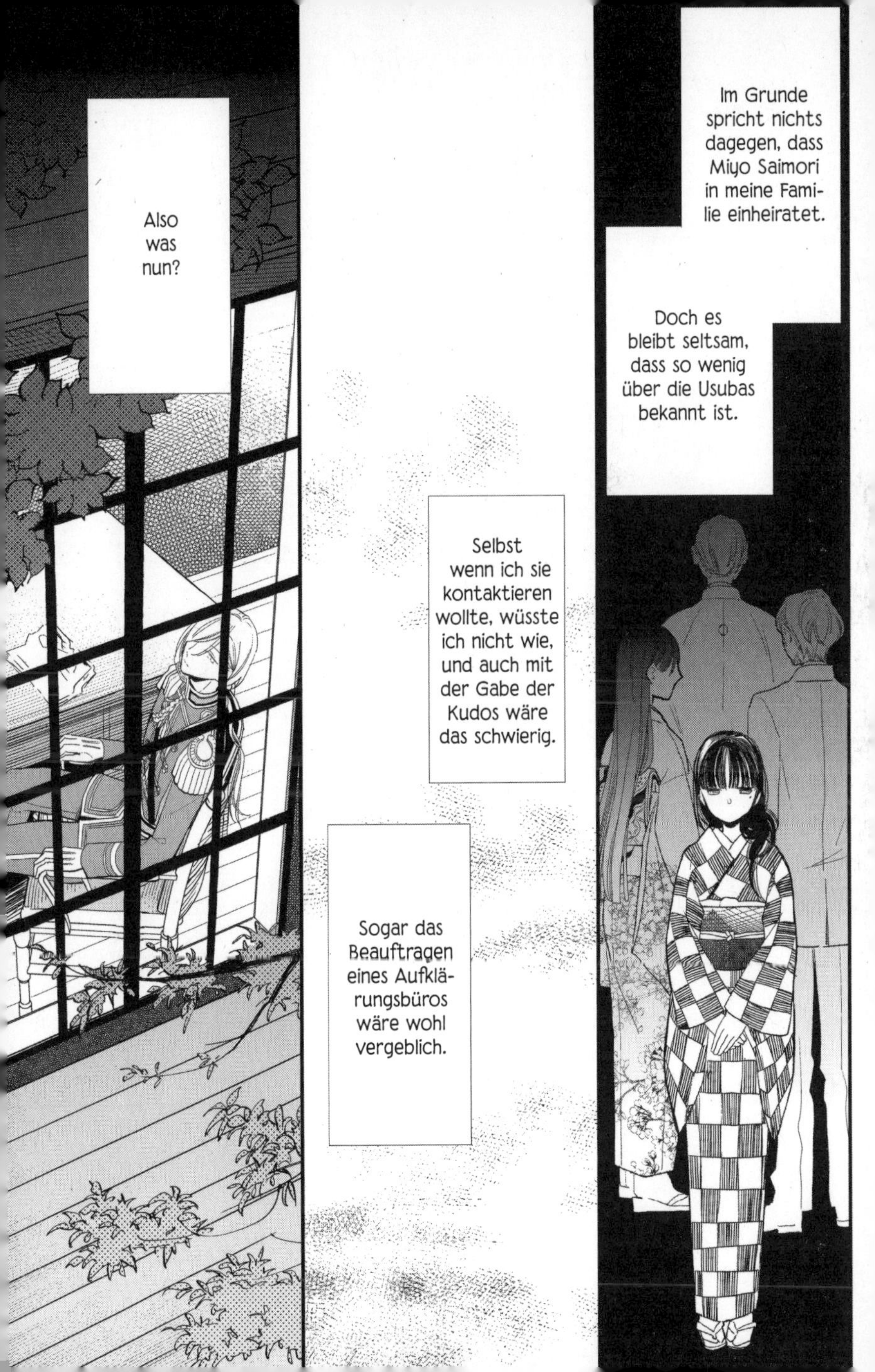
Im Grunde spricht nichts dagegen, dass Miyo Saimori in meine Familie einheiratet.
Doch es bleibt seltsam, dass so wenig über die Usubas bekannt ist.
Selbst wenn ich sie kontaktieren wollte, wüsste ich nicht wie, und auch mit der Gabe der Kudos wäre das schwierig.
Sogar das Beauftragen eines Aufklärungsbüros wäre wohl vergeblich.
Also was nun?

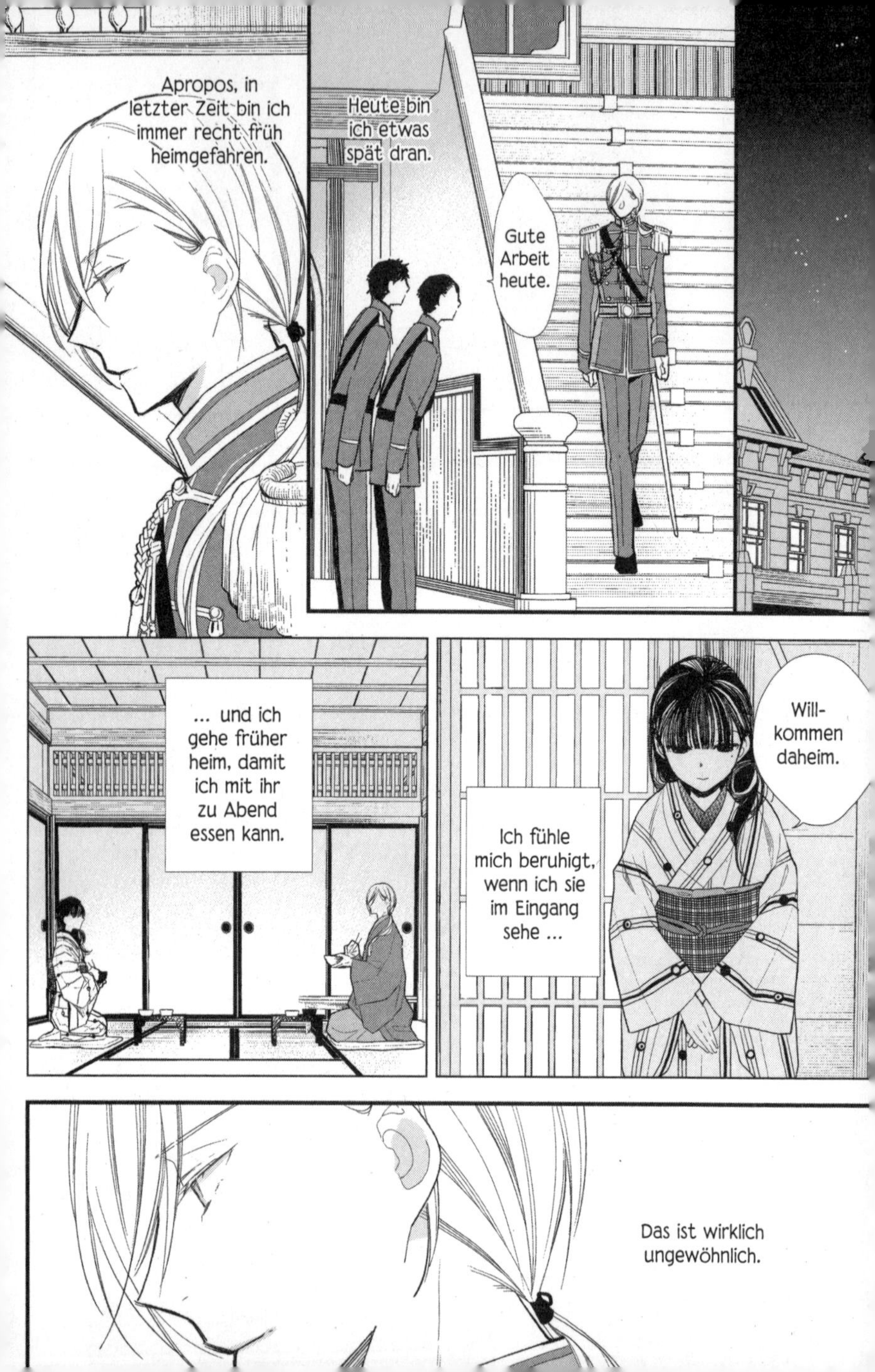
Heute bin ich etwas spät dran.
Gute Arbeit heute.
Apropos, in letzter Zeit bin ich immer recht früh heimgefahren.
Will-kommen daheim.
Ich fühle mich beruhigt, wenn ich sie im Eingang sehe ...
... und ich gehe früher heim, damit ich mit ihr zu Abend essen kann.
Das ist wirklich ungewöhnlich.

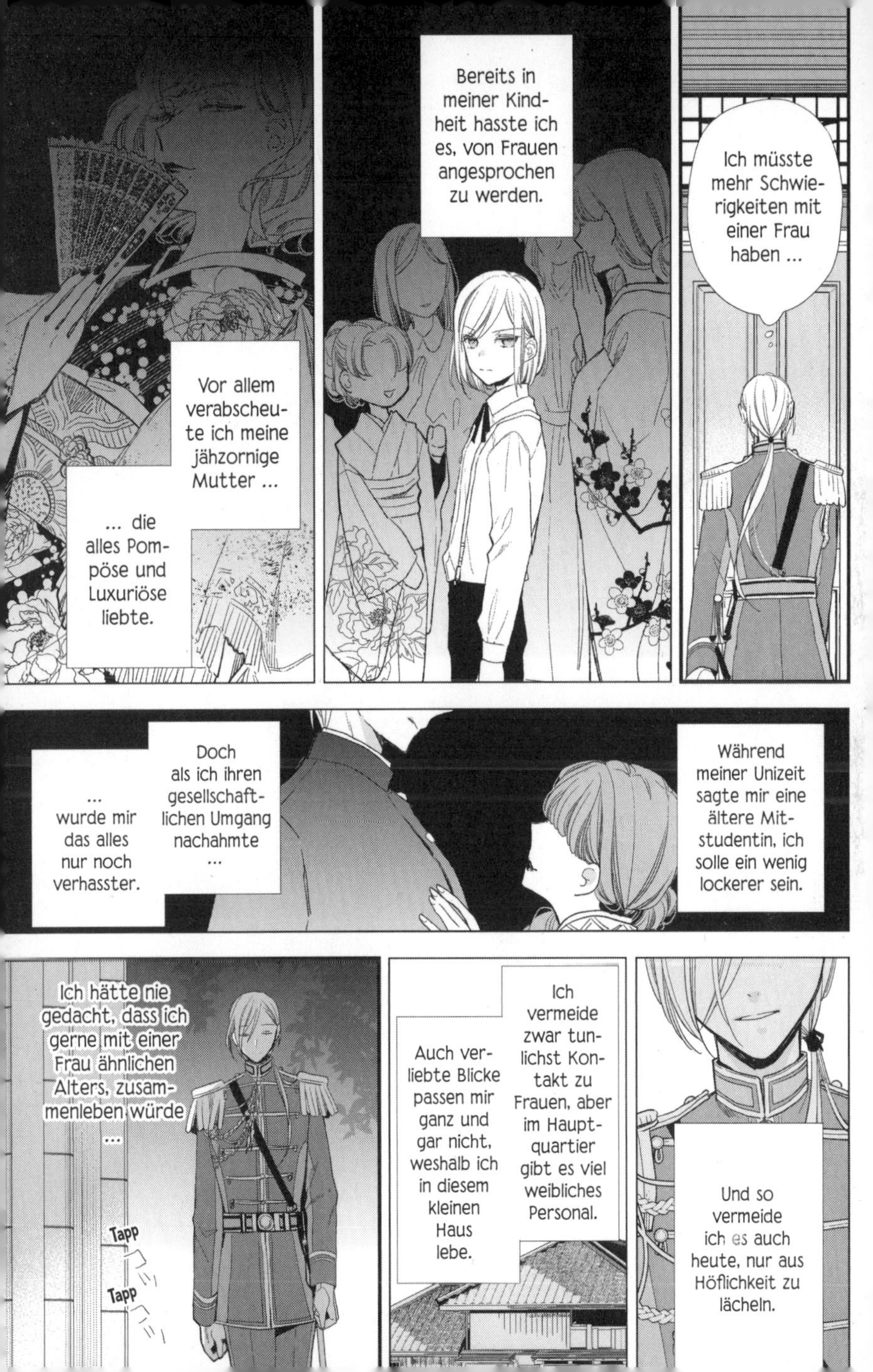
Ich müsste mehr Schwierigkeiten mit einer Frau haben ...
Bereits in meiner Kindheit hasste ich es, von Frauen angesprochen zu werden.
Vor allem verabscheute ich meine jähzornige Mutter ...
... die alles Pompöse und Luxuriöse liebte.
Während meiner Unizeit sagte mir eine ältere Mitstudentin, ich solle ein wenig lockerer sein.
Doch als ich ihren gesellschaftlichen Umgang nachahmte ...
... wurde mir das alles nur noch verhasster.
Und so vermeide ich es auch heute, nur aus Höflichkeit zu lächeln.
Ich vermeide zwar tunlichst Kontakt zu Frauen, aber im Hauptquartier gibt es viel weibliches Personal.
Auch verliebte Blicke passen mir ganz und gar nicht, weshalb ich in diesem kleinen Haus lebe.
Ich hätte nie gedacht, dass ich gerne mit einer Frau ähnlichen Alters, zusammenleben würde ...
Tapp
Tapp

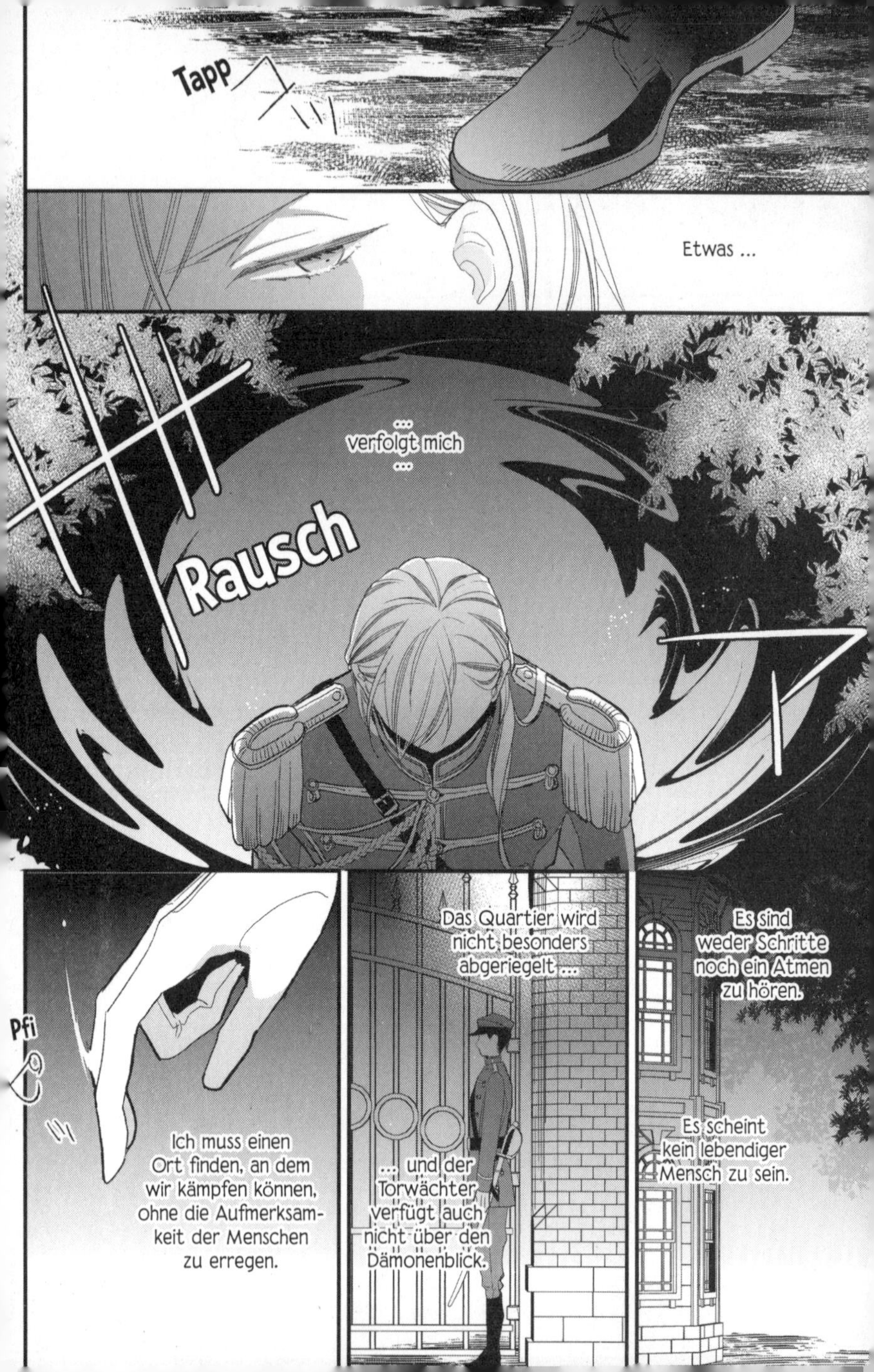
Tapp
Etwas ...
... verfolgt mich ...
Rausch
Es sind weder Schritte noch ein Atmen zu hören.
Es scheint kein lebendiger Mensch zu sein.
Das Quartier wird nicht besonders abgeriegelt ...
... und der Torwächter verfügt auch nicht über den Dämonenblick.
Pfi
Ich muss einen Ort finden, an dem wir kämpfen können, ohne die Aufmerksamkeit der Menschen zu erregen.

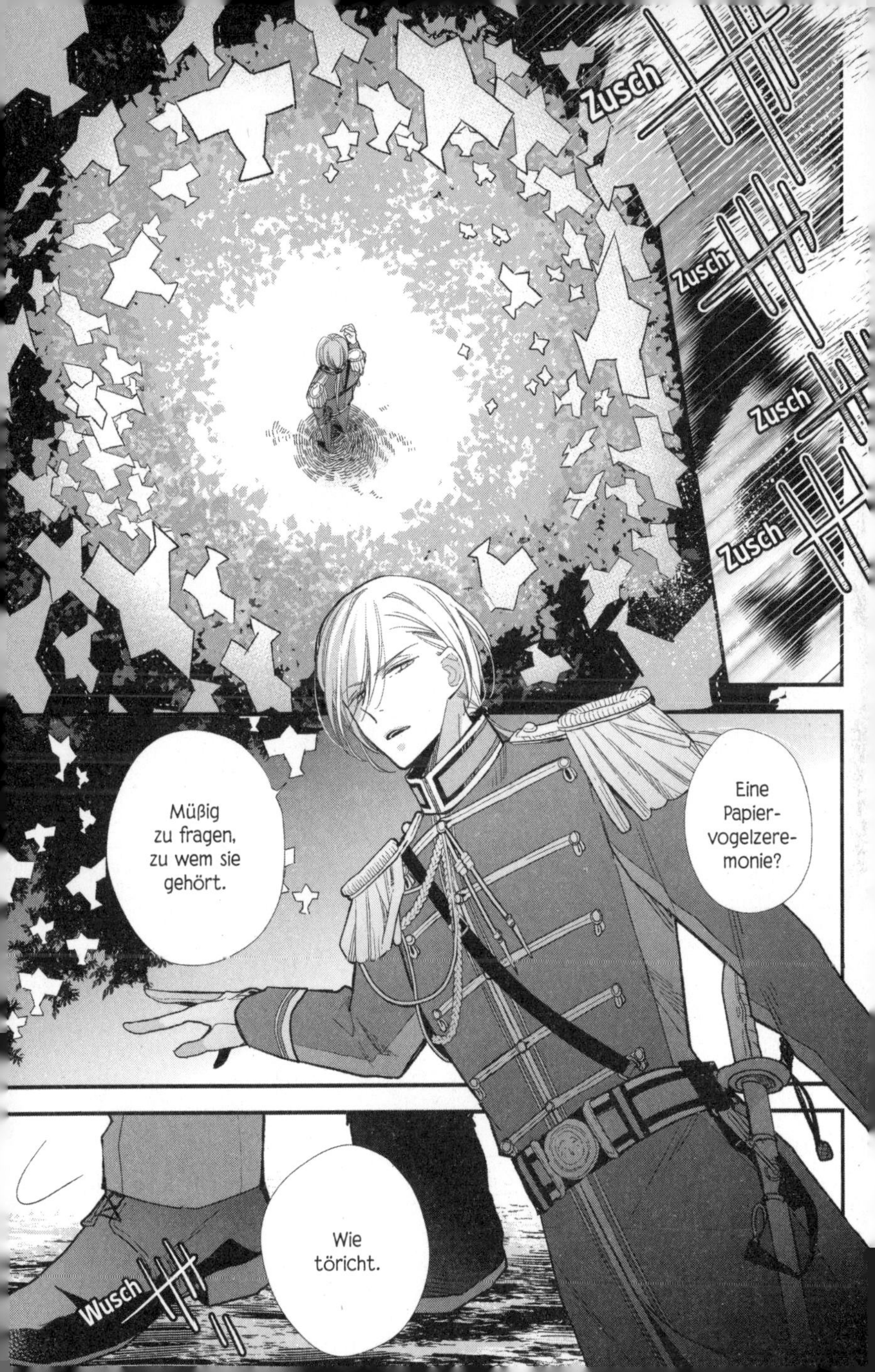
Zusch
Zusch
Zusch
Zusch
Eine Papier-vogelzere-monie?
Müßig zu fragen, zu wem sie gehört.
Wie töricht.
Wusch

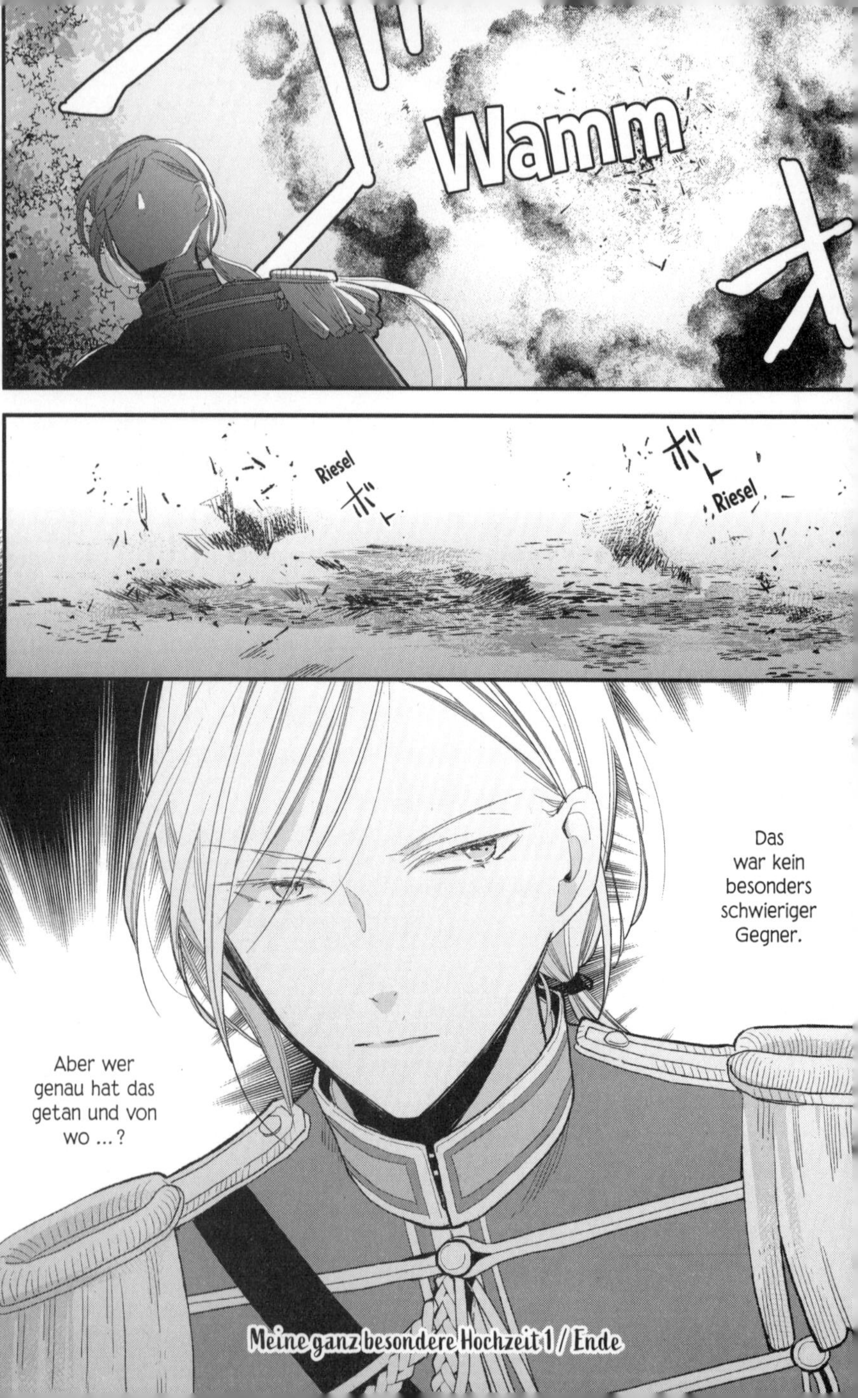
Wamm
ボト
Riesel
ボト
Riesel
Das war kein besonders schwieriger Gegner.
Aber wer genau hat das getan und von wo ...?
Meine ganz besondere Hochzeit 1 / Ende

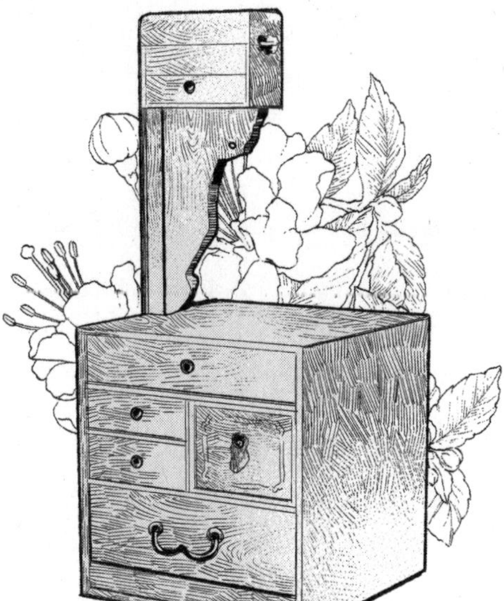

# Kämme und Erinnerungen

## Akumi Agitogi

Eines Abends saß Miyo in ihrem Zimmer vor dem Spiegeltisch, den Blick fest auf die Innenfläche ihrer Hand gerichtet. Genauer gesagt, richtete sie den Blick auf den hübsch verzierten Kamm, der dort ruhte.

*Wunderschön* ..., dachte Miyo.

Der Kamm aus Buchsbaumholz, in den ein äußerst filigranes Blumenmuster geschnitzt war, fühlte sich angenehm in ihrer Hand an und strahlte eine gewisse Wertigkeit aus. Ein Kamm mochte zwar ein Kamm bleiben, doch dieser war ohne Frage einer von hoher Qualität. Miyos Blick schweifte von ihrer Handfläche zum Tisch. Dort lag der Kamm, den sie schon viele Jahre benutzte und der inzwischen bereits den ein oder anderen Zahn verloren hatte.

Zögerlich legte Miyo den neuen Kamm daneben. So, wie sie dort lagen, wurden sie vom Mondlicht beschienen. Der Anblick löste in Miyo Erinnerungen an die Zeit aus, als sie noch in ihrem Elternhaus bei der Familie Saimori lebte.

Fünf oder sechs Jahre war es inzwischen her, dass der Kamm, den sie damals benutzt hatte, kaputtgegangen war.

Noch als Kind war ihr von ihrer Stiefmutter Kanoko all ihr Hab und Gut genommen worden. Von da an lebte sie mit den Alltagsgegenständen, die ihr heimlich vom Hauspersonal überlassen wurden. Doch auch wenn dies zunächst freundlich klingen mochte, so waren es doch alles Gegenstände, die sonst bald weggeworfen worden wären.

Auch der Kamm, den sie damals nutzte, bildete keine Ausnahme. Er sah aus, als hätte sie ihn aus einem Abfalleimer gefischt. Die Hälfte seiner Zähne war bereits abgebrochen. Trotzdem brachte sie es fertig, sich jeden Tag damit die Haare zu kämmen. Eines Morgens jedoch brach dieser Kamm, der kaum noch Zähne besaß, glatt in der Mitte durch.

*Was mache ich denn jetzt nur?*, fragte sich Miyo.

Sich die Haare gar nicht mehr zu kämmen, war natürlich keine Option. Doch zum Kämmen brauchte sie nun einmal einen Kamm. Miyo besaß kein Geld, das ihr zur freien Verfügung stand. Sie würde sich erneut von einer der Bediensteten welches leihen müssen. Aber sie konnte nicht andauernd auf diese Art einen Ersatzkamm kaufen. Verzweifelt überlegte Miyo, ob jemand bald einen Kamm wegwerfen würde.

Da Miyo auch nicht zu spät zur Arbeit erscheinen wollte, musste sie sich vorläufig damit zufriedengeben, ihre Haare oberflächlich mit den Fingern zu ordnen. Dabei gab sie sich die größte Mühe. Doch das Kämmen mit den Fingern hatte seine Grenzen. Sie spürte die Blicke der Bediensteten und wurde schließlich von ihrer Stiefmutter getadelt: »Wie schäbig. Noch nicht einmal dein Aussehen kannst du in Ordnung halten, was für eine Schande!«

Mit voller Wucht warf sie ein schweres Keramikgefäß nach Miyo.

Miyo schaffte es noch, ihren Kopf mit den Armen zu schützen. Doch in dem Arm, der stattdessen getroffen worden war, breiteten sich ein dumpfer Schmerz und ein Taubheitsgefühl aus.

»Uh ...«

Noch nicht einmal ein Schrei entfuhr ihr. Mit gesenktem Kopf und den Händen auf dem Boden ertrug sie den Schmerz.

»Ich bitte vielmals um Verzeihung.«

»Du bist wirklich ein unwürdiges, vulgäres und verabscheuenswertes Kind! Du bist bloß ein Schandfleck für die Familie Saimori. Ich hoffe, du verreckst bald!«

»Ich ... bitte vielmals um Verzeihung.«

»Allein die Anwesenheit von einer wie dir besudelt dieses Haus! Hoffentlich verschwindest du bald!«

In tiefer Verbeugung erduldete Miyo die scharfen Worte Kanokos, die sie trafen wie eine Klinge. Kurz darauf, nachdem sie sich so oft entschuldigt hatte, dass ihre Stiefmutter besänftigt war, stand sie auf und ging hinaus.

Ihr Arm schmerzte. Egal, welch verletzendes Wort man ihr auch entgegenschleuderte, sie vergoss nie auch nur eine Träne. Aber ihr Körper wollte sich nicht an den Schmerz gewöhnen. Er pochte und pochte, sodass die Tränen schließlich doch zu fließen begannen.

Wie viel leichter wäre es wohl gewesen, einfach zu sterben, so wie Kanoko es gesagt hatte? Doch diese Verletzung war wohl nicht tödlich. Miyo fragte sich ernsthaft, warum ihre Stiefmutter sie nicht so schwer hatte verwunden können, dass sie einfach gestorben wäre. Die Verletzung an ihrem Arm schien aber auch ernst zu sein. Denn während der Schmerz immer stärker wurde, begann sich ihr Bewusstsein zu trüben.

*Lass mich sterben*, dachte sie und blieb in der Nähe des Kücheneingangs, den die Bediensteten nutzten, sitzen. Als sie so dasaß und sich ihren langsam schwindenden Gedanken hingab ...

»Miyo? Ist alles in Ordnung?«

»...?«

Während Miyo noch daran zweifelte, dass es überhaupt jemanden gab, der sie ansprechen würde, blickte sie auf. Vor ihr stand eine junge Bedienstete, deren Gesicht sie noch nicht oft gesehen hatte.

»Was ist denn mit deinem Arm passiert?«

Obwohl Miyo ihren schmerzenden Arm mit dem anderen verdeckte, war der Bediensteten die Verletzung aufgefallen und sie war näher gekommen.

Natürlich konnte Miyo nicht sagen, dass ihre Stiefmutter ihr das angetan hatte, und so schwieg sie.

»Zeig mir das«, sagte die Frau, kam näher, zog Miyos Arm an sich und krempelte den Ärmel ihres Kimonos hoch. Die betroffene Stelle, die auch Miyo nun zum ersten Mal erblickte, sah schlimmer aus, als sie erwartet hatte. Die Haut war dunkelrot verfärbt und eine hässliche Schwellung war entstanden.

»Schrecklich ... Das sieht schmerzhaft aus.«

Die Frau verzog bei diesen Worten das Gesicht. Dann fügte sie hinzu: »Warte bitte einen Moment hier«, und entfernte sich mit kurzen Schritten. Wenig später kehrte sie mit einer kleinen Schachtel zurück.

»Halt bitte still.«

Die kleine Schachtel schien so etwas wie ihre Hausapotheke zu sein. Bevor Miyo noch etwas sagen konnte, begann sie bereits die Wunde zu versorgen.

»Ähm ...«

»Was ist denn?«, erwiderte die Frau mit ernster Miene, ohne von der Behandlung aufzuschauen. Miyo sah sie mit geöffnetem Mund zweifelnd an.

»Wenn sie das herausfindet, wird sie wütend auf dich ...«

»Meinst du?«

»…«

Die Unbeschwertheit, mit der die Frau sie das fragte, verwirrte Miyo. Die Bediensteten dieses Hauses kümmerten sich gewöhnlich kaum um sie aus Angst vor einer Bestrafung durch Kanoko oder Kaya. Nur manchmal sprachen sie außerhalb der Arbeit mit ihr oder bewahrten Alltagsgegenstände auf, die Miyo womöglich noch gebrauchen konnte. Doch das war auch schon alles. In der Regel schritten sie weder ein, wenn Miyo Gewalt angetan oder sie beleidigt wurde, noch halfen sie ihr, die Wunden, die ihr zugefügt wurden, zu behandeln, so wie es gerade geschah. Im Grunde war es Miyo auch recht so. Denn es wäre furchtbar gewesen, wenn jemand ihretwegen hineingezogen worden wäre.

»Bald werde ich sowieso hier aufhören«, sprach die Frau plötzlich und Miyo lauschte ihr schweigend. »Es sind zwar gerade einmal zwei Monate vergangen, seit ich angefangen habe hier zu arbeiten. Aber meine Mutter daheim scheint Schwierigkeiten mit dem Rücken zu haben und ich muss mich um meinen kleinen Bruder und meine kleine Schwester kümmern. Außerdem hat offenbar in meinem Heimatdorf jemand die Absicht, mich zu heiraten … Da sollte ich wohl zurückkehren.«

Miyo verstand nun auch, warum sie sich nicht gleich an das Gesicht der Frau erinnert hatte.

»Ich habe immer davon geträumt, in der Stadt zu arbeiten, daher ist es natürlich schade … Aber es lässt sich nicht ändern. So ist das nun einmal, also mach dir keine Sorgen, Miyo … So, wir sind fertig.«

Der verwundete Arm war sorgfältig mit einer Arznei behandelt und ordentlich bandagiert worden. Allein das hatte Miyos Herz bereits ein wenig erwärmt.

»V... Vielen Dank.«

»Gern geschehen.«

Als Miyo ihren Dank aussprach, lächelte die Frau fröhlich. Ihr Lächeln war so schön und strahlend, dass Miyo sogar ein wenig die Augen zusammenkneifen musste.

»Aber, Miyo. Ich verdiene deinen Dank doch gar nicht.«

»Wieso das?«

»Weil ich dir in den ganzen zwei Monaten nie geholfen habe.«

Mit einem Mal verdunkelte sich der Blick der Frau. Beschämt und gequält verzog sie die Augenbrauen und schaute zu Boden.

»Ich dachte nicht, dass ich so ein schrecklicher Mensch bin, dass ich einmal ignorieren könnte, wenn jemand schikaniert wird ... Auch die Behandlung deiner Wunde geschah im Grunde nur aus Eigennutz, weil ich andernfalls nicht ruhigen Gewissens in meine Heimat hätte zurückkehren können. Es war also bloß reiner Egoismus.«

Miyo wusste nicht, was sie sagen sollte, während die Frau ihren Kopf zur Entschuldigung gesenkt hielt. Doch schließlich ertappte sich Miyo dabei, wie sie erwiderte: »Also, ich ...«

»...«

»Ich freue mich. Ich weiß nicht recht, wie ich es ausdrücken soll, aber selbst wenn du es aus Eigennutz getan hast ... so hast du dennoch Medizin aufgetragen und mich verbunden. Das macht mich sehr glücklich.«

Da Miyo es nicht gewohnt war, lange zu reden, sprach sie holprig und unbeholfen. Sie war unsicher, ob es ihr gelungen war, sich verständlich auszudrücken. Als sie aufsah, bemerkte sie, dass die Frau stumm weinte.

»Ich danke dir.«

Einen kurzen Moment lang vergoss die Frau Tränen. Bei diesem Anblick spürte Miyo in ihrer Brust eine Vielzahl von Gefühlen. Sie konnte nicht glauben, dass diese Frau egoistisch sein sollte. Miyo freute sich über ihre unbefangene Freundlichkeit. Doch zugleich quälte es sie, dass sie eine so gütige Person unwissentlich verletzt hatte. Das konnte sie sich nicht verzeihen. Nichtsdestotrotz hatte sie das Gefühl, dass die Wunden, die Kanokos Beleidigungen ihr zugefügt hatten, unbemerkt verschwunden waren.

»Hier, Miyo.«

Als sich die beiden schließlich voneinander verabschiedeten, reichte ihr die Frau einen kaum beschädigten Kamm.

»Das ist ja …«

»Dein Kamm ist doch kaputtgegangen, oder? Dieser war zwar billig und an der Kante ist schon der Zahn abgebrochen, aber wenn du ihn haben magst, würde ich mich freuen.«

»Aber …«

Diesen Kamm würde man noch lange benutzen können. Gerade als Miyo dachte, dass sie diesen Kamm nicht entgegennehmen könne, und Anstalten machte, ihn wieder zurückzugeben, schüttelte die Frau den Kopf.

»Schon gut. Das ist meine Entschuldigung dafür, dass ich meine eigenen Bedürfnisse über alles andere gestellt habe. Bitte benutze ihn.«

Mit diesen Worten verließ die Frau sie, weinend und mit einer roten Nase. Miyo drückte den Kamm fest an sich und prägte sich die Gestalt der Frau genau ein. Auf dass sie die Freundlichkeit, die ihr diese entgegengebracht hatte, nie vergessen möge.

In Gedanken daran, wie viel leichter Miyo seither ums Herz geworden war, musste sie lächeln und dachte bei sich: *Auch wenn ich sie nicht mal nach ihrem Namen gefragt habe ...*

Hoffentlich ging es ihr gut, wo auch immer sie gerade war.

Diese Frau, von der sie den Kamm erhielt, und auch die Bedienstete Hana, die sie all die Jahre unterstützt hatte ... Miyo hoffte inständig, dass diese Menschen, denen es gelungen war, ein wenig Wärme in das kalte Anwesen einkehren zu lassen, irgendwo ihr Glück gefunden hatten. Sie würde sich für immer an diese Frauen erinnern und für sie beten, denn etwas anderes konnte sie nicht für sie tun.

Vor ihr lagen nebeneinander die beiden Kämme. Sie schwor sich, den alten von nun an nicht mehr zu benutzen, ihn aber für immer aufzubewahren.

»Nimm ihn einfach an.«

»D... Du kannst ihn gerne verwenden, aber denk dir nicht zu viel dabei.«

Ein Kamm brachte immer Freundlichkeit mit sich.

Miyo erinnerte sich an Kiyokas Zurückhaltung, als er ihr den Kamm gab. Sie legte die beiden Kämme in die Schublade und kroch in ihren bereitgelegten Futon ...

... mit der Vorahnung,
dass wohl bald eine weitere
herzerwärmende Erinnerung
hinzukommen würde.

Ende

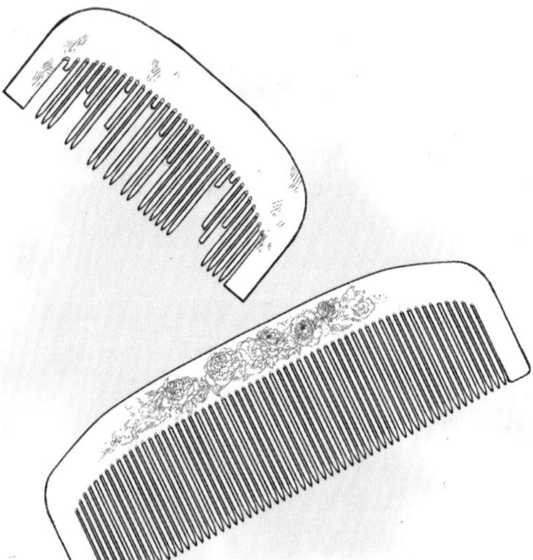

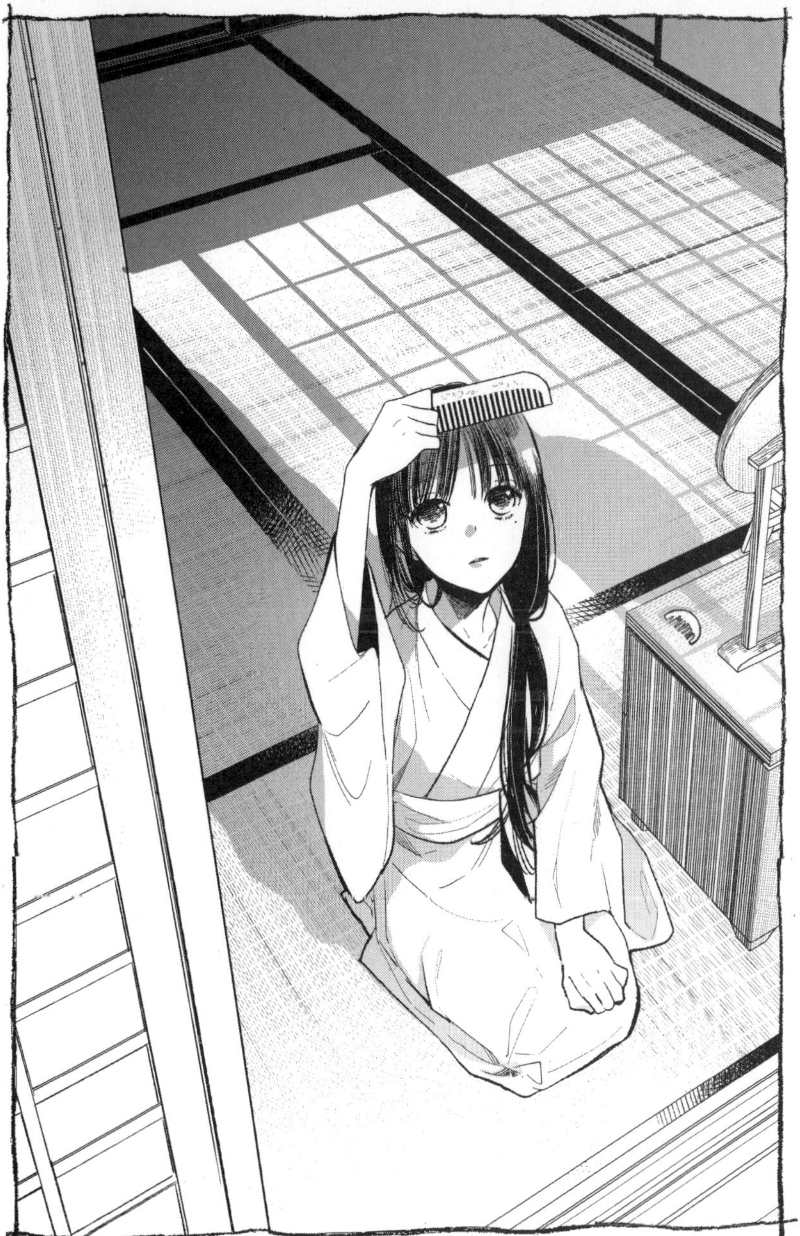

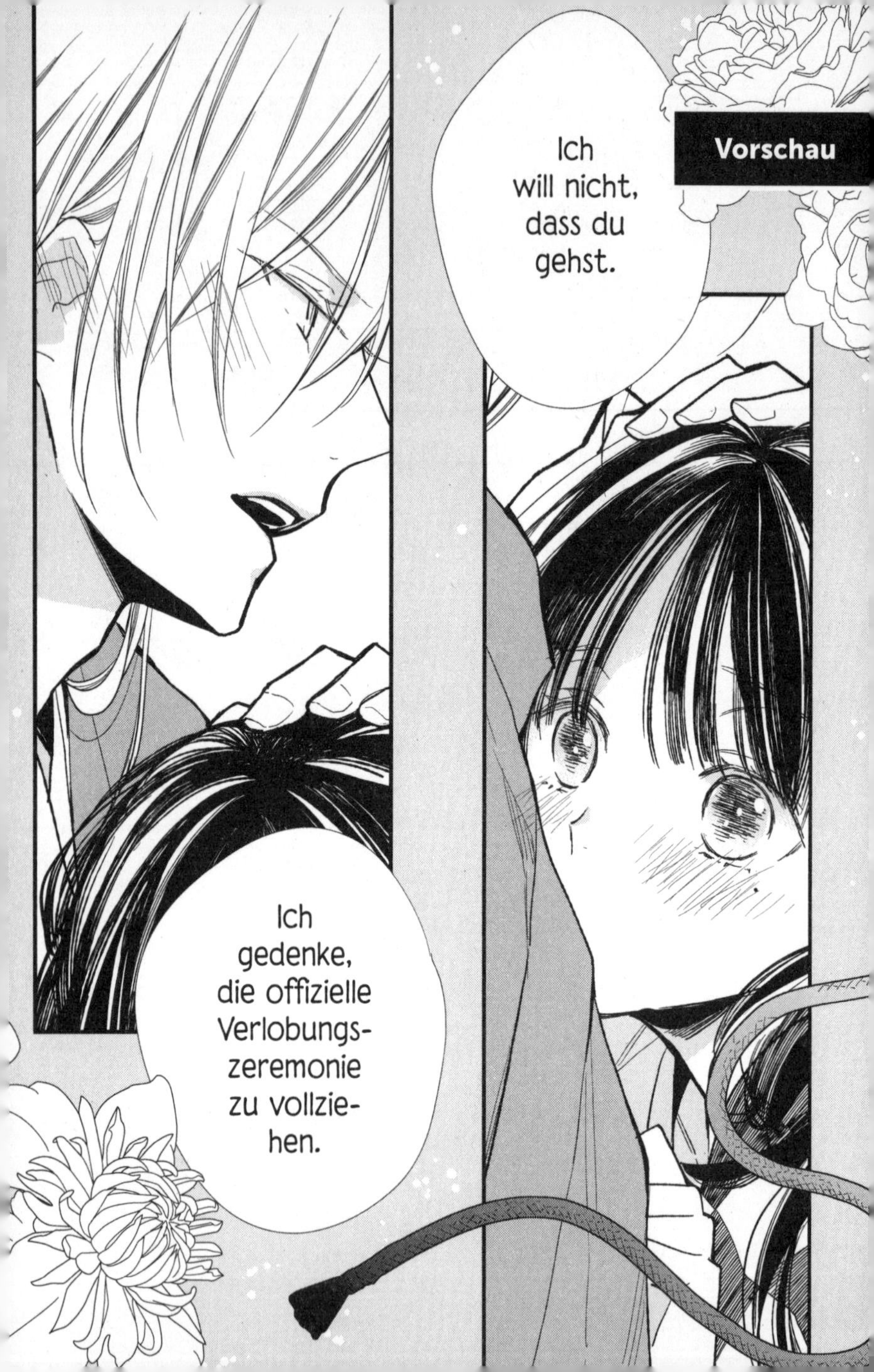
Vorschau
Ich will nicht, dass du gehst.
Ich gedenke, die offizielle Verlobungs-zeremonie zu vollzie-hen.

Diese Verlobung
hätte niemals glücklich
enden sollen ...

Meine
ganz besondere
Hochzeit

Fortsetzung folgt
in Band 2

Fantasy 13 +

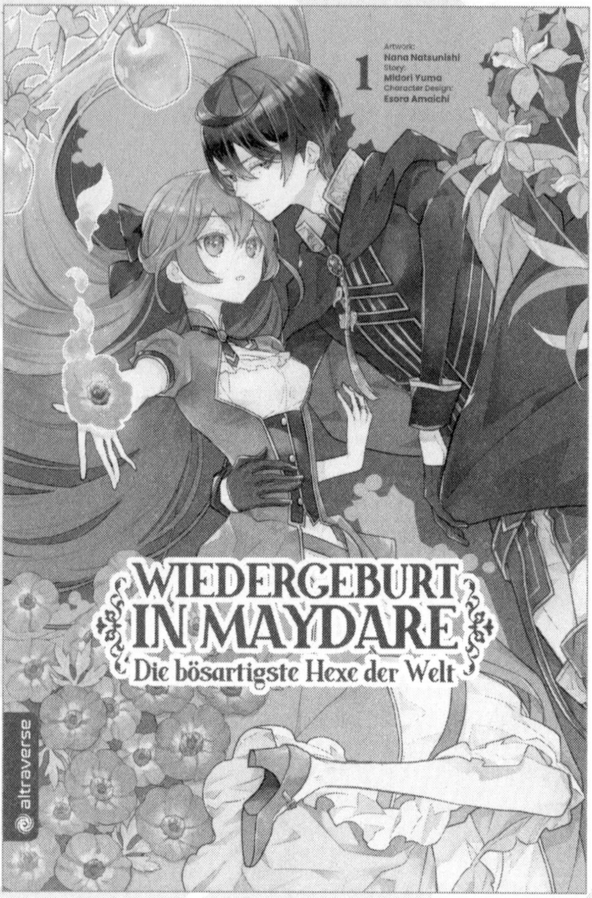


**Wiedergeburt in Maydare**

Nana Natsunishi | Midori Yuma

Makia lebt in Maydare. Sie stammt von der großen Scharlachroten Hexe ab, die als die bösartigste Hexe der Welt galt. An ihrem Geburtstag erwacht sie aus einem verrückten Traum über eine Schülerin, die auf dem Dach der Schule ermordet wird. Als sie wenig später jedoch einem Jungen begegnet, der sie mit seinen magischen Fähigkeiten in seinen Bann zieht, wird ihr bewusst, dass es vielleicht nicht nur ein Traum war ...

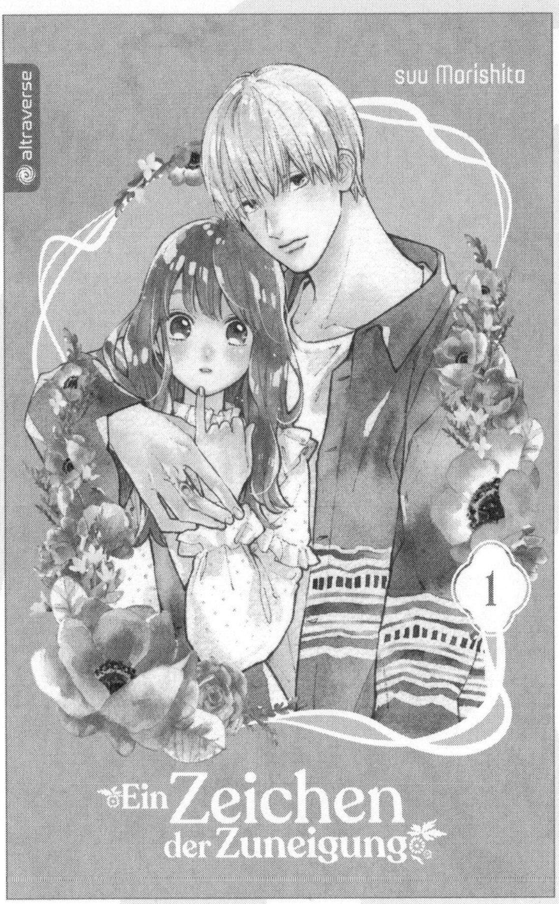


## Ein Zeichen der Zuneigung

suu Morishita

Als die gehörlose Studentin Yuki eines Tages in Schwierigkeiten gerät, kommt ihr ihr Kommilitone Itsuomi zu Hilfe. Yuki ist fasziniert von Itsuomi, da er sie trotz ihres Handicaps wie einen ganz normalen Menschen behandelt. Durch ihn beginnt sie nicht nur eine neue Welt zu entdecken, sondern bekommt auch zum ersten Mal Herzklopfen.

Fantasy 13 +

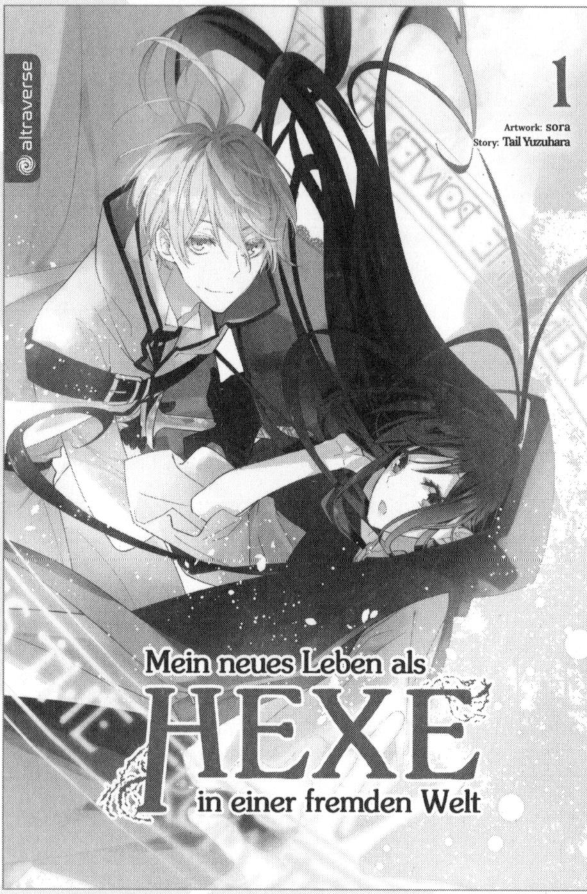


**Mein neues Leben als Hexe in einer fremden Welt**

sora | Tail Yuzuhara

Als die zurückgezogene Sena auf ihrem Schulweg stirbt, beginnt für sie ein neues Leben in einer anderen Welt. Ausgestattet mit magischen Kräften will sie endlich aufgeschlossener werden, doch sind diese zu gefährlich und sie meidet die Außenwelt. Bis eines Tages der Prinz Keith ihren Weg kreuzt.

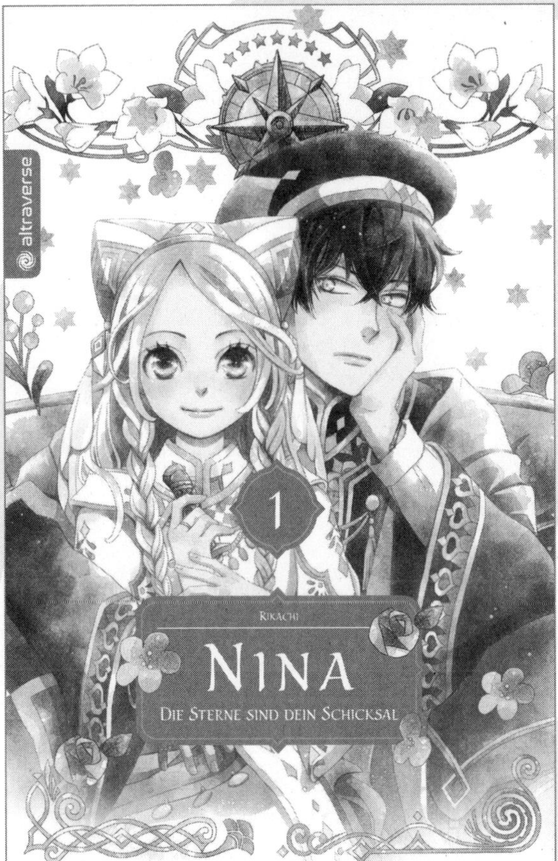


## Nina – Die Sterne sind dein Schicksal

Rikachi

Nina hat bisher ein Leben als Diebin geführt. Doch als Prinzessin Alicia vom Königreich Fortuna ums Leben kommt, ändert sich alles. Da sie dieselben blauen Augen wie Alicia hat, wird Nina von Prinz Azur entführt und als Doppelgängerin eingesetzt. Nun muss sie nicht nur Manieren lernen und sich prunkvoll kleiden, sondern soll auch den Kronprinzen eines fremden Reiches heiraten. Ob sie ihr neues Schicksal erfüllen kann?

altraverse

Deutsche Ausgabe / German Edition

Altraverse GmbH
Ruhrstr. 11 a
22761 Hamburg
kontakt@altraverse.de

Aus dem Japanischen von Larissa Bamberger



Redaktion: Gwyneth Minte
Herstellung: Cathrin Hamester
Lettering: Vibrant Publishing Studio

Druck: Nørhaven A/S, Viborg
Printed in Denmark

FSC MIX Papier | Fördert gute Waldnutzung FSC® C104608


ISBN 978-3-7539-0744-4
9. Auflage 2025

www.altraverse.de

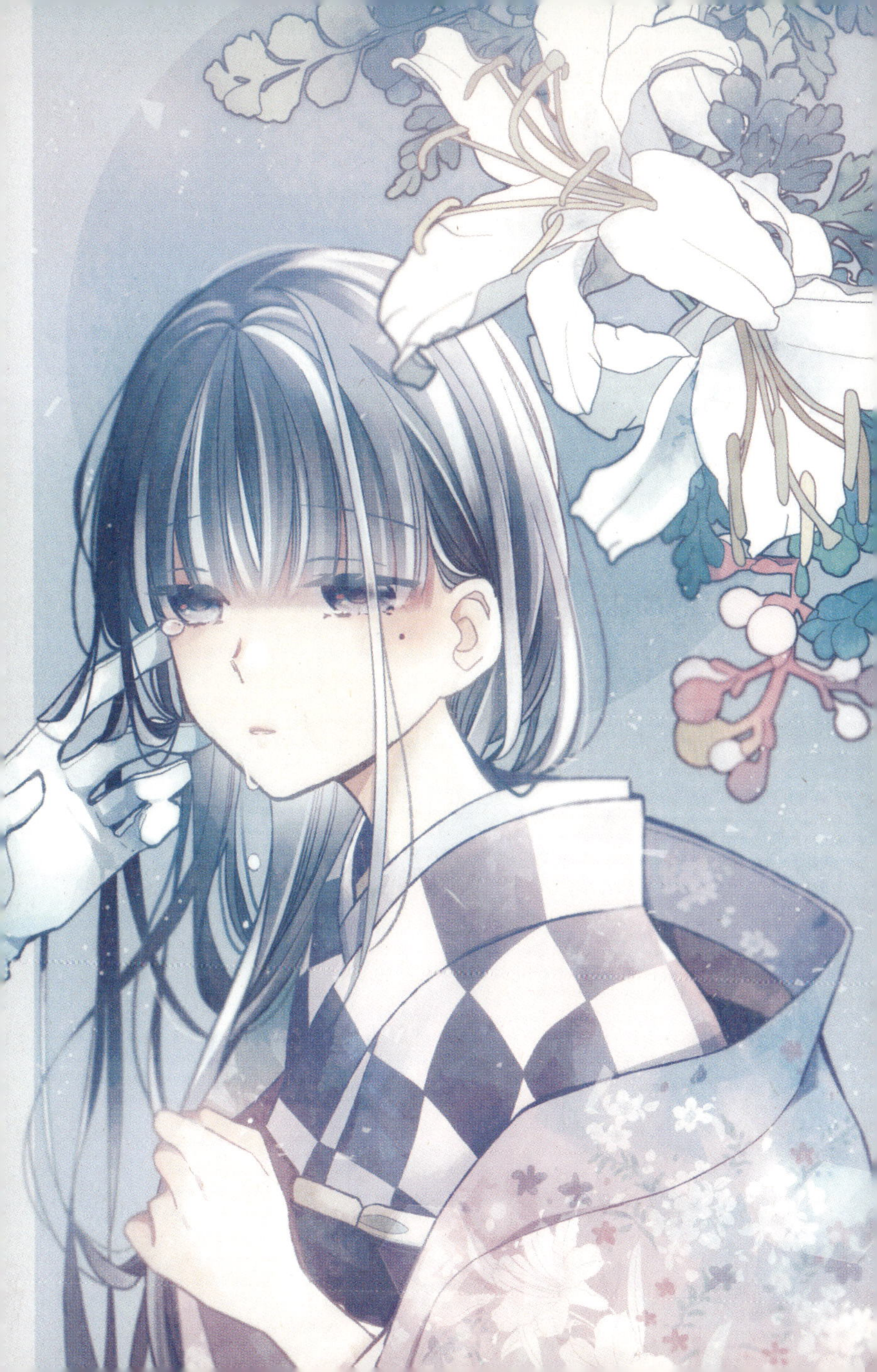

Meine
ganz besondere
Hochzeit